Public Administration
行政学 ［新版］

西尾 勝

有斐閣

改訂版への序文

　この教科書も1993年6月の初版の刊行から7年半を経過した。

　筆者にとって想定外のことであったが，初版の刊行とほぼ時を同じくして，自民党が分裂し，1955年以来38年間の長期に及ぶ自民党一党支配体制についに幕が引かれ，日本の国政は連立政権時代に移行した。爾来，政治の流動化には一段と拍車がかかっているものの，政界の再編成はいまだに現在進行形の状態にあって，その行き着く先は依然として不透明である。

　しかしながら，この間に，戦後日本の憲法構造に加えられた変革の規模は予想以上に大きかった。1990年代初頭以来の政治改革の流れは，1980年代以来営々として続けられてきた行政改革の流れに合流しこれに便乗しながら，しだいにその攻撃の矛先を鮮明にし，いまや「官僚主導」に対する「政治主導」の確立を公然と目標に掲げるに至っている。時は流れ，万物は流転する。

　筆者自身，地方分権推進委員会委員として，この大きな流れの一端に身を投じ，いまこのときこそ明治維新と戦後改革に次ぐ「第三の改革」をおこなうべき絶好の機会であると主張してきた一人であるが，当時の筆者は分権改革に全身全霊を傾け，これに没頭していたがために，その周辺でこれと並行して進められていたさまざまな改革の動向に十分な関心を寄せる余裕がなかったのである。この点は大変に残念なことであったが，分権改革の当面の作業が一段落し，わずかにゆとりを取り戻して，改めて周囲の状況を眺め渡してみると，憲法に準ずる諸法，すなわち，国会法，内閣法，国家行政組織法，地方自治法等の基本法制にかつてない規模と性質の改正が加えられていた。「第三の改革」は，筆者たちの願望にとどまらず，まさに現実になり始めているではないかという思いを深くする。

　こうなると，行政学の教科書は改訂を免れない。ことに，制度学の視点からの考察を中心にしているこの教科書の場合にはそうである。10年と寿命のもたない教科書がはたして教科書として適切であったのかという若干の心の痛みを覚え，情けない気分に駆られる一方で，これだけ短期間のうちにこれほどの変革を成し遂げた日本国民の力量に感服し，この国はまだ捨てたものではないという微かな

安堵を覚え，心楽しい気分にもなっている．

　しかしながら，今回の改訂はなかなかに厄介な作業であった．確かに，数々の新しい法制度が創設され，数々の現行法に相当に大きな改正が加えられた．だが，たとえば，行政手続法や環境影響評価法などは施行後まだ日が浅い．副大臣・大臣政務官制度の導入にしろ新省庁体制への移行にしろ同様である．情報公開法に至っては，これから施行されるところである．筆者自身の関わった第一次分権改革にしても，その意図したところがすべての自治体関係者に的確に理解され，今回の改革の成果が全国の津津浦浦で実際に活用されるようになるには，おそらく10～15年の歳月の経過を要するのではないかと推測される．

　制度改正がなされたからといって，これに伴ってただちに制度運用の実態まで変わるという保証はどこにもない．法制度は人々の意識と慣行によって補強され，あるいは骨抜きにされ，ときには歪曲されながら，運用されるものだからである．このことは，新憲法で確立されたはずの議院内閣制が戦後50年の間にこの国でいかに理解され，現実にどのように運用されてきたかをみてみるだけで明白であろう．「憲法は変われど，行政法は変わらず」に類似した現象は，あらゆるレベルの制度改正において，程度の差こそあれ不可避のものである．今回の「第三の改革」の効果はこれから徐々にあらわれてくるはずであるが，それが所期の目的をどの程度まで達成するのか，神ならぬ身には予見できない．改革の定着の度合いを見極めるにはまだ早すぎるこの時点で教科書を改訂することは，ほんとうにむずかしかった．教科書は，いついかなる時点で改訂するのが最適なのか，考えれば考えるほど悩ましい．

　今回の改訂に際してほぼ全面的に書き換えたのは第7章である．次いで第6章と第8章に相当に大きな追補を，そして第1章および第16章，並びに第18～20章には若干の追補を加えた．その他の諸章にはそれぞれ必要最小限の加筆訂正をするとともに，全体に改行を増やし，読みやすくするべく努めたつもりである．

　巻末の参考文献の欄は，初版以降に刊行された書籍を中心に大幅に補充したので，自学自習に活用してほしい．

　　2001年正月

　　　　　　　　　　　　　　　　　　　　　　　　　　　西　尾　　勝

はしがき

　この教科書は，前著の放送大学教材『行政学』（放送大学教育振興会，1988年）に新たな章を加え，各章の解説を詳しくして，これを，通常の大学における4単位の行政学講義用に書き改めたものである。そこで，これは，前著の改訂版というよりは，むしろ新版と称すべきものになっている。だが，その構成の基本は前著と変わらず，制度学の視点からの考察を中心にしながら，これに多少は管理学と政策学の視点からの考察を加味したものになっている。

　行政学はアメリカで生まれ，アメリカで発展した。そこで，今日でもなお依然として，アメリカ行政学こそが世界の行政学の正統教義であるかのごとき観を呈している。早い話が，国際公務員の採用試験に出題されている行政学の試験問題はアメリカ行政学に基づいて作成されている。そこで，このような観点からいえば，アメリカの行政学教科書を参考にし，これに準拠して作成された教科書の方が広く国際的に通用する教科書ということになるのかもしれない。しかしながら，アメリカ行政学は決してグローバルに普遍的な行政学ではない。それはアメリカの行政を考察の対象にして構築されてきたという土着性をも帯びているのであって，その成果を集約した教科書によって学習すれば，それで日本の行政についても的確に理解し，これについての思索を深めることができるというものではない。

　したがって，日本で教育するにあたっては，これにふさわしい行政学教科書が考案されなければならない。その理由は，考察の対象となる行政の実態がアメリカと日本で大きく相違していることだけにあるのではない。これに加えてもうひとつ，日米両国の行政学教育を取り巻く諸条件に大きな差異があるからである。前者の側面については以下の諸章の解説のなかで随所に指摘しているので，ここでは後者の側面についてのみ若干の解説を付し，このことをとおして，この教科書の狙いとしているところを，あらかじめ明確にしておくことにしよう。

　行政学は誕生以来いまだ100年余にしかならない。にもかかわらず，アメリカ

ではこれが異常なまでに急速に発展し、これを研究教育の中核とする行政大学院が数多く設置され、この行政大学院がジェネラリストの職業行政官を養成する中心的な機関となるにいたっている。そこで、ジェネラリストの職業行政官を志す学生たちは、学部段階の専門科目として行政学を履修するだけでなしに、そのうえさらに行政大学院に進学し、ここで行政管理の各論と公共政策の各論とを履修する。

　これに対して日本の場合には、職業行政官の多くは法学部・経済学部・政治経済学部などの学部卒業生から採用され養成されているので、行政大学院に相当するものは発達していない。そこで、行政学は法学部・法経学部または政治経済学部の政治系専門科目のうちのひとつとして教えられているにとどまる。

　日本の行政学教科書は、このことを大前提にして、まず第1に、その構成をできるだけ自己完結的なものにするように努めなければならない。この教科書が制度学の視点からの考察を中心に構成され、管理学と政策学の視点からの考察に深入りすることを避けているのは、もっぱらこのためである。

　第2に、アメリカの大学は学部段階の専門科目として、Government, またはNational Government, Local Government といった科目を開設しているのに対して、日本の大学ではこれらに相当する科目が提供されていない。前期課程の政治学講義の内容はどちらかといえば Political Science になっているように見受けられる。日本の大学では、Government の制度と運用についての概説はむしろ憲法講義に委ねられているかのようである。しかし、それで十分であるとはとても思えない。この教科書が、その第5章から第8章にかけて、地方自治制、議院内閣制、省庁制、そして公務員制についての解説にかなりの頁数を割いている理由のひとつは、この点にある。

　第3に、日本では、行政学は法学部・法経学部の学生たち、すなわち法律学を専攻している学生たちを相手にして講じられていることが多い。したがって、行政学を講ずるにあたっては、行政法講義との関係を明確にし、両講義の間に適切な分業関係を形成することが要請されるであろう。この教科書が、法令以外の行為規範、すなわち予算・計画・行政規則などのもつ統制機能をことさらに強調しているのはこの配慮に基づくものである。そしてまた、裁判所による行政統制の

問題にほとんど触れなかったのは，これについては行政法講義で詳しく講じられているからにほかならない。

　ところで，教科書のなかには『○○学入門』と題しているものが少なくない。事実，学生たちは大学での講義とその教科書を介して初めて斯学に接し，これに入門するのであるから，その意味では教科書はつねに入門書と呼ぶにふさわしいものである。しかし，それが文字どおり入門書としての役割をはたすためには，これが学生たちの興味と関心を喚起し，学生たちを知らず知らずのうちに斯学の境内の奥深くに導き入れるようなものでなければならないであろう。ところが，文字どおりの入門書になるような興味津津たる教科書を書くなどということは実に至難のことである。そこで，教科書を読むだけで興味を失い，斯学に早々と見切りをつけて，その境内から立ち去る学生たちがほとんどであろう。残念ながら，この教科書の場合もご多分にもれず，そのような運命をたどることになるのであろう。

　しかし，ここで居直っていわせてもらえば，講義を聴き教科書を学習することだけで，その学問に興味を抱くなどということは，ほとんどありえないことだと考えてほしい。その学問に興味を覚えようとするのであれば，まず専門書をひもとき，その著者と格闘してみることが必要である。

　そこで，学生諸君がこの教科書の巻末に掲載されている参考文献を手掛りにして自学自習に励まれることを，切に希望する次第である。

　1993年4月

　　　　　　　　　　　　　　　　　　　　　　　　　西　尾　　　勝

目　次

改訂版への序文
はしがき

第1章　行政サービスの範囲　　　1—13

1　行政サービスの発展───────1
　古代・中世の政治支配　　近世の殖産興業政策と官房学　　近代国家の自由放任主義　　職能国家への変遷

2　福祉国家の生成───────4
　福祉国家への旅立ち　　福祉国家の要件

3　行政サービスの範囲───────8
　石油危機と財政危機　　民間活動と行政活動　　行政活動の「新公共管理」（NPM）　　市場のメカニズムと政治のメカニズム

第2章　官僚制と民主制　　　14—26

1　近代官僚制の形成——君主と官僚の統治───────14
　近代国家の憲法構造の原型形成　　近代官僚制の形成　　近代官僚制の属性——その規範と実態

2　三権分立制の成立——憲政と行政の対抗───────16
　立法・司法・行政の分立　　法治主義の原理——規範と実態　　憲政と行政の対抗

3　官僚制から公務員制へ——情実任用と猟官制───────19
　文民統制の確立　　議院内閣制の確立　　イギリスの内閣政治と情実任用　　アメリカン・デモクラシーと猟官制

第3章　アメリカ行政学の展開　27—42

1　行政理論の系譜──28
　政治・行政の分離論　　行政の管理論　　政治・行政の融合論
　行政の責任論

2　組織理論の系譜──35
　科学的管理法　　古典的組織論　　人間関係論　　現代組織論

第4章　行政学の構成　43—54

1　日本における行政学の展開──43
　日本の行政学の系譜　　アメリカ行政学の継受　　憲法構造の歴史
　的発展段階論

2　行政学の構成──47
　行政学の外延──隣接諸学との分業関係　　行政学の内包──諸学
　の混成か合成か　　行政学の体系──専門分化と総括管理

第5章　現代国家の政府体系──中央集権と地方分権　55—71

1　中央地方関係の変遷──55
　各国の政府体系　　中央地方関係の変遷

2　中央地方関係の類型──60
　アングロ・サクソン系とヨーロッパ大陸系　　分権型と集権型
　分離型と融合型

3　福祉国家の中央地方関係──66
　ふたつの類型の相互接近　　自治体の行政活動の膨張　　相互依存
　関係の成立

第6章　戦後日本の中央地方関係　72—96

1　地方制度の変遷史──72

目　次　vii

　　　　明治維新時代　　三新法時代　　明治憲法時代　　新憲法時代
2 講和後の地方制度改革————————82
　　　　都道府県と市町村　　地方交付税制度　　町村合併　　内務省の解体
3 地方自治制度の政治過程————————88
　　　　制度改革の政治過程　　制度管理の政治過程　　制度運用の政治過程
4 分権改革の到達点と残された課題————————91
　　　　第一次分権改革の成立事情　　第一次分権改革の到達点　　残された課題

第7章　議院内閣制と省庁制　　97—131

1 議院内閣制————————98
　　　　戦前の内閣制　　議院内閣制の制度原理　　戦後日本の議院内閣制　　総理府外局および内閣官房の整備充実
2 省　庁　制————————112
　　　　省庁の組織・定員の決定制度　　省庁の組織・定員の管理制度　　日本の省庁制の特徴
3 「橋本行革」と「小沢構想」————————118
　　　　政治改革の潮流　　「橋本行革」と「小沢構想」の合体　　議院内閣制と政官関係の再構築——残された課題　　補説—「首相公選制」について

第8章　現代公務員制の構成原理　　132—160

1 戦前の官吏制から戦後の公務員制へ————————133
　　　　戦前の官吏制　　国家公務員法の制定と改正
2 公務員の任用————————136
　　　　職階制の導入計画と挫折　　採用試験と身分制　　採用単位と政治任用

3 服務と保障 ──────── 148
　私的利益追求行為の禁止・制限と生活保障　政治的行為の制限と身分保障　労働基本権の制限と勤務条件保障

4 人事院と人事院勧告 ──────── 153
　人事院の地位　人事院勧告

第9章　官僚制分析の視座　161—176

1 官僚制の概念 ──────── 161
　官僚制の概念　「呪いのことば」としての官僚制概念　官僚制概念の変貌

2 ウェーバーの官僚制論 ──────── 165
　近代官僚制の構成要件　官吏制・官僚制組織・官僚制　ウェーバーの官僚制化論

3 ウェーバー以後の官僚制論 ──────── 171
　ウェーバーの官僚制論についての理解　アメリカ社会学の官僚制論

第10章　官僚制組織の作動様式　177—196

1 課題・環境と組織形成の類型 ──────── 177
　軍隊　行政機関　課題環境と組織形成　分業構造の編成・形成と情報伝達経路の形成

2 所掌事務の分掌構造と情報伝達の経路 ──────── 183
　組織の基礎単位　部局間の調整　ラインとスタッフ

3 専決権限の割付構造と情報伝達の方向性 ──────── 188
　専決権限の割付　ヒエラルヒー構造の双方向性　行政規則と裁量と指揮監督

第11章 官僚制組織職員の行動様式　197—212

1 権威と権限　　197
　　権威・地位・権限　　バーナードの権威受容説

2 組織外への逃亡と組織内での反抗　　200
　　組織外への逃亡　　組織内での反抗

3 忠誠と反逆　　204
　　忠誠の対象　　公務員の倫理

4 指揮監督の限界とその効果　　207
　　「ストリート・レベルの行政職員」　　「ストリート・レベルの行政職員」のディレンマ

第12章 第一線職員と対象集団の相互作用　213—226

1 規制行政活動の構造　　213
　　規制行政活動　　規制法令の制定公布活動　　規制措置と対応戦略

2 規制措置の執行可能性と執行水準　　216
　　規制措置の執行可能性　　取締活動体制の整備水準

3 対象集団と第一線職員の相互作用　　220
　　違反者の類型　　執行戦略の類型　　相互作用の諸相

第13章 官僚制批判の系譜　227—244

1 批判の系譜　　227
　　官僚政治の批判　　非効率性の批判　　官僚主義の批判

2 官僚主義の諸相　　233

3 官僚制組織の惰性と刷新　　237
　　惰性と刷新　　キャリアとノンキャリア　　職員組合のディレンマ

第14章　政策形成と政策立案　　245—272

1　政策の循環と行政活動────245
　　政策　政策の循環と政治のメカニズム　政策のライフ・ステイジと行政活動

2　政策形成の分析手法────251
　　政策立案と政策形成　政策形成の分析手法　インクリメンタリズムと多元的相互調節の理論　政治諸集団間の行動操作

3　政策立案分析の視座────259
　　政策立案の必要性　政策対応のレベル　政策案の現実性　政策案の合理性　政策の構成要素と表示文書

第15章　環境変動と政策立案　　273—300

1　環境要因群と政策領域────273
　　国際政治経済体制の変動　経済成長と生活水準　人口構成の変動　人口分布の変動　科学技術の進歩発展　気象変動・自然災害

2　環境変動と統計調査────297
　　調査統計と業務統計　統計情報の活用方法　調査研究と諮問

3　行政需要の施策への変換────283
　　需要概念の類推適用　行政サービスの計量化　供給主体の複合構造　行政需要の制御

4　予測と計画────290
　　計画行政の発展　計画行政と民主政治　予測と計画　総合計画の構成要件

第16章　日本の中央省庁の意思決定方式　　301—321

1　従来の稟議制論と意思決定方式の類型区分────302
　　従来の稟議制論　意思決定方式の類型

2 順次回覧型の決裁方式――――――306
　決裁事案の種類と関係者の範囲　起案・回議・決裁　順次回覧型の特徴

3 持回り型の決裁方式――――――309
　決裁事案の種類と関係者の範囲　実質的意思決定と形式的意思決定　持回り型の特徴

4 日本の中央省庁の意思決定方式――――――314
　意思決定方式の特徴点　稟議制の組織基盤　政治主導の強化は稟議制を変えるか

第17章　予算編成過程と会計検査　322―344

1 予算の循環――――――322
　財政と予算　予算の統制機能　予算の循環

2 予算編成過程の意思決定方式――――――327
　予算のマクロ編成とミクロ編成　予算編成の段階とタイム・スケジュール　予算編成過程の意思決定方式　予算編成過程の意思決定方式の特徴　財政投融資計画と組織・定員

3 会計検査――――――337
　行政活動の監査　会計検査院と会計検査　会計検査の規準

第18章　行政活動の能率　345―363

1 能率概念の展開――――――345
　能率＝官僚制原理　能率＝投入・産出比率　能率＝組織活動に対する満足度

2 投入・産出比率の意義と限界――――――350
　有効性と能率性　能率測定の障害　会計検査の検査規準との関係　能率性の規準の限界

3 有効性・能率性の評価の活用方法————————358
　　　　政策決定者に必要な情報と国民一般に必要な情報　　管理統制のための評価と自己改善のための評価　　政策評価の新潮流　　評価の活用方法

第19章　行政管理と行政改革　　364—380

　1 社会管理と組織管理————————364
　　　　社会管理と組織管理　　管理技術の発展　　行政管理の発想の転換
　2 行政資源の総括管理————————368
　　　　総括管理と行政改革　　制度改革と減量経営　　新規増分の厳格審査
　3 行政改革の諸相————————374
　　　　第一次臨調と第二次臨調　　行政改革と政治　　行政改革と政治改革の合流

第20章　行政統制と行政責任　　381—406

　1 行政統制の憲法構造————————381
　　　　行政統制と行政参加　　国会による統制　　内閣・内閣総理大臣・各省大臣による統制　　裁判所による統制
　2 行政活動への直接参加————————387
　　　　職員組合の参加　　政策立案への参加　　行政立法・計画策定への参加　　行政手続への参加　　広報広聴・行政相談・オンブズマン　　情報公開制度
　3 行 政 責 任————————399
　　　　行政統制と行政責任　　能動的責任　　非制度的責任　　説明責任（accountability）の概念の拡張　　行政責任のディレンマ状況　　自律的責任

参 考 文 献　407—417
索　　　　引　418—430

Tea Time

- 官房学（Kameralismus）　12
- ペンドルトン法成立事情　26
- アメリカの行政大学院　42
- 「別れても又一路や花の山」　54
- 国際行政はMissing Chapter ?　71
- 明治初期の法令の名称と体裁　96
- 落下傘で敵陣に降下するような気持ち　131
- 給与の均衡　159
- 革命と官僚制　175
- 大学と病院　196
- 資料山積み作戦　211
- 強圧抑制の循環　226
- 末弘厳太郎の役人学三則　243
- キューバ・ミサイル危機の分析　271
- 国勢調査の起源　299
- 国会答弁資料の作成　320
- 予算の査定権は神聖不可侵か　343
- 封筒の宛名書きの作業能率　362
- フーバー委員会の政治状況　379
- 行政責任のディレンマ状況　405

本書のコピー，スキャン，デジタル化等の無断複製は著作権法上での例外を除き禁じられています。本書を代行業者等の第三者に依頼してスキャンやデジタル化することは，たとえ個人や家庭内での利用でも著作権法違反です。

第1章
行政サービスの範囲

　行政学は，19世紀末のアメリカで生まれた，政治学の新しい領域である。それは，近代国家から現代国家への過渡期に際して，現代国家に必要不可欠の行政体制を整えるという制度改革の課題に応えて誕生した学問である。

近代国家から現代国家へ
　近代国家から現代国家への移行とは何を意味していたのであろうか。まず第1に，政府の職能＝行政サービスの範囲・規模が飛躍的に膨張した。ついで第2に，国民経済を市場のメカニズムによる自動調整作用に委ねておくわけにはいかなくなり，政府がこれに深く介入するようになった。そして第3には，政治制度における大衆民主制の実現と行政制度の側面における現代公務員制の確立とによって，立法・行政の関係および政治・行政の関係の双方に大きな変動が生じた。

　そこで，この第1章では，上記3点のうちの第1と第2の変化，すなわち行政サービスにかかわる変化の側面に焦点を当て，まずはこの側面からみた限りでの現代国家の歴史上の位相を明らかにしておくことにしよう。

1 行政サービスの発展

(1) 古代・中世の政治支配

　古代と中世の時代には，政治支配者のはたすべき統治の職能は，領土と人民を外敵の侵略から守ること（国防），犯罪を取り締まること（警察），争いごとを裁くこと（裁判）の3点に，ほぼ限られていた。政治支配者はこれを保障することの対価として，人民に賦役を課し（徴兵徴税），この権力によって兵力を保持していた。また，この権力を背景にして王宮，神殿・寺院，墳墓を建立し（公共建築），これらを権威の象徴にして人民に君臨していた

のである。以上のほかにまだ統治の職能があったとしても、それは精々のところ、旱魃・洪水などの自然災害から農耕を守ること（治山治水工事）程度であった。

(2) 近世の殖産興業政策と官房学

<small>重商主義と富国強兵</small>　ところが、中世封建制の支配体制が崩れ、絶対君主を政治支配者とする中央集権体制の国民国家（nation state）が形成され始めた近世の時代に入ると、各地の絶対君主たちは富国強兵を競い合うことになり、ここに重商主義（Mercantilism）または重農主義（Physiocracy）の政治思想にもとづく殖産興業政策が推進されていった。統治の職能はしだいにその範囲を広げ始め、これを担う新しい人材として近代的な意味での官僚が登場した。

<small>官房学</small>　この近世の時代に、ヨーロッパ大陸諸国、なかでもかつては神聖ローマ・ドイツ帝国の支配領域に属していたドイツ・オーストリア地域において、君主と官僚のための学問として隆盛を極め、富国強兵策を支えたのが、官房学（Kameralismus）であった。

(3) 近代国家の自由放任主義

<small>神の見えざる手</small>　しかしながら、国家の職能は、近世の絶対君主による殖産興業政策以来今日までただひたすら拡大の一途をたどってきたのではない。その間に一度揺り戻しの時期があったのである。すなわち、絶対君主制の下でやがて資本主義経済が発達し、いわゆる市民階級（ブルジョアジー）が登場するようになると、国家による殖産興業政策がかれらによって批判されるようになった。

　国内産業を保護するための関税政策を初めとして、産業を保護、助成、振興するためにおこなわれていた国家による各種の規制・介入措置が、産業の自由な展開を制約し、かえって経済の発展を阻害している、とする批判であった。国家は市民生活と経済活動に対する不必要な規制・介入をやめ、市民社会の側の自由な活動を許容すべきなのであって、そうした方がむしろ、資本主義経済を伸び伸びと発展させ、国を豊かにする早道である、という主張

であった。このような新しい思潮のことを，その当時のフランスで流行していたことば 'laissez faire'（レッセ・フェール）をとって，自由放任主義と呼ぶ。この自由放任主義の思潮を自由主義経済の理論にまで高め，「神の見えざる手」による市場の自動調整作用について説いた古典的著作が，イギリスのアダム・スミス（A. Smith）の『諸国民の富』（1776年）であった。

<small>安上がりの政府</small>　自由放任主義が一世を風靡していた時代のイギリスでは，国家のはたすべき職能はあたかも警察官が夜間の街頭を巡回して市民生活の安寧を守ることに尽きるかのごとき俗論も横行していた。そこで，このような通俗的な国家観のことを夜警国家論と揶揄した論者もあった。国家の職能は国防・警察・裁判に限られるべきだとするのは，いささか極論であったにしても，資本主義経済の先進国であった当時のイギリスでは，「国家は安上がりであればあるほど良し」とする主張が支配していた。そこで，この種の国家観のことを「安上がりの政府」（cheap government）論と呼ぶのが通例になっている。1801年にアメリカ合衆国第3代大統領に就任したトーマス・ジェファーソン（T. Jefferson）のことば「最小の行政こそ最良の政治なり」も，この国家観を表している。

　この種の自由放任主義の思潮は，イギリスに典型的であったが，程度の差はあれ，市民革命を経て立憲君主制または近代民主制の政治体制に移行したヨーロッパ大陸諸国にまで広く普及していき，これが国家の職能の拡大に歯止めをかけていたので，近代国家の職能の範囲は一般に，今日の現代国家のそれに比べればまだはるかに狭いものにとどまっていた。

(4) 職能国家への変遷

<small>産業化と都市化</small>　ところが，西欧諸国の政府は，19世紀の半ばから末にかけて，いずれも産業化（industrialization）と都市化（urbanization）に起因するところの新しい社会問題・都市問題への対応を余儀なくされ，再びその職能の範囲を広げていくことになったのである。す

なわち，農村から都市に流入してきた貧民の救済に着手し，コレラ・チフスの蔓延を契機にして上下水道の整備を始めた。やがてスラム住宅の改良，工場労働者の保護，義務教育の充実，電気・ガスの供給，都市交通事業の経営，社会保険制度の創設などを進めていったのである。産業活動についても，一方ではこれが国民生活に及ぼす危害を防止するためにきめ細かな規制措置を講ずるとともに，他方ではこれを保護，助成，振興するための国策を幅広く実施していくようになった。

このような「近代国家から現代国家へ」の漸進的な移行過程に国家の職能＝行政サービスの範囲・規模に生じた変化を，アングロ・サクソン系諸国では「安上がりの政府（cheap government）から職能国家（service state）へ」の変化としてとらえ，そしてヨーロッパ大陸諸国では「消極国家から積極国家へ」の変化として要約することが多い。

2 福祉国家の生成

(1) 福祉国家への旅立ち

大衆民主制

西欧諸国における政府の職能＝行政サービスの拡大傾向は20世紀に入って以降さらに一段と加速され，政府の財政規模と公務員数を膨張させた。だが，それはもはや単なる量の膨張にとどまるものではなかった。しだいに質の変化を伴い始めていたのである。すなわち，福祉国家への旅立ちであった。

もっとも，何をもって福祉国家と呼び，その起点をどの時期に求めるべきかという点については，諸説入り乱れていて，定説はない。したがって，以下の叙述は筆者なりの用語法にもとづく福祉国家論にとどまる。

ここでは，福祉国家への起点を19世紀から20世紀への世紀転換期に求めたい。その理由は，おおむねこの時期から各国で，①労働組合が結成され，労働運動が活発になり，階級対立が激化して

きたこと，②これに伴い選挙権が徐々に拡張され，ついには成人男子すべてに選挙権を付与する普通平等選挙制度が施行されたこと，そして③選挙権の拡張によって新たに有権者となった国民大衆の支持を獲得するために，各党は競って社会政策・労働政策・産業政策を政策綱領に掲げ，これを政党政治の主要な争点にするようになったことにある。

　要するに，政治制度における大衆民主制（mass democracy）の実現こそが，現代国家をして福祉国家への道に歩み出させたもっとも基本的な契機であったと考えるのである。

世界大戦と大恐慌

　そうはいうものの，現代国家がその後も福祉国家への道を歩み続け，もはや後戻りの効かないところにまで来てしまったのは，20世紀前半におこったさまざまな事件がこの動向を促進したからであった。まず何よりも，第一次大戦と第二次大戦という2度にわたる戦争と，両大戦の戦間期におこった1929年以来の大恐慌という三つの事件の影響である。両大戦に参戦した国々は，総力戦を戦い抜くために国家総動員体制とか挙国一致体制を敷いて，広く国民各層の参加と協力を調達することに努めざるをえなかったのであるが，この戦時行政は国民各層への行政サービスの平準化を進めていく結果になったのである。そして，このときの大恐慌ほどに，市場のメカニズムに対する信頼感を根底から揺るがし，政府の政策構想の基調を一変させた事件はほかにない。

資本主義体制と社会主義体制の体制間競争

　そしてまた，この間にロシアに社会主義体制の国が誕生したために，これとの対抗上資本主義体制の国々の側でも分配の不公平をある程度まで是正することを余儀なくされたという体制間競争の要因も，見逃すことのできないもうひとつの要因であった。

(2) 福祉国家の要件

　さて，それでは，福祉国家（welfare state）とはいかなる国家のことか。福祉国家の行政サービスにはどのような質の変化が生まれているのか。ここでは，①生存権の保障を国家の責務として

受け入れ，②所得の再分配を国家の当然の権能と考え，③景気変動を調節するために市場経済に積極的に介入するようになった国家のことを福祉国家と呼ぶことにしたい。ちなみに，西欧先進諸国がこのような意味での福祉国家の諸要件をほぼ整えたといえるのは，第二次大戦後のことであった。

生存権の保障　第二次大戦後に制定された日本国憲法25条1項は「すべて国民は，健康で文化的な最低限度の生活を営む権利を有する」と定めている。この種の生存権の保障条項を憲法典に最初に規定したのは，第一次大戦後のドイツで制定されたワイマール共和国憲法であった。そして，生存権ないしは生活権の保障をもって，あるいはさらに進んで社会権の保障をもって国家の責務とする憲法思想は，これ以降急速に各国に普及し定着していった。

そして，この憲法上の規範は，イギリス社会保障制度の基礎を築いたベヴァリッジ報告（1942年）が用いたナショナル・ミニマムの概念によって媒介され，やがて個別政策領域ごとの目標水準にまで具体化されていくことになった。

所得の再分配　低所得層の国民にも最低限度以上の生活を保障することが国家の責務とされた以上，現代の政府は生活保護政策を初め，広く社会保障，社会福祉，公衆衛生，医療，教育，住宅等の諸領域にわたって，低所得層向けの政策を実施しなければならない。

だが，これらの政策に要する経費をその対象者であり受益者であるところの低所得層の国民に負担させることはできないので，現代国家はこの種の政策に要する財源を担税力のある納税者から徴収せざるをえない。そこで，現代国家では，所得が高ければ高いほどこれに高い税率を課す累進税率制度を加味した所得税・法人税制度が導入された。そして，資産に対して課税する財産税の領域でも，相続税については類似の効果をもった税制を確立している。

要するに，現代国家は，その歳入政策と歳出政策の両面をとお

して，ある所得階層の国民からその所得の一部を収奪してこれを他の所得階層の国民に分配するという，所得再分配機能を営むようになったのである。

　このことを国民の側からみれば，低所得層の国民はさまざまな行政サービスを受けながらこれに見合うだけの納税をしていないのに対して，高所得層の国民は多額の税金を納めながらこれに見合うだけの行政サービスを享受してはいないということになる。いずれにしろ，国民と政府の間の負担と受益の交換は不等価交換になっているのである。現代国家の政策をめぐる利害対立の根源がこの点にあることは，改めて説明するまでもあるまい。

景気変動の調節　ところで，1929年以来の大恐慌に伴う社会生活の混乱は未曾有のものであった。それは，「好況不況の景気循環は資本主義経済の健全な生理現象である」などといって済ましていることのできない非常事態であった。そこで，アメリカでは，フランクリン・ローズヴェルト（F. D. Roosevelt）大統領がニューディール政策を実施した。そして，その他の国々でもまたそれぞれに各種の緊急対策を講じて，景気の回復を必死に模索していたのであった。だが，そうこうしている最中に第二次大戦が勃発してしまい，各国の景気回復政策はその効果を検証する間も与えられないうちに，戦時産業政策へと切り換えられていった。

　しかし，この間の試行錯誤の過程を通じて，各国の政府はケインズ経済学に基づく経済政策の有効性を確信することとなり，この体験を戦後の経済復興政策に継承していくことになった。

金融政策と財政政策　そこで戦後には，金融政策・財政政策を駆使して経済の景気変動を調節すること，すなわち景気の後退期には金利を引き下げ政府の財政規模を拡大して景気の浮揚を促し，失業者の増大を抑えること，そして景気の過熱期には金利を引き上げ政府の財政規模を縮小して景気の沈静を促し，物価の高騰を防ぐことが，政府のとるべき当然の経済政策であると考えられるにいたった。

ケインズ経済学
とスタグフレー
ション現象

こうして，その後の高度経済成長期には，ケインズ経済学は社会科学の王座を占め，その経済政策論は公共政策をめぐる論議を主導し続けてきたのであった。

だが，1970年代以降のスタグフレーション現象，すなわち，失業の増大と物価の上昇とが同時並行的に進行するという全く新しい経済現象に直面して，ケインズ経済学に基づく経済政策はかつてのようにその有効性を発揮することができなくなってしまったのである。そこで，マネタリズムなど数々の新しい学派が台頭して，経済学の世界は百家争鳴の混迷の時代を迎えた。

福祉国家の転換
または危機

そして，そのことは，福祉国家の功罪を新たな角度から見直そうとするさまざまな政策論議を招くことになった。福祉国家はその転換期または危機を迎えているなどと語られた所以である。

3 行政サービスの範囲

(1) 石油危機と財政危機

1960年代は世界的に経済の高度成長期であった。そこでこの時期，先進諸国の行政サービスの範囲と規模は税収の自然増に支えられて，さらに一段と拡大した。ところが，第一次石油危機（1973～74年）と第二次石油危機（1978年）を境にして，先進諸国の経済は一斉に不況期を迎え，どこの国も，程度の差はあれ，財政危機に直面することになった。

減量経営の
行財政改革

こうして1980年代には，行政活動の範囲を見直し縮小すること，いいかえれば減量経営（cutback management）をめざした行財政改革が先進諸国にほぼ共通の政治課題になった。なかでも，アメリカのレーガン政権による改革（レーガノミックス），イギリスのサッチャー政権による改革（サッチャーリズム），そして日本の中曽根政権による改革には，privatization の推進など共通点も少なくなかったのであって，比較研究の格好の素材になった。

中曽根政権による行財政改革は，昭和56（1981）年設置の第二

次臨時行政調査会（第二次臨調）を表舞台にして始められ，「増税なき財政再建」の基本方針のもとに，「小さな政府」を目標に掲げて推進され，「三公社の民営化」を初めとする一連の改革を実施に移した。

(2) 民間活動と行政活動

<small>行政活動の
4類型</small>

　この時期の行財政改革論議では，行政活動を民間活動との関係から分類しその問題点を指摘するという論法が流行した。行政活動は以下の4類型に分けられた。すなわち，①民間活動を規制するもの（各種の業法による産業行政がその典型），②民間活動を助成するもの（各種の農業補助がその典型），③民間活動の不足を補完するもの（国公立の学校・病院・福祉施設による教育・医療・福祉活動がその典型），④民間活動によっては解決できないもの（国防，警察，消防，河川・道路・港湾等公共施設の建設管理活動がその典型）の4類型であった。

<small>規制緩和から
民営化まで</small>

　そして，①の規制活動については，これが民間活動の活性化を妨げている場合が少なくないとして，規制緩和（deregulation）が求められた。②の助成活動については，これが過保護になっている場合があるとして，民間の自立自助の大切さが説かれた。③の補完活動については，これが民間活動を補完しているというよりも，民業と競合しこれを圧迫している場合があるとして，民間活力の活用，民間委託の促進，官業の民営化などが推奨された。

(3) 行政活動の「新公共管理」（NPM）

<small>エージェンシーの
自律性の強化</small>

　その後イギリスでは，政権がサッチャー首相から同じく保守党のメージャー首相に引き継がれ，改革は「次の段階」（Next Step）へと発展させられた。すなわち，規制緩和と民営化による市場メカニズムの活用路線に加え，行政活動における企画と実施を分離し，この実施業務を担任するエージェンシーの人事管理および財務管理の自律性を強めるとともに，これらエージェンシーの業績目標をあらかじめ「市民憲章」（Citizen's Charter）に定め，

その達成状況を業績測定する新たな評価システムの確立をめざすようになった。

行政活動に対する統制の仕組みを，実施業務の執行の方法または過程に対する事前統制から執行の成果に基づく事後統制へと，切り換えたのである。

<small>NPMの思潮と手法</small>
この種の，市場メカニズムの活用，エージェンシーへの権限委譲，成果志向・顧客志向の業績測定などを中核にした改革の波は，オーストラリア，ニュージーランドに波及し，さらにアメリカ合衆国にも伝播した。そして，その母国であるイギリスでは，その後の保守党のメージャー政権から労働党のブレア政権への交代にもかかわらず，この改革路線の基本に変更は加えられなかった。そこで今日では，この種の新しい改革の思潮と手法のことを「新公共管理」(New Public Management＝NPM) と総称し，その意味内容の内包と外延の確定が試みられている。

<small>独立行政法人と政策評価</small>
この「新公共管理」の波は日本にも及び，平成13 (2001) 年1月から施行された国の中央省庁等の再編成に際して，日本版エージェンシーとして独立行政法人制度の創設が決められ，また全省庁に政策評価の実施が義務づけられた。

(4) 市場のメカニズムと政治のメカニズム

1980年代以降の行政改革論議に一貫していたのは，これまで以上に市場のメカニズムを信頼しこれを活用して，その活性化をはかれという要求であった。

しかしながら，ここでもう一度，政府の職能＝行政サービスの発展の歴史を振り返ってみれば，現代国家が職能国家になり，さらに福祉国家への道に歩み出したのは，現実の市場のメカニズムからさまざまな社会問題が発生し，その解決が政府に期待されたからにほかならなかった。

<small>市場の歪みと市場の失敗</small>
現実の市場には独占・寡占の状態が生じるなど，市場は決して完全競争条件をみたしていなかった（経済学でいうところの「市場

の不完全性」および「市場の歪み」)。

　また，市場が仮に完全競争条件をみたしていたとしても，もともと市場の自動調整作用なるものは，公害などの外部不経済の問題とか公共財への効率的な資源配分の問題などについてはこれを適切に解決することのできないものであった(経済学でいうところの「市場の失敗」)。

　いいかえれば，現代国家は，資本主義経済に無条件の信頼を寄せることができなかったからこそ，その行政サービスの範囲・規模を拡大してこざるをえなかったのであった。

<small>政府の失敗ないし政策の失敗</small>

　ところが，ここにきて，時代思潮の流れの方向は完全に逆転したのである。今度はもっぱら行政の肥大化が憂慮され，行政活動の不適切で非効率な側面に非難の矛先が向けられてきたのである。そして，経済学における「市場の失敗」という魅力的な概念になぞらえて，政治のメカニズムの側にはいわば「政府の失敗」ないしは「政策の失敗」と称すべき本来的な欠陥があると語られる。

　行政サービスの適正な範囲とは何か。市場の経済活動と政府の行政活動のあるべき境界線は何処か。これは歴史上繰り返し論じられてきた論点であるが，これから先も，ときには右にときには左に揺れる振り子運動を繰り返すであろう。

　行政学は，市場のメカニズムによるサービス供給と政治のメカニズムによるサービス供給の利害得失を明らかにすることをとおして，この論議に際しての論点を整理することはできる。しかし，この論争に最終裁定を下しうるような学問上の科学的な規準を持ち合わせてはいない。

　行政サービスの範囲は，学問の確定しうるところではなく，あくまで政治のメカニズムをとおして決定されるべき性質のものである。それ故にそれは，国ごとに多様であって当然であり，時代とともに変遷して当然のものである。

官房学(Kameralismus)

　30年戦争(1618～48年)は神聖ローマ・ドイツ帝国領域内の国土を荒廃させ，その人口を激減させた。そして，この戦争を終結させたウェストファリア条約は，神聖ローマ・ドイツ帝国の支配権を名ばかりのものにし，領域内の諸領邦の独立割拠性を強める結果になった。

前期カメラリスト

　そこでこれ以降，ドイツ・オーストリア地域の諸領邦はその国土の復興と富国強兵を競い合うことになった。この時期にこの地域に輩出し，諸領邦君主に向けて国策を献策し，政治顧問への登用を求めて歩いた人々こそ，後にカメラリストと総称されるようになった一群の人々の起源である。ベッヒャー，シュレーダー，ホルニックなどが17世紀に活躍したこの種の前期カメラリストを代表する人々である。

　当時の諸領邦君主の経営にあっては，王室財産と国有財産，王家の家政と国家の国政はいまだ明確に区分されていなかった。君主にとっての主要な歳入源は，①ドメーネン（王家の直轄領地からの収入）と②レガーリエン（都市商工業者などに賦課した特権収入）と③ベーデ（領邦内の封建諸侯をとおして臣民に賦課した分担金収入）の3種であった。

　このうちの③ベーデこそ，後に租税に発展していったものであるが，この当時のベーデはその使途を国防目的に限定されていただけでなしに，これを賦課するにあたっては封建諸侯たちの同意と協賛を得なければならないものであったので，君主が自由に増殖をはかりうるのは，①ドメーネンと②レガーリエンであった。

　そこで，前期カメラリストの国策の中心は，王家直轄領地の農業経営方策と鉱山開発方策，都市商工業の振興方策にあった。ただ，カメラリストの国策は，国力増強の基礎として人口の増殖を強調していたこと，商工業の振興方策よりは直轄領地の経営方策に重点を置いていたことなどの特徴をもっていたので，後世の学者のなかにはこれ

を「ドイツ版の重商主義政策」と呼ぶものもいる。

後期カメラリスト

ところで，1727年にハレ大学とフランクフルト大学に官房学講座が開設され，これが官僚養成のコースに発展していった。そして，その講壇で教授された官房学は，自然法思想の影響を受けながら，しだいに学問としての体系を整え，その著作は教科書風のものに変わっていった。すなわち，国家の指導原理を啓蒙君主による幸福促進主義（Eudämonismus）に求めるとともに，官房学を経済政策学，財政学，警察学（Polizeiwissenschaft）の諸領域に分解していった。そこで，この時期以降の官房学者を後期カメラリストと呼ぶのが通例であり，これを代表する学者がユスティ，ゾンネンフェルスなどである。

官房学の衰退

官房学，なかでも「警察」（Polizei）の概念を中核にした警察学は，19世紀に入ると，法治国家思想の台頭の影響を受けて徐々に変質を遂げていったのであるが，結局のところは，「法律による行政」の原理を新たな指導原理にして勃興してきたドイツ公法学にその座を奪われ，衰退してしまった。

このように，官房学は17世紀の半ばから19世紀の半ばまで，およそ200年間続いた学問であったが，要するにそれは絶対君主制時代の「警察国家」を支えた，君主と官僚のための学問だったのであって，立憲主義の確立を求める気運に応え，絶対君主制から立憲君主制へと推移していった時代の流れに，ついに適応することができなかったのである。

こうして，官房学が隆盛を極めたヨーロッパ大陸諸国では，民主制の憲法構造を前提にした行政についての学，いいかえれば近代行政学と称しうるほどの学問はついに誕生しなかった。僅かに，ロレンツ・フォン・シュタイン（L. von Stein）による孤高の行政学説が異彩を放つのみである。

それでは，「警察国家」の伝統をもたず，官房学の影響も受けることの少なかったイギリス，しかも比較的に早くから立憲君主制の憲法構造に移行していたイギリスでは，どうであったか。近代行政学はここにも生まれなかったのである。自由放任主義が風靡していた当時のイギリスでは，行政は研究に値するほどの重みをもたなかったためであろう。

第2章

官僚制と民主制

　　前章の冒頭で述べた現代国家の三つの特質のうちの第3点，すなわち大衆民主制の実現と現代公務員制の確立の結果として現代国家の立法・行政関係と政治・行政関係に生じている問題状況について理解を深めてもらうために，この第2章では，絶対君主制の時代に形成された近代官僚制が，市民革命後の近代民主制の憲法構造の下でいかなる変容をせまられたのかという点に焦点を当ててみることにしよう。

1 近代官僚制の形成──君主と官僚の統治

(1) 近代国家の憲法構造の原型形成

絶対君主制の政治体制

　　絶対君主制の時代は，中世以来各地に分立割拠していた封建諸勢力のなかから，富国強兵策に成功して頭角を現した領邦君主が，しだいにその領土を拡張しながら中央集権体制を確立し，その領土内の封建諸勢力の特権を剥奪して，国民国家（nation state）を統一していった時代であった。

　　そこでは，君主が統治の全権を総攬していたので，立法・司法・行政の区分さえいまだに不明確ではあったが，後の近代国家の憲法構造を構成する諸制度の原型はいずれもこの絶対君主制の政治体制の下で形成され始めていたのである。

君主権と統治権の分化

　　まず主権の概念が確立され，しだいに君主権（立法権・統帥権）と統治権（司法権・行政権）とが分化していった。ついで君主に代理して統治権を遂行する機構として官僚制が形成された。またこの官僚制による統治を統轄する君主の輔弼機関として大臣・宰相が生まれ，これが後の内閣制の原型になった。やがて，君主権を協賛する機関として等族会議・三部会などが開設され，これが

後の議会制の原型になった。

(2) 近代官僚制の形成

絶対君主制時代の官僚もその当初は，君主の旧来の家臣団ないしは等族勢力とその家臣団のなかから登用されていたのであるが，このような官僚を部下にしながら，封建諸勢力の特権を剝奪し旧体制（アンシアン・レジーム）を打破し，統治を近代化していくことは困難であった。

そこで，君主たちは旧体制の桎梏から自由な将校・官僚，ひたすら君主に忠勤を励み，特定の階級・地域・職能にくみすることなく，自己を国家に同一化させるような新しい類型の将校・官僚を求めていたので，やがてかれらは社会的身分または門地にこだわらずに，もっぱら学歴と能力を基準にして平民階級からも将校・官僚を登用し抜擢するようになった。ここに初めて，近代官僚制と呼べるものが形成され始めたのである。

(3) 近代官僚制の属性――その規範と実態

行政概念のその後の展開にとって重要なのは，この絶対君主制時代に形成された近代官僚制において，後の現代公務員制の行政官集団にまで継承されている基本属性というべきもの，すなわち専門性・永続性（熟練性・終身性）・従属性・中立性の原型が形成されたことである。

ヘーゲルの官職原理

フリードリッヒ・ヘーゲル（G.W.F. Hegel）は，その著書『法の哲学』のなかの君主権および統治権に関する叙述箇所において，官職原理について以下のように説明している。

まず，官僚は学歴・能力といった客観的資格によって任用されるべきものであり，世襲・売官等は排斥される（これが専門性である）。ついで，官僚は公務において私的利益を追求することを厳しく禁じられる反面，俸給の支給という形でその生活を保障されるとともに，終身の身分保障が与えられる（これが終身性であり，終身職の官僚によって構成される官僚制の特性が永続性である）。

また，官僚は君主によって決定されている法・機構・施設などを継続的に運営し維持するところの統治権の代理者であるとされ，君主に忠勤を励み国家に同一化すべきものとされる（これが従属性である）。そしてまた，官僚は市民社会の諸々の特殊利益に偏することなく国家の普遍的利益を貫徹することをもって職務とする（これが中立性である）。

<small>専門性・永続性・従属性・中立性の規範と実態</small>

この専門性・永続性・従属性・中立性は，君主が官僚に課した規範であった。

実際には官僚が私的利益を追求し権力を濫用する可能性のあることは十分に認識されていた。また，官僚は統治権の補助執行者とされてはいるものの，その実態は，君主による君主権（立法権）の行使を補佐し輔弼する存在でもあった。そしてまた，その中立性とは，市民社会の利害対立から超然としているという限りでの中立性だったのであって，官僚は国民国家の統一を維持しながらその近代化を推進する戦いの先兵であるという意味での党派性は自明のことであった。

2 三権分立制の成立──憲政と行政の対抗

(1) 立法・司法・行政の分立

<small>国家と社会の妥協</small>

立憲君主制とは，国家と社会の間に緊張関係が顕在化した時代に，国家が社会に対して一定の譲歩をした憲法構造である。

ここで国家とは，絶対君主制の政治体制を支えていた君主・枢密院・軍事官僚・司法官僚・行政官僚等の支配機構のことにほかならない。そしてここにいう社会とは，納税階層の地主階級・新興市民階級（ブルジョアジー）等のことである。

<small>憲法発布と国民議会の開設</small>

まず欽定憲法が発布され，君主みずからの主権の絶対性に制約を課した。ついで，納税階層から選出された代表をもって構成する国民議会が開設され，君主権の根幹をなしていた立法権をこの国民議会に委譲した。こうして立法権が独立したことから，ここ

に初めて立法・司法・行政の概念が確立されたのである。いわゆる三権分立制の始まりである。

ここでの行政とは，旧来の統治から議会と裁判所に委譲された立法権・司法権を控除した残余の権能のすべてを意味しており，旧来の統治と大差のない広さをもった概念であった。

(2) 法治主義の原理──規範と実態

法治主義の3原理

ここで，立法・司法・行政の三権の間の新たな関係を規律することになった規範が，法治主義の3原理である。

すなわち，①議会の制定する法律がその他の機関の制定する一切の命令（勅令・枢密院令・軍令・政令・大統領令など）に優越し，法律の規定に抵触する命令の規定はその限りにおいて無効であるという原理（法律の優越の原理），②行政府の行政としておこなわれることのうち，少なくとも国民に義務を課し国民の権利を制限する性質をもった行政行為をおこなうことの授権はすべて法律事項として留保され，国民の権利または自由を侵害する行政行為はかならず議会の制定した法律に根拠をもち，この法律の規定に基づいておこなわれなければならないとする原理（侵害留保の原理），③行政府の行政行為の合法性は行政府から独立した地位にあるところの裁判所が議会の制定した法律の規定に基づいて審査するという原理（法律による裁判の原理）。

「法律による行政」の原理

なお，言葉の正しい意味での「法律による行政」の原理（ときには法治行政原理ともいう）とは，これらの3原理のすべてを具備した法治主義が確立された憲法構造の下で，行政府による行政活動は議会の制定した法律に基づいておこなわれなければならないとする規範である。

官制大権と超然内閣

これらの規範の確立により，従来は君主の君主権に従属していた官僚は議会の立法権に従属すべきものとなった。

だが，この従属性は立憲君主制の下ではまだいたって不完全なものであった。なぜなら，たとえば今日の行政組織法とか公務員

法に相当する法制は「官制大権」に属するものとされ，勅令ないしは枢密院令によって定められていた。

　さらに決定的な限界は，議院内閣制がまだ確立されておらず，内閣総理大臣は君主によって任命され，閣僚の多くは官僚出身であって，内閣は議会勢力から超然とした存在でありえたことである。

　要するに，立憲君主制のもとでは，議会勢力はその意思を官僚制の隅々にまで深く浸透させ，その行動を統制するすべをもたなかったのである。

(3) 憲政と行政の対抗

政党内閣の出現

　しかし，この政治的妥協の憲法構造の下でも，議会勢力が政治的実力を蓄えてくるようになると，超然内閣を継続させることは事実上むずかしくなる。行政府はその予算案・法律案の議会通過を確実にする必要上，議会内に行政府を支持する勢力を形成し維持しなければならなくなるからである。こうして，議会内に政府与党と野党の党派対立が発生する。

　議会の自律性がさらに強まると，政党制（political party system）が確立される。こうしてひとたび政党政治が確立されると，やがて議会内多数党の領袖（りょうしゅう）を内閣総理大臣に任命せざるをえないという事態に直面する。このような経緯をたどって，立憲君主制の下で誕生した政党内閣による政治が一般に憲政と呼ばれた。

政党内閣による選挙干渉

　議院内閣制の萌芽というべきこの憲政が定着し，政党内閣による政権交代が常態になると，政党間対立が官僚集団の内部にまで浸透することはある程度まで避けられない。官僚はいまや議会の立法に従属すべき存在であるのみならず，政党内閣による執政にも従うべき存在になったからである。憲政時代にしばしば発生した官選知事と警察による選挙干渉などの事例はこうした現象を示す一端であった。

　しかし，立憲君主制の下では，官僚制の自律性はまだ総じて強

固だったのであって，これが大幅に崩され，官僚制が全面的に政治化し党派化するような事態はおこらなかったといってよい。

3 官僚制から公務員制へ——情実任用と猟官制

(1) 文民統制の確立

フランスの憲法構造が帝制，王制，共和制の間をめまぐるしく揺れ動いていた時期，そしてドイツが統一され立憲君主制の下で華々しい発展をみせていた時期に，イギリスとアメリカではすでに議会主権ないしは国民主権の憲法原理が確立され，近代民主制の政治がその全盛期を迎えていた。

<small>常備軍と民兵制度</small>　イギリスの議会勢力が市民革命の過程で直面した第1の課題は常備軍の処置であった。

1640年に始まったピューリタン革命に際しては，軍のなかで議会側支持を誓った部隊を迎え入れ，これを中核に新しい議会軍（New Model Army）を編成し，これを指揮して内戦に勝利を収めたのであったが，内戦が終息に近づくやただちに，常備軍の存廃問題が論議の俎上にのぼった。軍はこれまで国王の恣意的な支配を支えてきた存在であり，将来においても人民に対する抑圧装置になりがちのものであるとして忌避され，国防はもっぱら民兵（militia）制度に拠るべきだとする意見が大勢を占めていたといわれる。

だが，内戦の完全なる終結には時間がかかったために，議会はこの間に叛乱法を制定し，この法律に議会軍を向こう1カ年に限り存続させる旨の規定をおいたのであった。そしてその後しばらくは，この時限規定を毎年繰り返し更新するという方式が続けられていたのであったが，やがて時限期間の延長がおこなわれ，ついには時限規定それ自体を抹消して，軍の存続を恒常化させてしまう結末に終わった。

<small>文民統制の原理</small>　しかし，イギリスの議会勢力はこうした経緯のなかで，軍の存

続はひとえに議会の意思に係わるものであることを明確にし，かつての国王の軍隊を議会勢力に忠実な軍隊に変えながら，文民統制（civilian control）または文民優越（civilian supremacy）の原理と称されるものを確立したのである。

(2) 議院内閣制の確立

イギリスの議会勢力にとっての第2の課題は，議院内閣制の確立であった。

共和勢力の代表が議会に結集して立法権を掌握しても，外交・国防の方針を含む国政全般に関する施政方針を定め，予算案・法律案を立案し，官僚制による行政活動を統制する内閣が議会から独立した存在であり続けるのだとすれば，この議会は先の立憲君主制時代の議会と何ら異なるところがない。

共和勢力が統治の全般にわたって実権を掌握するためには，議会の立法権のみならず内閣の行政権まで掌握しなければならない。

<small>内閣は議会の執政委員会</small>
そこで，イギリスの共和勢力は1688年の名誉革命を経て，ついに議院内閣制を確立するにいたった。

議院内閣制とは，議会の共和勢力から選出された代表が内閣を構成する，いいかえれば内閣を議会の共和勢力の執政委員会に変える仕組みにほかならなかった。こうして立法府と行政府は内閣を媒介にして一元的に結合され，内閣が立法権と行政権を調整し統合する政治指導の中枢機関になったのである。イギリスの国王が「君臨すれども統治せず」という地位に退いたのはこのとき以来のことであった。

(3) イギリスの内閣政治と情実任用

<small>情実任用の狙い</small>
イギリスの共和勢力に残された第3の課題は，先の軍に対する文民統制の場合と同様に，国王に忠勤を励む旧来の官僚制を共和勢力に忠実な官僚制に変えることであった。

そこで，内閣は官界の一新をはかるため，共和勢力に親近感を抱きこれを支持する人々を行政官に登用し抜擢するようになった

のである。この種の人事を情実任用（patronage）と呼ぶ。

　この情実任用がかなり広汎におこなわれておりながら，行政活動にさしたる支障も生じなかったのは，この時代の行政活動は，まだ範囲が狭く，業務の多くは法令の単純な執行事務にすぎず，その執務にあたってそれほど高度の専門能力を要求されなかったからであった。

情実任用の弊害と改革
　だが，時の経過とともに，情実任用の目的と効果が当初のものと違ってきてしまったのである。その原因は政党内閣制の定着にあった。内閣は，共和勢力の執政委員会というよりも，そのときどきの議会内多数派の執政委員会に変質し，議会は政府与党と野党とが左右に分かれて対抗する場に変わった。そこで，行政官の情実任用も，そのときどきの政権党が官界にその支持勢力を扶植するための方策に転化してしまったという次第である。

　こうなると，政権党が交代するたびごとに行政官の更迭が繰り返されるようになる。この更迭の規模・範囲が大きくなれば，官僚制の自律性と専門性が損なわれるだけでなく，官僚制はその終身性・永続性と中立性まで失い，継続的な業務の運営に必須の熟練性の属性まで喪失してしまいかねない。

　しかも，19世紀も後半にいたると，すでに前章で説明したように，職能国家への転換が始まっていた。行政官には従来以上の専門能力と熟練を求めなければならない時代になっていたのである。そこで，情実任用の弊害が指摘され，安定した恒久的な公務員制を再確立する必要が唱えられるようになった。

ノースコート・トレヴェリアン報告
　こうして，イギリスでは，1853年のノースコート・トレヴェリアン報告の勧告を受けて，公務員制度の改革が進められ，資格任用制（merit system）と政治的中立性を根幹とする新しい公務員制（現代公務員制）が確立されたのである。

統制の規範と分離の規範
　ここで新たに問われたのは，政党政治と人事行政のあるべき関係であった。もう少し一般化していえば，政治家と行政官のある

べき関係であった。

立法・司法・行政の分立に関連してすでに確立済みの法治主義の諸原理，そしてこれを前提にした「法律による行政」の原理の規範は，立法・行政の関係を優越・従属の関係におき，立法府が行政府を統制するための規範であったのに対して，情実任用の排斥に関連して新たに追加された規範は，政治家集団と行政官集団を分離する規範，両集団の間に一定範囲の相互不介入領域を創り出そうとする規範であった。

<small>立法・司法・行政と政治・行政</small>　立法・司法・行政というときの行政とは内閣まで含めた行政府全体とその活動のことを指しているのに対して，政治・行政というときの行政とは内閣・大臣を除いた行政府，すなわち職業的行政官で構成されている行政諸機関とその活動だけを指しているのである。

(4) アメリカン・デモクラシーと猟官制

<small>アメリカの憲法構造と政党</small>　アメリカ合衆国の憲法構造はイギリスのそれとは全く異なる。連邦政府の議会と大統領は相互に独立対等の代表機関である。それでいて，この両機関の間には複雑な抑制均衡（check and balance）の相互関係が仕組まれている。

したがって，この両機関の間に摩擦が生じることは避けられない。政府の運営を円滑に進めようとすれば，この両機関の意思を調整し統合しなければならない。この役割を担って，両機関を媒介しているのがアメリカの政党である。こうして，アメリカの政党は他の国々の政党とは異なった性格の存在になり，このことがまたこの国の政党政治と行政の関係を独特のものにしてきた。

アメリカでは他の国々に先駆けて早くから普通平等選挙制度を実施していたので，19世紀の前半からすでに国民大衆を組織基盤にした政党が発達した。ただし，これらの政党は地方単位ごとに組織され発達したのであって，大統領選挙に際しては，これらの地方単位の政党が緩やかに連合して民主・共和の両陣営を形成す

るけれども，日常は全国政党として機能してはいない。

このような地方分権的な政党制が形成されたひとつの原因は，連邦政府のレベルよりもむしろ，地方政府と州政府のレベルに多数の直接公選職が存在し，これらの地方・州の公選職をめぐる選挙がきわめて重要だったことにある。そしてまた，地方政府レベルでも州政府レベルでも，議会と首長（市長・知事）の間を媒介し架橋する役割が政党に期待されていたからであった。

<small>ジェファーソニアン・デモクラシー</small>
さて，公選職候補者の選定と当選を主たる目的にして発達したアメリカの政党は，やがてすべてのレベルの政府の任命職の人事にまで広く深く介入していくようになった。猟官制（spoils system）と呼ばれたアメリカ独自の政治慣行がこれである。

その端緒を開いたのは1801年に初めてアンチ・フェデラリスト派から大統領に就任したジェファーソンであった。かれは，このたびの大統領選挙で有権者がアンチ・フェデラリスト派の候補者を大統領に推す旨の意思表示をした以上は，有権者のこの意思が大統領によって任命される任命職の人事にまで反映されてこそ真の民主主義ではないかと考え，任命職の政府高官の人事に際して大幅な更迭を断行して，アンチ・フェデラリスト派の政治信条をもった人々を新たに登用したのであった。

<small>ジャクソニアン・デモクラシー</small>
1829年第7代大統領に就任したアンドリュー・ジャクソン（A. Jackson）はさらに急進的な政治信条の持ち主であった。かれは，政府の官職を広く国民大衆に開放して，永続的な官僚制の成長発展を阻止することこそ真の民主主義であると確信し，そのためにはすべての官職の任期を大統領と同じく4年にする法律を制定すべきであるとさえ提唱した。議会はこれに応えようとはしなかったけれども，ジャクソン政権はみずからなしうる任命人事に際して，先のジェファーソンのときを上回る大幅な更迭を実行した。しかも，このときの登用にあたっては，政治信条の如何よりも選挙活動に対する貢献の度合いが重視され，学歴・能力の如何はほ

とんど問題にされなかったのである。

猟官制の定着　当時の野党はジャクソン政権のこのような人事政策を強く非難したのであった。だが，その後みずからが選挙に勝利を収め政権を奪い返したときには，みずからもまた大幅な更迭人事をおこなって報復をした。

それ以来，大統領の交代のたびごとに党派的な更迭人事を繰り返す政治慣行が定着してしまったのである。「獲物（spoils）は勝利者のもの」（政府の官職は選挙に勝利を収めた政党のもの）と観念された。そして，この猟官制の政治慣行は，連邦政府だけでなく，州政府から地方政府のレベルにまで広く普及し定着していたのであった。

民主主義の理念と党利党略の道具　イギリスの情実任用は既存の官僚制を民主化するための措置として始められたのに対して，アメリカの猟官制は官僚制の成長発展を阻止するために始められたという違いをもつ。

しかし，いずれも民主主義の理念に立って始められた点は共通している。ただ，それらは，政党政治の全盛期には党利党略の道具に使われるようになって，元来の高尚な意義を失った。

それどころか，これがかつての官僚制に代わる新しい公務員制の形成を妨げていたために，新しい職能国家時代の行政課題に的確に対応することもできなくしていた。なかでも，アメリカの猟官制はすべてのレベルの政府の広い範囲の官職に及ぶものだっただけに，その悪弊はイギリスの情実任用のそれをはるかに凌駕していたといわなければならない。

ペンドルトン法とアメリカ行政学の誕生　1870年代になると，先のイギリスの公務員制度改革の影響を受け，アメリカでも猟官制の改革が論議され始めた。そして，1883年には，資格任用制と政治的中立性とを根幹にした最初の連邦公務員法が制定される運びになった。この法律はその議会審議の過程で推進役を務めた上院議員ジョージ・ペンドルトン（G.H. Pendleton）の名を冠して，ペンドルトン法と通称されている。

それ以来，資格任用制を適用する官職の範囲を徐々に広げる努力が営々として続けられてきたのであるが，アメリカの公務員制には今日でもなお猟官制の伝統の影が色濃く刻印されている。

　アメリカ行政学はこの公務員制度の改革論議をひとつの主要な背景にして誕生したのである。それはアメリカン・デモクラシーの行き過ぎに対する反省に立って，政治・行政関係に分離の規範を確立することを当面の理論課題にして出発したのである。

ペンドルトン法成立事情

　猟官制の弊害を訴え，公務員制度の改革を求める運動はすでに1870年代から始まっていた。だが，これまで選挙民・党員に対する利益誘導・利益還元の方策として，この猟官制をフルに活用してきた政党政治家たちは，一致団結してその改革に抵抗していた。

　ところが，1881年と1882年に，この状況を一変させる事件が相次いでおこった。第1の事件は，1881年7月2日のこと。その前年の選挙で当選し，その年の3月4日に第20代大統領に就任したジェイムズ・ガーフィールド(J. A. Garfield)がこの日にワシントン駅で一人の男に銃撃され，これがもとで9月19日に死亡したという，大統領暗殺事件であった。

　犯人は，官職への就職を希望し，大統領にも陳情を繰り返してきたにもかかわらず，一向に希望をかなえてもらえないことに憤激して，ついに大統領襲撃を決意したというのである。この事件のあまりにも愚劣な真相は世間の人々に大きな衝撃を与え，猟官制の改革を求める世論がこれを機に一挙に盛り上がった。

　第2の事件は，その翌年の中間選挙で共和党が久方ぶりの敗北を喫したという事件である。共和党はそれまで長い間，連邦議会多数党の地位にあっただけでなく，あわせて大統領職をも掌握し続けてきたのであったが，この中間選挙の結果を見た共和党議員たちは，2年後の大統領選挙でも再び民主党に敗れるのではないかという予感に恐れおののいたのである。

　民主党が政権の座を奪還すれば，これまで共和党が官界に扶植してきた勢力を一掃するであろうことは，火をみるよりも明らかであった。それならば，むしろここで公務員法の制定に踏み切り，更迭人事を制約しておいた方が得策ではないのか。

　共和党議員たちがこのように打算し，この時点になって急遽その態度を変えたからこそ，ペンドルトン法はほかならぬ1883年の時点で成立する運びになったのである。

第3章

アメリカ行政学の展開

　第1章では行政サービスにかかわる側面から，そして第2章では行政サービスの生産・供給の主体である官僚・行政官にかかわる側面から，現代国家の歴史上の位相について概説してきた。

　そこで，この第3章では，この現代国家に必要不可欠な行政体制を整えるという制度改革の課題に応えて誕生したアメリカ行政学の展開について概説しておくことにしよう。

行政理論の系譜と組織理論の系譜　ところで，アメリカ行政学にはもともとふたつの水源から流れ出たふたつの水脈がある。そして，このふたつの水脈はときには合流してひとつの河川になり，ときにはまたふたつの河川に分かれてきた。ひとつは政治学を水源とする行政理論の系譜であり，もうひとつは科学的管理法(Scientific Management)を水源とする組織理論の系譜である。

　このふたつの水脈の合流と分流の流れを素描してみたのが図表3-1である。そこで以下では，アメリカ行政学の発展史を行政理論の系譜の展開と組織理論の系譜の展開とに分け，それぞれの流れにそって解説していくことにしよう。

図表3-1　アメリカ行政学の展開

	世紀転換期	戦間期	1940年代	第二次大戦後	
《行政理論の系譜》	政治・行政分離論 (現代公務員制の育成)	→ 行政管理論 (執政権の統合・強化)	→ 政治・行政融合論 (行政権の優越化)	→ 行政責任論 (行政国家)	↗ →
		⇕ 合流		政策科学 管理科学	
《組織理論の系譜》	科学的管理法 (作業の科学)	→ 古典的組織論・人間関係論 (組織の編成論)・(組織の生成論)	→ 現代組織論 (組織の形成論)	→ 意思決定論 (組織の経営論)	↗ →

1 行政理論の系譜

(1) 政治・行政の分離論

ウィルソンと
グッドナウ

　アメリカ行政学の建学の父祖とされているのは，ウッドロウ・ウィルソン（W. Wilson）とフランク・グッドナウ（F. J. Goodnow）の二人である。ウィルソンとは，後に第28代大統領としてアメリカを第一次大戦に参戦させ，国際連盟の創設を提唱した，あのウイルソンその人であり，グッドナウはコロンビア大学政治学部の市政学講座担当の教授，後のジョーンズ・ホプキンス大学学長であった。

　この若き日の政治学徒ウィルソンの論文「行政の研究」（1887年）とグッドナウの著書『政治と行政』（1900年）こそ，アメリカ行政学の礎石を築いた記念碑的著作とされている。「行政の研究」はペンドルトン法が1883年に制定されてから僅か4年の時点に発表され，グッドナウの『政治と行政』の方は，市政改革運動（municipal reform movement）が勃興してまだ間もない時点，それも市政改革運動の交流拠点として結成されたばかりの全国都市連盟がその最初の『都市綱領』（Municipal Program）を世に問うたのと同年に刊行されている。

政治・行政の
分離論

　このふたつの著作にほぼ共通していたのは，要旨以下のような論説であった。すなわち，今日では効率的な行政活動の必要が日増しに強まってきているにもかかわらず，現在のアメリカの政府はこの時代の要請に応えうるものになっていない。このことはヨーロッパ諸国の政府と比較してみれば明らかなところである。アメリカン・デモクラシーのこの欠陥は合衆国憲法に定められている三権分立制の仕組みそのものに起因しているというべきであるが，より直接的な原因は，この憲法構造の下で形成されてきた政党政治の異常な姿，ことに政党政治が行政の領域を侵し，行政機構の健全な発達を阻害してしまっていることにある。そこで，こ

のような現状を改め，時代の要請に的確に応えられるような，有能にして効率的な政府を建設していくためには，何よりもまず，政治の任務と行政の任務との違いを明確に認識して両者を区別し，政党政治の介入から自由な行政の領域を確立すること，ヨーロッパ諸国の議院内閣制と官僚制の姿に学びながら，政府の執政権を統合し，その行政機構にヒエラルヒー原理を導入しなければならない，というのであった。

分離の規範の
確立を求める
基礎理論

　草創期のこの種の論説のことを，後世の行政学者たちは政治・行政の分離論，分断論，二分論などと命名した。事実，この種の論説は前章で述べたところの「分離の規範」の確立をアメリカにおいて初めて提唱したものにほかならなかったのである。そして，それは世紀転換期のアメリカの課題であった制度改革，なかでも公務員制度改革，地方自治制度改革，軍制度改革などにほぼ共通して必要な基礎理論であった。

　それは，絶対君主制時代以来の官僚制を継承していたヨーロッパ大陸諸国では改めて確立する必要のなかったものであったが，近代民主制の政党政治の下で官僚制を弱体化させたイギリス・アメリカでは再確立されねばならなかったものであった。いいかえれば，草創期の政治・行政分離論は現代の公務員制と行政機構を育成するための基礎理論だったといえるのである。

(2) 行政の管理論

科学的管理法
との合流

　その後のアメリカの行政理論は，この「分離の規範」の適用を要すると主張する領域を，当初の行政職員の任免の領域から財務会計事務の処理，行政組織の編成などの領域へと徐々に拡張していった。そして，これらの行政固有の領域の活動を律すべき科学的な原理とこれにかなった合理的な技法を探求し始めたのである。

　その中心的な推進機関になったのが市政改革運動の一環として1906年に設立されたニューヨーク市政調査会（後のニューヨークの行政研究所）であった。ここに結集していた人々はそのころ主

としてアメリカの私企業経営（business administration）の世界で流行し始めていたところの科学的管理法に学び，ここから摂取したものを公的経営（public administration）の世界に応用しようとしていたのである。

こうして行政理論の系譜がもうひとつの組織理論の系譜と合流したところに行政の管理論が開花し，これが戦間期にその最盛期を迎えたのであった。したがって，この時期のアメリカの行政学（Public Administration）は，経営学（Business Administration）と紙一重のものであった。

草創期のアメリカ行政学はヨーロッパ諸国の行政を模範にしていたのであったが，ここにきて自国の先進的な私企業経営に学ぶべきものを見出し，これ以降は純粋にアメリカ産の学問として成長発展していくことになった。

事務管理論の系統

この行政管理論には，大きく分けてふたつの系統がある。ひとつは，科学的管理法の直接の影響のもとに発展した事務管理論の系統であり，この系統からは財務会計事務の標準化，物品集中購買方式の導入，競争入札制度の確立等々，地味ではあるが重要な数々の成果が生み出された。

だが，それ以上に重要なことは，このニューヨーク市政調査会の関係者たちがタフト大統領によって1912年に設置された「節約と能率に関する大統領委員会」に参画して，行政府予算の制度の創設を提言したこと（後に1921年予算会計法に結実した）と，これを機に「節約と能率」（Economy and Efficiency)という標語を時代の流行語にし，この「節約と能率」こそ行政管理の良否を測る究極の価値規準であるとする社会通念を定着させたことであった。

組織管理論の系統

もうひとつの系統は，公私の別を問わず，組織一般の編成原理を探求した組織管理論である。そして，その当時における到達点を示している古典がルーサー・ギューリック（L.H. Gulick）とリンダル・アーウィック（L.F. Urwick）の共編著『管理科学論集』

(1937年) である。この組織管理論の組織編成の原理についての解説は次節の古典的組織論の項に譲ることにして，ここでは，ギューリックによって定式化されたところの，執政機関の総括管理機能についてのみ簡単に紹介しておくことにしよう。

POSDCoRB　　フランクリン・ローズヴェルト大統領によって1937年に設置された「行政管理に関する大統領委員会」（通称・ブラウンロー委員会）に参画したギューリックは，同委員会のために執筆した覚書において，組織のトップが担うべき総括管理機能には，企画 (planning)，組織 (organizing)，人事 (staffing)，指揮監督 (directing)，調整 (coordinating)，報告 (reporting)，予算 (budgeting) という七つの機能があるとし，これを一語で表すために，これらの機能を表わすそれぞれの単語の頭文字を取って綴り合わせ，POSDCoRB なる略語を造り出した。

大統領府の創設　　そしてかれは，小規模組織のトップであればこれらをみずから一人で処理することができるけれども，大規模組織の場合には，トップにその余裕がないので，トップを補佐してこれらの総括管理機能を分掌する総括管理機関を整備充実することが必要であると提言した。この着想は明らかに古典的組織論のライン・スタッフ (line and staff) 理論から示唆を受け，これを応用したものにほかならなかった。

そして，このギューリックの提言の趣旨は同委員会の報告書に採択され，これに基づいて予算局等の諸機関を包括する大統領府が創設された。

シティ・マネージャーと行政大学院　　もうひとつ，この時代の産物として逸することのできないものに，地方政府レベルでの市会・市支配人制 (council-manager system) の誕生と普及がある。これは1908年に生まれ，全国都市連盟がその第二次『都市綱領』(1915年) で最善の政府形態として推奨したものであり，政治と行政の分離を基本理念にしたものであった。すなわち，市会 (council) は都市行政に卓越した能力を

もつ人々のなかから適当な人を選び，これを市支配人（city manager）に任命し，市の執政権を全面的にこれに委ね，市の行政各部門に対する指揮監督権を市支配人の下に一元的に統合するという制度である。

そして，この新しい政府形態が1920年代以降急速に普及し，市支配人に対する需要が急増したために，これを専門職業家（プロフェッション）として養成する機関として，経営大学院にならい，行政大学院が続々と創設されていくことになったのである。

要するに，事務管理論と組織管理論を中核にしたこの時代の行政管理論は，行政固有の領域に属する活動を合理化すること，そしてまた執政権を統合し強化することを実践目標にした行政理論だったといえる。

(3) 政治・行政の融合論

行政国家への移行

こうして，連邦政府から地方政府にいたる各レベルの政府において，現代公務員制の形成が軌道に乗り始め，執政権の統合と強化が進められていった結果，ニューディールから第二次大戦にいたるころには，大統領・知事・市長等の執政の首長はその傘下の行政府をしっかりと掌握することができるようになっていたといえるであろう。

ここまでくると，立法府と行政府の権力関係も大きく変動せざるをえない。行政府はいまや政策立案機能をも担い，立法府に対してさえ指導力を発揮するようになるのが通例である。こうなった状態を行政権の優越化と呼び，このような段階に到達した国家を行政国家（administrative state）と呼ぶのである。

政治・行政の融合論

現実の立法・行政関係と政治・行政関係に生じたこの変化に対応して，1940年代になると，政治・行政の融合論と総称される論説が学界を支配するようになった。すなわち，アメリカ行政学の正統教義（ドグマ）になっていた先の政治・行政分離論は現実の行政の実態を正しく認識していないだけでなしに，規範としても

成り立ちえない完全に誤った理論であるとして、一斉に批判されるようになったのである。

この種の論陣を張った論者たちのなかには、たとえばポール・アップルビー（P. Appleby）などのように、ニューディール行政にみずから参画した体験をもつ人々も少なくなかった。そして、かれらは、現実の政府の政治・行政関係では、政治と行政の関係は整合的、または連続的、あるいは循環的なのであって、両者は区別しがたく切り離しがたい結合関係を形成していると主張したのである。

しかし、この新しい政治・行政融合論が登場したからといって、政治家集団と行政官集団を区別し両者の間に一定の相互不介入関係を維持することまでが全面的に否認されたのでは決してなかった。

したがって、このふたつの論説は完全に二者択一の関係にあるものというよりは、むしろ切り口を異にしたものであったとみるべきであろう。分離論にいうところの政治とは政党政治のことであり、この政党政治から分離されるべき行政とは行政固有の領域のことだったのに対して、融合論にいうところの政治とは政策形成のことであり、これと切り離しがたい関係にあるとされた行政とは主としては行政府による政策の立案と実施にかかわる行政活動のことだったのである。

融合論登場のもつ三つの意義　融合論登場のもつ意義は、まず第1に、政治と行政の交錯する領域が従来以上に広がってきている現実に注意を喚起し、行政学の研究対象を政治絡みの領域に引き戻し、これを拡大させたことにあった。

また第2に、分離論を前提にしてひたすら価値中立的な原理を探求してきたところの行政管理論に対して猛省を促したことである。ドワイト・ワルドー（D. Waldo）は価値中立的にみえる原理の政治的イデオロギー性を暴露することでこれをおこない、ハー

バート・サイモン（H.A. Simon）はその素朴な科学主義の虚構性を指摘することでこれをおこなった。

そしてまた第3に，融合論の登場によって，政治・行政のあるべき関係をめぐる規範的な論議が再燃させられたことである。ここに，政治・行政の関係についての第3の規範，すなわち両者の間に指導・補佐の関係の成立を期待する「協働の規範」が生成する素地も整った。

政治と行政の協働の規範の生成

(4) 行政の責任論

こうして，第二次大戦後になると，アメリカにおいてさえ行政機構の肥大化・強大化を危惧し，これを新たなる現代官僚制の発展ではないかと警戒の念を強める人々も生まれてきた。

そこで，「官僚制と民主制」のあるべき関係をめぐる論議が再燃し，アメリカ行政学の主題は，行政権の優越化時代において行政機構・行政官が担うべき責任の問題へと推移してきた。この論議に最初の口火を切ったのが，イギリスの行政学者のヘルマン・ファイナー（H. Finer）とアメリカの政治学者カール・フリードリッヒ（C. J. Friedrich）の論争であった。

ファイナーとフリードリッヒの論争

ファイナーは，伝統的な憲法原理である「統制の規範」（第2章第3節参照）に忠実に，議会による行政府の行政活動に対する統制の重要性，裏返していえば議会に対する行政府の制度上の答責性（accountability）を確保することの重要性を強調したのに対して，フリードリッヒの方は，現代において行政責任の問題が取り立てて論じられなければならなくなったのはそもそも議会による統制が有効に機能しなくなってしまった結果なのであるから，現代の行政機構・行政官に対しては制度上の答責性を要求するだけでは足りず，そのときどきの行動において，コミュニティの民衆感情に直接に対応する責任（responsibility）を自覚することと，客観的に確立された科学的な規準に対応する責任を自覚することを，あわせて要求しなければならないと説いた。

コミュニティへの直接責任と機能的責任

　そしてかれは，前者の責任をコミュニティの民衆感情に対する直接責任と呼び，後者の責任のことを機能的責任（functional responsibility）と名づけたのであった。

　要するに，アメリカ行政学の主題は，ここにきてようやく，官僚制の伝統をほぼそのまま継承して現代を迎えた国々のそれに接近してきたといえる。ヨーロッパ諸国および日本などによるアメリカ行政学の摂取が第二次大戦後になって初めて本格化してきたのには，それなりの理由があったのである。

アメリカ行政学の特徴

　そうはいうものの，アメリカ行政学の特徴は，ひとたびは組織理論の系譜と合流して，そこに行政管理論を豊かに発展させたことにこそあった。そこで，ここで節を改めて，もうひとつの組織理論の系譜についてもごく簡潔に素描しておくことにしよう。

2 組織理論の系譜

(1) 科学的管理法

テイラー・システム

　科学的管理法はフレデリック・テイラー（F.W.Taylor）によって創始された。かれの提唱した工場労働の管理法をテイラー・システムと呼ぶが，これは，20世紀初頭の機械化の初期段階，すなわち，まだ人力を動力にしていた作業機時代に対応した「作業の科学」と呼ぶべき性質のものであった。

　そこで，やがて蒸気を用いた動力機が開発され，これとベルト・コンベアを組み合わせた流れ作業システムが登場してくる段階になると，その歴史的任務を了えて衰退していった。

作業の計測と標準化

　だが，それは，動作時間研究（motion-time study）を活用した作業の標準化（standardization）とこれを基礎にしたところの課業管理（task management）の管理手法を中核にしながらも，これに付随して，さまざまな管理手法を開発し，その後の科学的管理法の発展の礎石になったのであった。

　作業の計測の発想は産業工学の基礎になり，標準化の原理は広

く人事管理における職務分類，財務管理における標準コストの概念等にまで適用されていった。また，後の職業適性検査にしろ職員研修にしろ，あるいは組織理論におけるライン・スタッフ理論にしろ，その萌芽はすべてテイラー・システムのなかに見出すことができるのである。

(2) 古典的組織論

「作業の科学」から「組織の科学」へ

　フォード自動車工場で採用されたフォード・システムなどのように，生産工場において流れ作業システムが普及して，ベルト・コンベアの速度が労働者の作業を管理するようになると，私企業の経営者たちの関心は工場レベルから離れ，会社の管理部門の事務機構を確立することに向けられていくようになり，ここから古典的組織論が発展することになった。経営者たちの関心が下級管理から中級管理へと推移したことに伴って，「作業の科学」に代わる「組織の科学」の探求が始まったのである。

機能別職長制から「命令系統の一元化」の原理へ

　ところで，テイラー・システムにおいて提唱されていたものでありながら，現実にはほとんど採択されず普及しなかったものに，機能別職長制（functional foremanship）と呼ばれる独特の方式があった。これは，工場労働者を第一線で監督する職長を複数にし，それぞれの職長の担当する監督機能を分けようとするものであったが，古典的組織論ではこの方式が徹底的に排撃され，これに代えて，「人は二君に仕えず」とする「命令系統の一元化」（unity of command）の原理が疑うべからざるものとされた。

組織編成の3原理

　組織は，この「命令系統の一元化」の原理と，管理者が統制する部下の適正規模に関する「統制の範囲」（span of control）の原理と，そしてもうひとつ，業務の「同質性による分業」の原理という三つの原理の組み合わせによって編成されるべきであるとされた。

　「統制の範囲」の原理を重視して組織を編成すれば「上から下へ」（top down）の編成になり，「同質性による分業」の原理を重

視して組織を編成すれば「下から上へ」(bottom up) の編成になるが、いずれにしろ、「命令系統の一元化」の原理を確固不動の原理としている限り、そこに誕生する組織の形態はかならずピラミッド型のヒエラルヒー構造になるのであった。

<small>ライン・スタッフ理論</small>　しかしながら、古典的組織論はこれと同時にいわゆるライン・スタッフ理論をあわせ提唱していたのである。すなわち、軍隊における参謀の制度にならい、ライン系統組織の管理者には、その管理機能を補佐するスタッフを配置すべきであるとした。ただし、このスタッフはライン系統組織の管理者に対して助言・勧告をおこなうことをもっぱらの任務とすべきであって、決してみずから命令し決裁する権限をもつべきではないとされていた。なぜならば、このことが守られないとすれば、肝心要の「命令系統の一元化」の原理が乱されることになるからであった。

<small>縦割りの組織と横割りの組織</small>　ところで、業務の「同質性による分業」の原理にいうところの同質性とはいかなる規準に基づく同質性であるべきなのか。これには、目的（purpose）、作業方法（process）、対象集団（clients）、それに管轄区域（area）という四つの規準があるとされ、その上で、組織編成において広く一般に活用されているのは目的の規準に基づく同質性と作業方法の規準に基づく同質性のふたつであるとされた。

　業務の目的による分業の原理に従って編成された組織がいわゆる縦割りの組織であり、業務の作業方法による分業の原理に従って編成された組織がいわゆる横割りの組織である。

　そこで、この2種類の組織形態の利害得失をめぐる議論が古典的組織論のもうひとつの大きな論題になっていたのである。

(3) 人間関係論

<small>職務の体系と職員</small>　科学的管理法と古典的組織論の根本観念によれば、組織を構成する要素は職務であって、これらを担当する職員ではなかった。組織の合理的な編成とは全職務を合理的な体系に分割すること、

あるいは組み立てることなのであって、職員の組合せを決めることではなかった。人は割り当てられた仕事にみずからを合わせるべき存在であった。

だが、生身の人間はエンジンの部品とは違って、設計者の期待どおりには動かない。このことを実地に観察し、そこから組織についての新しい認識枠組みを構築したのが、人間関係論（human relations theory）である。

ホーソン工場の実験　この人間関係論を最初に発表したのはハーバード・ビジネス・スクールのエルトン・メイヨー（E. Mayo）とその弟子のフリッツ・レスリスバーガー（F. J. Roethlisberger）たちのグループであった。同グループはウェスタン・エレクトリック社から同社の工場における能率向上方策についての調査研究を受託し、同社のホーソン工場を対象にして実地調査を始めた。

当初の実地調査は科学的管理法の観点と手法に立って設計されたものであったが、そのうちに、その妥当性に疑問を抱き、調査の観点と方法をいくたびも変えていった。そして最終的には、組織を一種の社会システムととらえる観点に到達し、職場におけるインフォーマルな人間関係こそ現場の作業能率にもっとも大きな影響を及ぼしている究極の要因なのではないかとする仮説に到達したのであった。

図表 3-2　組織のサブ・システム

```
組　織 → 技術組織
         人間組織 → 個　人
                   社会組織 → フォーマル組織
                             インフォーマル組織
```

フォーマル組織とインフォーマル組織　同グループの仮説によれば、組織という社会システムは、図表3-2に示しておいたようなサブ・システムから構成されている。フォーマル組織（または、公式組織ないしは定形組織）とは、組

織における命令系統と事務分掌など一般に組織図に表示されているような，組織構成員相互間のあるべき関係である。これに対してインフォーマル組織（または，非公式組織ないしは非定形組織）とは，フォーマル組織には表示されていないにもかかわらず，組織構成員間に現実に発生しているありとあらゆる関係様式である。

インフォーマル組織はフォーマル組織の規範のもとで，それを前提にしながら，それにもかかわらず生成する事実関係であり，両者は相互排他的なものではない。

<small>対外的均衡と対内的均衡</small>　人間関係論者は組織をこのように把握した上で，次のように主張する。インフォーマル組織はフォーマル組織の活動をときには阻害もするが，他面ではその存在は効果的な協働関係を維持するために必要なものでもあるというのである。

また，次のようにもいう。あらゆる組織は，組織目的を達成する機能（対外的均衡）と，構成員の心からの協力を確保する機能（対内的均衡）と，ふたつの機能をもつ。経営の関心はこのうちの対外的均衡の問題のみに向けられがちであるが，組織が真に能率的であるためには，もう一方の対内的均衡の問題にも関心を向け，構成員に満足感を与えなければならない，と。

要するに，インフォーマル組織がフォーマル組織を効果的に維持するようなものになるように操作するのが，管理のひとつの要諦であるとされた。

<small>組織生成の理論と管理手法</small>　このように，人間関係論はインフォーマル組織の生成に関する理論として出発し，やがてこのインフォーマル組織の生成を，いいかえれば組織構成員の内面の心理までをも操作の対象にする管理手法の開発に向かっていくことになった。

だが，それはフォーマル組織について新しい組織編成原理を提示するものではありえなかった。

(4) 現代組織論

人間関係論による人間行動に関する豊かな知見の蓄積を踏み台

にして，チェスター・バーナード（C. I. Barnard）著『経営者の役割』(1938年) が登場し，ここから現代組織論が始まった。

チェスター・バーナードの三層構造理論　バーナードは，まず協働体系（cooperative system）から論じ始め，次いでそのサブ・システムのひとつである組織（organization）について論じ，その上で管理（management）について論じた。それ故に，かれの理論は経営・組織・管理の三層構造理論であると解説されている。

ここで協働体系と呼ばれているのが社会通念上の組織のことである。この協働体系のサブ・システムには，協働体系の活動目的と環境との相互関係に規定された社会システムと，その活動を支える資材・人材等の調達配分システムと，それにもうひとつ，これらを前提にして展開される組織構成員相互間の人間行動のシステムとがあるとされる。かれのいう組織とはこの最後のサブ・システムのことである。

したがって，かれの組織理論は，軍隊・官庁・企業・政党・労組・教会・学校といった多種多様の，ありとあらゆる協働体系一般に普遍的に妥当するところの組織の純粋理論の構築をめざしたものであって，それぞれの協働体系を特徴づけている目的・資材・人材等の側面を敢えて捨象しているのである。

組織形成の理論　組織を人間行動のシステムととらえるバーナードの組織理論は，組織の編成と組織の生成の両側面を統合した組織の形成に関する理論であり，フォーマル組織の構造よりもその作動に着目して，その静態ではなく動態をとらえようとしたものであった。

あるいは，組織内で「上から下へ」の方向に働く影響力と「下から上へ」の方向に働く影響力の双方に着目し，これを統合しようとしたともいえる。このことは，後述するところの，かれの組織均衡理論と権威受容説にもよくあらわれているところである（第11章参照）。

そこで，かれの組織理論では，構成員相互間の意思伝達（コミ

ュニケーション）がその鍵概念になっているのである。

ハーバート・サイモンの意思決定論

　バーナードの理論をその大筋において継承しながら，コミュニケーションの結節点における意思決定（decision making）に焦点を当て直して現代組織論を飛躍的に発展させたのが，先のハーバート・サイモンの著『管理行動』(1947年) であり，またサイモンとジェームズ・マーチ（J. G. March）の共著『オーガニゼーションズ（組織論）』(1958年) である。

　こうして，現代組織論のうちのひとつの潮流として，「合理的な選択」（rational choice）の理論が発展した。そして，これが政府の政策決定（policy making），政策評価（policy evaluation）に関する研究にも応用されていくようになった。

　今日ではさらに，これに統計解析の手法を加味した計量的な学問として，管理科学（management science）と政策科学（policy science）とが発展してきている。

行政理論と組織理論の分化と交錯

　アメリカ行政学のふたつの系譜，すなわち行政理論の系譜と組織理論の系譜とは，第二次大戦後には再び，それぞれに独自の学問領域として分化し，それぞれのうちに多様な系統の研究を含むものとして発展を遂げている。

　だが，同時にまた，このふたつの系譜が相互に学び摂取し合うことが有益な研究領域も再生してきているのである。それは，組織理論の系譜における関心がついに組織の上級管理に，すなわち経営戦略にかかわる意思決定のあり方に向けられてきたのと符節を合わせて，行政理論の系譜の関心の焦点もまた，政策をめぐり政治と行政とが交錯する局面へと推移してきていたからである。

アメリカの行政大学院

アメリカの総合大学には，その大学院にロー・スクール，ビジネス・スクール等と並び，行政大学院（Graduate School of Public Administration）が設けられていることが多い。

連邦政府の大統領とか州政府の知事などによって政治的に任用される特別職の人々にはロー・スクール出身の法律家が多いけれども，連邦および州の一般職の上級職行政官のうちのジェネラリストに関する限り，その多くは行政大学院修士課程修了の修士たちである。そして，市会・市支配人制の地方政府に市支配人または市支配人補（assistant city manager）として任用されている人々も，その大半は行政大学院卒の修士たちである。

そこで，学部レベルでは行政学と題する入門講義が提供されているだけであるが，行政大学院に進学すると，財務管理，人事管理，労務管理，組織管理，事務管理など行政管理にかかわる諸科目と，これに加えて都市行政とか公共政策にかかわる諸科目が幅広く，細分化されて教授されている。

要するに，行政大学院の教育は，わが国でいえば中央省庁の官房系統組織，あるいは都道府県・市町村の総務系統組織で所管されている類いの総括管理機能について，これを担当する専門職業家（プロフェッション）を養成しているのである。

これに対して，わが国では，行政学は法学部ないしは政治経済学部の政治学系統科目のうちのひとつとして学部レベルで教えられているのみで，大学院の研究科においてさえも，行政管理論の各論までは教えられていない。

ちなみに，隣国の韓国では，第二次大戦後に，アメリカの学問と大学制度の影響を強く受けて多くの大学に行政大学院が設置され，アメリカ流の行政学教育がおこなわれている。もっとも，韓国の場合には学部レベルにも行政学科が設けられていて，これが公務員志望者の主要な養成コースになっていることが，アメリカとも異なるユニークな点である。

第4章

行政学の構成

　前章では，現代世界の行政学の源流であり主流であるところのアメリカ行政学の展開について概説した。そこで本章では，アメリカ行政学を継受しながらも，これを補完する形で独自の行政学の構築に努めてきた日本の行政学の足跡をたどってみることから始め，続いて行政学の日本における構成の仕方についての筆者なりの考え方を披瀝しておくことにしよう。

1　日本における行政学の展開

(1) 日本の行政学の系譜

　　　明治15（1882）年から明治23（1890）年まで，東京大学（明治19年に帝国大学，同30年に東京帝国大学と改名）の政治学科では行政学と題する講義科目がおかれていた。だが，これを講じていたのはドイツから来日していたカール・ラートゲン（K. Rathgen）であり，その内容は従前の官房学を色濃く継承したものであって，これを現代行政学と等置することはできない。

戦前期の行政学　　日本で現代行政学の教育研究が始められたのは大正10（1921）年のことであった。この年に，当時の東京帝国大学と京都帝国大学の両法学部に行政学講座が新設されたのである。

　　　東京帝国大学でこの新設講座の初代担当者に任ぜられたのは新進政治学徒の蠟山政道であった。かれはただちにイギリスとドイツに留学し，主としてイギリスの学問の影響を受けた実証的行政学を構築した。これに対して，京都帝国大学で初代の担当者になった田村徳治は，ドイツの新カント派哲学に親しみ，もっぱら行政学の体系と方法について思索を続け，かれ独自の難解な用語を

駆使した観念的行政学を樹立した。

　戦前期の行政学はこの二人の創始者の業績にほぼ尽きていたのであるが，その双方に共通していたのは，行政学を従来の行政法学とは異なる新しい学問として構築しようとする使命感であったといえよう。

戦後期の行政学　この二人の創始者の指導ないしは影響のもとにすでに戦時中から行政学徒としてデビューしていたのが，京都大学育ちの吉富重夫と長浜政壽，そして東京大学育ちの辻清明の3氏であった。そして，これら第二世代の3氏とこれら3氏の指導ないしは影響を受けて敗戦直後に育った足立忠夫など第三世代の研究者たちによる行政学を，ここでは戦後期の行政学と呼ぶことにしよう。

　この戦後期の行政学に顕著な特徴は以下の2点にあった。その第1は，戦前戦中の文化的鎖国状態から解放され，初めて本格的にアメリカ行政学を摂取し始めたことである。その第2は，憲法改正に端を発した戦後改革に直面し，これらの制度改革について論評をせまられていたことである。

理論研究と実証研究の乖離　このふたつの動向はそれぞれ別個独立に進み，連動し合うところがなかったのである。すなわち，第1のアメリカ行政学の摂取は主としては理論研究の動機からおこなわれ，その成果は行政学教科書の記述に取り入れられていった。だが，第2の実践課題に対応するための研究は，アメリカ行政学とは無縁なところで，明治以来の日本の行政制度史に関する歴史研究として，あるいは制度改革の効果に関する実態調査研究として進められていた。

　たとえば，辻清明の教科書『行政学概論・上巻』（1966年）にはアメリカ行政学の諸概念・諸命題を導入した論述が多いのに対して，かれの主著である『新版・日本官僚制の研究』（1969年）に収録されている諸論稿には，アメリカ行政学の影は薄い。

昭和51年の『行政学講座』　この戦後期の行政学の研究成果を集大成したものが，昭和51（1976）年刊行の『行政学講座』全5巻（東京大学出版会）であ

る。

安定期の行政学　この『行政学講座』の刊行以後今日までの間に，第三世代と第四世代の研究者によって形成されてきている行政学を，戦後制度が安定期に入ってからの行政学という意味で，ここでは安定期の行政学と呼ぶ。戦後期の行政学にみられた行政学教育と行政研究の分裂，あるいは理論研究と実証研究の方法上の乖離について，これを何とかして克服しようとする種々の試みが始められたのは，この時期になってからであった。

平成6年の『講座行政学』　そしてこの安定期の行政学の成果を集大成したものが，平成6～7（1994～95）年刊行の『講座行政学』全6巻（有斐閣）である。

(2) アメリカ行政学の継受

日本の行政学がこのような学問上の課題を背負うことになった究極の原因は，アメリカの行政の実態と日本のそれとがあまりにも大きくかけ離れていたことにあった。

アメリカの憲法構造と日本の憲法構造　アメリカ行政学は一面では現代国家にほぼ共通する行政課題に対応した普遍的な学問なのであるが，同時にそれは，アメリカの憲法構造に特有の諸条件に強く規定された，特殊アメリカ的な学問でもあったのである。すなわち，アメリカ行政学は，強固な官僚制の伝統をもたない国の行政学であり，高度に分権的な政府間関係を背景にした行政学であり，また大統領制の下での政治・行政関係を前提にした行政学である。

これに対して，日本は明治以来強固な官僚制を形成してきた国であり，集権・融合型の政府間関係を維持してきた国であり（第5章参照），また戦後は議院内閣制を採用している国である。

このような日本にアメリカ行政学の諸概念・諸命題を輸入し，これらをそのまま日本の行政についての考察に適用しようとすれば，そこに少なからぬ齟齬を生じるのは必然であった。

(3) 憲法構造の歴史的発展段階論

戦後期の行政学者たちは決してこのことに無自覚ではなかった。

むしろ，明瞭に自覚していたのである。そのことを明白に示している証左は，吉富重夫の教科書『現代行政学』(1967年)とか辻清明の諸論文が早くから憲法構造の歴史的発展段階論というべき認識枠組みを提示していたことである。

民主化と能率化の「二重の課題」

すなわち，辻による要旨以下のごとき論説がその典型である。まずかれは，近代史の流れは，絶対制から近代民主制へ，そしてさらに現代民主制への移行の過程であったとする。

そしてその上で，絶対制から近代民主制への移行過程では民主化が課題であったのに対して，近代民主制から現代民主制への移行過程では能率化が課題になったとする。

ところで，その近代化過程がこの理念型に近い形で漸進的段階的に進行した国々の場合には，官僚制・公務員制の改革であれ地方制・自治制の改革であれ，この2段階の移行過程を順序よく経由してきているのであるが，日本は戦後改革に際して，いきなり絶対制から一足飛びに現代民主制へと移行せざるをえなかったために，民主化と能率化という「二重の課題」に同時に直面することになった。そこで，日本の戦後改革では，民主化をめざす改革が不徹底になり，絶対制の残滓を多分に遺す結果になった，と指摘するのである。

歴史研究と比較研究を結合する枠組み

この歴史的発展段階論は，アメリカ行政学の課題と日本の行政学の課題との決定的な差異を明確に自覚した上で，この両国の行政学を分け隔てている大きな溝に橋を架け，両者の接ぎ木を可能にしようとした，ひとつの有効な試みであった。それは歴史研究と比較研究とを結び合わせる枠組みでもあった。

しかしながら，それはまだあまりにもマクロなレベルの認識枠組みにとどまっていたのであって，この橋を利用するだけでは，アメリカ行政学と日本の行政学の間を自由に往来することはできなかった。両者の間に介在する溝はもっと広く深かったのである。

社会科学はそれぞれの国の歴史と文化による拘束から完全に解

放されることはない。それは必然的に各国ごとの学として存立せざるをえないのである。日本の行政学もまた，アメリカ行政学を初めとして諸外国の行政学の成果を参照するにしても，あくまで日本の行政を素材にし，これを子細に観察し理論化することをとおして，みずからを築き上げていくほかに途はない。

そしてそれこそが，世界の行政学に寄与する最善の途なのである。

2 行政学の構成

(1) 行政学の外延——隣接諸学との分業関係

行政学の定義　　行政学とは，これを広く定義すれば，「行政活動について考察する学」である。もう少し敷衍すれば，「公的な官僚制組織の活動について考察する学」，さらにもう一段厳密にいえば，「政府 (government) に属するヒエラルヒー型組織の集団行動について考察する学」である。

ここにいう政府には，行政府だけでなく立法府・司法府も含まれ，また中央政府のみならず，地方政府も含まれる。したがって，公的な官僚制組織には行政官僚制だけでなく司法官僚制・軍事官僚制なども含まれる。ここにいう集団行動は，政策の立案活動か実施活動かの別を問わない。そして，考察には規範的なものも記述的なものも含まれる。

だが，行政学をこのように定義しただけでは，その隣接諸学との分業関係がいまだ明瞭ではない。なぜなら，社会学・経営学・財政学・公法学・政治学もまた，公的な官僚制組織の集団行動を考察対象の少なくとも一部にはしているからである。そこで，もう少し狭く定義するとすれば，行政学とは「公的な官僚制組織の集団行動に焦点を当て，これについて政治学的に考察する学」ということになるであろう。

それでは政治学的考察とは何かと改めて問い直された場合には，

本来ならば，社会学・経済学・法学・政治学のそれぞれについて明確な定義を下した上で回答しなければならないところであろう。だが，以下では，もっと便宜的な方法で，行政学と隣接諸学との分業関係について概説しておくことにしよう。

社会学・経営学との分業関係　社会学のなかでも組織社会学は，組織一般に属するもののひとつとして，公的な官僚制組織をもその研究対象にすることがある。経営学のなかの経営管理学の場合も同様である。しかし，行政学は，「公的な」官僚制組織をもっぱらの考察対象にするのであり，その考察に際しては「公的な」官僚制組織がもつところの特殊性を意識し続けることをもって，その使命にしているのである。

「公的な」官僚制組織の特殊性　では，「公的な」官僚制組織の特殊性とは何か。少なくとも以下の諸点を挙げることができよう。すなわち，第1に，その規模が概して大きいこと。第2に，その業務が多種多様であること。第3に，私企業経営組織の場合における収益・利潤に相当するような，その各種の活動が組織に寄与している度合いを相対的に評価する統一的な規準・尺度がないこと。第4に，その業務がしばしば独占的性格をもち，競争条件にさらされていないこと。第5に，その活動を規律するルールがこと細かく定められていて，活動に柔軟性が欠けること。第6に，その活動を究極において規律しているのが政治のメカニズムであること，などである。

　ところで，財政学・公法学・政治学は先の社会学・経営学とは違って，いずれも政府の活動について考察する学問である。したがって，これら諸学と行政学の差異は対象の違いよりも，むしろ考察の局面ないしは視点の違いに由来する。

財政学との分業関係　財政学は経済学の1分野として財の働きに着眼しているのに対して，行政学は政治学の1分野として個人・集団・階層間などの人間の関係に着眼している。政府の活動の資源という点からいえば，財政学は資材に関心を寄せ，行政学は人材により大きな関心を寄せているという違いがある。

しかしながら，財政学がその伝統的な歳入論の領域を越えて歳出論の領域にまで進出するとき，なかでも財政民主主義，予算，そして財務会計にかかわる制度・活動に考察の焦点を当てるとき，財政学と行政学の考察の局面・視点の違いは紙一重のものにならざるをえない。

公法学との
分業関係

憲法学・行政法学といった公法学は法学の1分野として，裁判制度を前提にした規範の解釈学をその中核にしている。とくに公法学は立憲君主制時代以来の権力分立制と法治主義の憲法原理を基礎にして，政府の活動を規律するルール，なかんずく議会と執政機関が行政活動を規律するために制定した法令について，整合性のある解釈論を構築しようとしている学である。

これに対して，行政学はその考察の局面を行政活動を規律する規範に限定してはいない。法律行為よりもむしろ事実行為にこそ主要な関心を寄せている場合さえ少なくない。

そして，規範に着眼するときにも，その裁判規範としての機能よりもむしろ行為規範としての機能に焦点を当てていることが多い。それ故にまた，行政学が考察する規範の範囲は法令に限定されない。予算という規範のもつ統制機能を重視し，あるいは法規たる性質をもたない行政規則のもつ統制機能を重視するのである。

したがって，公法現象についての法社会学の研究は行政学の研究と親近性のあるものになりうる。

政治学との
分業関係

行政学は広い意味での政治学の1分野であるが，政治学原論・政治過程論といった狭義の政治学と行政学との間には，どのような分業関係を成立させるべきなのであろうか。

公的な官僚制組織の集団行動を下位組織単位間の権力関係現象として説明したり，下位組織単位をアクターとする政治過程の産物として描き出したりするだけのことであれば，それは公的な官僚制組織を当面の対象にした政治学原論・政治過程論の研究にすぎないのであって，これを敢えて行政学の研究として識別すべき

理由はない。

　行政学が官僚制組織の集団行動に焦点を当てて考察する学である以上は，組織内関係をすべて組織間関係の枠組みに還元して説明してしまうようなことはせずに，行政活動には組織内の統制・調整・協働関係が混在しているが故に，それが通常の政治現象とはどのような点で異なっているのかを描き出し，狭義の政治学研究を補完するようなものでなければならないであろう。

(2) 行政学の内包——諸学の混成か合成か

　さて，前項の説明を読んだだけでは，行政学のイメージは依然として深い霧に包まれ，茫漠としているように思われることであろう。

　それも故なきことではない。行政学が一大発展を遂げたアメリカにおいてさえ，行政学は諸学の混成物か合成物かが問われ，ときには行政学は「自己喪失の危機」(crisis of identity) に直面していると語られているのである。

　何故にこのようなことになっているのかといえば，その究極の原因は，現代国家が職能国家・福祉国家・行政国家という新しい三つの性格をもつことにある。すなわち，行政学は現代国家に特有の行政課題に対応すべく誕生し成長したものであるが，それは行政国家現象に対応する学であるべきなのか，職能国家現象に対応する学であるべきなのか，それとも福祉国家現象に対応する学であるべきなのか，重点のおきどころを問われるのである。

制度学の視点　　行政国家現象に視点を据えた場合には，旧来の権力分立原理と新しい行政権の優越化現象との関係，旧来の民主制原理と新しい官僚制化現象との関係，旧来の地方自治制原理と新中央集権化現象の関係等々が研究主題になるであろう。

　ここで問題にされるのは過程の民主性，手続の適正性であり，ここで重視される価値規準は正統性・合法性・公平性などである。

　この場合の行政学は狭義の政治学に，なかでもそのうちの政治

制度学に限りなく近いものになるであろう。

管理学の視点　職能国家現象に視点を据えた場合には，業務量・職員数・財政規模などの膨張・拡大が最大の関心事になるであろう。そこで，事務事業の膨張の抑制，執務方法の簡素化・合理化・能率化，業務の民間委託，官業の民営化などを初め，定員管理，人事管理，労務管理，財務管理，予算管理等々の改善，ひいては「新公共管理」（NPM）の思潮と手法などが主要な研究主題になるであろう。

　要するに，ここで求められているのは行政管理と行政改革のための行政学であり，ここで重視される価値規準は経済性・能率性などである。

　この場合の行政学は経営学に，なかでもそのうちの経営管理学に限りなく接近していくであろう。

政策学の視点　福祉国家現象に視点を据えた場合には，政府が実施する政策，政府が提供する行政サービスの主観的意図と客観的効果の妥当性こそが中心問題になるであろう。

　そこで，ここでは政策・行政サービスの最終効果についての事前・事後の評価の方法，政策・サービスの実現可能性・有効性・合理性を担保する諸条件，政策・行政サービスの状況変化に対する適応の度合いといったことが問われるのであり，ここで重視される価値規準は必要性・有効性・適応性などである。

　そこで，この場合の行政学は新しい政策学の創成をめざしたものになるであろう。

行政学の強みと弱み　こうして，行政学は制度学・管理学・政策学という三つの学を己のうちに抱え込み，三つの価値規準をその魂としながら，進むべき道を模索し続けているのである。ここに行政学の強みと弱みの双方がある。

　やがては三つの学を合成して真に新しいひとつの学を形成するのか，それとも三つの学と魂に己を引き裂かれて分裂症状を呈することになるのか，予断を許さない。

(3) 行政学の体系——専門分化と総括管理

行政活動を支える諸学

　ところで，現代国家の政府の業務・サービスは人間社会の森羅万象にわたっているといっても過言ではない。したがって，行政活動はあらゆる知識と技術を総動員したものになっている。その知識は自然科学・社会科学・人文科学の全分野にわたっており，その技術もまた工学・社会工学を初め，医学・薬学・農学・法学・経済学・教育学・心理学等々の広汎な分野から調達されている。

　さらにいえば，行政活動にときたま利用されることもあるというのではなしに，初めから行政活動をもっぱらの研究対象にし，その研究成果がこれに活かされることを期待している学問も決して少なくない。たとえば，教育行政学・衛生行政学・保健管理学などのように，ほとんどもっぱら政府の特定領域の行政活動について研究している専門分化した管理学がある。あるいは，応用経済学・農政学・林政学・交通計画学・都市計画学などのように，ほとんどもっぱら特定領域の公共政策について研究している専門分化した政策学もある。

　このような特定領域ごとに専門分化した管理学・政策学とわれわれの行政学とはどのような関係に立つのであろうか。

縦割りの行政学と横割りの行政学

　特定領域ごとの管理学・政策学は，行政府の所掌事務を分掌している各省各局に対応する，いわば縦割りの行政学である。これに対して，われわれの行政学は，内閣・内閣総理大臣・各省大臣を補佐して行政府・各省全体の総括管理機能を担当している官房系統組織に対応する，横割りの行政学である。

　縦割りの行政学は概してそれぞれの専門領域に属する政策・行政サービスの拡充発展を志向するのに対して，横割りの行政学は概して行政資源の膨張抑制と適正配分を志向する。いいかえれば，前者は政策学に傾斜した行政学になるのに対して，後者は管理学に傾斜した行政学になる傾向をもつ。

行政学が当初は制度学的なものから出発し，続いて管理学的なものへと発展してきながら，その先の政策学的なものにまでは容易に進展しなかったひとつの原因はここにあった。

行政学各論の構築
　だが，政策・行政サービスの実施・提供活動に従事している行政活動の現場に足場を築かない限り，行政学を制度学・管理学・政策学という三つの学の混成物からその合成物へと成長発展させることなど，とてもありえないことのように思われる。

　行政学の飛躍的な発展をはかるためには，まず全行政活動を適切に分類整理した体系図を作成し，次いでこれを手引きにして，行政学の各論をひとつひとつ積み上げていかなければならないのであろう。

Tea Time

「別れても又一路や花の山」（河井継之助）

　日本の行政学の草分け，蠟山政道は明治28年に群馬県に生まれ，一高，東大と進み，大正9年に東大法学部を卒業。ただちに助手になり，同11年に助教授，昭和3年に教授。

　学生時代から吉野作造に私淑し新人会に入会。また河合栄治郎と親交を結び，雑誌『社会思想』の創刊以来その同人となった。昭和8年に昭和研究会に参加し，その翌年の近衛文麿の訪米に随行。

　昭和14年には，平賀粛学によって経済学部の河合栄治郎教授ほかが休職処分に付され，同教授がこれに抗議して辞任した際，この事件の経緯に憤激して東大教授を辞任。

　昭和17年の衆議院議員翼賛選挙に群馬2区から立候補し当選。20年に敗戦を迎えるや，ただちに議員を辞職。22年に公職追放の処分を受けたが，翌年には解除された。

　その後，お茶の水女子大学学長，国際基督教大学教授，東京都教育委員会委員長等を歴任して教育界で活躍する一方，民主社会主義研究会議議長等として，民社党を支える理論構築にも参画した。

　昭和55年に逝去。享年84。

　右翼の攻撃を受けた河合栄治郎に殉じて潔く大学を去った蠟山教授の行動を，当時新聞は一斉に「義挙」と報じた。昭和14年2月18日の『朝日新聞』は，「古人の句を餞けに，蠟山教授，終講の辞」という見出しのもとに，その様子を以下のように伝えている。

　「『別れても又一路や花の山』を贈りたい，では左様なら」と「講壇を下りた教授に，興奮した学生が，『先生，ほたるの光で先生を送らして下さい』と叫んだが，手を大きく横に振ったまま春の来るやを思わせる東大を……（中略）……去って行くのだった。」

　このとき，蠟山政道はまだ齢43歳。同教授が在任中に養成した第二世代の行政学者は辻清明ただ一人に終わった。日本の行政学の発展にとって，これはまことに不運な出来事であった。

第5章

現代国家の政府体系——中央集権と地方分権

　これまでの4章では，行政学の序論として，現代国家の形成と行政学の誕生との関係について概説してきた。

　これからが本論である。そこで，この第5章から第8章にかけての4章では，現代国家の行政活動を枠づけている政府体系と政府形態について概説する。いいかえれば，現代国家における権力分立制の仕組みについての解説であり，行政活動の主体である官僚制組織とこれを取り巻きその活動を制約し統制している政府諸機関との関係構造についての解説である。

　ところで，権力分立というと，立法・司法・行政の分立のことと思いがちであるが，このいわゆる三権分立は一個の政府の内部での権力分立の仕組みであるのに対して，政府権力を一括して分割し分散させているのが政府体系の仕組みであり，こちらの方が三権分立に先行する，より根源的な権力の分立である。

　そこでまずは，この政府体系の問題から取り上げることにしよう。

1 中央地方関係の変遷

(1) 各国の政府体系

単一主権国家の政府体系

　ひとつの都市がそのまま国家を形成しているような小国は別にして，それ以外のほとんどの国々はその政府体系を2層ないし4層に構成している。

　現在の日本は，国，都道府県，市町村という3層の政府体系を基本にしている。フランスは，国，道（région），県（département），市町村（commune）の4層の政府体系を採用している。イギリスは，1974年以降1986年地方制度改革以前の時期には，都市地域では国，府（metropolitan county），市町村（district）の3

層の政府体系を，非都市地域では国，県（nonmetropolitan county），市町村（district），区（parish or community）の4層の政府体系を採用していたが，サッチャー政権は1986年改革で府を廃止し，都市地域の政府体系を国，市町村の2層制に改めた。

　このような一国の政府体系を構成している政府と政府の関係のことを一般には中央地方関係（centre-local relation），ときには政府間関係（intergovernmental relation）と呼ぶ。

　そして，この政府体系において，中央政府である国にどの程度までの権限・財源を留保し，どの程度までこれを地方政府である府県・市町村等に移譲するかが，中央集権と地方分権の問題として論じられるのである。

　なお，イギリスにおけるスコットランド，ウェールズなどのように，国内の特定地域に対して特別の自治権を承認する，広い意味での「一国多制度」を採用している国々もある。

単一主権国家と連邦制国家　このかぎりでは，中央地方関係とは地方自治制度のことである。だが，この両者を等置することができるのは，日本，フランス，イギリス，スウェーデン等の単一主権国家の場合であって，ドイツ，スイス，アメリカ合衆国，カナダ，オーストラリア等の連邦制国家の場合は別である。

　連邦制国家では，連邦を構成している州・邦・共和国がそれぞれに主権と憲法をもつ国家であり，これら州等がその主権の一部を連邦政府に委譲した形になっている。したがって，連邦制国家の政府間関係は，連邦制度（連邦と州等の関係）と地方自治制度（州等と府県・市町村等の関係）の2段階構造になっているのである。

　したがって，厳密にいえば，単一主権国家の地方自治制度と同列に比較対照できるのは，州政府以下の政府体系についてのみである。ただし，一口に連邦制国家といっても，連邦と州等の権限・権力の分配関係は多様であり，連邦政府への権限集中の度合

いが大きく，州政府が主権国家というよりもむしろ限りなく自治体に近い連邦制国家も存在する。そこで，このような連邦制度の場合には，連邦制度と地方自治制度の差は紙一重である。

<small>連邦制国家の政府体系</small>　そこで，連邦制国家であるドイツとアメリカの政府体系についても概観しておくことにしよう。まずドイツ（旧西ドイツ）の場合には，邦（Land）ごとにその政府体系に違いがあるので一律に語ることはできないが，都市地域の標準的な体系は，連邦と邦のもとに特別市（Kreisfreie Stadt）が存在するのみの3層制である。これに対して，農村地域の標準体系は，連邦と邦のもとに郡（Kreis）があり，次いで町村（Gemeinde）があるという4層制の体系である。

アメリカでは，州（State）の区域は原則として郡（county）に区画割されていて，この郡単位に郡政府が設置されている。そして，この郡のもとには，市町村（municipality）が設立されている地域とこれが設立されていない地域とがある。したがって，都市地域では原則として連邦・州・郡・市町村の4層制，農村地域では連邦・州・郡の3層制になっている。

なお，ヨーロッパ連合（EU）を構成している諸国の場合には，各国の中央政府のさらに上位に超国家的なEU政府が存在しているかのような状態になっているので，その政府間関係はもう一段多層の体系になっているともいえる。

(2) 中央地方関係の変遷

そこで，次には，このような政府体系がどのような歴史的変遷を経て形成されてきたのかを概観しておくことにしよう。

<small>国民国家の形成と中央集権</small>　中世封建制の時代には，領邦君主，諸侯，教会，自治都市といった封建諸勢力が各地に分立割拠していて，政治権力は分散していた。このような状態のなかから，しだいに富と力を蓄えた領邦君主がその他の封建諸勢力をその支配下に組み入れ，統一的な国民国家を形成したのが絶対君主制の時代であった。したがって，

近代国家は程度の差はあれ、その成立期にはいずれも中央集権を志向していたのである。

政治体制の民主化と中央地方関係の分権化

ところが、やがて市民階級（ブルジョアジー）が成熟し国政の民主化を要求するようになり、政治体制が立憲君主制へ、さらには近代民主制へと推移していく時代になると、この政治体制の民主化の流れにほぼ並行する形で、中央集権体制が緩和されていった。すなわち、これまでは王権の恣意に委ねられていた地方自治が「法律による行政」の原理の下におかれ、地方自治制度も議会が制定する法律によって定められるようになった。また、数次にわたる選挙権の拡張に伴って、地方政府の政治的自立性も徐々に高められていった。要するに、民主主義の発展と地方自治の発展はほぼ同時並行する形で進行したのである。

しかしながら、民権が王権を打倒して近代民主制が完成したら、それで地方自治が安定したかといえば、そうとは言い切れない。民主制の下でも中央政府と地方政府の間に新たな対立抗争が生まれ、中央政府の議会がその立法権を濫用して地方政府の自治権を恣意的に抑圧するという事態も、現におこったのである。

アメリカにおける特別法の濫用と立法権の制約

19世紀のアメリカで各州の議会と地方政府の間に発生した事態こそ、その極限形態を示すものであった。

植民地時代のアメリカでは、都市の自治権はイギリス国王から植民地総督を介して授けられた王立都市憲章（Royal City Charter）を法的根拠にしていたが、この都市憲章は都市と国王との契約（contract）であり、一方的に破棄することはできないものと観念されていたという。だが、独立後になると、この都市憲章は州議会の制定した法律とみなされ、それ故に州議会の意思しだいで自由自在に改正することのできるものと考えられるようになった。それ以来、アメリカでは州議会が特定の自治体のみを対象にした法律、すなわち特別法の制定改廃＝特別立法（special legislation）が日常茶飯のことになった。

その結果，州政府の支配政党は共和党，大都市政府の支配政党は民主党といったような状況下では，州議会の共和党勢力が特別立法によって民主党支配下の大都市自治体の自治権を一部剝奪してしまうといった事態が頻発するようになってしまった。これでは地方自治制度が安定しない。そこで，やがて州憲法を改正して，特定の地方政府のみを対象にした特別法の制定を制限または禁止する条項を設け，地方自治制度を一般法の地方自治法をもって定める方向に切り換えられていった。だが，その後も，人口段階別の地方自治法など，特別法禁止条項の脱法行為というべき一般法の制定が後を絶たなかった。そこで，ついには州憲法上に地方自治の制度保障について定めた条項を設け，州議会の立法権を制約するようになったのである。

自治憲章制度　もっとも，アメリカでは特別法の伝統は形を変えて今日まで継承され活用され続けている。その端的な現れが，20世紀のアメリカで急速に普及した自治憲章制度（home rule charter system）である。すなわち，これは，いわば特別法の発案権を自治体の側に賦与し，これを住民投票（referendum）制度と結びつけたものにほかならないのである。

憲法による地方政府の創設　こうしたアメリカでの経験を踏まえて，現代では，その憲法に地方自治の制度保障条項を設ける国々が増えてきた。戦後の日本国憲法の第8章の諸条項もこの世界的な潮流に乗ったものである。なかでも，その95条はアメリカにおける特別法の由来を反映した条項である。

　ところで，憲法に地方自治の制度保障条項が定められたということは，「地方自治の本旨」に抵触する立法を禁じたということにつきるものではない。それは，主権者たる国民が中央政府とともに地方政府を創設する意思を表明したことを意味する。したがって，自治権の根拠をいわゆる「伝来説」に立って説明するにしても，いまや地方政府の自治権は国＝中央政府から授権されたも

のとしてではなく，主権者たる国民から直接に授権されたものとして説明されなければならない。

　要するに，絶対君主制の中央集権体制の下では脆弱な存在であった地方政府は，その後，紆余曲折を経ながらも徐々に強化され，民主制国家にとって不可欠の存在になった。そして現代では，福祉国家に特有の行政サービスを国民に供給する上にも必須の存在になってきているのである。

2 中央地方関係の類型

(1) アングロ・サクソン系とヨーロッパ大陸系

　各国の中央地方関係の姿は，その近代化過程の事情を反映して，国ごとに千差万別である。しかし，西欧諸国のそれは，これをおおむね以下のふたつの系統の類型に分けることができる。

分権・分離型
　ひとつは，イギリスを母国として，ここから英連邦諸国並びにアメリカに普及していったアングロ・サクソン系諸国の地方自治であり，その特徴は分権・分離型の地方自治として要約することのできるものである。

集権・融合型
　もうひとつは，ヨーロッパ大陸系諸国の地方自治である。すなわち，フランスをそもそもの発祥地として，一方はイタリア，スペイン，ポルトガル，そしてラテン・アメリカ諸国へと普及し，他方はドイツ，オーストリア，オランダ，そして北欧諸国へと普及したものである。前者のラテン系のものであれ後者のゲルマン系のものであれ，その基本的な特徴は集権・融合型の地方自治として要約することのできるものである。

　そこで，以下では，このふたつの類型の地方自治について，まず分権と集権の軸，次いで分離と融合の軸に分節して，解説していくことにしよう。

(2) 分権型と集権型

分権型・イギリス
　イギリスでは，統一的な国民国家を形成する過程での国王と封

建諸勢力との対立抗争が大陸諸国の場合ほどには厳しくなかったので，国王は中央集権的な支配機構を地方の末端にまで張りめぐらす必要がなかった。

そこで，国王が国の地方行政区画であるところの府県（county）の単位に設置したのは，治安維持の責任を託された治安判事（justice of the peace）など，ごく少数の官職に限られていた。しかも，この治安判事は，中央からの派遣官吏ではなしに，当該地方の名望家のなかから選任された無給の名誉職であった。そして，19世紀末になると，この府県にも市町村と同様に議会（council）を設置することが認められ，これがしだいに広域的な自治体に変わったのである。

まして，教会区（parish）を初め，地方の町村とか自治都市など，古くから市町村レベルに形成されていた共同体の自治はほぼそのまま存続を認容された。それだけではなしに，警察の行政サービスが長らくこれらの基礎的な自治体の所管事項とされていたのである。

分権型・アメリカ

アメリカ，カナダ，オーストラリアなどの新大陸の国々の場合には，植民地時代から植民地総督による支配機構は決して強力なものではなかった。

そこで，アメリカの各州の地方行政区画である郡（county）に設置された官職は，独立後もごく簡素なものにとどまっていた。しかも，アメリカの場合には，当初は州政府による任命職であった郡の官職が早い時点から直接公選職に改められた。したがって，郡は法的には州政府の地方下部機構であり，独立の法人格をもつ自治体（municipality）とは全く性格を異にするものであったにもかかわらず，その機関は早くから自治的に運営されるようになり，自治体と並んで地方政府（local government）と呼ばれるにふさわしいものに変わってきたのである。

また，新大陸の入植地の集落は共同防衛のための共同体そのも

のであったので，これらの集落にはごく自然にタウン・ミーティングによる草の根の自治が根づいた。そして，これらの基礎的な共同体が市街地を形成し，州議会の承認を得て法人格を有する自治体に昇格した場合には，郡の所管事項である警察の行政サービスもこれらの基礎的な自治体に授権されるのが通例であった。

分権型の特徴　このように，アングロ・サクソン系諸国では，国（または州）の地方下部機構が簡素であったこと，これが早くから広域的な自治体に転化したこと，警察が自治体である市町村の所管事項とされたことなどに着目して，アングロ・サクソン系諸国の地方自治を分権型の地方自治と呼ぶのである。

集権型・フランス　これに対して，フランス，プロイセン，オーストリアなどの大陸系諸国の場合には，封建諸勢力の抵抗・反抗が強く，その存続をそのまま認容していたのでは国民国家の統一を維持していくことができないと考えられていた。

そこで，絶対君主制時代の国王たちは封建諸侯を首都に集め，かれらを宮廷貴族に変え，その領地との結び付きを弱めることに腐心していた。そこで，国王たちはその中央集権体制の地方下部機構を設置するにあたっても，封建諸侯の領地境界を敢えて無視して，むしろ全く新たに人為的な地方行政区画を設定し，ここに代官を派遣したのである。

フランスの場合，絶対君主制時代に形成されたこの種の中央集権体制は，ナポレオン帝政の下で，県 (département) の制度として，よりいっそう強化され完成されたといえる。すなわち，国の行政官庁として内務省が設置され，県の長である知事を初め，副知事以下の県の幹部職員の大半はこの内務官僚団のなかから任命され派遣された。そして，この内務省は国家警察の事務権限をその中核としつつ，「内政の総括官庁」というべき性格の官庁に発展したのである。その後は，この県に議会が設けられ，県は不完全ながら自治体としての性格を一部有する地方政府になったが，

県の所掌事務の大半は依然として国の事務であり，県は1980年代以降の地方分権改革までは国の地方下部機構であり続けていた。

　もっとも，大陸系諸国においても市町村のレベルでは自治が許容され，公選の議会と長の設置が認められた。ただし，この市町村の自治もまた1980年代以降の地方分権改革までは，県の官選知事の厳格かつ後見的な行政監督の下におかれていたのである。要するに，大陸系諸国では，地方の自治は国民国家の統一を脅かさない範囲内で，ごく限定的にのみ認められたのであった。

<small>集権型の特徴</small>　このように，大陸系諸国では，封建制時代の地域区分が意図的に解体されたこと，国と市町村の中間に介在する県が自治体ではなく国の地方下部機構であったこと，警察が国家警察として整備されたことなどの諸点をとらえて，大陸系諸国の地方自治を集権型の地方自治と性格づけるのである。

(3) 分離型と融合型

<small>分離型の特徴</small>　次に，アングロ・サクソン系諸国の地方自治を分離型と特徴づける理由は以下の3点にある。

　第1に，アングロ・サクソン系諸国では，自治体の事務権限を定める授権法に，自治体が実施しうる事務，自治体が行使しうる権限をひとつひとつ個別に明確に列挙している。こうした授権方式を制限列挙方式と呼ぶ。

　自治体は法律で明示的に授権された事務権限しか執行してはならないのであって，その範囲を逸脱した行為は越権行為とされ，裁判で争われれば違法とされ無効になる。これを「ultra vires の法理」という。それ故に，アングロ・サクソン系諸国では，自治体の権限の範囲をめぐって訴訟が提起されることが多く，地方自治法の解釈は判例法によって形成されている。自治体に対する統制は立法による統制（立法的統制）と司法による統制（司法的統制）を中心にしている。

　第2に，上記のような方式で，国（または州）と自治体，広域

自治体と基礎自治体の事務権限の範囲を明確に区分しようとする方針が貫かれたことの結果として，各級政府の行政サービスは相互に分離された形で国民に提供されることになる。すなわち，自治体に明示的に授権されていない事務権限はすべて国（または州）に留保されていることになるので，国はみずからに留保した事務権限を現地で執行するために，各地にその手足となる地方出先機関を設置する。広域自治体についても同様である。そこで，同一地域内に市町村役場と府県の地方事務所と国の地方出先機関が併存していて，住民はそれぞれの機関から相互に無関係に別個の行政サービスの提供を受けることになるのである。

第3に，アングロ・サクソン系諸国の中央政府には大陸系諸国の内務省に相当する「内政の総括官庁」が設置されていない。そこで，先に述べた国の地方出先機関も各省別に多元的に分立する。そしてまた，自治体に対して中央政府の行政府による統制（行政的統制）がおこなわれる場合にも，それは各省別に分立した縦割りのルートに従っておこなわれる。

融合型の特徴　　これに対して，大陸系諸国の地方自治には以下のような三つの特徴があるので，これを融合型の地方自治と呼ぶのである。

第1に，大陸系諸国では，市町村の事務権限を法律で定めるに際して，概括授権方式または概括例示方式と呼ばれる方式を採用している。たとえば日本の現行の地方自治法2条2項にみられるように，「普通地方公共団体は，地域における事務及びその他の事務で法律又はこれに基づく政令により処理することとされるものを処理する」といった類いの定め方である。そこで，大陸系諸国では，国の事務権限と自治体のそれが整然と区分けされ分離されていないので，各級政府の提供する行政サービスが同一地域内において重複し競合することも珍しくない。

第2に，大陸系諸国では，国の各省の事務権限は国の地方総合出先機関というべき府県を通して執行されるのが原則とされてい

た上に，国の事務権限の執行を自治体である市町村またはその長に委任して執行させるという方式が多用されている。相互に関連のある事務権限の執行を同一の政府に担わせた方が行政機構として簡素で効率的であり，しかも「地域総合行政」の実があがると考えられてきたからである。そこで，大陸系諸国の市町村は自治体として自治事務を執行すると同時に，国の地方下部機構として国からの委任事務の執行にもあたるという，二重の役割を担わされてきた。そして，委任事務の執行については，国は自治事務以上に濃密な行政的統制を加えるのが通例であった。

第3に，大陸系諸国の中央政府には「内政の総括官庁」というべき内務省が設置され，府県レベルでは，中央政府の各省所管の事務権限の執行を内務官僚の官選知事が一元的に調整してきた。そして，市町村に対する行政的統制は，内務省から府県知事へ，府県知事から市町村長へという，1本のルートに統合されていたのである。

総合評価・自治権の質量

それでは，アングロ・サクソン系諸国の分権・分離型の地方自治と大陸系諸国の集権・融合型のそれを総合評価すれば，いずれがより充実した地方自治といえるのであろうか。

もちろん，府県レベルにまで地方自治を許容しているアングロ・サクソン系諸国の政府体系の方が全体としてより分権的であることはいうまでもないことである。したがって，ここで改めて総合評価してみなければならないのは，どちらの型においても自治体とされてきた市町村の自治権についてである。

自治権の量と質

分権・分離型の下での市町村の自治権は，事務権限の範囲については集権・融合型の場合よりも狭くなる蓋然性が高いが，授権された範囲内の事務権限を執行する際の行動の自由，自主的な裁量の余地は集権・融合型の場合よりも広くなる蓋然性が高い，といえるであろう。いいかえれば，分権・分離型の下での市町村の自治権は量において小さく質において高くなる可能性をもつのに

第5章　現代国家の政府体系

対して，集権・融合型の下での市町村の自治権はこれとは逆に，量において大きく質において低いものになる可能性をもつ，ということになろう。

市町村の規模　しかし，これはあくまでも可能性・蓋然性の話であって，必然性の話ではない。現に，分権・分離型の母国イギリスの市町村の所管事項はきわめて広く，これとは逆に集権・融合型の母国フランスの市町村の所管事項はきわめて狭いのである。

何故にこのようなことになるのか。それは，市町村の面積・人口の規模の大小という，もうひとつ別個の要因の差異に由来するところが大きいように思われる。

イギリスでは，1972年制定の地方自治法によって市町村の大規模な統合がおこなわれた。そこで，この改革が実施に移された1974年以降のイギリスの市町村総数は333団体，その平均人口は12万人弱である。これは，基礎自治体の平均規模としては世界に冠たるものである。1974年以前の状態についてみても，イギリスの市町村総数は1300強で，その平均人口は3万人弱であった。

これに比して，フランスの市町村総数は現在でもなお実に約3万4000団体を数え，その平均人口はわずか1570人にすぎないのである。

総合的な考察の必要　そこで，各国の政府体系の差異を識別するにあたっては，連邦制国家か単一主権国家か，政府体系は何層制か，政府体系を構成している政府間の関係が分権・分離型か集権・融合型か，そして基礎自治体の規模如何といったさまざまな観点から総合的に考察することが不可欠である。

3 福祉国家の中央地方関係

(1) ふたつの類型の相互接近

ところで，アングロ・サクソン系諸国の地方自治と大陸系諸国のそれとの差異は，第二次大戦後には，大幅に縮小してきている。

集権型の分権化　　ひとつには，西ドイツが戦後改革に際して，ナチス時代の中央集権体制に対する反省に立って連邦制を採用し，また地方自治を強化したこと，フランスでもミッテランが大統領に就任して以来，道と県を完全自治体に改める地方分権改革が始められたことなど，大陸系諸国の側に分権化の動きがおこったためである。

分離型の融合化　　もうひとつには，アングロ・サクソン系諸国の側でも，国の事務権限を自治体に委任するという「委任」(delegation) の方式をしだいに広く活用するようになり，これに伴い自治体に対する中央政府の各省による行政的統制が強められ，その限りにおいて融合型に接近してきているからである。

(2) 自治体の行政活動の膨張

もっと重要な変化は，現代国家が福祉国家への道程を歩み始めて以来，自治体の行政活動が中央政府のそれを上回る速度で膨張してきていることである。これは何故であろうか。

中央政府と自治体の間の事務権限の配分関係を規定している主要な要因は，以下のふたつである（図表5-1参照）。

図表5-1　中央地方の事務権限の配分

小 ↑ 対象集団の規模 ↓ 大	中央省庁	
	地方出先機関 [例示]　郵便事業　　　　社会保険事務	自　治　体 [例示]　義務教育行政　　　　公衆衛生行政　　　　保健医療行政　　　　社会福祉行政

狭　←――――　現場職員の裁量の余地　――――→　広

対象集団の規模の大小　　第1の要因は，その行政活動の対象集団の規模の大小である。対象集団が小規模であれば，中央政府の各省ですべて処理される。だが，対象集団が大規模でありそれが全国各地に広く散在してい

れば，その行政活動の企画調整業務は中央政府の各省でおこなわれるにしても，少なくともその実施業務に関する限りは，これを中央政府の各省の地方出先機関に所管させるか，さもなければこれを自治体に授権または委任せざるをえない。

裁量の余地の広狭　第2の要因は，対象集団に接している第一線職員の裁量の余地の広狭である。この裁量の余地がほとんどないほどに定型化することのできる行政活動であれば，中央政府の各省でマニュアルを定めれば，第一線職員の業務は完全なるルーティン・ワークになる。この種の行政活動は中央政府の各省の地方出先機関で実施されたとしても，支障はない。だが，第一線職員の裁量の余地が広い場合には，その執務状態を誰がいかにして監督し統制するのが合理的かという問題に直面する。

民主的統制と地域総合行政　ここで，第一線職員の執務状態を監督し統制する機関はその地域の住民によって民主的に選出された代表機関であることの方が好ましいと判断されれば（民主的統制の観点），その行政活動は自治体に授権または委任されることになろう。また，その行政活動がすでに自治体の所管しているその他の行政活動と密接に関連したもので，これらを合わせ総合して判断し処理した方が好ましいと判断されれば（地域総合行政の観点），この場合にも自治体に委ねられるであろう。

対人サービスの性格　ところで，福祉国家段階になって顕著に膨張した行政活動は，そのほとんどが数多くの国民個々人を対象にした対人サービスである。また，それらは対象者ごとの個性と個別事情に適切に対応したものでなければ，その効果が半減してしまう性質のものであり，これらの業務に従事している教師・医師・保健婦（士）・看護婦（士）・療法士・ケースワーカー・介護職員・保育士等の専門職業家またはこれに準ずる専門職の人々の裁量の余地は広いのが通例である。それ故に，これらの行政活動の多くが自治体に委ねられ，自治体の膨張を招くことになったのである。

(3) 相互依存関係の成立

自治体の膨脹と新中央集権

中央政府は多くの行政サービスの生産・提供活動を自治体に委ねざるをえなくなり、自治体の行政活動が中央政府のそれ以上に膨張している事実だけをみると、分権化こそが現代の趨勢のようにみえる。

だが、その反面では、現代国家はその行政サービスの多くについてナショナル・ミニマムを設定しその達成をめざしているので、中央政府は自治体の所管する行政サービスについても法令を制定し、その実施基準を通達に定めて、自治体に対してその遵守を要請してもいる。そしてまた、中央政府の財源を地方政府に配分する各種の方式を操作することをとおして、自治体の行動を誘導しようともしているのである。その限りでは、新しい集権化（これを新中央集権と呼ぶ）こそが現代の中央地方関係の変動を特徴づける現象といえないこともない。

そこで、分権化と集権化が同時進行している福祉国家段階の中央地方関係を、中央政府と自治体の相互依存(interdependence)の関係として解説する見解が登場してきた。

ロウズの相互依存論

だが、一口に相互依存論といっても、その分析枠組みは論者ごとに多様である。たとえば、イギリスのロッド・ロウズ（R. A. W. Rhodes）は、イギリスの分権・分離型の地方自治の姿を念頭におきながら、中央政府と自治体が保有している行政資源とこれに基づく権力関係に着目して、中央政府は立法権限と財源の保有において優位に立つが、行政サービスを実施する上に必要不可欠な組織資源と情報資源の保有という側面では自治体に劣位しているため、両者間に相互依存の関係が成立することになったと説明する。

アシュフォードの相互依存論

これに対して、アメリカのダグラス・アシュフォード（D. E. Ashford）は、フランスの集権・融合型の地方自治の姿を念頭におきながら、中央政府と自治体の間の情報伝達と影響力行使の双

図表 5-2　中央地方の相互依存関係（アシュフォードのモデル）

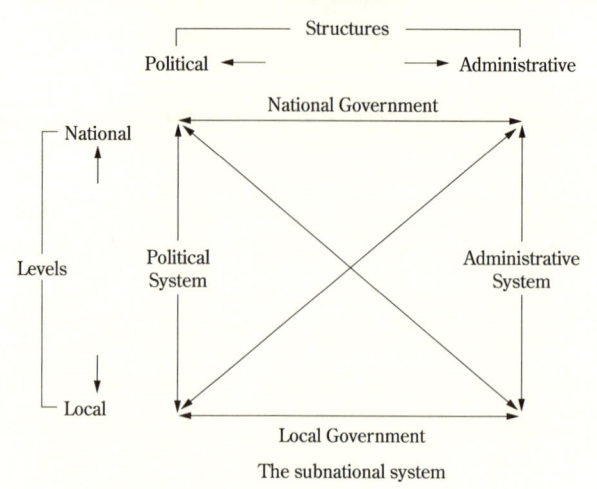

```
                    ┌─── Structures ───┐
              Political ◄──      ──► Administrative

                    National Government
         ┌ National      ▲              ▲
         │      ↑         ╲            ╱
         │                 ╲          ╱
  Levels │              Political    Administrative
         │               System        System
         │                 ╱          ╲
         │      ↓         ╱            ╲
         └ Local         ▼              ▼
                    Local Government
                    The subnational system
```

（出所）D.E. Ashford, *British Dogmatism and French Pragmatism*, George Allen & Unwin, 1982, p.19より。

方向性に着目して，両者間の相互依存のルートの多元性を重要視している（**図表 5-2 参照**）。

　福祉国家段階になっても，中央地方関係における分権・分離型と集権・融合型の差異は依然として残存しているのである。

Tea Time

国際行政は Missing Chapter？

　この章では，現代国家の行政活動を枠づけるものについて概説するといいながら，その実は，もっぱら国内の政府体系と政府間関係という「国内枠」の問題しか取り上げてこなかった。

　だが，国際的な条約・協定・宣言・勧告を初め，国際専門諸機関の設定する技術基準，国際首脳会議での合意など，「国際枠」についても合わせて論じておかなければ，現代国家の行政活動の全貌をとらえたことにはならないであろう。現代国家の行政活動であって，およそいかなる意味での国際性も全くもたないものなど，むしろ稀だといえるからである。

　試みに，ある行政活動を支えている行政資源の権限・財源・人材・情報のうちのいずれかに国際性があるものはこれをすべて国際行政と呼ぶことにするとすれば，今日では「いたるところに国際行政あり」ということになるであろう。たとえば，国際郵便・国際通信・国際航空などの諸事業は共同収入とか租税管轄権の国際配分といった問題の解決なしには成り立ちえない。また，今日ではOECDの経済統計は先進国の経済運営に不可欠なものになっているし，WHOの情報は各国の医薬品検査行政においてきわめて重要な役割をはたすにいたっている。

　20世紀の前半までは，世界の行政学者たちは，行政現象の現代的変容の姿を国内・国際の両レベルで，むしろ今日以上に的確に把握していたのではないかと指摘する声もある。ドイツ行政学の創始者ロレンツ・フォン・シュタインにしろ，アメリカ行政学の建学の父祖ウッドロウ・ウィルソンにしろ，日本の初代行政学者の蠟山政道にしろ，いずれも国際行政について論じた著作を遺しているではないか，というのである。

　行政学のこの伝統は何故に第二次大戦後の時点で途絶えることになったのであろうか。この点の詮索はともあれ，この Missing Chapter を埋めることが，世界中の行政学にとっての急務であるように思われる。

第6章

戦後日本の中央地方関係

　前章では，現代国家の行政活動を枠づけている大枠として，各国の政府体系と中央地方関係の問題を取り上げ，これについて概説したので，本章では考察の的を日本に絞り，この大枠をめぐる日本の問題状況について，もう少し詳細に論述する。
　まず第1節で明治維新以来の地方制度の変遷史を簡略に説明した上で，第2節以下ではもっぱら戦後日本の地方自治制度をめぐる問題状況について解説することにしよう。

1　地方制度の変遷史

　　　日本の地方制度の歴史は，大きくは以下の四つの時期に時代区分することができる。すなわち，
　　第1期は明治維新から明治13年ころまでの明治維新時代。
　　第2期は明治11年の三新法と明治13年の区町村会法により，初めて地方制度と呼ぶべきものが整備され運用された三新法時代。
　　第3期は明治21年の市制町村制，明治23年の府県制と郡制の制定公布に始まり，太平洋戦争に敗北し降伏した時点までの明治憲法時代。
　　第4期は戦後改革から今日にいたる新憲法時代である。

(1) 明治維新時代

版籍奉還と廃藩置県

　明治維新直後の新政府が直接に支配できたのは幕藩体制時代の幕府直轄領だけであって，各藩の領地と人民はまだ各藩の支配下にあった。この状態に手をつけ，全国土と全国民を新政府の支配下におき，全国各地に新政府の代官というべき府知事・県令を配置する基を開いたのが，明治2（1869）年の版籍奉還と明治4年

の廃藩置県の措置であった。

　しかし，この廃藩置県で設置された県の区域はほとんど旧藩の領域そのままであったので，府県数は3府302県を数えた。しかも，新たに県令に任命されたのはほとんど旧藩の藩主であった。したがって，府県がこの状態から今日の47都道府県体制に近い状態にまで整理統合され，府知事・県令のすべてが中央から派遣されるようになるまでには，なおしばらくの経過を要した。

戸籍法　　　新政府は当初，町村は従来どおり庄屋・名主・年寄などの村役人の手に委ねておけばよいと考えていたようである。だが，新政府は明治4年に，廃藩置県に先立って，全国民の戸籍を整備するために戸籍法を制定し，翌5年には戸籍調査を実施し初の戸籍を編製した（「壬申戸籍」）のであるが，この戸籍法は戸籍事務を処理する体制として全国各地に限無く区を設置し，この区に戸長・副戸長という国の役人を任命することにしたのである。そこで，これを機に新政府は町村の自治に深く介入し，これを混乱させていく結果になった。

大区小区制　　　すなわち，翌5年の太政官布告は，設置したばかりの区を大区と改称し旧来の町村単位に小区を設け（大区小区制），旧来の村役人を小区の戸長・副戸長と改称させ，かれらにも戸籍事務を担わせた。その結果，数々の混乱のうちにも，やがて区は戸籍事務という特定目的のための行政区画から一般目的のための行政区画に変わり，しかも国の地方行政と町村の地方自治とが融合し始めたのである。

(2) 三新法時代

大久保利通の三新法　　　明治維新時代の過剰な中央集権体制を緩和し，地方の不平・騒乱を収めようとしたのが，大久保利通内務卿の主導の下におこなわれた，明治11（1878）年の郡区町村編制法・府県会規則・地方税規則（三新法）の制定と明治13年の区町村会法の制定であった。この三新法時代の地方制度の骨子は以下のとおりである。

第1に，府県の下に郡区をおき，郡区双方の下に町村をおいた。なお，郡は地理上の区域。ここでいう区は先の区ではなく，後の市に当たるもの。町村は旧来の町村をそのまま公認したものであった。

第2に，まず国の地方行政区画として府県，区，町村の区域を定め，ついでこれらの区域に府県，区，町村なる地方団体を設置した。そして，この地方団体である府県，区，町村は国の地方行政機構であると同時に，自治体でもあるものとした。

第3に，町村に町村会を設置しうることにしたが，これを設置するか否かは府県の判断に委ねた。

第4に，町村の長である戸長は，町村会で選任するなど町村の定める任意の方法によって「なるべく公選」させ，これを府県知事が任命することにした。

第5に，地方税をもって支弁すべき経費の予算およびその徴収方法を議定する機関として，府県に郡区を選挙区とする公選議員からなる府県会を設置した。なお，その選挙権者は「満20歳以上の男子で，その郡区内に本籍を定め，その府県内において地租5円以上を納める者」とされた。

以上が，三新法時代の地方制度の骨格であるが，ここにはすでに，郡部（農村部）と区部（都市部）を区別する発想が現れていたこと，地方団体に国の地方行政機構と自治体という二重の性格をもたせる発想が現れていたことの2点に，注目してほしい。

(3) 明治憲法時代

山県有朋とモッセ

明治14（1881）年には国会開設の勅諭が発せられ，明治15年には伊藤博文に憲法調査が命じられ，政府は憲法発布と国会開設に向けた準備に取り組み始めた。こうした状況下で内務卿に就任した山県有朋は明治17年12月に内務省内に町村法調査委員を設け，地方制度の全面的な再編成案の起草にあたらせた。この山県の主導の下に制定公布されたのが，明治21年の市制町村制，明治23年

の府県制と郡制である．これら一連の新制度を立案した過程ではドイツから招聘されたアルベルト・モッセ（A. Mosse）が大きな役割をはたした．

　こうして帝国議会開設の直前に制定公布された新制度の骨格は以下のとおりである．

府県・郡市・町村の3層構造

　第1に，郡を単なる地理上の区域ではなしに，ここに地方団体を設置し，これを市と並列するものとして，地方制度の階層構造を府県，郡市，町村からなる3層に画一化した．同時に，町村は郡の，郡市は府県の，府県は内務省の監督を受けるという上下のヒエラルヒー構造を明確にした．

地方自治の区画と国の地方行政の区画

　第2に，町村および市については，まずこれを地方自治の区画とし，この区域に市・町・村と称する独立の法人格を有する自治体を設置した．そして同時に，この同じ区域を国の地方行政の区画とも位置づけ，これら自治体の長を国の機関とした．

機関委任事務制度の法制化

　これこそが，後世にいうところの機関委任事務制度の法制化であった．これに対して，郡および府県はもっぱら国の地方行政区画，国の地方行政機構として設置され，その長は国の地方行政官庁とされた．いいかえれば，郡および府県については，これらが同時に地方自治の区画であり自治体でもあることは，法文上には明記されていなかった．

町村制

　第3に，町村には公選の議員からなる町村会がおかれ，この町村会が町村長を選挙し，この町村長が町村会の議長を兼任することとされた．なお，町村会議員の選挙権者は公民に限定されたが，公民とは住民のなかの「日本国民で満25歳以上の独立の男子で，その町村内において地租又は直接国税年額2円以上を納める者」である．また，町村会議員の選挙制度は，この有権者たる公民をその納税額の多少に応じて2等級に区分し，各級の公民が議員の半数を選挙するという2等級選挙制度であった．

市制

　第4に，東京・京都・大阪の3大都市を除く一般の市には，町

第6章　戦後日本の中央地方関係　75

村の場合と同様に，市会の設置が認められ，概括的な授権がなされ，条例の制定権も与えられた。ただし，市会議員の選挙制度は公民を3等級に区分する3等級選挙制度であった。また，市長は市会が推薦する3人の候補者のなかから内務大臣が天皇に上奏してその裁可を請うものとされた。さらに，市には，市長に市会の選任する助役1名と名誉職参事会員6名を加えた市参事会が設置され，これが市の執行機関とされた。要するに，市の自治権は町村のそれよりも制約されたのである。

3大都市特例　　第5に，東京・京都・大阪の3大都市には，市長および助役をおかず，市長の職務は府知事が，助役の職務は府の書記官がこれをおこなうなどの特例が定められた。要するに，これら3大都市に自治権を賦与することは一般市の場合以上に強く懸念されたのである。

郡制　　第6に，町村を包括する地方団体となった郡にも郡会が設置された。ただし，郡会議員は町村会議員によって間接に選挙する複選制が採用された。郡会の議長は官選の郡長であり，郡の執行機関は郡参事会とされた。

府県制　　第7に，府県には先の三新法時代と同様に府県会が設置されたが，その議員の選挙は郡会議員・郡参事会員と市会議員・市参事会員による複選制に改められた。なお，府県にも参事会を設置することとされたけれども，この府県参事会は執行機関ではなく副議決機関とされた。したがって，府県の執行機関は内務省任命の独任制の官選知事とされ，府県知事は府県会の議長を兼ねないものとされた。

新制度の特徴　　この明治憲法時代の地方制度の特徴は，以下の2点にある。

第1に，市町村の地方自治，なかでも町村の地方自治を従来より格段に強化する一方，府県については，複選制を導入して府県会の議員構成を改め，その議決権限を明確に限定するなど，府県の官治団体としての性格を従来より強化することに努めた。

第 2 に，ドイツの地方制度を参考にして立案された経緯からして当然のことではあるが，前章で述べた集権・融合型の特徴を備えている。郡制，等級選挙制，複選制，参事会制を導入した点などは，なかでもドイツ型の特徴を示していた。

その後の変容　明治20年代の初頭に制定された地方制度はそのままの姿で敗戦の時点まで続いていたのではない。その後も度重なる改正が行われ，徐々に変容を余儀なくされていった。

まず明治31（1898）年には，大都市関係者に不満の強かった3大都市特例が廃止され，東京・京都・大阪の3市にも市長と助役がおかれ，市長は一般市の市長と同様に，市会が推薦する3名の候補者のなかから内務大臣が選任し裁可する制度に変わった。

ついで明治32年の郡制と府県制の改正で，郡会議員と府県会議員の複選制が廃止され，これが直接選挙に改められた。

さらに明治44年の市制町村制の改正では，市制と町村制が別個独立の法制として分離されるとともに，市制が改正され，市参事会が執行機関から副議決機関に変えられた。

大正10（1921）年には市制が改正され，市会議員の選挙が3等級選挙制から2等級選挙制に改められ，同年の町村制の改正で町村会議員の選挙が2等級選挙制から平等選挙制に改められた。

大正12年には，郡制が廃止され，郡は自治体ではなくなり，郡長と郡役所からなる純然たる国の地方行政機構にすぎないものになった。そして大正15年にはさらに郡長と郡役所も廃止され，これ以降，郡は国の地方行政区画でさえなく，単なる地理的な名称にすぎなくなった。

また，大正14年に国の衆議院議員選挙について普通選挙制（普選）を実現する選挙法改正がなされ，翌大正15年には地方議会議員の選挙もすべて普通選挙制に改められた。

この大正15年の市制の改正に際しては，市長は，町村長並みに，市会による選挙でたりることとされ，内務大臣による選任と裁可

第6章　戦後日本の中央地方関係　77

の制度は全面的に廃止された。だが，当時の6大都市の関係者たちは，この町村並みの処遇に満足せずに，その後も「特別市制」の実現を求めて精力的な運動を展開した。

昭和4 (1929) 年には府県制に改正が加えられ，府県にも市町村と同様に，条例・規則を制定する権限が正式に賦与された。

ドイツ型からフランス型へ

このように，戦前の地方制度は，上記のような度重なる変遷をたどりながら，大正の末年にはほぼ安定したのである。しかし，この間に，複選制，郡制，等級選挙制が相次いで廃止され，ドイツ型の特徴が次々に消え去った。当初の原型とは異なるものに変質しながらも，最後までドイツ型の特徴を伝えるものとして生き残っていたのは，府県参事会と市参事会の参事会制のみであった。その結果，戦前日本の地方制度は，むしろフランス型に近いものに，徐々に変容していったのである。

戦時期の地方自治の制限

しかしながら，戦時期に入った昭和18年には，再び市長は市会の推薦に基づく内務大臣の選任，町村長は町村会の選挙に基づく認可に改められた。また，首都の東京については，東京市を廃止しこれを東京府に吸収合併して，新たに東京都を創設した。これが，戦後にまで続く東京都制の原点であった。

地方制度の概念

ここで最後に，これまで何の説明もせずに使用してきた「地方制度」の概念について解説を加え，明治憲法時代の地方制度の構造について総括しておきたい。日本で地方制度と称されてきたものは，地方行政制度と地方自治制度を表裏一体に張り合わせた制度であった。ここで地方行政制度と呼ぶのは，国の地方行政官庁とされた府県知事・郡長またはこれに準ずる国の地方行政の機関とされた市町村長が国の地方行政区画である府県・郡・市町村において実施する国の地方行政に関する制度である。そして，ここで地方自治制度と呼ぶのは，自治体として承認または創設された市町村・郡・府県などの住民がみずからの区域内において行使する自治権に関する制度である。

|明治憲法時代の地方制度の構造| 　明治憲法時代の地方制度では，前者の地方行政制度の方は明治19（1886）年に勅令で制定された地方官官制に定められていた。そして後者の地方自治制度の方は明治21年に制定された市制町村制と明治23年に制定された府県制および郡制に定められていた。なお，この市制町村制，府県制，郡制は当初は政府が制定公布した法律であったが，帝国議会開設後は，その改廃は帝国議会で審議議決すべきものに変わった。すなわち，地方行政制度の方は引き続き内閣および枢密院の手に委ねられていたが，地方自治制度の方は議会制定法で保障されるものに変わった。

　そして，自治体である府県・郡・市町村の区域をもってそのまま国の地方行政区画と定め，地方自治の区画と国の地方行政の区画を合致させる方式が採用された。また，国の地方行政官庁である官選の府県知事・郡長を自動的に自治体である府県・郡の長とし，自治体である市町村の長である市町村長を自動的に地方行政官庁に準ずる国の地方行政の機関にするという機関委任事務制度が採用された。そこで，主としてはこの長の選任方法の差異に着目して，府県および郡は官治団体または不完全自治体であるとされ，市町村は曲がりなりにも完全自治体であるとされていた。

集権融合型の典型　　要するに，地方行政制度と地方自治制度はこのような方式で表裏一体に張り合わされ，この表裏一体の制度を地方制度と称してきたのである。いいかえれば，国の地方行政と自治体の地方自治はこのような方式に基づいてほぼ完全に融合していたのであって，明治憲法時代の地方自治制度は，前章で解説した集権・融合型の地方自治制度のひとつの典型であった。

内地・外地の特例制度　　なお，以上に概説してきたのは，北海道と沖縄県を除くその他の内地の府県に施行されていた地方制度についてである。北海道と沖縄県にはこれとは若干異なる特例的な地方制度が施行され，また朝鮮，台湾，樺太，関東州など外地の植民地ではこれらの両特例ともさらに異なる，それぞれに固有の地方制度が施行されて

いた。戦前の地方制度は「一国多制度」になっていたのである。

(4) 新憲法時代

<small>戦後改革の要点</small>　　敗戦後の戦後改革で何が変わったのか。その要点を列挙すれば以下のとおりである。

第1に，日本国憲法の第8章に地方自治の制度保障条項が設けられた。

第2に，都道府県知事の選任方法が内務省による官選から住民による直接公選に改められ，また当分の間はその身分を国家公務員とする地方事務官とされた一部の職員を除き，知事以下すべての都道府県職員の身分は原則として地方公務員とされた。主としてはこのふたつの改革によって，都道府県は完全自治体に変わったと解説された。

第3に，市町村長の選任方法が市町村議会による間接公選から住民による直接公選に改められた。

第4に，地方公共団体と総称される自治体の組織および運営に関する事項が，従前の市制・町村制・府県制のように団体別の法制に定められるのではなしに，地方自治法に一括して定められ，画一化された。そして，この地方自治法の施行に合わせて，従来の地方官官制が廃止された。

第5に，内務省が解体され，かつての内務省は，戦時中にすでに分離独立していた厚生省まで含めていえば，紆余曲折の末に最終的には，厚生省，労働省，建設省，自治省，それに国家公安委員会と警察庁に分割され，縦割り行政の分立体制を助長した。

第6に，戦後初期には，従前の国家警察が市町村所管の自治体警察を基本に解体再編され，義務教育行政もまた，その教員の任用まで含めて，公選の委員で構成された市町村教育委員会の所管とされた。

第7に，解職請求（リコール），条例制定改廃請求，監査請求などの直接請求の諸制度が，不十分ながら導入された。

以上の一連の主要な改革によって，日本の地方制度は，戦前のそれに比べれば，大幅に分権化され，かつまた分離化されたといえる。

戦前から戦後に継承されている要点

　それでは，この戦後改革によって日本の地方自治制度が集権・融合型から分権・分離型へと完全に転換したのかといえば，決してそうではない。以下のような諸点が不変の要素として戦前から戦後に継承されたために，戦後日本の地方自治制度は依然として集権・融合型の特徴を色濃く残存させてきたのである。

　第1に，自治体に対する授権は依然として概括例示方式または概括授権方式によっている。

　第2に，自治体を同時に国の地方行政機構とする方式が依然として幅広く活用されてきた。すなわち，地方官官制が廃止され，都道府県知事はもはや国の地方行政官庁ではなくなったものの，これに代えて，戦前は市町村レベルに対してのみ適用されていた機関委任事務制度が戦後は都道府県レベルにまで拡大適用されることとなり，知事を初めとする都道府県の執行機関および市町村長を初めとする市町村の執行機関を国の機関とし，自治体の執行機関に「国の事務」の執行を委任する仕組みが幅広く活用されてきたのである。その限りにおいて，地方行政制度と地方自治制度を表裏一体に張り合わせた地方制度は，戦後も形を変えて，生き残っていたのである。

　第3に，広域自治体である都道府県と基礎自治体である市町村の間に上下の指揮監督のヒエラルヒー構造を残している。これは，市町村による事務執行を国に代わって指揮監督する事務を都道府県の執行機関の機関委任事務としてきたことによるところが大きいが，それだけではなしに，国と市町村の間の上下双方向の情報伝達に際して都道府県を経由することが原則になってしまっていることによるところも大きい。

第6章　戦後日本の中央地方関係

2 講和後の地方制度改革

　新憲法制定前後の戦後改革がおこなわれた後も，昭和30年代初頭までは引き続き「制度改革の時代」であった。地方自治法についても毎年のように改正が加えられた。その変遷を経年史的に追跡していたのでは繁雑にすぎるので，以下では四つの項目に分けて，その後の改革について解説する。

(1) 都道府県と市町村

機関委任事務制度の活用
　都道府県は完全自治体に改められたが，その所管事項は減少した。ひとつには警察行政・義務教育行政などを市町村に移管したことによるものであり，もうひとつには国の各省が公選知事に対する不信感から国の事務権限を都道府県知事から引き上げたことによる。これを憂慮した内務省は各省に対して機関委任事務制度を活用することによって，従前の国の事務をそのまま都道府県レベルに残すように要請した。これこそ，分離化の動きと融合型を堅持しようとする動きの拮抗関係の萌芽であった。

都道府県の復権
　さらに，昭和24 (1949) 年に来日したシャープ税制調査使節団によるシャープ勧告が市町村優先の原則を提示したため，都道府県はこれに強く反発し，都道府県と市町村はことごとに対立抗争を繰り返していたが，その後は，教育委員会委員の直接公選制の廃止と義務教育学校教員任用事務の都道府県への移管，市町村警察の廃止と都道府県警察の創設などがおこなわれ，徐々に都道府県の復権が進められた。そして，昭和31年の地方自治法改正がその仕上げをした。すなわち，都道府県と市町村の上下関係が明確にされ，また特別市制条項が削除され，これに代えて政令指定都市制度が創設された。

(2) 地方交付税制度

シャープ税制と地方平衡交付金制度
　シャープ勧告は，独立税の創設などによって国税と地方税の分離を，また都道府県税と市町村税の分離をめざした。しかし，こ

れと同時に，中央地方の財政調整制度として地方平衡交付金制度の創設を提言した。ところが，この地方平衡交付金制度の下で自治体に配分する総額の算定をめぐっては，毎年毎年の予算編成のたびごとに，大蔵省と地方財政委員会の間で激しい攻防が繰り返された。そこで，昭和29（1954）年には，これに代えて現在の地方交付税制度が創設されたのである。

地方交付税制度　このときに創設された地方交付税制度は，国税3税（所得税・法人税・酒税）収入の一定割合（これを交付税率という）を自治体への配分総額とする制度であった。そしてその後，この交付税率が当初の22％から25％へ，さらに27.5％へと引き上げられていったことによって，自治体の財政窮乏状態は徐々に改善されていき，この中央地方の財政調整制度はおおむね昭和32年ころを境にして安定期に入った。これにより，日本の自治体はかなり幅広い事務権限を担当することが可能になったのであり，その意味では，地方交付税制度こそ融合型の戦後体制を財政面から支えてきたもっとも重要な支柱であった。

「歳入の自治」の側面は希薄　ところで，地方平衡交付金制度の廃止に並行してシャープ税制も見直され，国税と地方税，都道府県税と市町村税の分離という原則も弱められていった。そこで現在では，市町村と都道府県の双方とも，住民の所得に課税する住民税（市町村民税・都道府県民税）とか住民の消費に課税する消費税を主要な税源のひとつにしている。つまり，国も自治体も同じ対象に競合して課税しているのである。

こうして国税と地方税が連動していること，地方交付税制度による財政調整を公平にしなければならないことなどの故に，独立の市町村税である固定資産税についてさえも標準税率が定められ，これが地方債の許可制度と連結されているなど，地方税制は国による厳しい統制の下におかれることになった。

もっとも，地方税目の多くについては，通常よるべき標準税率

とこれ以上の税率を課してはならないとする制限税率の双方が定められ、財政上特別の必要がある場合には、制限税率以下の範囲内であれば標準税率以上に税率を引き上げて課税する超過課税の余地が開かれている。また、法定外普通税を創設する余地も開かれてはいる。しかしながら、この超過課税や法定外普通税の余地を活用する自治体はむしろ減少する一方であった。その結果、日本の地方自治には、住民にどれだけの税負担を要求するのかという側面での自治、いわば「歳入の自治」は現実にはほとんど実践されていない。

　自治体はもっぱら国に対して税財源の移譲と地方交付税制度による財源保障の充実を求め、さらには補助金等の交付を求める陳情に奔走し、こうして国から獲得した歳入をいかなる行政分野に配分するのかという側面での自治、いわば「歳出の自治」にのみ専念してきたといえなくもない状況にある。

　融合型の地方自治が集権型の地方自治になりがちであることのひとつの例証である。

(3) 町村合併

明治の町村合併　　明治の初期の町村総数は7万を越えていたようである。だが、明治政府は明治21 (1888) 年制定公布の市制町村制を施行する直前に大規模な町村合併を断行し、行政上の町村総数を約5分の1の1万4000程度にまで削減した。さらに、その後の個別の合併によって、敗戦当時の町村総数は1万弱になっていた。

昭和の町村合併　　戦後昭和28 (1953) 年以来町村の財政力を強化することを主たる目的にして始められた町村合併は、町村を人口8000人以上の規模にすることを目途に進められた。なお、この人口8000人という規模は、1町村が公立の新制中学校1校を建設し維持していく事務の能率から判断して必要最小限の規模であると説明されていた。こうして、この町村合併が一段落した昭和30年代半ばには、日本の市町村総数は従前の約3分の1に相当する3300弱に減少してい

たのである。その結果，日本の市町村の平均規模は，1974年以降のイギリスの市町村の平均規模にははるかに及ばないものの，世界各国の基礎自治体のなかでは大きい部類に属することになった。

自治体の比重　　日本の政府体系では，自治体がきわめて大きな比重を占めている（図表6-1および6-2参照）。全公務員約440万人のうちの約325万人（74％弱）が地方公務員であり，全政府支出の65％弱が自治体の支出になっているが，これらの比率は世界各国のなかでも異例に高いのである。自治の質においてはともかく，自治の範囲と仕事量に関する限り，日本は世界有数の地方自治の国である。その原因は，日本の自治が融合型であること，それが財政面でも地方交付税制度で支えられていること，そしてまた基礎自治体の平均規模が大きいことにあると思われる。

図表6-1　国家公務員と地方公務員

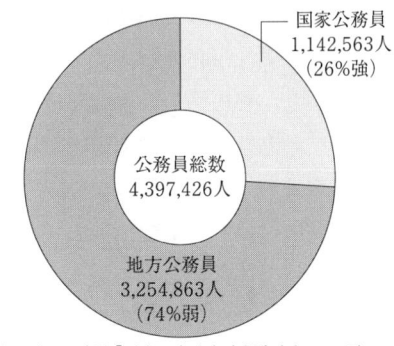

国家公務員　1,142,563人（26％強）
公務員総数　4,397,426人
地方公務員　3,254,863人（74％弱）

（出所）　人事院『平成11年度年次報告書』の493頁の数字に基づき作成。

図表6-2　国・地方の財源配分（平成10年度）

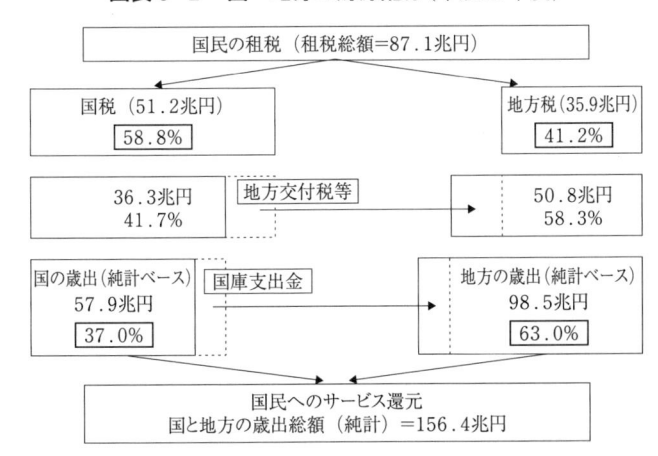

国民の租税（租税総額＝87.1兆円）

国税（51.2兆円）　58.8％
地方税（35.9兆円）　41.2％

36.3兆円　41.7％　　地方交付税等　　50.8兆円　58.3％

国の歳出（純計ベース）57.9兆円　37.0％　　国庫支出金　　地方の歳出（純計ベース）98.5兆円　63.0％

国民へのサービス還元
国と地方の歳出総額（純計）＝156.4兆円

第6章　戦後日本の中央地方関係　　85

(4) 内務省の解体

戦前は，都道府県が国のいわば総合出先機関であったので，国の各省の地方支分部局（地方出先機関）の設置は例外的であった。だが，これが戦時中から増え始め，戦後は都道府県の完全自治体化によって促進され，内務省の解体によりさらに助長された。各省による地方出先機関・特殊法人・附属施設の濫設傾向は昭和42年以降行政機構の新増設が厳しく抑制されるまで続いたのである。（図表6－3参照）。

<small>戦後日本の新中央集権</small>

戦後に顕著になった縦割り行政の分立体制は自治体の内部にまで貫徹された。その第1の現れが機関委任事務の増大であり，その第2の現れが通達行政の深化であり，その第3の現れが補助金行政の膨張であった。これら三つの動向こそ，福祉国家段階に共通する新中央集権の日本における現象形態にほかならない。それは国と自治体の現代的な融合化現象に付随する集権化現象であったが，日本の場合にはもともと融合型の体制であったところにこれが上乗せされたので，体制の融合性はこれによりさらに一段と強められたといえる。

<small>内務省復活構想とその挫折</small>

地方出先機関・特殊法人・附属施設の濫設にしろ，新中央集権の三つの動向にしろ，縦割り行政の分立体制の強化であり，自治体による「地域総合行政」を困難にする効果は同じであった。そこで，講和後になるとただちに，このような縦割り行政の分立体制を非難し，これを抑制しようとする改革案が登場してきた。

その第1の現れが，昭和31（1956）年の第二次行政審議会答申を受けて政府が国会に提出した内政省設置法案（建設省・自治庁と経済企画庁の一部の統合案）であったが，これは建設省の強い抵抗に遭い，成立しなかった。第2の現れは昭和34年に第四次行政審議会が提言した自治省設置構想（自治庁に，国家消防本部，北海道開発庁，総理府特別地域連絡局，首都圏整備委員会のほか，建設省の一部と経済企画庁の一部を統合する案）であったが，これまた実

現の見通しは立たなかった。こうして結局のところは，昭和35年に自治庁と国家消防本部を統合した自治省が設置され，これをもって内務省復活構想（もっとも，警察まで統合する案はなかった）というべき画策にほぼ終止符が打たれた。

図表6-3　出先機関・特殊法人等と委任の関係

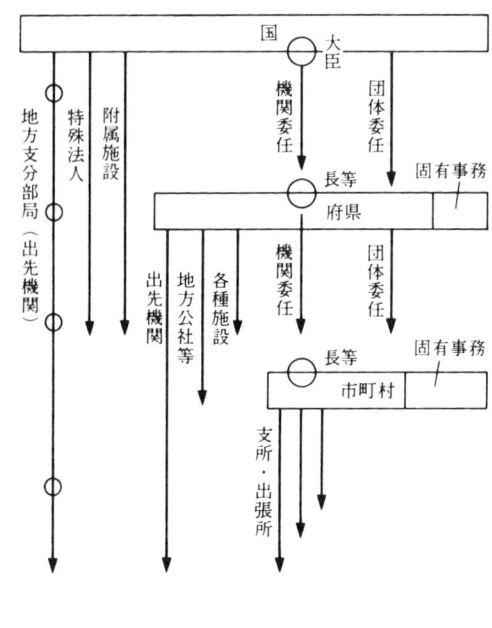

（図：国―大臣から機関委任・団体委任を経て府県（長等）・固有事務、さらに市町村（長等）・固有事務へとつながる関係図。府県からは出先機関、地方公社等、各種施設へ。市町村からは支所・出張所へ。国からは地方支分部局（出先機関）、特殊法人、附属施設へ。）

道州制案と府県統合案

　縦割り行政の分立傾向に対抗しようとした別種の構想がいわゆる道州制構想である。昭和32年には第四次地方制度調査会が道州制案と府県統合案の両案併記の答申をした。このときの道州制案とは，完全自治体の都道府県を廃止し，これに代えて地方ブロック単位に戦前の府県に類似した道または州と呼ばれる官治団体を設置しようとする構想であり，これに対する対抗案として提起された府県統合案とは，府県を数府県ずつ統合してその区域を広域化させながら，府県の完全自治体としての性格を維持し続けようとした構想であった。

道州制構想の狙いとその挫折

　道州制構想は，その後に提案されたものも含めてすべて，現在の都道府県の区域は時代遅れで狭きにすぎることをその正当化理由にしているけれども，少なくともこの昭和32年当時の道州制構想の真の狙いは公選知事制度を廃止し完全自治体の都道府県を廃

第6章　戦後日本の中央地方関係　87

止して，戦前の都道府県に類似した国の総合出先機関を復活することにあった。それは，中央に内務省がないにしても，あるいは中央に内務省がなくなってしまったからこそ，せめて地方レベルに国の総合出先機関を復活して，各省の縦割り行政を総合的に調整し，内政を総括させようとしたものであったといえる。

この種の道州制構想に対しては，公選知事たちが強く反対しただけでなく，縦割り行政の分立体制に既得権をえていた国の各省が一斉に反対した。国の総合出先機関の復活もまたこの時点でほぼ「帰らぬ昔の夢」になったのである。

こうして，戦後日本の地方自治制度は昭和30年代後半（1960年代）から「制度運用の時代」を迎えることができた。

3　地方自治制度の政治過程

戦後の地方自治制度が安定し「制度運用の時代」を迎えたとはいっても，地方自治制度をめぐる政治の争点が皆無になったわけではない。それが矮小化し日常化しただけのことである。

そこで以下では，地方自治制度をめぐるその後の争点群を，制度改革にかかわる争点群，制度管理にかかわる争点群，そして制度運用にかかわる争点群という三つの争点群に分け，それぞれの争点群をめぐる国政レベルの政治過程について解説してみよう。

(1) 制度改革の政治過程

基本構造の変革の争点

第1の制度改革にかかわる争点群とは，地方自治法に定められているような地方自治制度の基本構造の変革にかかわる争点群のことである。都道府県と市町村の対立もあれば，大都市と一般市の対立，市と町村の対立，地方中核都市と周辺市町村の対立，首長と議会の対立もあった。

「制度運用の時代」には，この種の対立は従来に比べれば薄れてきていた。しかし，たとえば，いわゆる阪奈和合併（大阪府・奈良県・和歌山県の合併）とか東海3県統合（愛知県・三重県・岐

阜県の統合）の条件を整えようとした府県合併特例法案を初め，複合事務組合制度の創設をめざした地方自治法改正案，東京都の都区制度の改革をめぐる数次にわたる地方自治法改正案などは，すべてこの種の争点群に属していた。

地方6団体等　この類型の争点群をめぐる政治過程の主要な主体（アクター）はいわゆる地方6団体（全国知事会・全国都道府県議会議長会・全国市長会・全国市議会議長会・全国町村会・全国町村議会議長会）を初めとして，政令指定都市の連合体の指定都市事務局，東京都23区の連合体の特別区協議会，革新市長会，それに地方公務員の職員組合の連合体の自治労などである。なかでも，自治労の院外闘争と旧社会党の院内闘争の連携プレイは，しばしば地方自治関連法案を廃案に追い込んでいた。

調整者としての自治省　そして，この第1の争点群に関する限り，自治省は地方自治関連業界内部の諸利益を調整する調整者の立場に立っていた。

(2) 制度管理の政治過程

行政資源の調達の争点　第2の制度管理にかかわる争点群とは，地方税法・地方交付税法・地方財政法・地方公務員法などに定められている自治体の行政資源の調達に深く影響する争点群のことである。毎年度の予算編成に先立っておこなわれる地方財政計画の策定，地方交付税制度の運用方針の策定，地方税制の改正，行政改革に関連しておこなわれる地方公務員の定数削減とか給与・退職金の適正化などの争点がこれに属していた。このほかにも若干特殊なものとして，会計検査院による会計検査とか総務庁行政監察局による行政監察などの権限範囲をめぐる争いもあった。

代弁者，擁護者としての自治省　この争点群は国と自治体の対立，なかでも行政資源の調達をめぐる国と自治体の競合関係を背景にした争点であり，年年歳歳繰り返される余地の多い争点であった。そこで，この争点群については，自治省が舞台の主役になり，全自治体の利益の代弁者・擁護者として大蔵省・総務庁・人事院・会計検査院などを相手に折

衝し，地方6団体などがこれを背後または側面から支援するというのが，通常の構図であった。

監督者，統制者としての自治省　だが，国の財政の逼迫した状況の下などでは，しばしばこの通常の構図が崩れた。国の利益を代弁する大蔵省などは自治体の行財政運営の不適正な側面を指摘して譲らず，折衝が難航したからである。そこで，自治省は自治体の不適正な行財政運営をまずもって是正させておかなければ，自治体側の要求の正当性を主張しこれを貫徹することはできないと考え，自治体に向かい合い，その指導に乗り出すことになった。自治省は自治体の代弁者・擁護者としての機能よりもその監督者・統制者としての機能の方を強め，このことを露骨に表に現さざるをえなくなった。昭和20年代後半の地方財政再建時代の自治庁，第二次臨調以降の地方行革時代の自治省がそうであった。そこで，このような状況下では，日ごろは蔭のアクターとして背後に控えている地方6団体から自治労までが表舞台に踊り出て，自治省・大蔵省など国側の共同戦線に対抗することになる。

(3) 制度運用の政治過程

新中央集権をめぐる争点　第3の制度運用にかかわる争点群とは，各省所管の個別の法令と予算の変更にかかわる争点群のことである。いいかえれば，縦割り行政の分立体制の運用上の微妙な変更が自治体の事務権限の執行に直接間接の影響を及ぼすことになるが故に，地方自治制度をめぐる争点になるというものであった。

地方出先機関・特殊法人・附属施設の新増設，機関委任事務の追加，法令による機関・職員の必置規制，通達による過剰指導，補助金種目の拡大などが地方自治の健全な発展を阻害しているのではないかとして，地方制度調査会または行政改革推進審議会などが出先機関・特殊法人の統廃合，機関委任事務の整理または団体事務化，必置規制の緩和，零細補助金の整理，補助金の一般財源化またはメニュー化などを求める争点がこれに属していた。し

かし，この種の争点は，日常的にも，主としては法令改正に関する各省間折衝（持ち回り稟議）の過程における関係省庁と自治省の合議の場で争われていた。

<small>テクノクラートとトポクラートの対立</small>

ところで，この種の争点群をめぐる友敵関係は国と自治体を縦断したものになっていた。国の側においても，行政の総括管理機能を担当している大蔵省・総務庁などは概して自治省に味方して各省を非難する。そして自治体の側においても，首長および総務系統組織の職員は自治省と共通の認識に立ちこれを支援することが多かったのであるが，専門部局の職員はむしろそれぞれの本省側の主張に理解を示しこれを弁護するために，自治体側の足並みはなかなか揃わないのが通例であった。

それは，イギリスの先のロウズの用語を借用すれば，この種の争点が各種の「専門官僚」(technocrats) の国・自治体をまたがる政策共同体群（policy communities）と「総括官僚」(topocrats) の国・自治体をまたがる政策共同体の視点の対立に根ざしていたからにほかならないのである。

4 分権改革の到達点と残された課題

1980年代の初頭から営々として続けられていた行政改革の流れに，1990年代以降新たに政治改革の流れが合流してきた政治状況のなかで（第19章参照），地方分権の推進がひとつの政治課題として設定され，日本の地方制度は久方ぶりに「制度改革の時代」を迎えている。そして，平成11 (1999) 年には，総計475本の関係法律の一部改正を一括処理した地方分権一括法が制定公布され，これに基づく制度改正が平成12年4月から施行された。これを，ここでは第一次分権改革と呼ぶことにする。

(1) 第一次分権改革の成立事情

<small>衆参両院の地方分権推進決議から連立政権時代へ</small>

この第一次分権改革は，平成5 (1993) 年6月に国会の衆参両院が超党派で地方分権推進の決議をおこなったことに端を発して

いるが，この決議がおこなわれた直後の国会で，当時の宮沢内閣に対する内閣不信任案の可決，解散，総選挙という不測の事態を迎え，この機に旧自民党は分裂した。そして，このときの総選挙で自民党は敗北し，非自民諸政党が大連合した細川内閣が誕生し，日本の国政は連立政権時代に突入することになった。第一次分権改革はこの連立政権時代の産物なのである。

第三次行革審の最終答申と地方分権推進の手順　地方分権の推進の流れをさらに一段と加速させたのは，同年の10月に第三次行革審が細川首相に提出した最終答申であった。すなわち，この最終答申は規制緩和の推進と地方分権の推進を今後の行政改革のふたつの柱とし，地方分権の推進方策として，内閣は翌年中に地方分権推進の大綱方針を策定し，続いて地方分権推進基本法（仮称）の制定をめざすべきであるとしていた。この最終答申を受理した細川首相はただちに，政府は今後この手順にしたがって地方分権を推進する旨の公約をした。そして，この首相の公約はこれに続いた羽田内閣，村山内閣にも忠実に継承された。こうして，村山内閣の下で，平成6年12月に地方分権推進の大綱方針が閣議決定され，翌平成7年には地方分権推進法が制定公布されて，同法に基づいて同年7月には地方分権推進委員会が設置された。

地方分権推進委員会の勧告から地方分権一括法へ　この地方分権推進委員会は，翌年の平成8（1996）年から翌々年の平成9年にかけて，『中間報告』と第一次勧告から第四次勧告に至る4次の『勧告』を提出した。これを受けて政府は，まず平成10年に地方分権推進計画を作成し，続いて平成11年にこの計画を実施に移す措置として地方分権一括法案を立案し，これを国会に提出したのである。

(2) 第一次分権改革の到達点

団体自治の拡充方策と住民自治の拡充方策　地方分権の推進は，第一義的には地方自治の拡充を目的にしているが，地方自治を拡充する方策には，団体自治の拡充方策（国と都道府県と市町村の間の関係を改善して自治体による自己決定・自

己責任の領域を拡大する方策）と，住民自治の拡充方策（住民とその代表機関の間の関係を改善して住民の自己決定・自己責任の程度を拡充する方策）とがある。

事務事業の移譲と広義の関与の縮小廃止

そして，前者の団体自治の拡充方策には，事務事業の移譲方策（国の事務事業の一部の自治体への移譲，または都道府県の事務事業の一部の市町村への移譲を進めることによって，自治体が所管する事務事業の範囲を拡大する方策）と，広い意味での関与の縮小廃止方策（自治体が所管している事務事業の執行方法や執行体制に対する国による枠づけ，拘束，干渉，介入等を縮小廃止することによって，自治体の判断と責任において事務事業の執行方法や執行体制を選択することができる裁量領域を拡大する方策）とがある。

第一次分権改革は，まず住民自治の拡充方策よりも団体自治の拡充方策の方を優先し，ついで事務事業の移譲方策よりも広い意味での関与の縮小廃止方策の方に改革の重点をおいていた。これをさらに分解すれば，通達通知による関与の縮小廃止，機関・職員・資格などにかかる必置規制の緩和廃止，補助事業の整理縮小と補助要綱・補助要領による補助条件の緩和の3点について，きわめて具体的な改革を実現した。

機関委任事務制度の全面廃止とその効果

なかでも，このうちの通達通知による関与を縮小廃止するための基本戦略として，明治憲法時代の市制町村制以来の機関委任事務制度を全面廃止したことがもつ意義は大きい。従前の機関委任事務のうち，ごく例外的にこの機会に事務そのものを廃止したものや国の直接執行事務に変えて国に返上したものを除き，その他の従前の機関委任事務はすべて法定受託事務と自治事務のどちらかに振り分けられたが，自治事務はもとより法定受託事務もまた「自治体の事務」であることが明確にされた。そこで，これ以降は，自治体には国の下請け機関として執行する「国の事務」は皆無になった。しかも，数え切れないほど多数にのぼる既存の通達通知のうちのごく一部はこの機会に廃止され，その他の通達通知

はすべてこれ以降は「技術的な助言」に改められたので，自治体はこれらの通達通知に拘束される必要はなくなった。自治体の法令解釈権は大幅に拡大されたのである。これらの改革によって，地方行政制度と地方自治制度を表裏一体に張り合わせてきた従前の地方制度はほぼ完全に解体された。

<small>関与の手続の法制化と係争処理制度の創設</small>

　それだけではない。国と自治体，都道府県と市町村の間の関係を公正で透明なものにするために，新地方自治法には，国による狭い意味での関与の標準類型が定められると同時に，行政手続法に定められた行政手続に類似した関与の手続ルールが定められた。そしてさらに，この狭い意味での関与の合法性をめぐって国と自治体，都道府県と市町村の間に係争が発生したときは，どちらの側の法令解釈が妥当かを最終的には訴訟で争いうる道を開いた。これらの改革は，国と自治体の間の関係を従前の上下・主従の関係から新しい対等・協力の関係に転換していくための方策であった。

　これらの一連の改革によって，日本の地方自治の集権性と融合性がさらに一段と緩和されたことは確かである。しかしながら，これで日本の地方自治が集権・融合型から分権・融合型に移行したと言い切れるかどうか，ははなはだ疑わしい。まして，分権・分離型に転換したのでは全くない。

(3) 残された課題

　第一次分権改革の以上の成果は，日本の地方自治を先進諸国の地方自治のグローバル・スタンダードに合わせていく長い道程(みちのり)からみれば，まだ一里塚にすぎない。数多くの改革課題がいつの日にか実現されるべき第二次分権改革，第三次分権改革に託されている。

<small>地方税財源の充実確保</small>

　第1に，自己決定・自己責任の原理を地方税財政の領域にまで貫徹するためには，国税と地方税の税源配分を改め自治体の自主財源を充実し，補助金等および地方交付税交付金などの国からの

財政移転への依存状態を大幅に緩和する必要がある。

「受け皿論」の再検討

　第2に，第一次分権改革と並行して推進されている市町村合併の帰趨を見極めながら，道州制論・連邦制論・廃県置藩論・一国多制度論といった地方分権の「受け皿」をめぐる論議の当否について，改めて検討を深める必要がある。

事務事業の移譲

　第3に，ヨーロッパ評議会が制定したヨーロッパ地方自治憲章や国際自治体連合（IULA）が決議した世界地方自治宣言に謳われている「補完性（subsidiarity）の原理」に照らして，市町村と都道府県と国の間の事務事業の配分状態を見直し，事務事業の移譲に再挑戦する必要がある。

法令による枠づけ・義務づけの緩和

　第4に，法定受託事務の縮小を進め，自治事務に対する国の法令による枠づけ・義務づけを緩和する手法と方策について，斬新な構想を練り上げる必要がある。

制度規制の緩和と住民自治の充実

　第5に，住民自治の拡充方策として，国による地方自治基本法の制定，個々の自治体による自治基本条例の制定を提唱する動きもみられるので，地方自治法による画一的な制度規制をどこまでどの程度に緩和することが妥当なのか，真剣に論議する必要がある。その際には，住民投票制度の導入をめぐる論議がひとつの焦点になるものと思われる。

　以上に列挙したところの残された改革課題を前節で述べた地方自治制度をめぐる三つの争点群と照らし合わせてみれば明らかなように，第一次分権改革は，主としては第3の制度運用をめぐる争点群の改革を中心にしていた。ここからさらに歩を進めて，機関委任事務制度の全面廃止にまで踏み込む結果になったので，その限りにおいては，第1の制度改革をめぐる争点群の領域にまで足を踏み入れたといえるものの，第1の制度改革をめぐるその他諸々の争点群や第2の制度管理をめぐる争点群の抜本改革にまでは及んでいなかったのである。

明治初期の法令の名称と体裁

　三新法時代の4本の法令の名称をみると、郡区町村編制法・府県会規則・地方税規則・区町村会法と、「法」と名乗るものがふたつ、「規則」と名乗るものがふたつある。

　これらは、いずれも国会開設以前に制定公布された法令であり、「法律」ないしは「法」という名称は国会の制定法に限って使用するという名称独占の制度がまだ確立されていなかった時代の産物である。

　それにしてもどうして、あるものは「法」と名づけられ、あるものは「規則」と名づけられたのであろうか。当時の立法論議を垣間見てみると、「法」とは条文数の少ない簡略なものを指し、「規則」とはより詳細な規定を数多く盛り込んだものを指していたのではないか、と思われる節がある。

　府県会規則と地方税規則は多数の条文をもつのに対して、郡区町村編制法と区町村会法の方はごく少数の条文で制度の大綱のみを簡潔に定めていることに気づく。しかも、このうちの区町村会法については、明治17年にその改正が論議された際、山県有朋はこれをこの機会に府県会規則と同様の「規則」に改め、区町村会に対する規制を強めようとしたが、結局は「法」の改正にとどめられたのであった。そうであるとすると、これは漢の高祖の「法三章」の故事に影響された用語法だったのであろうか。

　法令の名称の変わり種といえば、このほかにも明治21年法律第1号として制定公布の市制町村制などの「制」があるが、おそらくこれは、「官制」に準じた命名であろう。

　だが、市制町村制の場合には、その名称以上にその体裁が異例をきわめていた。市制と町村制というそれぞれに独立の法令の体裁を整えたものが1本に合体されているので、ある条文を特定しようとすると、市制町村制の市制第何条と指定しなければならない。おまけに、「市制町村制理由」なる長文のワケ書きまで、法令本体と一体に公布されたのであった。

第7章

議院内閣制と省庁制

第5章から現代国家の行政活動を枠づけている政府体系と政府形態の考察に入った。そして，第5章と第6章の2章ではまず政府体系（中央地方関係）について概説したので，次は，この政府体系を構成している各レベルの政府の政府形態について概説すべき順序である。

政府形態（国レベルと自治体レベル）

戦後日本では，国（中央政府）レベルの政府形態としては議院内閣制が採用され，都道府県と市町村の自治体レベルの政府形態としては首長制が採用されているが，この教科書は国レベルの行政活動を考察の主たる対象にしているので，本章では，議院内閣制の制度原理とこの制度の戦後日本における運用の実態について考察することにする。

議院内閣制における政官関係

議院内閣制の制度原理を正しく理解するためには，一方では議会（国会）と与党（または連立与党）と内閣の関係に着目すると同時に，他方では内閣と各省大臣等と省庁の関係にも着目する必要がある。そこで，本章では，省庁制にも目を向け，議院内閣制における政官関係の諸相（国会・内閣・各省大臣等の政治機関と行政機関である省庁の関係，政党と官僚制組織の関係，政党政治家と職業行政官の関係）を幅広く考察の対象にすることに努めたい。

政治主導とは内閣主導のこと

本章におけるメッセージは，「政治主導」とは，政治家主導や与党主導のことであってはならず，内閣主導のことでなければならない，ということである。

1 議院内閣制

(1) 戦前の内閣制

大宰相制による内閣制の創設

明治18（1885）年12月に従来の太政官制に代えて創設された日本で最初の内閣制は，内閣総理大臣に強い権能を与える大宰相制を採用していた。すなわち，内閣総理大臣は「各大臣ノ首班トシテ機務ヲ奏宣シ旨ヲ承ケテ大政ノ方向ヲ指示シ行政各部ヲ統督」（内閣職権1条）し，「行政各部ノ成績ヲ考ヘ其ノ説明ヲ求メ及ヒ之ヲ検明スル」（同2条）ことができ，「須要ト認ムルトキハ行政各部ノ処分又ハ命令ヲ停止セシメ親裁ヲ待ツコト」（同3条）を許されていた。

明治憲法時代の内閣制

明治22（1889）年に大日本帝国憲法が発布され，翌23年には帝国議会が開設され，ここに日本の政治体制は立憲君主制に移行することになった。

だが，この明治憲法は内閣に関する規定をおかず，「国務各大臣ハ天皇ヲ輔弼シ其ノ責ニ任ス」（55条）と，国務大臣単独輔弼責任制を定めるのみであった。そこで，この憲法と平仄を合わせるために，明治22年に先の内閣職権が廃止されこれに代えて内閣官制が制定されたが，この内閣官制は内閣総理大臣の権能を従来のそれよりも大幅に縮小した。大宰相制を放棄して，内閣総理大臣を「同輩者中の首席」（primus inter pares）の地位に後退させたのである。

どうしてこのようなことになったのであろうか。明治憲法の起草者たちは，国会開設を目前に控え，次のように考えていたと解されている。すなわち，内閣は天皇の大命降下を受けた内閣総理大臣が組閣する天皇の内閣であり，帝国議会から超然とした存在（超然内閣）であるべきであるが，これを大宰相制の内閣にしてしまうと，それは必然的に連帯責任制の内閣になり，この連帯責任制の内閣はやがて政党内閣制へと発展して，立憲君主制の基盤

を揺るがすことになりかねないのではないか，と．

<small>明治憲法時代の統治構造</small>　確かに，明治憲法下の統治構造は，近代民主制への移行，いいかえれば議会政治の発達とその下での議院内閣制の確立を何よりも強く警戒し，これをできる限り防止し抑止することに最大限の配慮をして設計されたものであった．

　この統治構造の下には，内閣の統督から独立したさまざまな政府機関が創設されていた．

　まず第1に，宮中と府中が区別され，宮中の内大臣および宮内大臣は内閣の外に置かれた．その周辺には元勲・元老といわれる人々が内閣に対してにらみをきかせていた．

　ついで第2に，内閣に対する牽制機関として枢密院が設置され，憲法や条約にかかわる事項のほか，教育制度の基礎，各省官制通則，官吏制度等に関する勅令等の制定改廃は，この枢密院に諮詢した上でこれをおこなわなければならなかったのである．

　第3に，従来の公家，大名諸侯，並びに明治維新の元勲などに公爵・侯爵・伯爵・子爵・男爵の爵位を与えこれを皇室の藩屏とする華族制度を創設し，これをひとつの基盤にして帝国議会に貴族院を設け，この第二院に民選の衆議院を牽制させた．

　さらに第4に，統帥権を内閣から独立させた．すなわち，陸軍の参謀本部および海軍の軍令部，並びに戦時における大本営といった軍令機関が内閣から独立し，軍令事項については参謀総長および軍令部総長が直接に天皇に帷幄上奏した．この種の件については，内閣総理大臣は陸軍大臣・海軍大臣から事後に報告を受けるのみであった．

<small>内閣の不安定性</small>　そこで，戦前の内閣は国政全般を統督できるような立場に置かれていなかった．その上に，戦前の内閣はしばしば閣内不統一に悩まされ，それがもとで総辞職を余儀なくされた事例も少なくなかったのである．そしてそれは，以下の三つの要因の相乗作用によるものであった．

第7章　議院内閣制と省庁制

第1に，先の国務大臣単独輔弼責任制が各省のセクショナリズム（分立割拠性）を一段と助長した。
　第2に，陸軍省・海軍省は軍政機関として内閣の統督の下におかれていたのであるが，明治31年の第二次山県内閣のとき以来，この両省の大臣は現役の将官級の武官のなかから選任すべしとする軍部大臣現役武官制が事実上の慣習になり，この大臣任命権の制約が内閣総理大臣の指導力をさらに弱め，軍部の専横を許してしまう結果になった。
　第3に，内閣総理大臣は内閣の足並みを乱す大臣を罷免する権能さえ有していなかったことである。

官吏制の確立

　ところで，自律的な官吏制度の確立もかなり早くから進められ，この官吏制度の下で養成された高級官僚群がやがて，この天皇の内閣に大臣として登用される主要な人材供給源になっていった。
　まず明治20年に文官試験試補及見習規則が制定され，文官任用に高等・普通試験が導入された。ついで明治26年制定の文官任用令は奏任官・判任官の任用を高等・普通試験の合格者からに限定した。さらに，最初の政党内閣というべき大隈・板垣内閣（隈板内閣）の後をうけて成立した第二次山県内閣は，この大隈・板垣内閣の下でおこなわれた各省次官の政治任用の経験に鑑みて，明治32年に先の文官任用令に改正を加え，この種の政党内閣による各省次官の政治任用の将来における再発を防止する狙いから，勅任官の自由任用まで原則禁止にした。
　こうして，明治40年以降になると，各省次官はほとんどすべて高等試験合格者になった。そしてさらに大正元（1912）年以降になると，この種の次官経験者から大臣に任命される人々が続出し始めたのであった。要するに，戦前の天皇の内閣の国務大臣は，当初は明治維新を遂行した薩・長・土・肥の西南雄藩の藩閥勢力から登用されていたが，しだいに文官の職業行政官や武官の職業軍人として任用され養成された人材をその補充源とするようにな

っていたのである。

<small>政党内閣期と高級官僚の情実任用</small>

しかしながら、このような統治構造と内閣制の下でも、やがて大正7年に成立した原敬内閣を初めとして、帝国議会衆議院の多数党を背景にし、その党首を内閣総理大臣とし、国務大臣の過半を与党議員とする政党内閣が出現するようになった。ことに大正13年の第一次加藤高明内閣以降のしばらくの間は、この種の政党内閣による政権交代が続き、立憲君主制下での「憲政」の発展に希望を抱かせた。そしてこの政党内閣期には、高級官僚の任用にも内閣・各省大臣による情実任用（パトロネージ）の色彩が強まっていたのであった。

ところが、昭和7（1932）年の5・15事件で犬養毅内閣が倒れたのを最後に、政党内閣期は終焉した。そして高級官僚の政治任用の門戸は再び堅く閉ざされ、それ以降は軍部と革新官僚の台頭はとどまるところを知らなかった。

(2) 議院内閣制の制度原理

<small>国民主権と議院内閣制の確立</small>

明治憲法から新憲法への憲法改正が日本の統治構造にもたらした最大の変革は、国民主権を宣明し国会を国権の最高機関にして、議院内閣制を確立したことである。

では、議院内閣制（parliamentary cabinet system）とは、本来いかなる制度であるのか。議院内閣制は、すでに第2章で簡潔に解説しておいたように、元来はイギリスで形成され確立された憲法慣習であるが、これが広く各国に普及するようになって以降のその一般的な制度原理は、以下のとおりである。

<small>議会下院による内閣総理大臣の指名と内閣の信任・不信任</small>

まず総括的にいえば、行政府の最高機関として国政全般を統括する内閣が、議会の下院（直接公選議員で構成される民選議院）の多数派の支持を基盤に構成され、議会下院に対して連帯して責任を負い、議会下院の信任を受けている限りにおいて存続する。大統領制における大統領のように、行政府の首長である大統領が国民によって直接公選され、少なくとも制度上はかならずしも議会

の多数派の支持を保証されていないのと対比される。

　もう少し具体的な仕組みに即していえば，まず内閣の首長である内閣総理大臣（首相）が，通常は議会下院によって下院議員のなかから指名される。ついで，この指名を受けた内閣総理大臣が内閣を構成するその他の国務大臣を任命する。そして，この内閣の組織（組閣）に際しては，国務大臣の少なくとも過半数を議会下院の多数派の議員のなかから任命する。

　さらに，議会下院は内閣不信任議決権を有し，この内閣不信任の議決がなされたときには，内閣はただちに総辞職をするか，さもなければ議会下院を解散し総選挙を実施することをとおして，議会下院の側を支持するか内閣の側を支持するか，国民の判断を仰がなければならない。この内閣による議会下院の解散権の行使が内閣不信任議決の成立時にのみ限定されるのか否かは，各国ごとに異なるが，一般論としては，解散権の行使に関する内閣の裁量の余地が広ければ広いほど，議会に対する内閣の政治指導力は強まるといえる。

議院内閣制の内閣は政党内閣
　議院内閣制は，運用上は政党内閣制になる。ことに大衆民主制（mass democracy）時代になると，国民の無数の意思は複数の政党に集約され，これらの政党を媒介にして国政に反映されるようになる。議会議員の選挙も政党を中心にした選挙になり，議会における票決も多かれ少なかれ党議拘束の下におかれるようになるので，議会下院の多数派とは議会下院の多数党とほぼ同義になる。そこで，内閣総理大臣にはこの多数党の党首が指名され，内閣は与党議員またはその同調者で固められ，内閣は，総選挙において国民の多数の支持を得た与党の政策綱領を行政府を構成している各省庁の官僚制組織を通じて実施に移すための，多数党の執政委員会になる。

　議会下院の議席の過半数を単独で制した政党が存在しない場合には，複数の政党が連携して多数派を形成し，連立内閣を組織す

ることになる。この場合には，この連立与党間であらかじめ政策協議がおこなわれ，その合意事項を実施に移すのが連立内閣の使命となる。

内閣は政治指導の中枢　このような政党内閣制の内閣は，与党の分裂や連立与党間の連携関係の破綻による内閣不信任議決という異常事態に直面する場合を除き，平常は議会下院の議席の過半を制する与党（または連立与党）に支持されているので，内閣提出法案はすべて通過成立するのが通常の姿である。かくして，内閣は立法府と行政府の双方を架橋した政治指導の中枢になりうる。この内閣の強力な政治権力を牽制するのは，もっぱら野党とマス・メディアの役割になる。野党は議会審議を中心とする討論過程において内閣・与党の政策を批判し，これに代わる政策を提示して論戦する。この与野党間の論戦がマス・メディアを媒介にして広く国民一般に伝達される。こうして，内閣・与党の治績の良否の審査，与野党間の政策論争の優劣の判定は，次の総選挙における国民の審判に委ねられる。

周期的な政権交代　そこで，議院内閣制は適度に周期的な政権交代を予定している。議院内閣制が過度の権力集中制に陥らず，健全なる政治制度として定着するためには，与野党間の勢力関係の逆転に基づく政権交代が適時適切に発生することが不可欠だからである。それ故に，各国における議院内閣制の作動状況はその国の議会下院議員の選挙制と政党制のあり方と密接に関連している。

内閣制の3原則　ところで，議院内閣制の内閣は，内閣の職権に属する事項は閣議に諮らなければならないとする「合議制の原則」，各省の所掌事務はその主任の大臣が分担管理するとする「分担管理の原則」，内閣総理大臣が国務大臣等の任免権等を有する首長であるとする「首相指導の原則」という，相互に矛盾する可能性のある3原則の間の微妙な均衡関係の下に運営されている。この3原則の均衡関係に関する制度設計と制度運用の実態は各国ごとに多様である

第7章　議院内閣制と省庁制

が，一般的な趨勢としては，首相指導の原則がしだいに強化されてきている。

<small>内閣総理大臣の権能と大統領の権能の対比</small>

そうは言うものの，行政権の行使に関する内閣総理大臣の権能は，程度の差はあれ，「合議制の原則」と「分担管理の原則」によって制約されている。そこで，この側面に関する限り，大統領制における行政府の独任制の首長としてこの種の制約を一切免れている大統領の権能に比べれば，内閣総理大臣の権能は弱いのである。しかしその反面，すでに述べたように，大統領制における大統領は対等独立の政治機関としてこれと対峙している議会の支持をつねに得られるという保証がないのに対して，議院内閣制における内閣総理大臣は議会下院の多数派に支えられ，行政府と立法府の双方を架橋した政治指導の中枢になりうるという点では，大統領制における大統領よりも強力な存在になる可能性をもつという点も，忘れてはならない。

<small>議院内閣制と省庁制の連結形態</small>

議院内閣制の下では，その「分担管理の原則」の制度設計のひとつとして，内閣を構成する国務大臣の多くが行政府を構成している各省の主任の大臣を兼任する「国務大臣行政長官同一人制」を採用しているのが通例である。だが，省庁の編制そのものがその時々の内閣総理大臣の意向によってしばしば任意に変更されているイギリスやフランスの場合と，戦後日本の自民党一党支配体制下のように省庁の編制が長期にわたって安定している場合とでは，国務大臣行政長官同一人制のもつ意味または効果が大きく異なることに注意を要する。

また，各省の主任の大臣を兼任しない無任所の国務大臣や特命担当の国務大臣などがいくつくらい設けられるのか，各省の主任の大臣の下にこれを補佐または補助する副大臣・長官・大臣政務官等として与党議員等の政党政治家が何人くらい配置されるのか，さらには，各省庁の官僚制組織を構成している職業行政官の任用がどの程度まで政治任用になっているのかといった諸点は，各国

ごとに大きく異なる。そこで，議院内閣制と省庁制の連結形態の如何が重要になる。

内閣と政権　その意味では，国務大臣のみで構成されている「内閣」とこの内閣の下で政治任用されている多数の人々の総体で構成されている「政権」とを，概念上区別しておいた方が合理的である。要するに，等しく議院内閣制を採用している国々でも，その「政権」の構成の仕方には大きな差異が認められるのである。

(3) 戦後日本の議院内閣制

法制上の仕組みと政治慣行　では，戦後日本の議院内閣制の様相はどうか。その法制上の設計は新憲法と内閣法によっているが，その実際の運用は政治慣行によっているところが少なくない。

行政権の内閣への集中　まず，日本国憲法65条は「行政権は，内閣に属する」と定め，宮内庁を含めすべての行政機関を例外なく内閣の下においた。戦前の統治構造に存在した宮中の内大臣・宮内大臣，元老，枢密院，軍令機関などのような，内閣から独立した政府機関の存続を許さなかった。立法府と司法府に属しない政府機関であって，なおかつ内閣から独立しているのは，憲法90条に直接の設置根拠をもつ会計検査院だけである。そこで，その後に創設された自衛隊もまた，その幕僚監部まで含め，内閣総理大臣を主任の大臣とする総理府の外局のひとつである防衛庁に属し，内閣の下におかれてきた（平成13（2001）年1月以降の新省庁体制では，防衛庁は内閣に直属する内閣府に設置されている）。

国会の両院制と議院内閣制の変則　ついで，議院内閣制の制度原理に従って，内閣総理大臣は国会の衆参両院によって国会議員のなかから指名されるものとし，内閣総理大臣が任命する国務大臣の過半数は国会議員でなければならないこととした。また，内閣は国会に対して連帯責任を負うものとし，国会の衆議院に内閣不信任議決権を賦与して，内閣には衆議院解散権を賦与した。ただし，この解散権の行使が内閣不信任議決の成立時に限定されているのか否かは，憲法上は必ずしも

明らかでなかったが，この種の限定は加えられていないとする憲法解釈に立った解散がたびたびおこなわれ，この点はすでに憲法慣習として定着しているといえる。

なお，戦後日本の議院内閣制においては，国会の第二院である参議院にも内閣総理大臣の指名権を賦与し，その上さらに参議院議員にも衆議院議員と同等に内閣総理大臣の指名を受ける資格および国務大臣として任命される資格を賦与しているが，この点は議院内閣制の一般的な制度原理に照らせば変則であると言わざるをえない。

内閣総理大臣の権限の強化とその限界

さらに，内閣における内閣総理大臣の権限が，戦前のそれに比べれば，格段に強化された。すなわち，内閣総理大臣は内閣の首長である旨が明記された。また，任意に国務大臣を罷免する権限および行政各部（＝各省庁）を指揮監督する権限を賦与された。ただし，この各省庁に対する指揮監督権の行使は，内閣法6条により，閣議にかけて決定した方針に基づいておこなうべきものとされ，「合議制の原則」による制約を受けている。

政治任用職の限定

「分担管理の原則」との関係の方はどのようになっていたのか。総理府および各省，並びに総理府の外局の大臣庁（国務大臣が長官を兼任する庁）の総数と内閣法に定める国務大臣の定数とがほぼ完全に合致していたために，各省大臣または各庁長官を兼任しない国務大臣は，ごく例外的な存在であった。各省庁には，国務大臣に加え，1〜2名の政務次官が配置されたが，これ以外には，与党議員等の政党政治家が就任する副大臣・長官等の政治任用職は配置されてこなかった。そして，各省庁の事務次官以下の高級官僚はすべて政治任用の対象外である一般職とされていた。

自民党による長期一党支配と歴代内閣の短命性

ここで，制度運用の実態の方に目を向けてみれば，昭和30（1955）年の保守合同によって自民党が誕生し「55年体制」に移行して以来，平成5（1993）年に日本新党党首の細川護熙を内閣総理大臣とする非自民諸政党の大連立内閣が成立するにいたる

まで，通算して38年の長期にわたって自民党単独政権が続き，この間には与野党の勢力関係の逆転に基づく政権交代は一度も生じていないのである。

にもかかわらず，この自民党長期一党支配時代には，自民党内の派閥力学の故に，自民党の総裁の交代に基づく内閣総理大臣の交代，さらには同一の内閣総理大臣の下での内閣の改造が頻繁におこなわれたため，歴代内閣の存続期間と各省大臣の在任期間はきわめて短いものになっていた。

このような制度運用の実態の下では，各省大臣は各省庁の官僚制組織に取り込まれ，これに担がれながら，かれらの望む政策方針の実現に努めることをもって，その本務と心得るようになった。内閣の一員である国務大臣として各省庁の官僚制組織を統括し，内閣の政治方針を官僚制組織の末端にまで浸透させることを，その本務とは考えなくなっていた。これでは「内閣主導」など望むべくもないのである。

しかしながら，このことは，自民党議員たちが各省庁の官僚制組織に対して何ひとつ政治的影響力を発揮してこなかったということを意味するものでは全くない。

<small>恩顧主義の政治行動様式と「政治家主導」</small>

自民党議員に限らず，およそ国会議員である者は皆，みずからの地元選挙区の後援者からの要望や政治献金を提供してくれる支援業界からの要望に応え，これらの要望を関係省庁の官僚制組織に仲介斡旋することをその生業にしてきた。この種の政党政治家個々人による恩顧主義（clientelism）の政治行動様式が政界の隅々にまで広く蔓延しているという事実ほど，矮小化された意味での「政治家主導」が各方面でそれなりに発揮されていることを雄弁に物語っているものはない。

<small>政府与党間折衝と「与党主導」</small>

また，与党である自民党は，党の機関として幹事長と党本部に加え，政務調査会（政調会）や総務会を設置している。そして，各省庁が国会に法案を提出するときなどには，これを閣議に上程

第7章 議院内閣制と省庁制　107

する以前に，あらかじめかならず与党の了承を取り付けておかなければならないのであるが，この政府与党間折衝に際しては，政調会各部会→政調会→総務会のルートを順次に経由してこれをおこなうという政治慣行を確立してきた。この政調会の各部会はほぼ省庁の編制に対応して編制されていて，ここが「族議員」の結集する拠点になっているのである。自民党議員は，この確立された政府与党間折衝の政治慣行をとおして，いわば横槍を入れる形で，内閣および各省庁の政策立案に党側の意向を反映させてきた。このような意味での「与党主導」は戦後かなり早い時点からすでに実現されていたのである。

<small>「内閣主導」の確立には政府と与党の二元体制の克服が必要</small>

そこで，自民党の党組織および党内派閥の制度化が進むにつれて，1970年代の後半のころから，ジャーナリズムの世界では「政高官低」（政党政治が官僚政治に優位してきている）とか「党高政低」（与党が政府に優位してきている）といった論評がなされ，政治学界でも従来の官僚制優位論に対するアンチ・テーゼとして政党優位論が提示されたりしてきた。だが，「政治家主導」や「与党主導」は決して「内閣主導」を意味するものではない。むしろ，議院内閣制の制度原理に照らせば，与党機関と内閣・各省庁の政府機関とが二元的に分立していて，両者が「政権」に一元化されていないところにこそ，戦後日本における議院内閣制の制度運用の特異性があらわれているのである。

(4) 総理府外局および内閣官房の整備充実

では，このような議院内閣制の機能不全を是正し，真の「内閣主導」を確立しようとする改革は何ひとつとして試みられなかったのであろうか。否，内閣総理大臣または内閣の総合調整機能を強化しようとする試みはそれなりに営々として積み重ねられてきていた。ただ，改革の処方箋として採用された方策はもっぱら総理府外局および内閣官房の整備充実であって，本来の議院内閣制の制度原理に立ち戻ろうとするような改革は乏しかったのである。

総理府外局の整備充実

　戦後早々から実施されてきた，もっとも伝統的な第1の方策は，内閣総理大臣を主任の大臣とする総理府の外局を整備充実する方策であった。まず昭和23（1948）年に行政監理委員会を行政管理庁に改組，ついで昭和27年に経済安定本部を経済審議庁に改組，昭和29年に保安庁と国家地方警察本部をそれぞれ防衛庁と警察庁に改組，そして昭和30年には経済審議庁を経済企画庁に改組した。さらにその後も，昭和31年に科学技術庁，昭和46年に環境庁，昭和49年に国土庁を新設し，昭和59年には行政管理庁と総理府内局を統合して総務庁を新設した（**図表7－1参照**）。

　これらのうち，防衛庁と警察庁を除く諸機関はいずれも行政府全体の総括管理機能を担当する機関であった。それらは，内閣官房，内閣法制局，人事院，大蔵省の主計局・理財局・主税局，あるいは外務省の条約局，法務省の訟務局，建設省大臣官房官庁営繕部などとともに，行政府全体の官房系統組織を構成していたものであって，アメリカ連邦政府の大統領府の諸機関に相当する性格のものであった。

内閣官房の整備充実

　比較的に新しい第2の方策は，内閣官房の内部部局を整備充実する方策であった。戦後の内閣官房には，官房長官の下に，政務担当の官房副長官と事務担当の官房副長官がおかれた。内閣の大番頭として閣議を司会する官房長官には，国務大臣をあて，内閣総理大臣と同一派閥に属する国会議員のなかから任命されるのが通例であった。そして近年は，政務担当の官房副長官に大臣経験者をあてる例さえ生じている。これは内閣官房の重要性の増大とその地位の上昇を物語るものである。

事務担当の内閣官房副長官と事務次官等会議

　これに対して事務担当の官房副長官は，旧内務省系の各省の事務次官経験者のなかから任命されるのが慣例で，事務次官等会議を主宰している。この事務次官等会議は，法制上の根拠を全くもたず，長年の慣行に基づくものであるが，閣議の前日に開かれ，翌日の閣議に上程する案件を全員一致で最終承認する場になって

図表 7 - 1　平成 12 (2000) 年

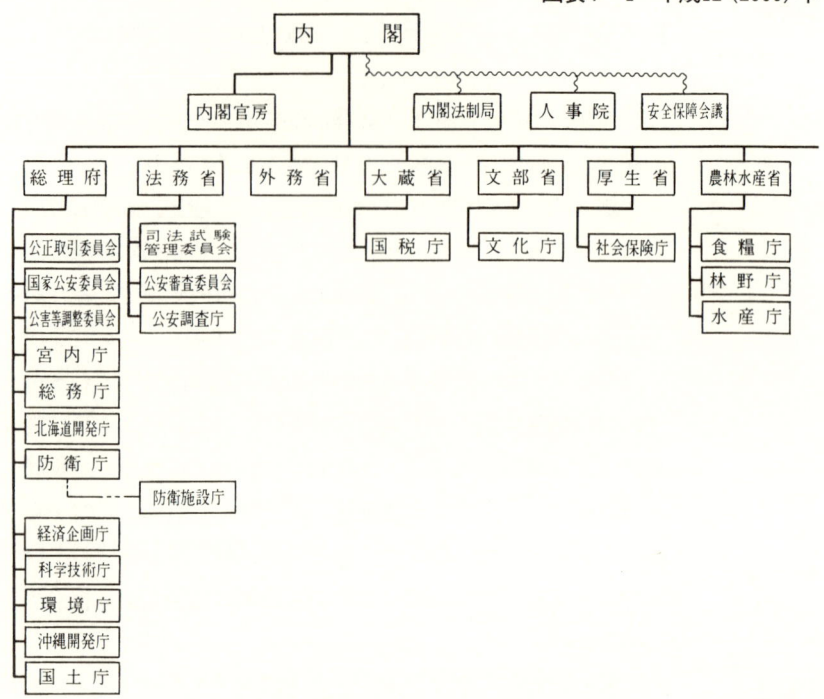

```
                                内　閣
                ┌────────────┼─〜〜〜〜〜〜〜〜┬─────┬─────┐
            内閣官房                    内閣法制局  人事院  安全保障会議
   ┌────┬────┬────┬────┬────┬────┬────┐
  総理府  法務省  外務省  大蔵省  文部省  厚生省  農林水産省
   │    │              │    │    │      │
   │  司法試験          国税庁  文化庁  社会保険庁  食糧庁
   │  管理委員会                              林野庁
  公正取引委員会                                 水産庁
  国家公安委員会  公安審査委員会
  公害等調整委員会  公安調査庁
  宮内庁
  総務庁
  北海道開発庁
  防衛庁 ┄┄ 防衛施設庁
  経済企画庁
  科学技術庁
  環境庁
  沖縄開発庁
  国土庁
```

いる。この会議の席上でどこかの省庁から異議申し立てがなされたならば、その案件は関係省庁間の折衝に差し戻され、翌日の閣議には上程されない。したがって、この事務担当の官房副長官と事務次官等会議は、首相官邸の政治指導力を補佐しているというよりも、むしろ各省庁による拒否権の発動を保障し官僚主導体制を護持している最後の砦なのである。

第二次臨調以降の内閣官房の改組　内閣官房には、このほかにもその内部部局として、内閣参事官室・内閣審議室・内閣広報室・内閣調査室などに加え、国防会議事務局も設置されていた。第二次臨調以来の行政改革では、このうちの国防会議を安全保障会議に改組し、国防事項に加え重大緊急事態への対処措置までこれに所管させることに改めたと同時に、内閣審議室を分割して内閣外政審議室と内閣内政審議室を設置し

までの国の省庁編制

会計検査院

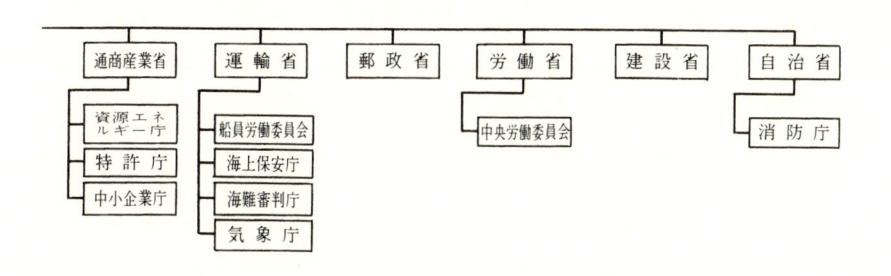

通商産業省
　資源エネルギー庁
　特許庁
　中小企業庁

運輸省
　船員労働委員会
　海上保安庁
　海難審判庁
　気象庁

郵政省

労働省
　中央労働委員会

建設省

自治省
　消防庁

　た。これら一連の改組の背景にあったのは，1970年代以降の経済の停滞と経済摩擦の激化，そして国際化現象であった。

　最近の改組としては，平成8 (1996) 年の内閣総理大臣補佐官の設置と，平成10年の内閣危機管理監の新設がある。

　以上，戦後早々から営々として積み重ねられてきた総理府外局と内閣官房の整備充実方策は，その所期の目的に大きく貢献してきたとはとても認められない。総理府外局にしろ内閣官房の内部部局にしろ，各省庁から出向してくる官僚の寄り合い所帯であることが多く，各自の派遣元である各省庁のセクショナリズム（分立割拠性）の壁を打ち破ろうとする意欲と実力など持ち合わせていなかったからである。

　本来の議院内閣制の制度原理に立ち戻ろうとする試みは，1990

第7章　議院内閣制と省庁制

年代以降の政治改革の流れのなかで，従来の官僚主導体制に対する意味での政治主導体制の確立が切実に求められるようになるまで待たなければならなかったのである。この1990年代以降の改革については，本章の第3節に譲る。

2　省庁制

組織制と定員制　議院内閣制は，すでに述べたように，内閣を構成する国務大臣の大半が各省大臣または各庁長官を兼任するという仕組みであるために，それは省庁制と密接不可分の関係にある。そこで，次には戦後日本の省庁制について，これを組織制と定員制に分解して概観しておくことにしよう。

(1) 省庁の組織・定員の決定制度

行政組織の決定制度　行政機関である省庁の組織編制をどのレベルの政治機関がどの範囲まで決めるのかを，日本では行政組織の決定制度と呼ぶ。

戦前は，各省庁以下の組織単位の設置・所掌事務はすべて，法律によらず，各省官制通則以下の命令に定められていた。つまり，省庁の組織編制は基本的には内閣・各省庁の裁量に委ねられていた。フランス，ドイツなどヨーロッパ大陸系諸国では，現在でも，憲法上の規定により行政府に授権されている。そしてイギリスではこれを枢密院令で定める慣習が続いている。

これに対して，戦後日本では，各省庁の設置等を法律に定めることになった。しかも，国会は，「法律による行政」の原理の適用範囲を拡大しようとする戦後早々の一般的な気運に乗り，昭和23 (1948) 年の国家行政組織法案の国会審議において，各省庁の各課単位まで法律で定めることを要求し，この内閣提出法案に修正を加えたのである。

この国家行政組織法は，戦前の各省官制通則に代えて制定されたもので，国の行政機関の組織に関する規格法または規準法というべき性質のものである。組織単位の種別と名称，並びに法定事

項と政令以下に委任されうる事項の区別などに関する通則を定めている。そして、各省庁の設置・編制・所掌事務はこの通則に従い、各省庁設置法で個別に定められることになった。

そこで、たとえば旧大蔵省の場合であれば、法律事項は大蔵省設置法に、政令事項は大蔵省組織令に、省令事項は大蔵省組織規程に、そしてさらに細目にわたる事項は大蔵大臣訓令において定められていた。

国家行政組織法による制度規制の緩和
なお、内閣は、その後もいくたびか、国家行政組織法に定められた法律事項の範囲の縮小を求めて、同法の改正法案を国会に提出したのであったが、国会の容認するところとならなかった。ところが、第二次臨調が国の行政機関の組織に関する法規制を緩和するように勧告したことが新たな契機になって、国会もようやくこの法改正を承認した。そこで、昭和59（1984）年7月から施行された改正後の国家行政組織法では、府省庁の設置および所掌事務等のみを法律事項とし、官房・局以下の組織単位の設置、地方支分部局（地方出先機関）の設置等をすべて政令以下に委ねた。

この点は、平成13（2001）年1月以降の新省庁体制下の各省庁設置法においても基本的に変わらない。ただし、従来の各省庁設置法のなかには所掌事務に関する条項とは別に所管権限に関する条項を設けていたものがあったが、この種の権限条項が行政指導の根拠規定とされていた例もあったことに鑑み、権限条項はすべて削除され、所掌事務条項に一本化された。また、後述するように、従来の総理府に代わって新たに設置された内閣府には国家行政組織法は適用されないことになった。

定員の決定制度
各省庁で任用する職員の定員の定め方もまた、各国ごとに異なる。これを組織法令のなかで定める方式もあれば、これを組織法令とは別個の法令に定める方式もある。あるいは予算のなかで人件費の総枠を定め、これをとおして間接的に職員数の抑制をはかる方式もある。そして、いずれの方式によるにしろ、法律でどの

範囲までのことを定めるのかがもうひとつの問題である。

　戦後の日本においても，その取り扱い方法は転々とした。昭和24（1949）年の行政機関職員定員法は各省庁ごとの定員を定め，それ以下の組織単位ごとの定員の配分は府省令に委ねていた。だが，この法律は昭和36年に廃止され，それ以降は各省庁設置法のなかに各省庁ごとの定員を定める方式に切り換えられた。ところが，昭和44（1969）年には再び組織法から独立した今日の総定員法（正式名称は「行政機関の職員の定員に関する法律」）が制定された。これ以降は，各省庁の職にあてるべき常勤の職員（ただし，政治任用の特別職の職員などのほか，自衛官，4現業職員等を除く）の定員の総数の最高限度がこの法律に定められ，各省庁ごとの定員は政令で，それ以下の組織単位ごとの定員は省令で定められることになっている。

(2) 省庁の組織・定員の管理制度

組織・定員の管理制度

　ところで，ある組織単位以下の組織・定員の決定が政令以下に委ねられたといっても，それがただちに各省庁の自由になったことを意味するものではない。政令事項はもとよりとして，省令事項であっても，その変更がいちいち行政府全体の総括管理機関の審査に付されているとすれば，各省庁の裁量の余地は大きく制約されることになるからである。このような，各省庁の組織・定員の総括管理機関による審査制度を，日本では行政組織・定員の管理制度と呼ぶ。

総務省行政管理局による審査・査定

　現在の日本では，各省庁の組織・定員の変更要求は，予算の概算要求と並行して，毎年度ごとに所定の時期におこなわれるべきことになっている。そして，各省庁からの概算要求が財務省主計局によって査定されているのと並行して，各省庁からの組織・定員の変更要求は総務省行政管理局によって審査されているのである（図表7-2参照）。

　国家行政組織法の定める法律事項の範囲は縮小されたけれども，

図表 7-2　組織・定員の審査・査定過程

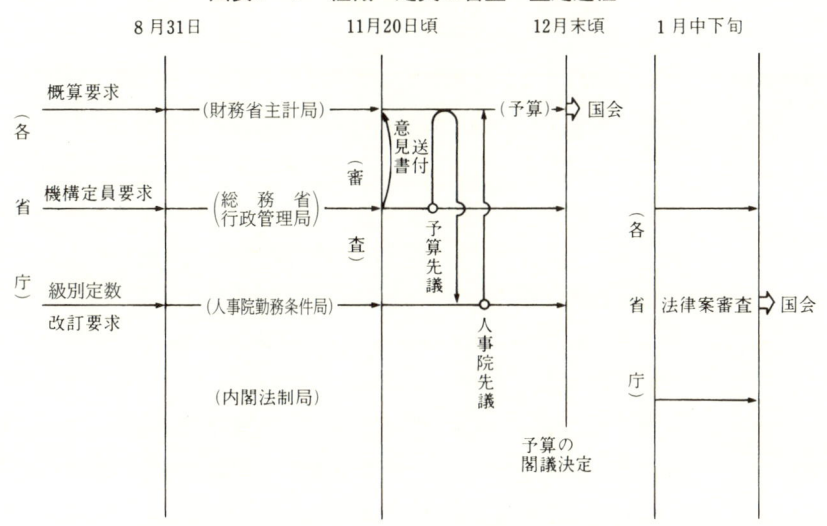

```
          8月31日            11月20日頃        12月末頃      1月中下旬

（各       概算要求 ──（財務省主計局）── 意 送   （予算）⇒ 国会
 省                                      見 付
 庁）                                     書
          機構定員要求 ──（総 務 省  ──（審       ┐      （各
                       行政管理局）    査）  予算    省      ─────→
                                            先議    庁）  法律案審査 ⇒ 国会
          級別定数
          改訂要求  ──（人事院勤務条件局）──○        ─────→
                                              人事院
                                              先議
                     （内閣法制局）

                                            予算の
                                            閣議決定
```

　組織の相当に細部まで依然として政令事項になっているため，総務省の審査をパスしなければ，各省庁はその組織令の改正案を閣議に上程することを許されない。

　定員の変更はただちに予算と連動するため，これについてはさらに厳格で，総務省の通達は，省令事項については事前協議を，訓令事項については事前連絡を要求している。

(3) 日本の省庁制の特徴

　ここで，戦後日本の省庁制の特徴を要約しておこう。

鉄格子効果　　第1の特徴は，省庁の組織・定員の決定制度と管理制度がことさらに厳しい鉄格子効果をもち，行政機関の膨張抑制に寄与している反面，政策課題の変化に対応した迅速かつ弾力的な組織変更をむずかしくしていることである。

府省の安定性　　第2の特徴は，これは国家公務員の各省別採用の任用制度とも密接に関連しているように思われるが，昭和35（1960）年の自治省の新設以来，基幹的な行政機関である府・省の統廃合とか新増設は1件もなく，これらが平成13（2001）年1月に新省庁体制に

移行するまで，40年間の長期にわたって安定し永続していたことである。

内閣の構成と省庁の編制

その結果また，国務大臣の定数を法定していた内閣法の規定も長らく変更する必要にせまられず，内閣の構成も高度に安定していたことである。日本では，フランスのように，内閣ごとに国務大臣数が変動し，この国務大臣たちの分担管理する事務権限の範囲の決定に応じてそのつど省庁の廃置分合がおこなわれるような事態は皆無に近いのであって，内閣の構成が行政機関の編制を決めてきたのではなく，むしろ省庁の編制が内閣の構成を決めてきたのである。

スタッフ系統の機関および職の非画一性

第3の特徴は，国家行政組織法は，各省の内部組織，なかでも局・部・課・係といったライン系統の「組織」単位の種別と名称についてはきわめて画一的な規制をしている一方，旧総理府の外局の内部組織については，その規格化は不徹底で，その法規制の画一性に乱れを示していた。

また，○○官と命名されている総括整理職（審議官等）および分掌職（財務省主計局主計官・総務省行政管理局管理官等）と総称されている「職」についても，その種別と名称がほとんど規格化されていない。

これを要するに，スタッフ系統の機関および職の編制については一定の明確な方針が示されてこなかったのである。これをスタッフ系統組織の伝統を欠いていることの証左とみるべきか，それともスタッフ系統組織の設置に柔軟性を残していたものとみるべきか，この点の判定はむずかしい。

ただし，平成13（2001）年1月に，旧総理府に代えて新設された内閣府は，内閣に直属し，省庁よりも一段上位に位置する機関として，これには国家行政組織法を適用しないこととされている。しかも，この内閣府に設置された新規の諸機関のなかには多数の政治任用の特別職の配置が予定されているものも少なくない。し

たがって，この内閣府の新設には，スタッフ系統機関の組織の柔軟性を強めていこうとする明確な意図が込められているように思われる。

_{官房系統組織の定型性} 第4の特徴は，上記の第3点といささか矛盾しているような印象を与えるかもしれないが，各局および各省庁のレベルの官房系統組織というべきものが高度に整備され，しかも定型化されていることである。

まず各局のレベルからみてみると，各局の総括管理機能は局の筆頭課によって所管されている。筆頭課は，その名称の如何にかかわらず，機能的には局の総務課として，局長を補佐する任務を担っている。

ついで各省庁のレベルをみてみると，財務・人事・文書等の総括管理機能を担当する諸機関は「官房3課」として大臣官房にまとめられ，これらが一人の官房長を長として戴くヒエラルヒー構造のライン系統組織を形成している。この大臣官房の組織形態はフランスの各省の企画調整機能中心の大臣官房の組織形態とは著しく異なる。またこの種の組織が大臣秘書室と大臣官房に2分されているドイツの各省の組織形態とも異なる。

_{「政務」と「事務」の結節点} 組織形態の如何はともあれ，これら各局レベルの官房系統組織は各省庁レベルの官房系統組織と密接なネットワークで結ばれ，さらに各省庁の官房系統組織は内閣官房をその頂点とする行政府全体の各種の官房系統組織と密接なネットワークを形成している。これらを「系統」組織と命名している所以である。さらに，これらの官房系統組織は与党の党機関および国会の関係常任委員会との間にも密接なネットワークを形成している。その意味では，これらの官房系統組織こそ「政務」と「事務」の結節点なのである。

第7章　議院内閣制と省庁制　117

3 「橋本行革」と「小沢構想」

(1) 政治改革の潮流

リクルート事件　昭和63（1988）年夏に，川崎市の助役によるリクルート・コスモス社の未公開株入手の事実が発覚したことを発端にして，その後は中央の政界と官界を広く巻き込む一大政治スキャンダルに発展したリクルート事件を契機に，急遽，政治改革が切迫した政治課題に浮上し，1990年代は政治改革の時代になった。

　　当面の検討課題は，政治資金規正法の改正と選挙制度の改革に絞られ，衆議院議員の選挙制度を従前の中選挙区制から小選挙区制に改めるべきか，それともこれを比例代表制に改めるべきかが最大の争点になった。だが，政治改革は，この種の当面の改革をもって完結すべき性質のものではなく，究極には政界の再編成と戦後政治の基盤構造そのものの改革をめざすべきものであるとする認識が政界にも徐々に深く浸透していった。

自民党一党支配の終焉
連立政権時代へ　こうして平成4（1992）年には日本新党が結党され，政界の流動化が始まり，翌平成5年6月には旧自民党が分裂し，続く総選挙で敗北した。ここに，通算38年間に及ぶ自民党長期一党支配時代に終止符が打たれ，連立政権時代に移行した。そして，この連立政権時代への移行後にようやく，衆議院議員の選挙制度を小選挙区比例代表並立制に改める選挙制度改革や政党助成制度の導入が実現する運びになった。

政官関係の緊張　また，連立政権時代初期の細川護熙内閣や村山富市内閣の下では，その背景事情はさまざまではあったが，通商産業省産業政策局長，科学技術庁官房長，防衛施設庁長官が罷免され，大蔵事務次官が早期辞任に追い込まれた。さらに，各種の審議会等の委員から官僚OBを排除する動きも広がり，政官関係はかつてなく緊張した。にもかかわらず，その後も厚生省や大蔵省の現職官僚による不祥事が続々と明るみに出たため，こうした官界の綱紀の紊

乱を防止し抑止するための措置として国家公務員倫理法が制定された。

戦後政治の基盤構造の改革　さらに、連立政権時代に移行して以降、第三次行政改革推進審議会（第三次行革審）から平成5（1993）年10月に提出された最終答申の提言に基づいて、規制緩和が推進され、地方分権が推進された。また、行政手続法、情報公開法、そして環境影響評価法が制定され、規制行政についてパブリック・コメント制度が導入された。これらの改革はいずれも、さまざまな角度から手を換え品を換え、「護送船団方式」の規制行政に代表される政官業の「鉄のトライアングル」と称された癒着構造や、公共事業の箇所づけと補助金等の獲得を求める陳情合戦・官官接待に代表される中央集権型行政システムなど、その底辺を恩顧主義（clientelism）の政治行動様式に支えられている戦後政治の基盤構造そのものに改革のメスを入れようとするものであった。

議院内閣制と省庁制の改革　しかしながら、政官関係の根源を規定する議院内閣制と省庁制のあり方にまで改革の矛先を向けたのは、第二次橋本龍太郎内閣による「橋本行革」と、第二次小渕恵三内閣の発足に向けて自民党と自由党の間に成立した「自自連立の政策合意」に盛り込まれたところの、自由党党首の小沢一郎が著書『日本改造計画』以来提唱し続けてきた改革構想であった。

(2) 「橋本行革」と「小沢構想」の合体

橋本行革の流れ　橋本首相が平成8（1996）年11月に政令で設置し、みずからその会長を務めた行政改革会議は、翌平成9年12月に最終報告を発表した。そして、この最終報告に盛り込まれた改革の指針はほぼそのまま、平成10年6月に中央省庁等改革基本法として法制化され、この基本法に基づく改革措置を具体化した関係法律の改正が平成11年7月に中央省庁等改革関連17法律として、第二次小渕内閣の下で制定公布された。

橋本行革と小沢構想の合体　このとき、これら一連の内閣提出法案とともに、議員立法の議

会審議活性化法が制定公布された。そして，先に述べた小沢構想に基づく改革措置もこれら一連の内閣提出法案と議会審議活性化法の双方に織り込まれ，ここに「橋本行革」と「小沢構想」は合体され，同時に実現したのである。このうち，小沢構想に含まれていた国会における政府委員制度の廃止および党首討論制度の導入などはただちに同年秋の国会から実施に移されたが，同じく小沢構想に含まれていた副大臣・大臣政務官制度の創設，並びに中央省庁の再編成など「橋本行革」に基づく一連の改革措置は平成13年の1月6日を期して実施に移されることになった。

内閣立法の開発　なお，第二次橋本内閣による中央省庁等改革基本法の制定は新しい立法形式を開発したといえるように思われる。すなわち，立法の形式には内閣提出法案と議員立法の両形式があるが，内閣提出法案はその実態からみれば，省庁または官僚制組織が立案した法案という意味で，省庁立法または官僚立法と呼びうるものであるのに対して，中央省庁等改革基本法はその実態においても内閣または内閣総理大臣が中心になって立案したものであるという意味で，内閣立法と呼びうるものである。このことは，同じく橋本内閣の下で，財政構造改革会議の報告をほぼそのまま法制化した財政構造改革推進特別措置法についても妥当する。

内閣官房の強化と内閣府の創設　余談はさておき，「橋本行革」の四本柱のひとつは，内閣機能の強化であった。そして，そのまた一環として，内閣官房副長官の増員，内閣総理大臣補佐官の定数の増員，内閣官房副長官補・内閣広報官・内閣情報官の新設，内閣総理大臣秘書官等の定数の弾力化など，内閣官房の整備充実がなされた（図表7-3参照）。また従来の総理府に代えて内閣府を新設し，ここに複数の特命担当大臣・副大臣・大臣政務官を配し，経済財政諮問会議・総合科学技術会議などの新規の合議制機関を新設した（図表7-4参照）。これらの改革措置は，多数の政治任用職を新設している点に従来にない新しさがあるものの，すでに第1節で解説した，戦

図表7-3　内閣官房の位置付けと組織のイメージ

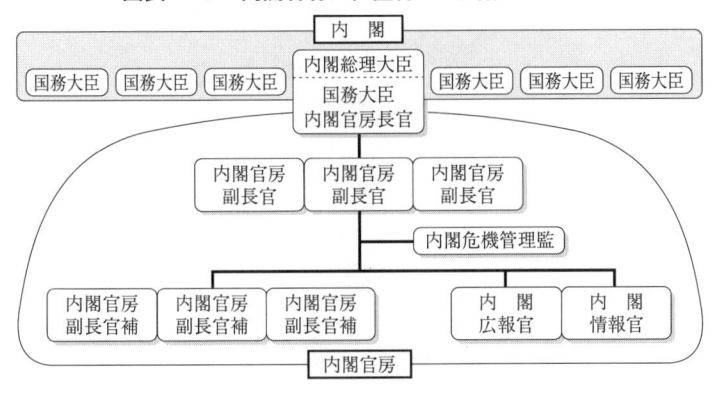

```
                          内閣
  ┌─────────────────────────────────────────────┐
  │                  内閣総理大臣                 │
  │ 国務大臣 国務大臣 国務大臣  国務大臣  国務大臣 国務大臣 国務大臣 │
  │                内閣官房長官                   │
  │                                             │
  │    内閣官房    内閣官房    内閣官房            │
  │    副長官      副長官      副長官              │
  │                  │                          │
  │              内閣危機管理監                    │
  │                                             │
  │  内閣官房  内閣官房  内閣官房   内　閣  内　閣  │
  │  副長官補  副長官補  副長官補   広報官  情報官  │
  └──────────────内閣官房──────────────────────┘
```

図表7-4　内閣府における特命担当大臣のイメージ

経済財政政策に関する特命担当大臣を置く場合

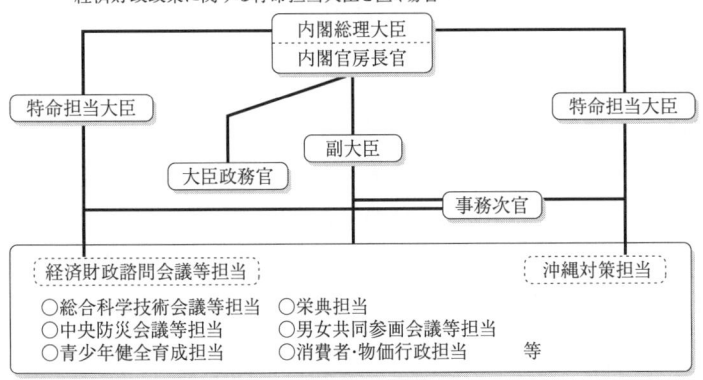

```
                    内閣総理大臣
                    内閣官房長官
  特命担当大臣                          特命担当大臣
             大臣政務官   副大臣
                              事務次官
  ┌経済財政諮問会議等担当┐            ┌沖縄対策担当┐
   ○総合科学技術会議等担当  ○栄典担当
   ○中央防災会議等担当      ○男女共同参画会議等担当
   ○青少年健全育成担当      ○消費者・物価行政担当   等
```

（注）簡略化のために外局等を除く。上記のほか，審議会等，施設等機関（研究所等），特別の機関（北方対策本部等）及び地方支分部局が置かれる。

後早々から営々と積み重ねられてきた伝統的な方策の延長線上にあるものである。

議院内閣制の理念の再確認　「橋本行革」による内閣機能の強化策で，これ以上に注目すべきは，まず第1に，従前の内閣法の第1条および第2条に改正を加え，新憲法の理念から見れば，主権者たる国民→国権の最高機関である国会→内閣総理大臣→内閣→各省大臣の構図になるべきはずのものであることを明記したことである（図表7-5参照）。

図表 7-5　憲法の理念から見た考え方

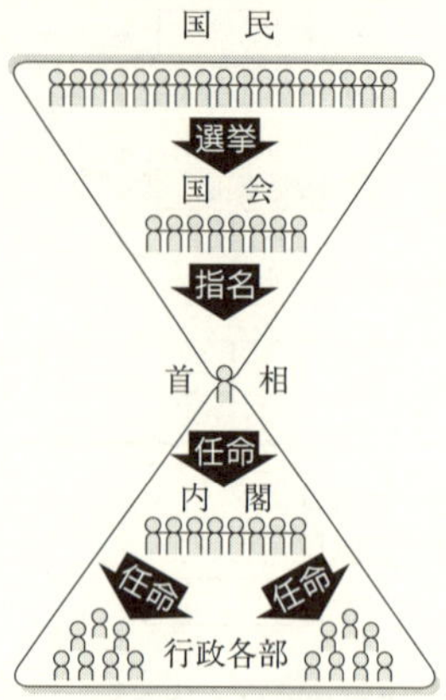

　これは，従来官界で広く共有されていた国会と内閣を対等並立の機関とみる旧来の三権分立の考え方を明確に否認し，議院内閣制本来の理念を再確認するための措置であった。

内閣総理大臣の発議権の明確化

　第2に，従前の内閣法4条2項を改正し，同項に「閣議は，内閣総理大臣がこれを主宰する。この場合において，内閣総理大臣は，内閣の重要政策に関する基本的な方針その他の案件を発議することができる」と定め，内閣総理大臣の内閣の首長たる地位に基づく発議権を明確にした。そして，この「内閣の重要政策に関する基本的な方針」についての政府の公式見解によれば，その具体的な例として，①対外政策および安全保障政策の基本，②行政および財政運営の基本，③経済全般の運営および予算編成の基本方針，④行政機関の組織および人事の基本方針，などが考えられるとされている。この改革措置も，議院内閣制本来の制度原理からして至極当然のことであった。

　なお，行政改革会議における審議の過程では，内閣総理大臣による行政各部の指揮監督は「閣議にかけて決定した方針に基いて」これをおこなうとされている内閣法6条の規定についても論議されたが，この点について最終報告では，「内閣総理大臣の行

政各部に対する指揮監督に関する内閣法の規定は弾力的に運用する」と述べるにとどめられたため，第1節で言及した「合議制の原則」による制約は撤廃されなかった。しかし今後は，内閣総理大臣が上記の4条2項で明確にされた発議権を積極的に行使すれば，行政各部に対する指揮監督権を行使する余地もこれに伴い大幅に広がる可能性が生まれたといえる。

副大臣・大臣政務官制度の活用方法

一方，小沢構想に基づく副大臣・大臣政務官制度の導入は，元来，イギリスの議院内閣制の政治慣行を範としたものであるから，「政権」を構成する国務大臣・副大臣・大臣政務官等の政治任用職のすべてが内閣総理大臣の政治指導力の下に選任されるようになれば，「内閣主導」の実現に大きく貢献する余地のある制度である。しかしながら，その後自由党が連立与党から離脱したこともあって，その活用方法についての検討が先送りにされてきたため，これを今後歴代内閣がどのように活用するのか，未知数である。イギリスのそれを範とするのであれば，副大臣は各省大臣の所掌事務をさらに分担管理するラインの長に位置づけられるべきものと思われるのであるが，第二次森喜朗内閣は，当面，副大臣を大臣政務官と同様に各省大臣のスタッフとして位置づける方針を採用した。しかも，事務次官等会議を存置したまま，これとは別途に副大臣会議を設置することにしたが，これでは，副大臣会議は従前の政務次官会議と同様に形骸化するのではないかと懸念される。

省庁制の改革の意義と限界

「橋本行革」の四本柱の第2は，中央省庁の再編制とこれに伴う機構のスリム化，その第3は，企画と実施の分離を理念とする独立行政法人制度の創設であった。いずれも省庁制の改革である。まず，前者の中央省庁の再編制についていえば，昭和35（1960）年の自治省の創設以来通算40年の長期にわたって不動であった府省の編制を揺るがし，従前の1府23省庁体制を1府12省庁体制に変更した意義は小さくない（**図表7-6**参照）。また，中央省庁の

第7章　議院内閣制と省庁制

図表7-6

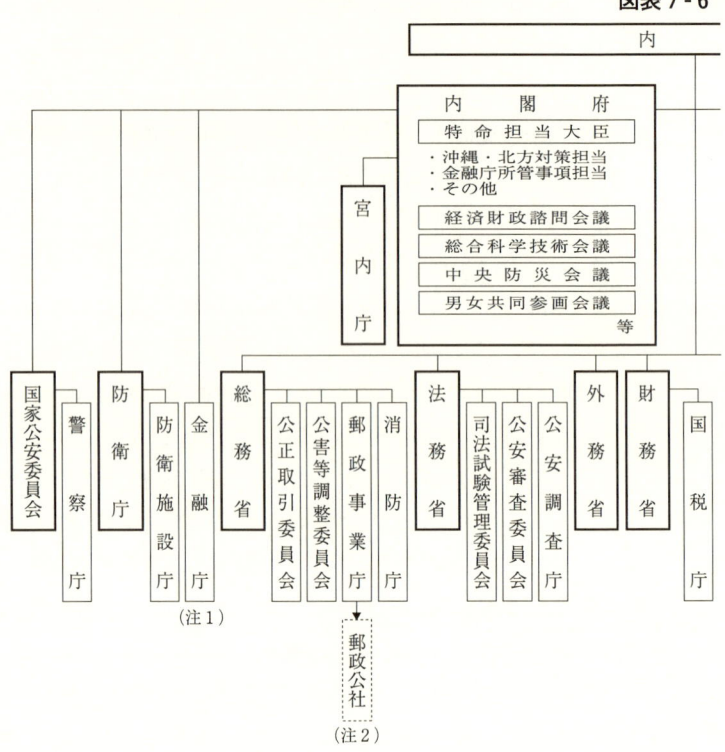

```
                                    内
                          ┌─────────────────────┐
                          │ 内 閣 府              │
                          │ ┌─────────────────┐ │
                          │ │ 特命担当大臣     │ │
                          │ └─────────────────┘ │
                          │ ・沖縄・北方対策担当 │
                          │ ・金融庁所管事項担当 │
                          │ ・その他             │
                          │ ┌─────────────────┐ │
                          │ │ 経済財政諮問会議 │ │
                          │ ├─────────────────┤ │
                          │ │ 総合科学技術会議 │ │
                          │ ├─────────────────┤ │
                          │ │ 中央防災会議     │ │
                          │ ├─────────────────┤ │
                          │ │ 男女共同参画会議 │ │
                          │ └─────────────────┘ │
                          │                  等 │
                          └─────────────────────┘
          宮内庁
```

国家公安委員会／警察庁／防衛庁／防衛施設庁（注1）／金融庁／総務省／公正取引委員会／公害等調整委員会／郵政事業庁／消防庁／法務省／司法試験管理委員会／公安審査委員会／公安調査庁／外務省／財務省／国税庁

郵政公社（注2）

官房・局の総数を従前の128から96に，その課・室の総数を従前の約1200から1000程度に削減した意義も無しとはしない。だが，この中央省庁の再編制は，廃棄物行政を従前の厚生省から新設の環境省に移管したことをほとんど唯一の例外として，その当初の意図を離れ，結果的には従前の省庁の大括り化にとどまったので，改革の効果はそれほど大きくないのではないかと思われる。むしろ，国土交通省や総務省などの巨大省の誕生は新たな問題を発生させる可能性を含んでいる（図表7-7参照）。

ついで，後者の企画と実施の分離についていえば，新しい独立行政法人制度の具体的なイメージはいまだに明確とはいえず，こ

省庁編制（イメージ図）

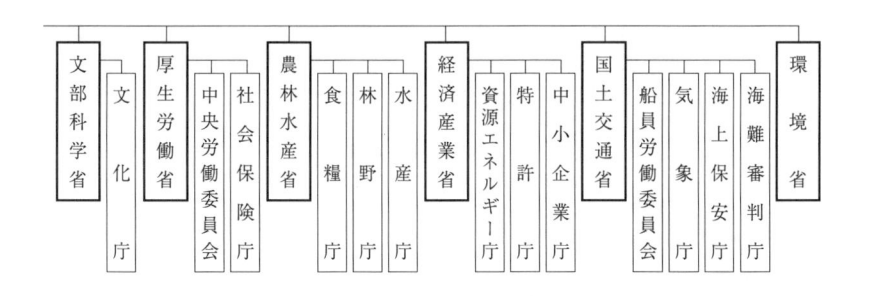

```
閣
├ 内閣官房    内閣法制局  安全保障会議  人事院
│
├ 文部科学省 ─ 文化庁
├ 厚生労働省 ─ 中央労働委員会・社会保険庁
├ 農林水産省 ─ 食糧庁・林野庁・水産庁
├ 経済産業省 ─ 資源エネルギー庁・特許庁・中小企業庁
├ 国土交通省 ─ 船員労働委員会・気象庁・海上保安庁・海難審判庁
└ 環境省
```

（注） 1）金融庁は平成12年7月設置，金融再生委員会は平成13年1月廃止。
　　　 2）郵政事業庁はその設置の2年後の属する年に郵政公社に移行。

の柱の改革は不徹底に終わっていると言わざるをえない。

　むしろ，新省庁体制への移行に合わせて，府省間調整システムを国家行政組織法上に明文化するとともに，各府省間の政策調整に対して内閣官房および内閣府が一段高い立場からおこなう総合調整機能を充実させたこと（図表7-8参照），また，各省庁に従前設置されていた総数211の審議会等のうちで，「基本政策を審議する審議会」に該当する審議会等の総数を従前の176から29に縮小し，審議会等の大括り化を断行したことのもつ効果の方が大きいことになるかもしれない。

第7章　議院内閣制と省庁制　125

図表7-7　中央省庁体制移行図

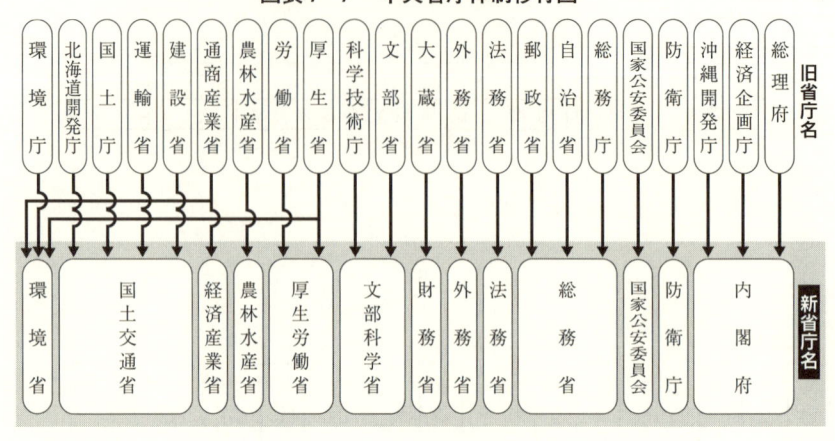

旧省庁名	→	新省庁名
環境庁	→	環境省
北海道開発庁、国土庁、運輸省、建設省	→	国土交通省
通商産業省	→	経済産業省
農林水産省	→	農林水産省
労働省、厚生省	→	厚生労働省
科学技術庁、文部省	→	文部科学省
大蔵省	→	財務省
外務省	→	外務省
法務省	→	法務省
郵政省、自治省、総務庁	→	総務省
国家公安委員会	→	国家公安委員会
防衛庁	→	防衛庁
沖縄開発庁、経済企画庁、総理府	→	内閣府

図表7-8　政策調整の仕組み

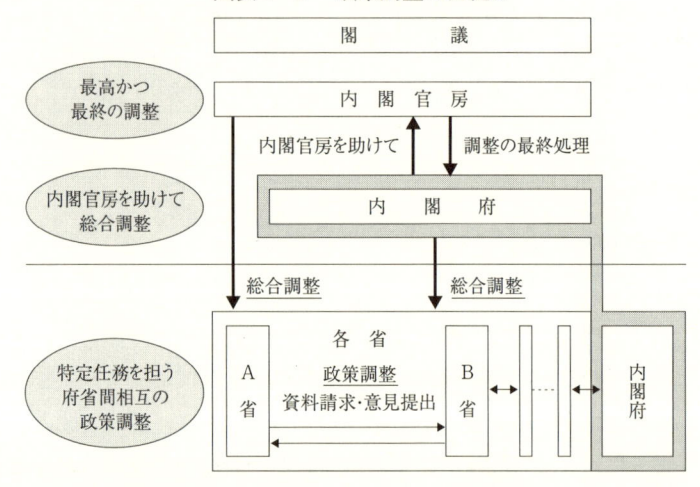

- 最高かつ最終の調整：閣議／内閣官房（調整の最終処理）
- 内閣官房を助けて総合調整：内閣府
- 特定任務を担う府省間相互の政策調整：各省（A省・B省…）政策調整（資料請求・意見提出）、内閣府

（3）議院内閣制と政官関係の再構築——残された課題

　　　　「橋本行革」と「小沢構想」には，議院内閣制本来の制度原理に立ち戻ろうとする企図が込められていた。しかしながら，議院内閣制本来の制度原理に立ち戻って「内閣主導」を確立し，体系性と戦略性をそなえた政策の推進を可能にして，日本における政官関係を再構築していくためには，まだまだ多くの点で，従来の

政治慣行を改めなければならない。

政治指導者の在任期間の長期化

第1に、まず、与野党を問わず各党は、総選挙の直前に党大会を開催し、ここで新しい政策綱領を決定するとともに、新しい党首を選出すべきである。そして、新しい党首の任期は、2年などとせず、次の総選挙の直前までとすべきである。また、総選挙後の新内閣の内閣総理大臣およびその他の国務大臣の在任期間も基本的には衆議院議員の任期に合わせ、かれらの在任期間を従前よりも長くし、かれらが政治指導力を発揮できるようにしなければならない。

閣議の実質化

第2に、閣議の場では議論をせず、議論は閣議後の閣僚懇談会でおこなうといった従前の政治慣行を廃し、閣議における政策論議と政策調整を実のあるものにしなければならない。

政府・与党の一元化と行政官の政府与党間折衝従事の廃止

第3に、政府・与党の二元体制を克服し、政府・与党の指導体制を内閣の下に一元化しなければならない。政権入りしていない与党議員の意見・要望はすべて与党から政権入りしている大臣・副大臣・大臣政務官等の政治任用職をとおして省庁の官僚制組織に伝達されることとし、省庁の職業行政官が与党の機関または個々の議員と直接に接触し、政府与党間折衝に従事するような従来の政治慣行を廃止しなければならない。

「政治主導」の確立と「分離の規範」の遵守

第4に、省庁間の法令協議など府省間の政策調整にかかわる事項を各省庁の官僚制組織任せにせず、政権を構成する国務大臣・副大臣・大臣政務官等が内閣の基本方針に基づいて、みずから相互にこれに従事するように改めなければならない。それには、政策決定にかかわる事項については職業行政官から各省大臣以下の政治任用職にかならず報告を上げその意見を聴取する慣行を確立する一方、許認可、公共事業の箇所づけ、請負契約の締結、補助対象の選定など個別の行政決定については各省大臣以下の政治任用職はこれに介入しない慣行を確立する必要がある。

政党政治家の任務は既存の政策または制度のルールを見直し変

更することであり，かくして確定されたルールを個別の事象に適用することは職業行政官の専管に属すべき事項である。

「政治主導」の確立は，個々の行政決定に与党政治家が介入することを許すものであってはならず，政党政治家と職業行政官の間に相互不介入の領域を設定する「分離の規範」と両立するものでなければならないのである。そこで，各省大臣以下の政治任用職が遵守すべき倫理規範を確立する必要がある。

(4) 補説——「首相公選制」について

首相公選制とは何か

20世紀末の2000年のころから，首相公選制を提唱する政治家が現れ始めている。だが，「首相公選制」とはいかなる政治制度を指しているのか，一向に定かではない。一般党員による党首の予備選挙制度（primary election system）のことか，議院内閣制の制度原理の一部修正なのか，それとも「首相」公選とはいうものの，その実は大統領制への転換を意図するものであるのか。

党首の予選か

各党における党首の選出を党大会による選出または代議員による選挙とせず，これを一般党員すべてによる選挙とする予備選挙制度の導入を意味しているのであれば，各党の自己決定でただちに実現可能なことであり，十分に検討に値する。だが，これが，議院内閣制の制度原理の一部修正や大統領制への転換を意味しているのであれば，いずれにしろ，憲法改正を大前提にした提案と見なさざるをえない。

議院内閣制の修正か

議院内閣制の制度原理の一部修正であれば，おそらくは内閣総理大臣の選出方法を国会による指名から国民による直接選挙に改めることを意図しているのであろうが，その場合には，議院内閣制を構成しているその他の制度原理との関係をどのように設計するのか，この点を明確にしてもらわなければならない。内閣総理大臣が直接公選職であれば，大統領制の場合と同様に，内閣総理大臣の所属政党と国会の多数党とが食い違う可能性がある。それどころか，無党派層（支持政党なし層）が有権者の過半数を超え

る日本の現状の下では，無党派の候補者が内閣総理大臣に当選する可能性がきわめて高い。それでもなお，内閣を構成する国務大臣の過半数は国会議員から任命すべきものとするのか，国会は内閣不信任議決権を有するのか，そして内閣はこれに対抗して衆議院を解散する権限をもつのか。

大統領制への転換か　大統領制への転換を意図しているのであれば，まず明らかにしてもらわなければならないのは，これがフランス，ドイツなどで採用されているような，元首たる大統領の下に議院内閣制を置く制度を予定し，このうちの元首たる大統領の直接公選を提唱しているのか，それともアメリカで採用されているような，行政府の独任の首長たる大統領制を予定しているのか，である。前者であれば，議院内閣制の仕組みは曲がりなりにも維持されているので，国会と内閣の関係に本質的な激変はおこらないが，それではたして首相公選論者の意図する目的が達成されるのであろうか。

　後者のアメリカ型の大統領制への転換を意図しているのであれば，国会の性質は激変する。国会は純然たる立法機関に変質し，国会議員が大統領を補佐する閣僚に任命される保証は全くなくなる。しかも，大統領の所属政党と国会の多数党とが食い違う事態が生じうることは，既述のとおりである。ことに無党派の候補者が大統領に当選した場合には，このねじれは，政党間のねじれではなく，無党派層と既成諸政党の間のねじれになる。かかる事態が生じたとしても，国政の運営に深刻な支障を生じないであろうか。このような事態の発生を回避しようとしたら，選挙制や政党制をいかに設計すべきなのか，真剣に熟慮すべき問題点が多々ある。

　最後に，大統領制への転換を意図するのであれば，いずれにしろ，元首たる大統領が新たに誕生することになるので，この大統領と象徴天皇の役割分担をどうするのか，天皇の国事行為の範囲をどのように修正するのか，この点も明らかにしてもらわなけれ

ばならない。

首相公選論台頭への懸念

　首相公選論の台頭は，国民の間に広く蔓延している深刻な政治不信，議院内閣制の機能不全を目の当たりにした閉塞感，政治参加に対する徒労感を背景にしているように思われる。しかしながら，首相または大統領を公選にしさえすれば，それだけでただちに日本の政治が面目を一新するかのような幻想をまきちらすことはきわめて危険である。

　迂遠のようにみえても，議院内閣制本来の制度原理に立ち戻り，これに基づきながら国民が政権選択や首相選択を事実上おこなう仕組みを確立することをめざして，今後とも着実に改革を積み重ねていくことが肝要なのではなかろうか。

Tea Time

落下傘で敵陣に降下するような気持ち

　国の政府形態は議院内閣制であるのに対して，自治体の都道府県と市町村には首長制と呼ばれる全く別の政府形態が採用されている。

　首長制は，議会と首長をともに直接公選の独立対等な代表機関として分立させるという，アメリカの大統領制にも似た制度でありながら，その一方で，議会に首長に対する不信任決権を与え，首長にはこれに対抗する議会解散権を与えるという，まるで議院内閣制のごとき制度を接ぎ木している。

　そこで，議会と首長の関係については，両者が機関対立主義の制度原理に立ち，相互に牽制し合う機能を遺憾なく発揮するように期待されているかと思うと，両者は「車の両輪」とか「唇歯輔車（しんしほしゃ）」のごとき関係にあるのだから，両者が歩調を合わせ協調して行動するようにと説かれていたりする。

　だが，議会と首長がそれぞれ別個独立に選ばれている以上，首長の与党が議会の多数派になれるという保証はない。現に，昭和30年代後半から40年代にかけて全国各地に輩出した「革新自治体」には，首長だけが革新系のところが多かった。

　少数与党の議会と相対峙することになった首長は，住民に直接に訴えかけ，支援の世論を盛り上げ，これを背景に議会を脅し牽制するか，さもなければ何らかの方法で議会と折り合いをつけなければ，事は何ひとつとしてスムーズに運ばない。

　まず，副知事ないしは助役の選任に議会の承認を得られず，初手からつまずくことになりかねない。では，副知事ないしは助役に代わる補佐役を外部から自由に任用できるかといえば，そうはいかない。首長制は大統領制に類似の政府形態でありながら，大統領制につきものの補佐官集団の政治任用には堅く門戸を閉ざしているのである。

　革新首長として横浜市長になった飛鳥田一雄と東京都知事になった美濃部亮吉が，初当選したときの心境を「落下傘で敵陣に降下するような気持ち」と表現したのは，このためであった。

第8章

現代公務員制の構成原理

　現代国家の行政活動に対する次の制度枠は，行政活動を担う行政職員の任用・給与・分限・服務などについて規律している公務員制である。そこで，本章では，戦後日本の公務員制を手掛かりにしながら，現代公務員制の主要な構成原理とその選択肢について概説する。

　ただし，一口に公務員といっても，その種類はきわめて多種多様である。まず大きく国家公務員と地方公務員に分かれ（図表6‐1参照），国家公務員は国家公務員法の適用を受ける一般職の職員とその他の特別職の職員（自衛官を含む）に分かれる（図表8‐1(1)参照）。

　以下で中心的に考察するのは，国家公務員の一般職職員のうちの給与法適用職員にかかわる公務員制についてである（図表8‐1(2)参照）。

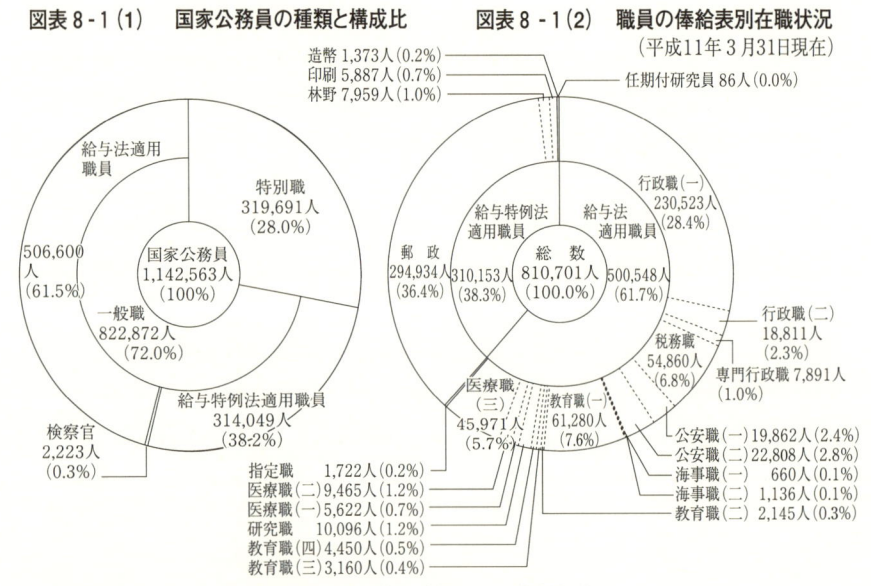

図表8‐1(1)　国家公務員の種類と構成比

- 給与法適用職員 506,600人（61.5%）
- 特別職 319,691人（28.0%）
- 一般職 822,872人（72.0%）
- 給与特例法適用職員 314,049人（38.2%）
- 検察官 2,223人（0.3%）
- 国家公務員 1,142,563人（100%）

図表8‐1(2)　職員の俸給表別在職状況
（平成11年3月31日現在）

- 造幣 1,373人（0.2%）
- 印刷 5,887人（0.7%）
- 林野 7,959人（1.0%）
- 任期付研究員 86人（0.0%）
- 給与特例法適用職員 310,153人（38.3%）
- 給与法適用職員 500,548人（61.7%）
- 郵政 294,934人（36.4%）
- 総数 810,701人（100.0%）
- 行政職（一） 230,523人（28.4%）
- 行政職（二） 18,811人（2.3%）
- 税務職 54,860人（6.8%）
- 専門行政職 7,891人（1.0%）
- 医療職（三） 45,971人（5.7%）
- 教育職（一） 61,280人（7.6%）
- 公安職（一） 19,862人（2.4%）
- 公安職（二） 22,808人（2.8%）
- 海事職（一） 660人（0.1%）
- 海事職（二） 1,136人（0.1%）
- 教育職（二） 2,145人（0.3%）
- 指定職 1,722人（0.2%）
- 医療職（二） 9,465人（1.2%）
- 医療職（一） 5,622人（0.7%）
- 研究職 10,096人（1.2%）
- 教育職（四） 4,450人（0.5%）
- 教育職（三） 3,160人（0.4%）

（注）図表8‐1(1)の国家公務員の数は平成11(1999)年度末の予算定員である。
（出所）人事院『平成11年度年次報告書』，p.493，p.117より。

1 戦前の官吏制から戦後の公務員制へ

(1) 戦前の官吏制

官吏・雇・傭人　戦前日本の国の行政職員には，官吏・雇・傭人の種別があった。官吏とは天皇によって任命される職員であり，その点でそれ以外の雇・傭人と区別されていた。雇とは高等小学校卒程度の学歴をもち事務員として採用された人々，傭人とは義務教育修了後に労務に従事する現業員として採用された人々のことである。

　官吏の俸給は俸給令に定められ，明治25（1892）年以来月給制であったのに対して，雇・傭人の雇用は民法上の契約とされ，その給与は日給制であった。これらの職員のうちの官吏について規律していたのが，以下に述べる官吏制である。

官吏制の形成　明治憲法時代の官吏は「天皇の官吏」とされ，官吏制の制定と官吏の任免は天皇の任官大権に属し，官吏制はすべて枢密院の諮詢を経て勅令で定められていた。すなわち，戦前の官吏制の本格的な形成は，すでに前章でも触れたように，明治20年の官吏服務紀律と文官試験試補及見習規則の制定から始まり，明治26年の文官任用令と文官試験規則の制定，並びに明治32年の文官任用令の改正を経て，ほぼその骨格を完成した。

官吏の身分制と採用試験　官吏は，天皇がみずから任命する勅任官（そのうちとくに高位のものが親任官），総理大臣が天皇に上奏して任命する奏任官，各省大臣が総理大臣を経て上奏して任命する判任官に区分されていた。そして，このうちの勅任官・奏任官が高等官と総称され，その他の判任官（属とも称された）の人々とはその処遇において峻別されていたのである。高等官専用の食堂・便所まで設けられていた。したがって，戦前の行政職員には，高等官・判任官・雇・傭人の身分制が形成されていたことになる。

　明治26年の文官任用令の制定以降は，奏任官への任用は大学卒程度の学歴をもち高等文官試験（高文）に合格した者のなかから，

判任官への任用は旧制中学卒程度の学歴をもち普通文官試験に合格した者のなかからに限定された。そして，これらの試験は公開競争試験であった。だが，高等文官試験はその試験科目が法律学を中心に組み立てられていたので，この試験に受験し合格した者の大半は実際には帝国大学法学部の出身者であった。

政治任用の制限 　ところで，すでに前章で述べたように，最初の政党内閣というべき隈板内閣が各省次官等の官職に政治任用をおこなったことを踏まえ，その直後をうけた第二次山県内閣は明治32年に文官任用令を改正し，勅任官の任用を奏任官からの任用に限定して，自由任用の途を閉ざした。

　ところが，政党勢力と官僚勢力の抗争は，実はその後も続いていた。大正デモクラシー時代以降しだいに政党内閣が登場してくるようになると，政党内閣は文官分限令のなかにあった「官庁事務ノ都合ニ依リ必要ナルトキ」は休職を命ずることができる旨の休職規定を活用して，政権交代のたびごとに高級官僚の更迭人事を繰り返したのである。

　そこで，5.15事件により犬養内閣の後をうけた斎藤内閣は，昭和7 (1932) 年に文官分限令を改正して文官分限委員会を設け，官庁事務の都合により官吏を休職にする場合にはこの委員会に諮問しなければならないこととし，官吏の身分保障をさらに一段と強固にしたのであった。こうしてこれ以後は，軍部とともに官僚勢力が台頭した。

人事行政機関の分立 　戦前の官吏制のもうひとつの特色は人事行政機関が分立していたことである。すなわち，官吏制の法制は法制局，試験は試験委員，分限は分限委員会といった内閣の諸機関に，そして俸給は大蔵省に所管されていた。

(2) 国家公務員法の制定と改正

法律の定める公務員制へ 　新憲法は，天皇主権から国民主権への大転換を踏まえて，「公務員を選定し，及びこれを罷免することは，国民固有の権利であ

る」(15条1項) と謳い,「天皇の官吏」の観念を否定した。また「すべて公務員は,全体の奉仕者であつて,一部の奉仕者ではない」(15条2項) と定め,公務員に不偏不党性を要求した。

そしてまた,「法律の定める基準に従ひ,官吏に関する事務を掌理すること」を内閣の職務のひとつとして明記し (73条4号),公務員制に法律主義を採用した。

国家公務員法の制定　新憲法のこれらの条項に基づき,従来の官吏制に代わる新しい公務員制の根本基準を定めたのが,昭和22 (1947) 年10月制定の国家公務員法である。

この国家公務員法は,国家公務員の職を一般職と特別職に分け,「一般職は,特別職に属する職以外の国家公務員の一切の職を包含する」(2条2項) と定め,従来の官吏・雇・傭人の種別,並びに高等官・判任官・雇・傭人の身分制を廃止した。

ところで,この最初の国家公務員法は,昭和21年11月に来日した合衆国対日人事顧問団がみずから要綱を作成し,翌22年6月にこれを当時の社会党政権の片山内閣に示して,その制定を要請したものであった。これを受けた片山内閣は,この人事顧問団の団長ブレイン・フーバー (B. Hoover) が一時帰国していた間に,顧問団の要綱の原案に敢えて修正を加えた法律案をまとめ,これを国会に提出し通過成立させてしまったのであった。

片山内閣が修正を加えた要点は,中央人事行政機関として新たに設置した人事委員会の独立性と権能を原案のそれより弱めたこと,各省の事務次官の職を政治任用の対象になりうる特別職にしたこと,そして一般職の職員に争議行為を禁止する規定を削除したことの3点であった。

国家公務員法の改正　再び来日したフーバーは,片山内閣のとったこの措置に激怒し,ただちに同法を改正する法律案の起草にとりかかった。しかも,昭和22年の2・1ゼネストに対する連合国軍最高司令官ダグラス・マッカーサー (D. MacArthur) の中止指令以来,連合国軍総司

第8章　現代公務員制の構成原理　135

令部 (GHQ) の方針は日本の労働運動を抑制する方向へとしだいに転換し始めていたのであった。こうして昭和23年7月には，公務員の労働基本権を制限する方向で国家公務員法を改正することを求めたマッカーサー書簡が芦田首相宛に発せられた。そこで，フーバーの立案した改正案に忠実に従った改正法案が次の吉田内閣の手で国会に提出され，これが昭和23年11月に可決成立し，即日施行される運びになった。

改正の要点は，中央人事行政機関を独立性の強い人事院に改め，国家公務員法を実施するために必要な命令の制定権を人事院規則および人事院指令に委任したこと，各省事務次官の職を一般職に改め，これを政治任用の対象から除外したこと，そして，一般職の職員を労働3法（労働組合法・労働関係調整法・労働基準法）および最低賃金法などの適用対象から除外し，その労働基本権を大幅に制限したことの3点であった。

<small>地方公務員法の制定</small>

こうして，戦後日本の国家公務員制の大枠はこの時点で確立された。ただし，関連諸法および人事院規則等の制定にはなおかなりの歳月を要したため，国家公務員法に対応する地方公務員法の制定は昭和25年12月まで先送りされることになった。

2　公務員の任用

(1) 職階制の導入計画と挫折

<small>資格任用制と職階制</small>

ところで，現代公務員制の第1の構成原理は資格任用制であり，政治任用の制限（猟官制の排除）である。

だが，日本では，官吏に関しては明治20年代からすでに公開競争試験に基づく資格任用制が確立されていた。そして政党内閣による政治任用についてはこれを過剰なまでに排斥してきた。したがって，資格任用制の確立という点に関する限りでいえば，戦後の日本に残されていた課題は，これを従来の雇・傭人に相当する下級の職員にまで拡大適用することのみであった。

当面の論議の主題は，むしろ，アメリカの公務員制度改革の状況とは全く逆に，資格任用制の適用範囲をどこまで縮小し，政治任用の余地をどこまで広げるべきかであった。

　ところが，国家公務員法が要請していたのは，実は単なる資格任用制の確立ではなかった。アメリカ型の「職階制」(position classification system) を基礎にした資格任用制を導入することであり，これにより従来の官吏制を抜本的に改革することであった。このことからさまざまな混乱が生じたのである。そして，結局のところ，この改革は挫折した。何故であろうか。

閉鎖型任用制と開放型任用制

　ヨーロッパ諸国および日本などに形成されてきた官吏制または公務員制は終身雇用制を基本にした閉鎖型任用制 (closed career system) と呼ぶべきものであるのに対して，1920年代にアメリカで確立された公務員制は，科学的人事行政論なるものに基づく，職階制を基礎にした開放型任用制 (open career system) と呼ぶべきものであった。

　この両者は，ともに資格任用制を基本原理としていながらも，資格・能力のとらえ方を異にしている。そしてそれ故に，その先の制度の構成原理を全く異にしていたのである。

　そこで，まずは職階制について解説し，そのうえでこのふたつの類型の資格任用制を対比してみることにしよう。

職階制の意義

　科学的管理法から発展した古典的な組織編成理論は，「初めに職務ありき」という考え方に立っている。すなわち，組織とは職務・職責の体系であり，組織のそれぞれの職位 (position) には，その職位に割り当てられている範囲の職務・職責を遂行するのに必要にして十分な資格・能力を有する人材を任用すべきであるとされている。

　そこで，科学的にして合理的な人事管理をおこなおうとすれば，まず組織の所管業務を遂行するのに必要なすべての職務・職責について，その分類体系 (= 職階制) を確立することが先決要件と

される。そして，これを確立した上で，その次には職員の試験・任用・研修・給与等の人事管理の仕組みを，この職階制に適合するように設計しなければならないと説かれる。

　そこで，国家公務員法29条の規定に基づいて制定された職階法（正式名称は「国家公務員の職階制に関する法律」）は，職階制を「官職を，職務の種類及び複雑と責任の度に応じ，……分類整理する計画」（2条1項）と定義し，すべての官職を以下の手順で分類整理することを予定していた。

　まず，個々の官職の職務の性質に着目し，職務の性質の類似した官職の群を職種にまとめる。ついで，それぞれの職種に属する官職の複雑と責任の度に着目して，これが類似している官職の群を職級にまとめる。そして，この職級ごとにその特質を表す職務と責任を記述した職級明細書を作成する。そして最後に，この職級明細書を手掛かりにして，すべての官職をいずれかの職級に格付ける。

開放型任用制　この種の職階制を基礎にしたアメリカ型の公務員制では，職員の任用は個々の職位に欠員が生じるたびごとにおこなわれるべきものであり，必ずしも終身雇用を前提にしていないので，新規の採用も中学・高校・大学・大学院等を卒業した時点でおこなう入口採用に限定されず，転職による中途採用も稀ではない。だからこそ，開放型と命名されるのである。

　そして，そこで要求される資格・能力はその職位の職務・職責をこなすに足りる即戦力であるから，任用に際して要求される資格・能力要件は職級ごとに明細に定められ，これに対応した採用選考がおこなわれるので，職員の専門分化を促進する傾向をもつ。それ故に，採用後の配置換え・昇任もまた原則としてその職級の属する職種の範囲内でおこなわれる。任用後に研修がおこなわれるにしても，それは当面の職務・職責をこなすのに必要な知識・技能の補習を目的にしたものである。

要するに，開放型任用制は，官民間・政府間・各省間に類似の業務が存在することを前提にし，またそれらの業務相互間の労働力の移動を容易にしようとする人事制度である。

閉鎖型任用制　これに対してヨーロッパ諸国および日本などの公務員制は職員の終身雇用制を基本にしているため，職員の新規採用はほぼ入口採用に限定され，その年度の職種ごとの欠員数を採用枠とし，主としてはその年度の学校卒業見込者を対象にして実施される。中途退職があっても，中途採用は例外である。個々の職位への任用は入口で一括採用した終身職の職員に対する人事異動（配属・配置換え・昇任，あるいは配置転換または出向）の発令という形式でおこなわれる。この種の人事制度を閉鎖型と呼ぶのはこのためである。

　ここでは「初めに職員ありき」である。新規採用職員に要求される資格・能力は学歴と職種に対応した専門知識という一般的で潜在的な能力であり，職員はジェネラリストとしていかなる職位に配属を命じられてもその職務・職責に適応することを期待されている。個々の職位の職務・職責をこなすのに必要な事務処理能力は執務のなかで訓練され習得されるべきものと考えられている。そこで，潜在能力を開発し顕在化させるための研修がことのほかに重視される。そして，その後の昇任もまた，おおむねのところは入口採用時の学歴・職種と，採用後の経験年数（年功）および勤務成績の評定とによって決められている。

　要するに，閉鎖型任用制は，組織単位ごとの終身雇用制と年功序列制を基本にしており，組織の壁を越えた労働力移動，ことに官民間の移動をあまり想定していないのである。

職階制の挫折　このふたつの制度には大きな差異があった。しかるに，国家公務員法は職階制を導入し日本の公務員制を開放型任用制に切り換えることを要請したのである。

　そこで，この任務を託された人事院は，職階制の策定に努め，

第8章　現代公務員制の構成原理　139

その試案をいくたびも練り直し，昭和25（1950）年には職階制の根本原則等を定めた職階法まで制定したのであった。だが，職階制の策定作業は技術的にも困難をきわめ，その上職階制の導入そのものに反対する意見が根強かったために，さすがの人事院もついにその策定を断念したまま，今日にいたっている。

　そこで，国家公務員法のうちの，職階制に基づく分類官職ないしは給与準則を前提にしている多くの規定は，そのまま休眠状態におかれ，放置されているのである。

　職階制を基礎にした人事制度は，率直にいって，当時の日本社会の官民の人事慣行とあまりにも遠くかけ離れすぎていたのであった。それに，職階制は定型化された業務には適合するが，非定型的な業務には適用しにくいものであった。したがって，これを旧来の官吏制における高等官の職務・職責まで含めて，すべての官職に性急に適用することは決して賢明な方策ではなかったように思われる。

　しかし，当時は，かつての高等官・判任官・雇・傭人の身分制を廃止し，すべての職員を公務員というひとつの概念の下に平準化して捉え直したばかりのときであったから，職階制の適用範囲を限定することは，公務員のなかに改めて身分制を再生させる意味をもつものとして，構想することすらむずかしかったのであろう。

給与法による代替　　ただし，職階法と同年に制定された給与法（正式名称は「一般職の職員の給与に関する法律」）は，職階制に適合した給与準則が制定されるまでの間の暫定措置として，職員に適用する俸給表の種類を大きくは行政職・専門行政職・税務職・公安職・海事職・教育職・研究職・医療職・指定職の9種に分け，それぞれの俸給表ごとに職務の級と号俸を設けた。

　そこで，人事異動の辞令には，勤務を命じられる配属先の部局名より以前に，任用される官職名とともに，「○○職○級○○号

俸を給する」旨の給与法上の格付けが記される。そして，この給与法上の職種と等級の格付けが，職階制の職級に代わるものとして，人事管理上ある程度の機能をはたしている。

(2) 採用試験と身分制

採用試験制の消極目的と積極目的

ところで，どの国の公務員制にも共通している課題でもっとも伝統的なものは，縁故採用といった類いの自由任用を制限し，これに代えて資格任用制の適用範囲を拡大すること，なかでも公開競争の採用試験制を確立することである。何故か。

消極的には，「平等取扱の原則」を確立して不公平または差別的な採用を封ずるためであり，積極的には，能力の実証に基づきできるだけ有能な職員を採用するためである。後者については，何をもって資格・能力とみるかという点に関連してすでに前項で論及したので，ここでは，前者の方について説明を加えておくことにしよう。

平等取扱の原則

国家公務員法は，憲法14条1項の法の下の平等の規定にある文言をほぼそのままうけ，「すべて国民は，この法律の適用について，平等に取り扱われ，人種，信条，性別，社会的身分，門地又は第38条第5号に規定する場合を除くの外政治的意見若しくは政治的所属関係によつて，差別されてはならない」(27条) と定めている (なお，第38条第5号に規定する場合とは，「日本国憲法施行の日以後において，日本国憲法又はその下に成立した政府を暴力で破壊することを主張する政党その他の団体を結成し，又はこれに加入した者」のことである)。そしてまた，同法は「すべて職員の任用は，この法律及び人事院規則の定めるところにより，その者の受験成績，勤務成績又はその他の能力の実証に基いて，これを行う」(33条) とも定めている。

代表的官僚制論と格差是正の積極方策

しかし，「平等取扱」とは何か。日本では，個々の志願者が人種等を理由にして不合格ないしは不採用にされず，もっぱら能力の優劣によって採否が決められていればそれでよいと考えられて

いる。だが，諸外国のなかには，このような消極方策だけでは不十分で，合格者ないしは採用者の構成が社会の構成を公正に反映したものになっていなければならない，とする有力な考え方もある。この種の考え方を代表的官僚制（representative bureaucracy）の理論と呼ぶ。

そして現に，アメリカなどでは，社会の少数派に属する人種・民族の人々などを割当比率（quota）まで採用し現状の格差を是正する積極方策（この種の方策をアメリカでは affirmative action と呼び，イギリスでは positive action と呼ぶ）が講じられ，これがさらに男女の性別格差の是正にまで応用され始めている。

また，国際連合など国際諸機関は，その国際公務員の採用に際して，国籍別と性別の構成にも配慮している。

このような考え方を日本の国家公務員の構成の現状に適用してみるとすれば，そこで問題になりうるのは，採用Ⅰ種試験の出願者・合格者・採用者に占める東京大学出身者（または東京大学法学部出身者）の比率の高さと女性の比率の低さであろう。

キャリア・ノンキャリアの身分制

資格任用制の設計にかかわるもうひとつの原理的な選択肢は，入口採用の時点から職員のうちに種別を設ける身分制を採用するか否かである。

採用試験制が中卒・高卒・大卒といった学歴を受験資格要件にした何段階かの試験を用意している以上，採用後の職員の処遇に学歴または採用試験に基づく何がしかの区別が生まれることは避けがたい。しかしながら，閉鎖型任用制を採用している国々の公務員制は，通常，それ以上の区別を伴う身分制を確立している。そして，この点こそ，開放型任用制と大きく異なるもうひとつの点なのである。つまり，同じ大卒の学歴であっても，合格した採用試験が違えば，採用後の人事異動では完全に区別して取り扱われ，その昇任の速度と程度に大差が生じてくるのである。イギリスの行政階級（administrative class）と執行階級（executive class），フランスのテクノクラートとビュロクラート，戦前日本の高等官と判任官の場合などがこれにあたる。

戦後日本の公務員制は高等官・判任官・雇・傭人の身分制を廃止したけれども，これに代わって，より非公式の目立たない形での身分制が残された。すなわち，国家公務員試験のかつての上級職甲種試験，現在の採用Ⅰ種試験に合格し，本省庁によって採用された者は，その他の各局または各地方出先機関等による採用者と区別され，その人事異動は当初から官房の人事部局によって所管されている（その他の採用者の場合でも，本省庁の課長補佐以上の人事異動になれば官房の所管になるが）。この人々のことを俗に有資格者・幹部候補生・キャリア，あるいは非難ないしは羨望の意味を込めて特権官僚などと呼び，その他の人々のことを俗にノンキャリアと呼ぶ（図表 8 - 2 参照）。

採用Ⅲ種試験（高卒程度）や採用Ⅱ種試験（大卒程度）に合格して採用されたノンキャリアの職員の場合には，なかには本省庁の局長級の高位にまで昇任したケースもあったが，これは例外に属し，その昇任は通常は本省庁の課長補佐級どまりであった。そこで，平成 8 （1996）年11月に人事院事務総長の私的研究会として設置された「新たな時代の公務員人事管理を考える研究会」の審議の過程では，キャリアとノンキャリアを非公式に区別してきた従来の慣行を廃止すべきであるとする意見もあった。

図表 8 - 2　国家公務員の採用状況（平成10年度）

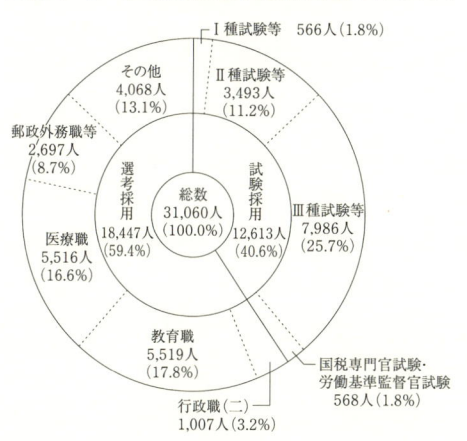

Ⅰ種試験等　566人（1.8%）
Ⅱ種試験等　3,493人（11.2%）
Ⅲ種試験等　7,986人（25.7%）
国税専門官試験・労働基準監督官試験　568人（1.8%）
行政職（二）　1,007人（3.2%）
教育職　5,519人（17.8%）
医療職　5,516人（16.6%）
郵政外務職等　2,697人（8.7%）
その他　4,068人（13.1%）
選考採用　18,447人（59.4%）
試験採用　12,613人（40.6%）
総数　31,060人（100.0%）

（出所）　人事院『平成11年度年次報告書』, p.110より。

第 8 章　現代公務員制の構成原理　143

公務員制度調査会の基本答申とノンキャリアの幹部登用

しかし，平成9年4月に設置された公務員制度調査会が平成11年3月に公表した基本答申は，キャリアとノンキャリアの区別を引き続き維持すること，ただしノンキャリアの職員を本省庁の課長級以上の幹部職員に積極的に登用することを提言した。そこで，政府は，採用後おおむね10年の勤務実績評価に基づいて，意欲と能力のある優秀なノンキャリアの職員を各省庁で選抜し，幹部職員に登用する方策を策定して，平成11年度以降これを実施に移し始めている。

総合職と専門職

資格任用制の設計にかかわる第3の原理的な選択肢は，総合職（ジェネラリスト）と専門職（スペシャリスト）の職員をどのように区分し，どのように組み合わせるべきかである。

日本における事務官と技官

日本の国家公務員の採用I種試験では，試験区分が戦後長らく，大学での学部学科の専攻に合わせて，法律職，行政職，経済職など総計28種に区分されていた（この点についても，先の公務員制度調査会の基本答申の提言に基づいて，平成13年度以降は，法律職，行政職，経済職以外の25種の試験区分を10種の試験区分に大括り化する措置が実施に移されたので，現在は総計13種に区分されている）。そして，このうちの法律職，行政職，経済職の試験に合格して採用された職員を事務官と呼び，理工系の学部学科の専攻に対応する試験区分の試験を初め，その他の試験区分の試験に合格して採用された職員を技官と呼び，両者を区別して処遇してきた省庁が多い（ただし，技官に相当する者を全く採用していなかったか，ごく少数しか採用していなかった省庁では，これを区別せず，すべてを事務官として処遇してきた）。なかでも旧建設省，旧運輸省，農林水産省など，キャリアに占める技官の比重の高い省庁では，事務官の就任する職位と技官の就任する職位の明確な棲み分けが定着してきた。

そして，日本の技官の大半は，専門職として処遇されているのではなく，事務官と全く同様に総合職として処遇され，課長・部

長・局長といったラインの管理職に任用されてきた。こうした戦後の人事運用の慣行は，戦前にみられた事務官と技官の間の待遇格差を解消し，両者の待遇を水平化することに大きく寄与してきたことは確かである。だが，このような方式が行政機関の職員の専門能力を向上させこれを活用していく上に最善の方式であるのか否かには，議論の余地がある。

<small>技官のキャリアパスの柔軟化</small>　この点に関して公務員制度調査会の基本答申は，技官の「キャリアパス（昇進経路）の柔軟化」を提言した。この提言が今後どのように具体化されていくことになるのか，注目に値する。

(3) 採用単位と政治任用

閉鎖型任用制である点では共通の公務員制でありながら，その実際の運用に大きな差異を生み出すその他の主要な要因として，イギリスで行政階級，フランスでテクノクラート，日本でキャリアなどと呼ばれている幹部候補職員が採用され帰属することになる組織単位如何と，高級官僚の政治任用の範囲・程度如何と，このふたつの要因がある。

<small>アメリカは例外</small>　なお，アメリカの連邦公務員制は職階制に基づく開放型任用制を基本にしているので，ここでの比較の対象外であるが，アメリカの連邦政府では，大統領と連邦議会を完全に対等な国民代表機関として並列させる二元的代表制を採用していること，かつてのスポイルス・システム（猟官制）の遺制を継承していることなどの故に，その省庁のトップには長官以下多数の政治任用職が配置されている。しかしながら，これらの政治任用職に登用されている人々の大半は官界の外にいた人々であって，現職の高級官僚のなかから政治任用職に登用するケースは決して多くない。

<small>イギリスの行政階級</small>　イギリスの行政階級は，政府単位で一括採用され，その生涯のうちに複数の省庁を渡り歩きながら昇進していく。そして，政治任用の対象とはされず，あくまでも，政党政治家である大臣・副大臣等の政治任用職のトップを補佐し補助する「匿名の黒衣」と

して行動し，政党政治家に転進するケースも稀で，職業行政官としてその生涯を全うするのが常態である。

フランスのテクノクラート　フランスのテクノクラートは大学を卒業後，国立行政学院（ENA）に入学し，ここで研修を受け，その卒業成績によって各種の官僚団（各省の組織単位とかならずしも一致していない）に採用され，この官僚団に帰属しながらしばしば各省庁に出向する。そして，大統領府，総理大臣官房，各省庁の大臣官房等に出向する際は，これが政党政治家である大臣等による政治任用である場合が少なくない。この場合には，大臣等が交代すれば，これと進退をともにし，その職を辞する。そして，再び任用される機会の到来を待って待命休職しているケースもあれば，政党政治家に転進するケースも珍しくない。

戦後日本のキャリア　これに対して，戦後日本のキャリアは，人事院が統一的に実施する採用試験に合格した後に各省庁別に採用され，ときたま人事交流で他省庁等に出向することはあっても，原則として生涯を通じ元来の採用省庁に帰属する。そして，局長級以上への昇任は閣議了解事項になってはいるものの，これは政治任用と考えられておらず，職業行政官としては最高位の事務次官の職位まで一般職とされている。にもかかわらず，イギリスの高級官僚とは異なって，国会では政府委員として大臣に代わって答弁し，政府与党間折衝に奔走するなど，「顕名の役者」として深く政務にかかわり，その時々の政権を補佐してきた。そして，中途退職して政党政治家に転進するケースも珍しくなかった。

政治改革と政官関係の見直し　しかしながら，この戦後日本の政官関係（政党政治家と職業行政官，政党と官僚制組織，政党政治家で構成する国会・内閣・各省大臣等の政治機関と職業行政官で構成する行政機関の関係）のあり方については，1990年代以降の政治改革の流れのなかで見直しの対象とされ，新たな相互関係の構築をめざした模索が続いている。

まず平成11（1999）年の第146回国会から国会の政府委員制度

政府委員制度の廃止と副大臣・大臣政務官制度の導入

が廃止された。次いで，すでに前章で解説したように，平成13年1月施行の中央省庁の再編成に際して，新たな府省の主任の大臣の下に総計22名の副大臣と総計26名の大臣政務官が配置された。これらの改革はイギリス型の政官関係をモデルにしたものといえる。

内閣官房・内閣府の政治任用職の拡大

ところがその反面では，平成13年1月施行の中央省庁の再編成に際して同時に，内閣官房が強化され，従来からすでに設置されていた内閣官房長官，内閣官房副長官，内閣危機管理監，内閣総理大臣補佐官，大臣秘書官に加えて，内閣官房副長官補，内閣広報官，内閣情報官が新設され，これらが従前の諸職位と同様に特別職とされたが，これらの新設の職位には現職の高級官僚が登用されている。さらに，新設された内閣府には経済財政諮問会議，総合科学技術会議等種々の新しい機関が設置され，その構成員の身分は特別職とされ，その一部は政治任用職と考えられているが，これらのポストの一部もまた，国会議員とか民間人からの登用ではなしに，現職の高級官僚からの登用になるとすれば，現職の高級官僚の政治任用の範囲がますます拡大していくことになる。そしてそれは，どちらかといえば，フランス型の政官関係の方向に向かっていることになる。

イギリス型とフランス型の政官関係の併用

議院内閣制の本来の制度原理を貫徹して内閣主導体制を確立しようとすれば，従来の日本型の官僚主導体制の政官関係をそのまま維持していくわけにはいかない。行政機関に対する政治機関の統制機能を何らかの方法で強化しなければならない。そのための対極的な方法がイギリス型の政官関係とフランス型の政官関係である。日本は今後，どちらの方向をめざすべきなのか，これはきわめて判断のむずかしい選択であるが，いまのところはどちらともつかず，理念の全く異なる対極的なふたつの型を曖昧なままに併用する方向に進みつつあるように思われる。このことが日本の政官関係を混乱に陥れる結果にならなければ幸いである。

各省庁のセクショ
ナリズムの弊害　ところで，戦後日本の官僚主導体制の最大の弊害は，各省庁のセクショナリズム（分立割拠性）が異常に強固で，各省庁がそれぞれに拒否権をもっているに等しい状態にあるために，省庁をまたがる政策課題についての各省間折衝における合意形成が容易でないこと，幸いに合意に達する場合にも，それは譲歩に次ぐ譲歩を重ねた結果の妥協の産物になるため，現状維持の彌縫策(びほうさく)になりがちで，政策・制度の大きな変革にはなりにくいことである。

キャリアの各省別
採用制度の是非　そこで，内閣主導体制の確立は，内閣総理大臣の閣議での発議権の創設，内閣官房の強化，内閣府の新設等の内閣機能の強化と副大臣・大臣政務官制度の導入をはかるだけではたして達成可能なのかが問われ，見直しの矛先は各省庁の異常に強固なセクショナリズム（分立割拠性）の基盤になっているキャリアの各省別採用制度にまで向けられてきている。そして，この論議は，論理必然的に，キャリアの退職後の再就職先まで採用省庁が斡旋している現在の仕組みの是非にまで及ぶ。

　公務員制度調査会は，これまでのところ，この政官関係の再構築とキャリア採用制度の見直しの問題に正面から取り組む姿勢を見せていない。しかし，それで済むとは思われない。政治改革の流れは，いつの日か，公務員制度の抜本改革にまで行き着くことになるのではないか，と思われる。

3 　服務と保障

　現代国家は一般に，公務員の服務に対する規律として種々の行為を禁止または制限しているが，その反面において，公務員にこれに対応した保障をしている。これらを大別すれば，私的利益追求行為の禁止・制限と生活保障，政治的行為の制限と身分保障，労働基本権の制限と勤務条件保障に分けられる。

(1) 私的利益追求行為の禁止・制限と生活保障

　私的利益追求行為の禁止・制限は，官吏制の時代以来のもっと

も古典的な服務規律である。

服務の根本基準　そこで，国家公務員法は，まず服務の根本基準として「すべて職員は，国民全体の奉仕者として，公共の利益のために勤務し，且つ，職務の遂行に当つては，全力を挙げてこれに専念しなければならない」(96条1項)と定め，続いて法令および上司の命令に従う義務，職務に専念する義務を課した上で，収賄その他の犯罪行為などの信用失墜行為を禁じている。

兼業・天下りの制限　さらに，「(営利企業)を営むことを目的とする会社その他の団体の役員，顧問若しくは評議員の職を兼ね，又は自ら営利企業を営んではならない」(103条1項)，また「職員は，離職後二年間は，営利企業の地位で，その離職前五年間に在職していた人事院規則で定める国の機関又は特定行政法人と密接な関係にあるものに就くことを承諾し又は就いてはならない」(同条2項)とし，その上で「前二項の規定は，人事院規則の定めるところにより，所轄庁の長の申出により人事院の承認を得た場合には，これを適用しない」(同条3項)と定めている。

　このうちの同条2項の規定が俗に天下り禁止規定と呼ばれているものである。

役得収入の禁止　このように，公務員が役得収入を当てにすること，副業・兼業に従事することを禁止・制限し，かれらに官職の信用と名誉の維持を義務づけている以上は，職員に対してしかるべき生活の保障をしなければならない。現代国家の公務員制，少なくとも先進諸国のそれが，一致して公務員の定額俸給制と恩給制を定めているのは，このためにほかならない。

　無給・薄給，あるいは歩合給などの給与制度の下では，職員が顧客に役得収入の提供を強要する行為が絶えないからである。

国家公務員倫理法と国家公務員倫理規程の制定　厚生官僚や大蔵官僚などによる不祥事の続発，市民オンブズマンによって次々に明るみに出された官官接待の実態に対する批判などを背景にして，平成11 (1999) 年8月に国家公務員倫理法が

制定公布された。ただちに人事院に国家公務員倫理審査会が設置され，同審査会が策定した原案に基づいて，政府は翌平成12年3月に国家公務員倫理規程と称する政令を制定した。こうして，国家公務員倫理法は同年4月より施行されるにいたった。

3種の報告書の提出と公開の義務づけ

この倫理法は，本省課長補佐級以上の職員に対して，事業者等から1件につき5000円を超える贈与等（金銭，物品その他の財産上の利益の供与もしくは供応接待）を受けたときは，これを四半期ごとにまとめて記載した贈与等報告書の提出を義務づけている。さらに，本省審議官級以上の職員に対しては，毎年3月にその前年においておこなった株取引等を記載した株取引等報告書と前年1年間の所得等を記載した所得等報告書の提出を義務づけている。これらの3種の報告書の写しは各省庁の長から国家公務員倫理審査会に送付され，その審査に付される。また，これらの報告書は各省庁の長の下に5年間保存され，このうちの贈与等報告書に記載されている贈与等のうち1件につき2万円を超える事項については，何人もその閲覧を請求することができるとされている。

禁止行為

倫理規程の方には，職員の職務に利害関係を有する者からの贈与等の禁止および制限等，職員の職務に利害関係を有する者との接触その他国民の疑惑や不信を招くような行為の防止に関し職員の遵守すべき事項がきわめて具体的に定められている。たとえば，利害関係者との会食（職務として出席した会議に伴う簡素な会食，昼食時の会食，立食パーティーなどは除く），ゴルフなどの遊技，旅行（公務のための旅行は除く）は，たとえ「割り勘」であっても禁止されている。また，利害関係者からの依頼に応じて報酬を受けて講演等をしようとする場合には，あらかじめ各省庁の倫理監督官（事務次官や外局の長）の承認を得なければならないとされている。

違反者に対する懲戒処分

以上のような禁止行為を犯したり，報告義務に違反したりした職員は，戒告，減給，停職，免職の懲戒処分を受ける。

利害関係者とは　なお、倫理規程にいうところの「利害関係者」とは、職員が職務として携わる許認可等をする事務、補助金等を交付する事務、立ち入り検査、監査もしくは監察をする事務、不利益処分をする事務、行政指導をする事務、各省庁が所掌する事務のうち事業の発達、改善および調整に関する事務、契約に関する事務または予算、級別定数もしくは定員の査定に関する事務の相手方となる事業者等または個人をいう、と相当に広く定義されている。

　そこで、この倫理法と倫理規程が施行されて以降、国の職員に対する供応接待の宴席が激減した反面、国の職員を講師に招く講演会も激減した。そこで、国の職員による情報収集と情報提供の行動を必要以上に制限し、職員を萎縮させてしまっているのではないかとする危惧もある。

(2) 政治的行為の制限と身分保障

　これに対して、次の政治的行為を制限する規律は歴史の新しいものである。これは政治任用の制限（猟官制の排除）と表裏一体の関係にあり、政党政治家と職業行政官の間に、分離の規範にもとづいて一定の相互不介入関係を確立するための措置である（第2・3章参照）。

政治的行為の制限　国家公務員法102条は、以下のように規定している。

「① 職員は、政党又は政治的目的のために、寄附金その他の利益を求め、若しくは受領し、又は何らの方法を以てするを問わず、これらの行為に関与し、あるいは選挙権の行使を除く外、人事院規則で定める政治的行為をしてはならない。
② 職員は、公選による公職の候補者となることができない。
③ 職員は、政党その他の政治的団体の役員、政治的顧問、その他これらと同様な役割をもつ構成員となることができない。」

これをうけて人事院規則14-7が制定され、ここに、禁止の対象となる政治的行為がさらに詳細に列挙されている。

身分保障　　　　　そして，これに対応している身分保障の規定が，国家公務員法75条1項の「職員は，法律又は人事院規則に定める事由による場合でなければ，その意に反して，降任され，休職され，又は免職されることはない」という規定である。

　政治任用を制限するための措置としては，特別職の範囲を限定して政治的な任用を制限することと同等に，あるいはそれ以上に，政治的な免職・休職・降任を禁じることが重要なのである。

休職処分の制限　　また，とくに同法79条で，本人の意に反する休職の該当事由が狭く限定されているのは，休職規定が政治任用に活用された戦前の経験に鑑みたものであろう。

(3) 労働基本権の制限と勤務条件保障

労働基本権の制限　　国家公務員法は，その附則16条において労働3法などは一般職の職員には適用しない旨を定めた上で，一般職の職員が争議行為等をすることを禁止し，また当局との団体協約締結権を否定した。

　そこで，管理職員等以外の一般の職員に許されたのは，勤務条件の維持改善をはかることを目的として当局と交渉するための職員団体を結成しこれを人事院に登録すること，必要とあればこれを法人にすることのみであった。

　なお，警察職員，海上保安庁職員，監獄職員，並びに自衛官については，この種の職員団体を結成しこれに参加する団結権も否定されている（なお，地方公務員法にも同種の規定がおかれ，警察職員および消防職員の団結権が否定されている）。

イギリスのホイットレー協議会　　この労働基本権の制限は，先の政治的行為の制限ほどには，各国の公務員制に普遍的にみられるものではない。一般の職員には労働基本権を保障している国々が少なくないのである。たとえば，イギリスでは，公務員労働組合の代表と当局の代表が賃金交渉をおこなう機関としてホイットレー協議会なるものを常設しているほどである。

代償措置　　　　　この点はともかく，一般の職員に団体協約締結権と争議権を否

定した以上は，労使交渉に代わる何らかの代償措置を講じておかなければ，公務員の勤務条件が適正な状態に保たれるという保障はないと考えられた。

こうして発案されたのが人事院勧告の制度，すなわち，中央人事行政機関として独立性の強い人事院を創設し，この人事院に，一般職の職員の勤務条件の適宜の変更について，「情勢適応の原則」に基づき，国会および内閣に対して随時勧告する権限を賦与するという制度であった。

4 人事院と人事院勧告

(1) 人事院の地位

昭和22 (1947) 年制定の国家公務員法は，国家公務員のうちの一般職の職員の人事管理に関するほとんどすべての事務を統一的に所管する中央人事行政機関として人事委員会を設置した。しかし，新設されたばかりのこの人事委員会は，昭和23年の国家公務員法の改正によりわずか1年で廃止され，これに代わって人事院が創設された。

異色の地位と権能

この人事院は，きわめて異色の地位と権能をもつ，他国にも類例をみない日本独特の機関である。

人事院は国会の両院の同意を得て内閣が任命する3人の人事官をもって組織され，広範な準立法権と準司法権をもつ機関である。ここまでのところは，公正取引委員会とか中央労働委員会などの行政委員会に類似している。

しかしながら，人事院は，府省の外局と位置づけられている通常の行政委員会とは全く異なる地位と権能を有する。すなわち，人事院には国家行政組織法は適用されず，人事院の内部機構は人事院がみずから管理する。また，人事院の経費の要求書は内閣に提出されるが，この人事院の経費の要求書を内閣において修正する場合には，内閣は人事院の元来の要求書と内閣により修正され

た要求書の双方を国会に提出しなければならない（これを「二重予算制度」と呼ぶ)。さらに，人事院の報告および勧告は国会および内閣に対して同時におこなうべきものとされている。これらの諸点に関する限り，人事院の地位と権能はむしろ，憲法に根拠規定を有する独立機関の会計検査院のそれに類似している。

　しかし，人事院はあくまで「内閣の所轄の下に」おかれたのであり，会計検査院のような「内閣に対し独立の地位を有する」機関ではないとされている。これは，憲法65条が「行政権は，内閣に属する」と定めている以上，およそいかなる意味でも内閣に属さない行政機関を設置することは許されないとする，憲法解釈論との兼ね合いから案出された苦肉の策であった。

何のための何からの独立か

　人事顧問団のフーバーは何故に人事院にこのような独立の地位を与えようとしたのであろうか。フーバーの構想にはもうひとつよくわからないところがあった。すなわち，かれの原案は，一方ではアメリカ型の職階制を日本に導入させようとしていながら，他方では決してアメリカに倣わずに政治任用の余地を厳しく限定しようとしていた。このこととかれが人事院に与えた独立の地位との関係をどのように理解すべきなのか。この点には確証がないので，推測の域を出ない。

　フーバーは，おそらくまず第1に，新しい国家公務員法の運用を当時の日本の官僚機構の手に委ねたのでは，職階制を基礎にした民主的にして科学的な人事行政などとうてい実現されるべくもないと判断していたのであろう。また第2に，日本の将来の政権が政党政治の論理に基づいて，かれの労作というべき国家公務員法に改変を加え，政治任用を復活し拡大することを強く警戒してもいたのであろう。そしてまた第3に，一般職の職員の給与その他の勤務条件に関する人事院勧告の制度を円滑に機能させるためには，人事院は労使双方から独立した地位になければならない。そうであれば，国家公務員の直接の使用者の立場にある内閣から

独立していることが、人事院にとって必須の要件になると考えたのではなかろうか。

フーバーの真意がどこにあったにしろ、そしてフーバーが最も強く警戒し忌避した相手が誰であったにしろ、かれによって創設された人事院の独立とは、端的にいって、当時の日本の政党政治家と職業行政官の双方からの独立であった。

人事院の試練　人事院は、とにもかくにも連合国軍総司令部（GHQ）の権力を背景にして誕生し、その活動を開始した。だが、人事院の異色の地位と権能については、その創設当初から批判の声が強かった。そこで、講和条約締結後のいわゆる「逆コースの時代」になると、権力の後ろ盾を失った人事院に対する風当たりはいっそう強まった。そして、これを廃止し、総理府に人事委員会を設置すべしとする法案が2度にわたって国会に提出された。しかし、いずれも廃案になり、人事院はこの逆風の時代をからくも生き残った。

人事局の創設　昭和30年代以降には、人事院を廃止する案に代わって、これを存続させながら、その権限の一部を総理府の機関に移すという提案が続くようになった。そしてついに、昭和39年の臨時行政調査会（第一次臨調）の答申と昭和40年のILO87号条約の批准とが直接の契機になって、昭和40（1965）年に総理府人事局（現・総務省人事・恩給局）が新設され、ここが「職員の能率、厚生、服務等に関する事務」と「各行政機関がその職員について行なう人事管理に関する方針、計画等に関し、その統一保持上必要な総合調整に関する事務」を所掌することになった。

公職選挙法・政治資金規正法の制度管理との類似性　人事行政の独立の問題は、それが政治任用の制限という問題と深くかかわっていることからすれば、公職選挙法とか政治資金規正法などの制度管理の問題と同様に、政党政治家の既得利益に深くかかわる制度の決定・管理をどの機関に委ねるのが妥当かという問題と同種のものである。国会と内閣に委ねるほかに方途はないとはいうものの、それで済むのかという疑問が残らざるをえな

い類いの問題である。

独立的な諸機関の民主的統制　問題を一転させてみれば，政権から一定程度独立している機関は，会計検査院・人事院と各種の行政委員会だけではない。

このほかにも，自衛隊・検察・警察などのような実力発動機関の独立という問題もある。この種の実力発動機関の場合には，これらが政権の走狗とならないようにするために，これらの機関に政権からある程度まで独立した地位を保障する一方で，これらの機関が暴走することを防止するために，これらを最終的には政権による民主的統制の下においている。

人事院はこの程度の独立性の枠を越え，その外に一歩踏み出し，会計検査院の独立性に近づいていることになる。それ故に，これに対する民主的統制が現状で十分か否かという論点が残らざるをえない。

独立と孤立　ともあれ，人事院は三権から相当に独立した地位と強力な権能を手中にしている。しかしながら，その独立の地位は，会計検査院のそれと同様に，あらゆる政治勢力からの孤立と政治的無力を意味し，その強力な権能は，めったに抜くことのできない伝家の宝刀を後生大事に保持しているだけのことになるのかもしれない。

(2) 人事院勧告

さてそこで，人事院勧告についてである。人事院勧告の内容は一般職の職員の勤務条件の全般にわたっているが，ここでは，そのうちの給与勧告について若干の解説をしておくことにしよう。

給与勧告と給与改定の仕組み　人事院は，毎年度，職種別民間給与実態調査と呼ばれる実地調査をおこない，これを国家公務員給与の現状と対比して，その調査結果を毎年少なくとも1回は国会および内閣に同時に報告する義務をもつとともに，必要があると認めれば随時に，給与の是正を勧告する権能を与えられている。

給与を5％以上増減する必要が生じたときは勧告をおこなうことを義務づけられている。だが，5％未満の範囲内の増減にとど

まる場合には，その時点で勧告をするかしないかは人事院の決定に委ねられている。したがって，人事院の側で政府の財政事情等を斟酌し給与引き上げ勧告を自粛したことも現にあった。

　勧告を受けた内閣の方は，財政事情を勘案しながら，これに対する対応方針を閣議決定する。そして，勧告を完全実施または一部実施する際には，給与法の改正法案を作成し国会に提出することになるが，それと同時に，給与引き上げに要する経費を計上した補正予算案を編成して国会に提出する。

　だが，人事院勧告を受けたにもかかわらず，無い袖は振れないとして，給与改善を完全に見送る旨の閣議決定（いわゆる人勧凍結の決定）をしたこともあった。

<small>人事院勧告をめぐる政治過程</small>　　人事院の発足当初には，官公労など国家公務員の職員組合の全国連合組織とその支援を受けていた革新諸政党は，人事院とその勧告に対してどのように対応すべきか，態度決定に迷った。労働基本権の制限を不当と糾弾し，労使交渉による賃金決定こそが本筋と考え，スト権奪還をめざして闘っていた立場からすれば，人事院に期待をかけその勧告に依存して給与の引き上げを獲得しようとすることは，本末転倒の堕落であり，相手の土俵に上る敗北であるように思われた。しかしながら，労働基本権が制約されていた当時の状況の下では，人事院勧告なしには公務員給与の改善はありえなかった。

　ところが，幸か不幸か，人事院発足当初から昭和30年代初頭までは緊縮財政の方針が貫かれていた時期で，政府は人事院勧告を忠実に実施しようとしないことが多かった。そこで，労働勢力と野党勢力はいきおい，政府のこのような方針を非難攻撃し，政府に対して人事院勧告の尊重を迫るという姿勢で臨む結果になり，人事院は，かろうじて労働運動と野党をその支援勢力としてもつにいたったのであった。

　そこで，国会では，内閣提出の給与法改正法案に対抗して，そ

の修正を求める議員提出法案が上程されることが多かった。そして給与法案の取扱いは，国会対策における与野党間の取引材料に使われることがしばしばであった。

池田・太田会談と春闘方式の定着

人事院は，昭和35（1960）年の大幅ベース・アップ勧告に際して，給与改定の実施時期について初めて明記し，これを5月1日に遡及させることを求めた。労働勢力側もまた，昭和39年以来人事院との事前交渉を重視する方向にその運動方針を転換した。

さらに，昭和39年の春闘に際しては，池田勇人首相と太田薫総評議長の会談がなされ，「3公社5現業職員の給与改善の民間準拠，仲裁裁定の4月遡及実施」が原則的に合意されたため，これ以降は給与法適用職員の給与についても，人事院勧告の給与改定案を「尊重」すべきか否かだけでなく，給与改定の遡及実施を含め給与勧告を「完全実施」すべきか否かが新たな争点になった。

そこで，政府与党は従来の10月実施を改め実施時期を徐々に繰り上げ，昭和45年にいたってようやく，毎年8月の閣議で人事院勧告の完全実施を決定するようになった。こうして毎年定例の人事院勧告は，折から定着した春闘方式による賃金決定のメカニズムのなかに組み込まれていったのである。

人事院勧告の完全実施と行政改革

しかし，この間の昭和44年には総定員法が制定され，国家公務員の定員削減計画が始められているのであって，人事院勧告の完全実施は，その一方で行政改革の推進とか地方公務員の給与等の適正化を求める政治的圧力を強めていく結果にもなった。

そして，石油危機後の財政危機の時代を迎え，第二次臨調がその第一次答申で公務員給与の抑制を求めた昭和56年には人事院勧告の実施時期の繰り下げが論議され，その翌年の人事院勧告は久方ぶりに凍結の憂き目に遭った。

経済不況と賞与の引き下げ勧告

さらに近年においては，バブル経済の崩壊による経済不況を背景にして，人事院が公務員賞与の引き下げを勧告したこともある。

Tea Time

給与の均衡

 日本の公務員の総数は約440万人弱。国家公務員が約114万人強，残りの約325万人強は地方公務員である。人事院の給与勧告は，国家公務員のうちの給与法適用職員約50万人だけを対象にしているので，その直接の効果は全公務員の11％強にしか及ばないが，間接的には地方公務員の給与にまで大きな影響を与える。地方公務員の給与は国家公務員のそれに準じて決められるべきだ，とされているからである。

「均衡の原則」と「自治の原則」

 地方公務員法は「職員の給与は，生計費並びに国及び他の地方公共団体の職員並びに民間事業の従事者の給与その他の事情を考慮して定められなければならない」(24条3項) と要求しているにとどまるが，国の側の有力な解釈によれば，国家公務員の給与が人事院勧告にしたがって既に生計費・民間給与を考慮して定められている以上は，この国家公務員給与に準じてさえいれば，地方公務員給与はそのすべての均衡要件をみたしていることになるはずだ，とされているのである。

 地方公務員法は他方で，「職員の給与，勤務時間その他の勤務条件は，条例で定める」(24条6項) としている。

 そこで，「均衡の原則」と「自治の原則」の緊張関係が発生する。

自治体の給与決定の仕組み

 ところで，労働基本権の面では，地方公務員も国家公務員とほぼ同一の制限を受けていることからすると，地方公務員に対してもまた，その勤務条件を保障するために何らかの代償措置が講じられてしかるべきであろう。

 ところが，人事委員会の設置は都道府県と政令指定都市に対してのみ義務づけられ，人口15万人未満の市町村にいたっては，そもそも人事委員会の設置が許されていない。それ故に，自治体職員の給与問題は実際には理事者と職員組合の交渉の場で話し合われ，理事者はこの場での合意事項を踏まえて給与条例改正案を立案し，これを地方議会に提案していることが多い。

 このような現実の背後には，自治体

に特有のふたつの事情がある。

その1は、地方公務員法には「職員団体は、法令、条例、地方公共団体の規則及び地方公共団体の機関の定める規程にてい触しない限りにおいて、当該地方公共団体の当局と書面による協定を結ぶことができる」(55条9項)という、国家公務員法にはみられない、独自の規定が設けられていることである。

その2は、自治体の職員組合の多くが、一般職員と地方公営企業職員の双方に加入している混合組合になっていることである。一般職員の職員団体には団体協約締結権がないのに対して、地方公営企業職員の職員団体は、国の4現業職員の職員団体の場合と同様に、団体協約締結権を有する。ところが、この両者で結成されている混合組合と理事者の間で交渉がおこなわれ、合意書面が作成されたとき、この合意書面を団体協約と明確に区別することは、現実にはむずかしい。

このことの故であるか否かはともかくとして、自治体では、一般職員の給与と企業職員の給与の双方をともに一本の給与条例のなかにまとめて定めている例が多いのである。

給与格差とラスパイラス指数

こうしたさまざまな事情の累積効果として、自治体職員の給与は、現実には、自治体ごとにバラツキの多いものになっている。大雑把な傾向としては、国家公務員の給与に比べ、町村職員のそれは低く、都道府県職員のそれは僅かに高かった。そして、市の職員のそれ、とくに東京・大阪両大都市圏内の市の職員のそれは相当に高かった。

そこで自治省は、この給与格差の実態を把握するために、昭和50(1975)年から自治体職員の給与のラスパイラス指数を自治体ごとに算出して公表し、これに基づき高額給与の是正を指導するようになった。ラスパイラス指数がとくに高い自治体に対しては、制裁措置として特別地方交付税交付金の減額とか起債の不許可といったことまでおこなってきた。

国の職員と自治体の職員の給与が均衡していれば、人事交流に便利であり、人件費需要額の算定の面で地方交付税制度の運用上も好都合ではある。しかし、この「均衡の原則」の遵守をどこまで強要することが許されるのか、それは「自治の原則」と抵触しないのか、これはひとつの重要な論点である。

第9章
官僚制分析の視座

　前章までは，現代国家の行政活動を枠づけている諸制度について，大枠・中枠・小枠と順次に概説してきた。そこで，これ以降は，これらの諸制度の枠内で展開される行政活動そのものの性質について概説すべきところである。

　しかし，その前に，ここで中休みをして，官僚制論の系譜について解説を加えておきたいと思う。これまでの論述では，官僚制・官僚制組織・官吏制という大変に紛らわしい諸概念を，格別の説明も加えずに使い分けてきたので，このあたりで，これらの諸概念の相互関係について解説しておいた方が良いように思われるからである。

1 官僚制の概念

(1) 官僚制の概念

　官僚制・官僚制組織・官吏制といった紛らわしい諸概念を使い分けなければならないのは，官僚制（bureaucracy）の概念がきわめて多義的な概念であるためにほかならない。

<small>官僚制概念・4つの用語法</small>

　そこで，たとえばフリッツ・マークス（F. M. Marx）は，官僚制概念の用語法を以下の4類型に分けている。すなわち，

① 特定の組織構造をもつ組織を指して官僚制と呼ぶ用語法，

② 組織の特定の病理現象，すなわち官僚主義（bureaucratism）として批判されることの多い行動様式を指して官僚制と呼ぶ用語法，

③ 近代以降の国家に特徴的な政府の行政組織（=行政官僚制）を指して官僚制と呼ぶ用語法，

④ 近代以降の国家の告発されるべき支配形態，すなわち通常

は官僚制支配ないしは官僚政治として論難されている政治支配の形態を指して官僚制と呼ぶ用語法，である。

このうちの③と④の用語法は官僚制の概念を政府の行政組織に限って使用しているのに対して，①と②の用語法はこれを政府の行政組織以外の組織にまで適用している。

また，このうちの①と③の用語法は価値評価を含まない用語法になっているのに対して，②と④の用語法は非難の意味を込めた用語法になっている。

官僚制の概念は何故にこのように多義的になってしまったのであろうか。官僚制なる概念は，もともとは政府の官吏（＝官僚）に対する，または官吏制に支えられた政府の行政組織（＝行政官僚制）に対する，「呪いのことば」であった。ところが，20世紀に入って，ドイツのロベルト・ミヘルス（R. Michels）とマックス・ウェーバー（M. Weber）などの新しい官僚制論があらわれるにいたって，高度に多義的な概念に一躍変貌してしまったのであった。

(2) 「呪いのことば」としての官僚制概念

<small>ことばの誕生と普及</small>　マーチン・アルブロウ（M. Albrow）の概説書『官僚制』（1970年）によれば，官僚および官僚制なることばは，フランスで生まれ，ドイツを経て，ヨーロッパ諸国に普及したものであるという。ちなみに，このことばが各国の辞典類に初めて出現したのは，フランスでは1798年，ドイツでは1813年，イタリアでは1828年，イギリスでは1837年であったという。要するに，18世紀末に生まれ，19世紀の前半に定着したことばであった。

<small>ヨハン・ゲレス</small>　ドイツのヨハン・ゲレス（J.J. von Görres）はその著書『ヨーロッパと革命』（1821年）のなかで，官僚制とは，軍隊式の組織原理に立った文官組織のことであるとし，組織内部の行動原理であるはずの服従の規範を組織外の臣民にまで推し広げて強要するもの，人間の価値をその人自身からではなしにその地位から評価

するような態度をつくりだすものである、としている。

カール・ハインチェン　カール・ハインチェン（K. Heinchen）はその著書『プロイセン官僚制』（1821年）において、官僚制とは、合議制構造の組織と対比されるもので、独任制の官庁を長とするヒエラルヒー構造の組織であるとし、この官僚制には無際限の権力を追求せずにはやまない性向があるとともに、そこでは傲慢な態度と卑屈な態度とが混然一体をなしている、という。

ウォルター・バジョット　もう一つ、ウォルター・バジョット（W. Bagehot）はその古典的な著作である『イギリス憲政論』（1867年）のなかで、官僚制は、人間のエネルギーを解放することよりも、官僚の権力の強化、業務の拡大、人員の増加をはかることをもってその任務と考え、政治の質を害するとともに、政治の量を過大にする傾向をもつ、と述べている。

カール・マルクス　こうして、カール・マルクス（K. Marx）にいたると、その『共産党宣言』（1848年）および『フランスの内乱』（1871年）などにおいて、官僚制は廃棄されるべき癌であり、革命によって破壊されるべき代物であることが、繰り返し繰り返し、訴えられている。

(3) 官僚制概念の変貌

ミヘルスとウェーバー　しかしながら、ミヘルスはその大著『政党社会学』（1911年）において、官僚制ないしは官僚制化（bureaucratization）の概念を用いながら、社会主義諸政党並びに労働組合などの組織内部においても、党員ないしは組合員の階層分化が進み、少数の指導者が多数の大衆を支配する「少数支配の鉄則」というべき現象が発生すること、事務局の書記たちが大きな実権をもつにいたることを解明した。

これに続いて、ウェーバーもまた、その大著『経済と社会』（1922年）のなかの『支配の社会学』において、社会の大規模組織一般に認められる官僚制の発展ないしは官僚制化の現象につい

て詳細に論じたのであった。その結果として、官僚制の概念は以下のような変貌を遂げたのである。

官僚制化現象の普遍性　第1に、官僚制の概念が、行政官僚制に限らず、政党・労働組合・教会、そして私企業の組織にまで適用されるようになり、大規模な社会組織一般にみられる官僚制化現象に着目されるようになった。もちろん、行政官僚制こそ官僚制のなかでもっともそれらしいものであることに変わりはないので、官僚制論はつねに行政官僚制を中核に据えて展開されているけれども、行政官僚制に類似のものがあらゆる社会組織に普遍化してきていることが新たに発見されたのである。

民主主義の拡大深化と官僚制化　第2に、官僚制を単純に民主制の対立物とみる従来の見解から離脱して、組織構成員の大衆化、意思決定過程参加者の大衆化、サービス対象たる顧客の大衆化といった民主主義の拡大深化現象が官僚制化現象を加速し増幅している根本原因なのではないか、民主制と官僚制は相携えて進むものなのではないかとする、新しい見解が提示され始めた。

社会主義と官僚制　第3に、社会主義諸団体の組織形成と組織運営の実態、あるいはロシア革命後の共産党政権下に現に生じている事態などを観察して、近代社会の諸悪を清算したユートピアであるはずの社会主義体制の下でも、官僚制支配はなくなるどころか、むしろ一段と強化されることになるのではないかとする、前途に悲観的な見解もあらわれてきた。それ故にまた、社会組織一般の官僚制化現象は、良かれ悪しかれ、社会の近代化（modernization）に付随する不可避の現象なのではないかとする見解も登場してきた。

官僚制の合理性　こうして、ついには、ウェーバーの「官僚制は純粋技術的に卓越しており、ある意味において合理的な性格をそなえている」とする、思いもかけなかった命題に直面することになった。官僚制の概念は、もはや、かならずしも「呪いのことば」とは限らないものに、変貌したのである。

2 ウェーバーの官僚制論

そこで、ここでしばらく、ウェーバーの官僚制論に耳を傾けてみることにしよう。

(1) 近代官僚制の構成要件

合議制構造の組織との対比

官僚制組織とは、一般には、頂点に独任制の長を戴き、その下に幾層もの階層（ヒエラルヒー）をもち、しだいに末広がりに広がっているピラミッド型のヒエラルヒー構造をもつ組織のことを指している。それ故に、それは合議制構造の組織と対比されることが多いのである。

しかし、もしもこのような組織構造をもつ組織のことをすべて官僚制と呼ぶのであれば、官僚制は、古代エジプト王朝以来、世界のいたるところに、時代を越えて存在していたことになる。

家産官僚制と近代官僚制

そこで、ウェーバーは家産官僚制（patrimonial bureaucracy）と近代官僚制とを明確に区別することから始める。古代エジプト王朝とかオスマン・トルコ帝国などに成立した帝王・皇帝の官僚制は奴隷によって、また中世の官僚制は主君と主従関係にある封建家臣団によって構成されていた。これらはすべて身分の不自由な官吏で構成されている官僚制であり、一括して家産官僚制と命名される。

これに対して、近代のヨーロッパ社会に新たに発生した近代官僚制は、自由な身分の官吏によって構成されている官僚制、官吏がその自由意思に基づく契約によって任命されている官僚制であるという。そして、ウェーバーは、この近代官僚制こそが純粋かつ合理的な官僚制であるという。

近代官僚制の構成要件

ここに明らかなように、ウェーバーは、官僚制を定義するにあたって、組織の構造形態のみならず、組織を構成している人材の任用方法に格別の重きをおいているのである。この点は、ウェーバーが、近代官僚制をそれ以前の家産官僚制から識別するために、

近代官僚制の構成要件として列挙し解説した，以下の12項目の原則を一瞥してみれば，なおいっそう明瞭である。

規則による規律の原則　① 業務が客観的に定められた規則に従って継続的におこなわれる。

明確な権限の原則　② 業務は規則に定められた明確な権限の範囲内でおこなわれる。そして，この権限とは，各部局ないしは各職位が所掌する事務の範囲を定め，かつまたこの所掌事務を執行する際に用いることのできる命令権と制裁権の範囲を定めたものである。

明確なヒエラルヒー構造の原則　③ 組織内では上下の指揮命令系統が一元的に確立され，上級機関は下級機関の決定について再審査権および取消権をもつ。

経営資材の公私分離の原則　④ 官僚制およびその職員がその業務を遂行するにあたって必要とする施設・設備・用具等の資材は，すべて職場において提供される。すなわち，経営者ないしは職員の住居と職場は分離され，組織の所有物と構成員の私有物とは明確に区分される。

官職専有の排除の原則　⑤ 官僚制の各職位は何人によっても専有されてはならない。すなわち，官職の世襲制とか売官制などは認められない。

文書主義の原則　⑥ あらゆる種類の処分・指令はすべて，少なくとも最終的な決定はすべて文書の形で表示され，記録，保存される。事務所（役所）とは文書と職員から成り立つものである。

任命制の原則　⑦ 官僚制支配は，職員の任命制の原則がもっとも純粋に確立されているところでもっとも純粋に貫徹される。選挙制で選ばれた職員からなるヒエラルヒー構造の組織は，組織の構造形態は類似していても，任命制に立脚するヒエラルヒー構造の組織と決して同じようには機能しない。何故なら，下級者の昇任のチャンスが上級者の判断に依存していないようなところでは，規律そのものが厳格に守られないからである。

契約制の原則　⑧ 近代官僚制では，人格的に自由な人間が契約によって職員になり，規則に定められた職務に関してのみ上級者の命令に服するのであって，職場・職務を離れたところでは，上司と部下の間

に身分的な上下関係はない。そして，職員はいつでもこの契約を解約する旨予告して辞職する自由をもつ。

資格任用制の原則　⑨　官僚制による職員の採用は，一定の学歴と専門知識をもつ有資格者のなかからおこなう。そして，より典型的な方式としては，これらの資格を有する志願者について公開競争試験を実施し，その成績優秀なる者から採用する。縁故採用はもちろん，いわゆる情実任用とか猟官制はこの原則に反していることになる。

貨幣定額俸給制の原則　⑩　職員は労働の対価たる俸給を貨幣で，しかも定額で受ける。また多くの場合には，退職後に年金の支給を受ける。そしてこの俸給は，その職務の種類，責任の軽重などの等級に従って決められなければならない。この原則に反するものには，俸給らしい俸給を給与せずに職務に付随している手数料収入その他の役得収入をこれにあてる仕組みを初め，家禄の現物給与制とか歩合給制などがある。

専業制の原則　⑪　職員はその業務を唯一の職業とするか，少なくともこれを主たる職業としていなければならない。兼業・副業で働いている職員，非常勤の職員，名誉職的な職員などは典型的な官僚制職員ではない。

規律ある昇任制の原則　⑫　職員の昇進は在職年数または業務成績，あるいはその双方に基づいておこなわれる。

(2) 官吏制・官僚制組織・官僚制

近代の所産としての官僚制　ここに列挙されている12項目の原則は，現代社会に生きているわれわれの目には，あまりにも自明のことばかりにみえるかもしれない。しかし，ウェーバーはこれらの諸原則が近代社会に特有のものであることを明確にしようとしているのである。

官吏制の構成原理　また，ここには性質の異なるものが雑然と無秩序に配列されているかのように，写るかもしれない。しかし，改めて見直してみれば，第⑦原則以下はすべて，われわれが前章で官吏制ないしは公務員制の構成原理として考察してきたところの，人事制度に関

する諸原則である。現代公務員制の構成原理のうちでここに列挙されていないのは、ごく歴史の新しい、政治的中立性と労働基本権にかかわる事項のみだといっても、決して過言ではないであろう。

官僚制組織の形成原理　そして、前半の6項目は、官僚制組織の編成原理というよりも、むしろその形成原理、いいかえれば、組織内の意思決定と情報伝達の仕組みを規律する原理を摘出してみせたものである。

後述するように、ウェーバーは、近代官僚制の卓越性を、主として、その行動についての予測可能性と業務が公平無私に処理されるという意味での非人格性とに求めていたのであるが、これら前半の6項目に示されている官僚制組織の形成原理を確立することこそ、後半の6項目の要件をそなえた人事制度を確立することとともに、この予測可能性と非人格性を創り出す上に不可欠の要件として認識されていたのである。これらは、行政官僚制の場合に即していえば、例の「法律による行政」の原理を行政組織の末端職員の行動にまで貫徹させる上に不可欠の要件ということになる。

官吏制・官僚制組織・官僚制　それ故に、ウェーバーのいう近代官僚制とは、われわれの使用してきた概念でいえば、官吏制ないしは公務員制に支えられた、あるいはこれに類似した人事制度に支えられた公私の官僚制組織のことであるといえよう。そして、ここで官僚制組織と呼ぶのは、独任制の長を頂点にしたピラミッド型のヒエラルヒー構造をもち、その作動が客観的に定められた規則と上下の指揮命令関係とによって非人格的に規律されている組織のことである。

ウェーバーのいう官僚制支配の意味　したがって、ウェーバーの官僚制の概念には、われわれの用語法とは異なって、行政官僚制による政治支配という意味は含まれていない。官僚制支配という概念が使われている場合であっても、それは官僚制組織内部での上級者による下級者の支配と官僚制組織による顧客の支配を意味しているだけで、官僚制組織による政

治の支配を意味してはいない。それは，ウェーバーが政府の官僚制組織だけでなく広く私企業のそれまで含めて，官僚制組織一般の官僚制化現象について考察していたからである。

(3) ウェーバーの官僚制化論

ウェーバーは，社会組織一般の官僚制化，官僚制組織の発展という社会的事実に注目していたが故に，その理由を考究し，概略以下のごとき論旨を展開した。

合議制と官僚制　合議制構造の組織は意見・利益の摩擦・衝突・対立を生じ，妥協を結果する。その業務は遅延し，決定は統一性を欠き，また安定性を欠く。これに比べ，官僚制による業務は，摩擦を伴わずに，的確，迅速，かつ慎重に遂行され，その内容にも統一性と安定性を保ちうるという。

官僚制の卓越性　しかしながら，肝心なことは，官僚制では，純即物的な見地から分業が貫徹されることであるという。即物的な事務処理とは，相手によって依怙贔屓(えこひいき)をしたり，不公平な取り扱いをしたりせずに，予測可能な客観的に定められた規則にしたがって公平に処理されることである。官僚制は，非人格化されればされるほど，事務処理に際し，愛憎その他一切の個人的な感情，予測できない一切の非合理的な要素を排除するという。

官僚制の永続性　ところで，官僚制には，それがひとたび完成された暁にはこれを破壊することがきわめて困難になるという，永続性があるという。官僚制がその活動を停止したり，あるいは官僚制の活動が暴力的に妨害されたりしたとき，そこに生ずるのはカオス（混沌）でしかない。そこで，官僚制が完全に発展すると，暴力による破壊と建設という革命を純技術的に不可能にしてしまう。その結果，近代の革命は真の意味での革命にはなりえず，すべてクーデターにすぎないものに終わった。

このことを裏返してみれば，官僚制はいかなる支配にとっても御用立て自由の精密機械のごときものだということである。だか

第9章　官僚制分析の視座

らこそ，戦争に敗れ占領された敗戦国においても，政府の官僚制は，首脳部のすげ替えを受けるだけで，その本体は抜かりなく生き残り，占領統治の装置として利用され続けることになるのだという。

官僚制の権力的地位　官僚制はほんとうに主人の道具としての精密機械にとどまるのであろうか。従者であるべきそれ自身が主人に取って代わることはないのであろうか。ウェーバーは，「近代国家の官僚制はいたるところで発展しているとはいえ，近代国家のもとでは，どこでもいつでも例外なしに，官僚制の権力を増大させることになるのかという点については，断定を避けておかねばならない」と，ひとまず慎重な留保を付けておきながら，すぐに続けて，完全に発達した官僚制の権力的地位は他に卓越しているのが常態であるという。

情報の独占と秘匿　何故か。官僚制が従者として仕える相手の主人が誰であれ，主人とその従者たる官僚制職員の関係はアマチュアとプロフェッショナル，シロウトとクロウトの関係に等しいからであるという。およそ官僚制なるものは，その知識・情報・意図を秘密に保つことをとおして，その優越的地位を高めようとする性向をもつという。

官僚制の合理性　それ故に，完全に発達した官僚制とそれ以外の組織の関係は，機械による生産様式と機械化以前の生産様式の関係のごときもので，完全に発達した官僚制はその他の組織を駆逐してしまわずにはおかないという。

　官僚制の成立と発展は，社会のあらゆる領域における合理主義一般の発展と同様に，革命的な影響を及ぼした。それは，官僚制が，ある意味において合理的な性格をそなえ，その他の組織形態に対して純粋技術的に卓越しているからであり，官僚制的経営幹部による支配こそが合法的支配の純粋形態だからである，というのである。

3 ウェーバー以後の官僚制論

　　ウェーバーによって，官僚制はある意味において合理的な性格をそなえているという命題が提示されたために，ウェーバー以後の官僚制論の主題は「官僚制はほんとうに合理的な存在か」という点に収斂してきたかの観がある。このような傾向はアメリカ社会学の官僚制論においてことさらに顕著である。そこで，この点に関して若干の説明を加えておきたい。

(1) ウェーバーの官僚制論についての理解

<small>ウェーバーにおける合理主義の概念</small>

　　ウェーバーの上述のごとき官僚制論ないしは官僚制化論をどのように理解すべきものなのであろうか。問題の核心はウェーバーのいうところの合理性ないしは合理主義とは何を意味しているのかである。

　　だが，この設問に対して的確に解答することは筆者のよくなしうるところではないので，ウェーバーの全著作を本格的な研究対象にしているウェーバー研究者たちの解釈を参照してもらうほかはない。ウェーバーは，目的合理性と価値合理性，形式的合理性と実質的合理性，あるいはまた理論的合理主義と実践的合理主義といった諸概念を複雑に使い分けているのであって，これらの諸概念の意味をそれぞれの文脈に即して正確に読み取ることは，決して生易しい作業ではないからである。

　　ただ，念のために，1～2の重要な点についてだけ，注意を喚起しておきたい。

<small>ウェーバーの事実認識と価値評価</small>

　　まず第1に，ウェーバーは官僚制化現象を歴史における合理主義の発展の一環だと述べているが，だからといって，ウェーバーは官僚制ないしは官僚制化現象を，望ましいこと，好ましいこととして歓迎していたのではないということである。むしろウェーバーは，物質的な状況の指し示す方向性をみる限りでは，官僚制の発展は不可避の現象といわざるをえないという事実認識を語っ

ているだけなのであって，価値評価の次元では，官僚制の発展は人間の自律性を阻害すると考えていた。この点は，ウェーバー研究者の見解が一致しているところである。

官僚制の発展は不可避か　第2に，現代のアメリカ社会学におけるウェーバー理解のなかには，ウェーバーは官僚制の合理的な側面ばかりに着目し，その非合理的な側面に目を向けようとしなかったとする批評があるが，これは明らかに誤りである。前節でみたように，ウェーバーはその官僚制化論の文脈において官僚制の病理現象にも論及していた。

ただし，ウェーバーが近代官僚制の構成要件を摘出してみせたときには，かれは確かに官僚制の合理的な機能要素を好んで選び出していたといえる。それ故に，ウェーバーは何故に官僚制の機能障害（dysfunction）現象に焦点を当てて論じようとしなかったのかという疑問が抱かれているのであろう。この点については，ウェーバーは，官僚制は何故に不可避的に発展するのかという点を問題にしていたからこそ，敢えて官僚制の合理的な側面を摘出してみせたのである，と答えておきたい。

したがって，ウェーバーの官僚制論に対する評価を決する核心問題は，官僚制の発展はウェーバーのいうようにほんとうに不可避の現象か否かである。アメリカ社会学の官僚制研究の多くが試みてきたように，現実に存在する官僚制はウェーバーのいうがごとくに合理的に作動してはいないという事実をいくら検証してみせても，それだけでは，ウェーバーの官僚制化不可避論を根底から批判したことにはならない。

これをその根底から覆すためには，官僚制化は，ある種の環境条件の変化またはそれ自身の機能障害の故に，一定限度以上には進まなくなるであろうことを，あるいは官僚制は，その環境との不適合または内部矛盾の故に，やがて脱官僚制化（debureaucratization）を始めるであろうことを，論証してみせなければならないのである。

(2) アメリカ社会学の官僚制論

官僚制内部の非合理的な人間行動

ところで，ウェーバー以後の官僚制論，たとえば，ラインハルト・ベンディックス（R. Bendix），ピーター・ブラウ（P. Blau），ロバート・マートン（R. Merton）などの官僚制論は，アメリカに発達した組織理論，なかでも人間関係論の影響を強く受けて，官僚制における非合理的な人間行動に着目している。

そこで，第1に，官僚制の職員は，ウェーバーのいうがごとく「機械の歯車のごとき存在」であるとしても，それはあくまでも「ごとき」であって，決して「歯車」に成り切れるものではないという事実に着目した。

第2に，官僚制の機能障害現象はインフォーマル組織がフォーマル組織の機能的な作動を阻害するときにおこるものであるととらえられる。そこで，インフォーマル組織を巧みに管理し，これをフォーマル組織と機能的に嚙み合わせることができれば，機能障害現象はかなりの程度まで避けられるものである，と考えられている。

第3に，ウェーバーのいう官僚制支配は官僚制による顧客の支配まで視野に入れたものであったが，アメリカ社会学の官僚制研究はほとんどもっぱら官僚制内部の支配関係に関心を集中させている。

第4に，ウェーバーでは官僚制が合理的か否かが問われていたのに対して，アメリカ社会学ではそれが機能的か否か，さらにはそれが能率的か否かが問題にされている。

合理性と機能性・能率性

合理性（rationality）と機能性（functionality）と能率性（efficiency）には，重なり合う側面もないことはない。しかしながら，ウェーバーのいう形式合理性の規準においてもっとも重要視されていたのは，顧客の観点からみた官僚制の行動の予測可能性であり非人格性であったのに対して，機能性とか能率性という規準は，官僚制の行動がその組織目的の達成にどの程度まで寄与している

のかいないのかという，官僚制の側に立った規準にすぎないのであり，このふたつの規準の間には大きな断絶があるといわなければならない。

　以上のような意味において，ウェーバー以後の官僚制論は高度にアメリカ化されている。しかし，それだけにそれは，官僚制組織の集団行動の動態を説明するのには役立つ，数多くの認識枠組みを提供してくれているのである。

　そこで，以下の諸章では，これらの認識枠組みをできるだけ活用しながら，官僚制組織の集団行動としての行政活動について考察していくことにしよう。

Tea Time

革命と官僚制

　ウェーバーは，官僚制の十分に発達した国では真の意味での革命は困難になるので，先進国の革命はすべて，政権の担当者が交代するだけのクーデターに終わり，官僚制の本体は抜かりなく生き残る，と述べた。官僚制を破壊しその活動まで停止させると，社会生活は完全なカオス状態に陥ってしまうことになり，革命政権は，この壊滅的な生活危機を招いた責任を問われ，国民大衆の支持を失い，反革命を招いてしまうからであるという。

ロシア革命のケース

　確かに，都市型社会の市民生活は，官僚制の一日も休まぬ社会管理機能に完全に依存している。ここでは，電気・ガス・水道の供給がたった一日停止しただけでも，ほとんどすべての活動が麻痺してしまう。後進国であれば「まず破壊，ついで建設」という図式どおりの革命の余地がまだ残されているかもしれない。しかし，ここにおいてさえ，新しい官僚制の建設は緊急の課題にならざるをえない。ロシア革命もその例外ではありえなかった。

　E．H．カーの『ボルシェヴィキ革命』によれば，1917〜20年の間に，ペテログラードの人口は57.5％減り，モスクワの人口は44.5％も減少したと記録している。都市生活に不安を覚えた大衆が自給自足のできる農村に流出したからであった。

トロツキーの証言

　この間の事情は，トロツキーの『わが生涯』のなかに次のように記されている。「1918年の春と夏は極度に困難な時期であった。人々が戦争の結果をまざまざと知ったのは，このときであった。人々はすべてが瓦解し，粉々になってしまうような感覚，すがりつくものも，身を寄せるものも，何もないような感覚を味わった。——中略——食糧の供給は不足していた。軍隊はもうなかった。鉄道は完全に混乱していた。国家の事業はほとんど組織されていなかった。」

　軍事人民委員であったトロツキーは，1918年3月の第8回党大会で，赤軍を

人民軍方式から正規軍方式に切り換えることを提案し、その承認を取りつけたのであったが、このときの党大会決議は以下のように述べていた。

「高度に機械化されたブルジョア軍隊に対抗することのできる軍隊であるためには、最新の軍事技術によって訓練され、武装され、組織された軍隊でなければならない。――中略――このために、これまでの志願制の原則やパルチザン主義は廃止されるべきこと、編成と訓練の方法において常備軍的・正規軍的なものであるべきこと、そのためには、とくに十分に訓練された指揮官が必要であること、――後略。」

トロツキーは、この訓練された指揮官を調達するために、赤軍に帝政ロシア軍の将校たちを大量に迎え入れたのであった。『わが生涯』はこの間の状況を以下のように伝えている。

「赤軍に勤務している者のなかには、旧軍の幹部士官が何千人もいた。やがて、その数は何万人にも膨れ上がった。かれら自身の語るところによれば、かれらのなかの多くはつい3年前までは、まだ穏健な自由主義者をさえ極端な革命家だと思っていたほどであり、かれらにとってボルシェヴィキは第4次元に属する人間であった。私は当時、旧軍の幹部士官を赤軍に吸収することに反対した人々に向かって、こういった。『私たちが何千何万人もの軍事専門家を連れて来ることなど不可能であると考えるのだとしたら、私たちと私たちの党に対して、また私たちの理想がもつ精神力に対して、そしてまた私たちの革命的なモラルがもつ牽引力に対して、あまりにも過少評価をしていることになりはしないか』と。」

スターリンの訴え

革命後に緊急に必要になるのは、何も軍事専門家だけではない。あらゆる種類の専門家と技術者の不足が痛感される。スターリンは、1921年の論文「権力獲得前の党と権力獲得後の党」のなかで、次のように訴えている。

「以前には、軍事問題とか経済問題の専門家なしにも済ますことができた。何故なら、党の活動は主として批判する活動だったからであり、批判することは易しいことだったからである。――中略――だが、今では党は専門家なしに済ますことはできない。古い専門家の利用と並行して、今や党は自分自身の専門家を創り出さなければならない。そうしなければ、建設していくことはできないからである。」

第10章

官僚制組織の作動様式

　本章から第13章までの4章では，行政活動が官僚制組織の集団行動であることに伴う諸現象について概説する。

　官僚制組織にはこれを支える人事制度の違いに応じてさまざまな類型があることについては，すでに第8章と第9章の2章で解説を済ませた。そこで本章では，外見的な組織構造と人事制度の類似した官僚制組織であっても，個々の官僚制組織の作動様式はきわめて多様になりうることを紹介し，その理由について検討してみることにしよう。

　官僚制組織の作動様式をこのように多様化させている主要な要因は，それぞれの官僚制組織の課題・環境とその内部における情報伝達経路の形成様式である。

1 課題・環境と組織形成の類型

　官僚制組織は，それが担う課題の性格とその課題解決行動が当面する環境条件の違いに合わせて，その意思決定と情報伝達の仕組みを変えている。この点は，軍隊と行政機関を対比してみれば，おのずから明らかであろう。

(1) 軍　　隊

身分制と階級制
　軍隊は官僚制組織の一方の極を代表している。まず将校と兵の厳格な身分制とそれぞれの身分ごとの明確な階級制が確立され，閉鎖型任用制が貫徹されている。以上の諸点に関する限りでは，軍隊と行政機関の差は程度の問題にすぎない。

「命令系統の一元化」の原理への固執
　しかし，軍隊は戦争という異常事態に対処するために常時待機している組織であるために，この課題と環境条件に対応したさまざまな組織特性を備えている。すなわち，軍隊では「命令系統の

一元化」の原理が絶対視される。指示・命令はつねに1本の経路を経由して下降すべきものであり，現場からの状況報告はこの経路を逆流して上昇すべきものとされる。この情報伝達経路に別のところから雑音が混入することを極端に嫌う。錯綜した情報に直面して判断に迷うような事態を避けるためである。

<small>意思決定の集権性</small>　また，状況報告はすべて組織の頂点に集中され，ここで全体状況についての判断が下され，作戦計画が立案される。実戦部隊は最高司令部が発する指示・命令を忠実に実行することを義務づけられる。すなわち，意思決定機能が徹底して集権化されるのである。しかも，軍隊では直属の上官の指示・命令に絶対服従すべきことが徹底して教育される。これは，最高司令部の発する指示・命令が組織の末端にまで確実に伝達されるようにするためであり，また同時に，上官の下した指示・命令が仮にその場の状況に照らして決して賢明なものではなかった場合であっても，戦場では，全員がともかくひとつの指示・命令に従って迷うことなく整然と団結して行動することこそが，経験法則上，味方の被害を最小にする方策だと堅く信じられているからである。

<small>割拠性と閉鎖性</small>　さらに，軍隊は，平時には，軍団・師団・連隊単位でそれぞれの駐屯基地に分散割拠している。そして，兵隊は周辺の地域社会から物理的に隔離された基地内の兵舎に収容され，ここで寝起きをともにしながら訓練に明け暮れている。外界の市民生活から遮断された独立の閉鎖社会を形成しているのである。

<small>軍事クーデター</small>　いわゆる軍事クーデターに際して，ある師団ないしは連隊のみが丸ごとクーデター部隊になってしまうといった現象が発生するのは，軍隊における日常の組織形成が以上のような特性を備えているからにほかならない。軍隊は鉄の規律を誇る組織のようにみえながら，実はその命令系統を結ぶ糸は意外に脆く切れやすいのである。

(2) 行政機関

複合組織

　行政機関の官僚制組織は，軍隊のそれのように，単純明快な課題を担った組織ではない。行政事務は各省庁に分担管理されている。それだけではなしに，各省庁内でも各局ごとにその所掌事務が異なり，各局内でも各課ごとにその所掌事務を異にしている。したがって，各部局はそれぞれに独自の施策体系を立案し，これに従って行動しているのであり，その組織はどのレベルでも，異なった課題を託された複数の並列的な単位組織が緩やかに連合した，複合組織（complex organization）というべき性格のものになっている。

縦横無尽の情報伝達経路

　そこで，その命令系統も，組織規程とか組織図にみる限りでは軍隊と同様のピラミッド型に設計されているようにみえるが，それは実際には決して一元的に作動してはいない。

　課長は直属の上司である局長の指揮監督を受けているだけではない。人事案件の処理については官房人事課から，会計案件の処理については官房会計課から，文書案件の処理については官房文書課から，それぞれ指揮監督を受けている。ときには，人事院・総務省人事・恩給局，会計検査院・財務省主計局または理財局，内閣法制局・総務省行政管理局または統計局などの外部の官房系統組織からも直接の指示を受ける。

　また，所掌事務に関連する事項について他の課から直接に，合議の申し入れを受け，あるいは照会事項への回答を求められることは，日常茶飯のことである。すなわち，行政機関の情報伝達経路は縦横無尽の網の目状になっている。

意思決定の分権性

　しかも，組織の構成員は縦の系列においても，直属の上司とのみ接触しているのではない。たとえば局長・課長・課長補佐・係長が一堂に会して協議するといったことも決して稀ではない。そこで，直属の上司の意見とその上の上司たちの意見との間に微妙なずれがあれば，部下たちはそのことに気づき，これを念頭にお

きながら行動する。さらに重要なことは，行政機関の行動計画の立案はその事務の主管課ないしは担当者に委ねられていることが少なくなく，意思決定機能は決して軍隊のように集権化されていないことである。

(3) 課題環境と組織形成

軍隊と行政機関は，同じような組織構造と人事制度をもつ官僚制組織でありながら，どうしてその作動様式を異にするのであろうか。それは，それぞれが担う課題とその課題解決行動に際して当面する環境条件の差異によるのである。

制服組の官僚制組織　軍隊と類似の組織形成をしているのは警察・海上保安・消防などのいわゆる制服組の諸組織である。このことからも明らかなように，この種の組織形成がおこなわれるのは，戦争・騒乱の抑止・制圧，犯罪の制止・取締，犯人の捜査・逮捕，人命の救助，消火といったように，比較的に単純明快な，しかし達成困難な目的を，いかにして有効に達成するかが，その官僚制組織の課題であるような場合である。

そしてまた，その課題解決行動は敵対者または災害との対決行動であり，生命身体の危険を伴う行動であるが故に，そこに秩序だった集団行動が要請されているような場合である。

背広組の官僚制組織　これに対して，一般の背広組の行政機関は，一方で政策実施活動に従事しながら，他方では政策立案活動に従事している。すなわち，一方では，既定の多種多様な政策をこれまた既定の法令・計画・予算に制約された枠内でいかに有効かつ能率的に実施するかを課題としながら，他方では，これら既成の政策の実施状況を点検し環境条件の変動を分析して，新しい政策・法令・計画・予算の案を立案することを課題にしている。この行政機関の課題の両面性こそが，行政機関の官僚制組織をしてその理念型から逸脱させている根本原因なのである。

したがって，ある行政機関の当面の課題が比較的に目的の単純

柔らかい組織と
プロジェクト・
チーム
　明快な政策を実施することにほぼ尽きているような場合には，その組織形成の様式は軍隊等のそれに類似したものに接近するであろう。だが，これとは全く逆に，ある行政機関の当面の課題がそもそも何を目的に何に取り組むべきかを模索することになっているような場合には，その組織形成の様式は官僚制組織の理念型からますます遠く離れたものになっていくであろう。

　世間で「柔らかい組織」として提唱され実験されている新しいさまざまな組織形態は，いずれも官僚制原理のどれかを敢えて放棄しようとするものである。いわゆるプロジェクト・チームもそのひとつであるが，この場合には，命令系統の一元化の原理はもとより，ヒエラルヒーの原則をも完全に放棄しているのである。すなわち，関係諸部門の職員を集めてひとつのチームを編成し，この同輩集団に構想の策定を委ねる方式であり，そこに期待されているのは縦割りの組織の思考・行動様式を離れて衆智を結集することである（図表10－1参照）。

条件依存理論
　このように，ある組織の形成様式はその組織の課題・環境条件に依存しているという作業仮説に立ち，多種多様な組織とその課題・環境条件との対応関係について研究しているものを条件依存理論（contingency theory）と総称している。

　しかしながら，この条件依存理論は発展途上の理論であって，残念ながらまだごく概括的な仮説の提示にとどまっており，特定の組織の編成・形成の具体的な指針になりうるほどの諸命題を確立しているわけではない。

(4) 分業構造の編成・形成と情報伝達経路の形成

　それでは，官僚制組織はその課題・環境の差異に対応して，組織のどこを変えているのであろうか。すでに，軍隊と行政機関の例示から明らかなように，意思決定権を組織内のどこに賦与するかという分業構造の編成・形成と組織内の情報伝達経路の形成を操作しているのである。

図表10-1　官僚制組織と「柔らかい組織」形態の一例
（ゴレンビュウスキーのモデル）

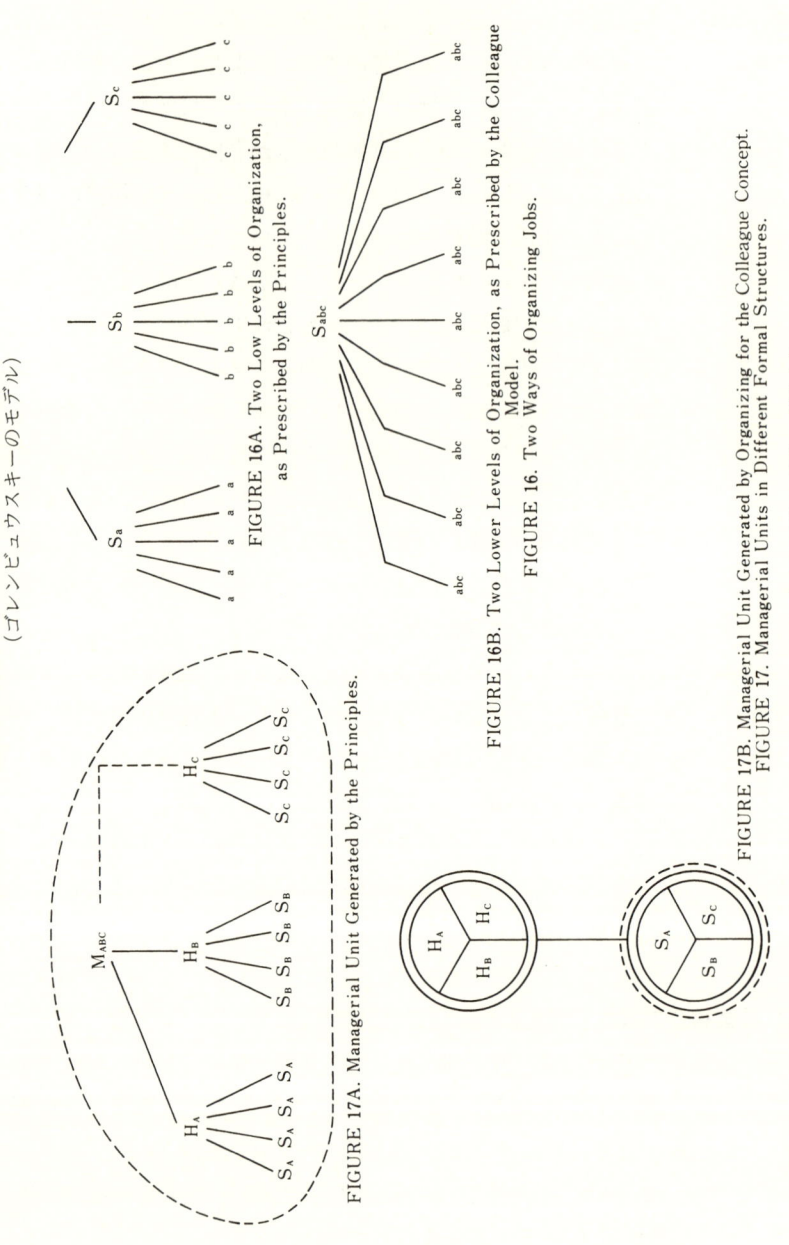

FIGURE 17A. Managerial Unit Generated by the Principles.

FIGURE 16A. Two Low Levels of Organization, as Prescribed by the Principles.

FIGURE 16B. Two Lower Levels of Organization, as Prescribed by the Colleague Model.

FIGURE 16. Two Ways of Organizing Jobs.

FIGURE 17B. Managerial Unit Generated by Organizing for the Colleague Concept.
FIGURE 17. Managerial Units in Different Formal Structures.

（出所）R. T. Golembiewski, *Organizing Men and Power*, Rand McNally, 1967, p. 219, p. 223 より。

分業権造の編成・形成

　前者の意思決定の分業構造の編成・形成には，①所掌事務の分掌，すなわち水平的な横の関係での分業構造の編成と，②専決権限の割付，すなわち垂直的な縦の関係での分業構造の形成という，ふたつの側面がある。

情報伝達経路の形成

　後者の情報伝達経路の形成には，①情報伝達の経路数，すなわち情報伝達経路がどの程度に多元的か，②情報伝達の方向性，すなわち情報が情報経路を主として「上から下へ」下降するのか，それとも「下から上へ」上昇するのか，③情報伝達経路の太さ，すなわち情報が情報経路をどの程度の頻度・密度で流通するのかという，三つの側面がある（図表10-2参照）。

　意思決定の分業構造の編成・形成と情報伝達経路の形成は相互に密接に関連しているので，以下ではこれを組み合わせながら説明していくことにしよう。

図表10-2　ヒエラルヒー構造の情報伝達経路

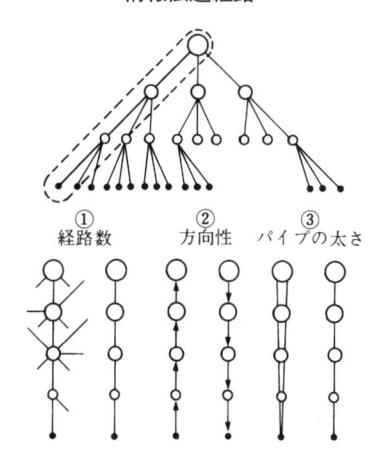

①経路数　②方向性　③パイプの太さ

2　所掌事務の分掌構造と情報伝達の経路

(1) 組織の基礎単位

　行政機関の官僚制組織は，省庁・局・部・課・係といった単位組織に分割され，所掌事務をこれらの単位組織に分掌させている。

ライン系統組織の長

　そして，行政機関の官僚制組織はそもそもその統括機関を独任制の長官にすることを出発点にしているので，それ以下の単位組織の長，すなわち局長・部長・課長・係長などについても，これ

を1人にしているのが通例である。

　だが，つねにそうであるとはかぎらない。長官に次官・次官補を配したり，局長に次長・審議官を付けたりする。また，日本の中央省庁のように，課長の下に総括補佐以下複数の課長補佐をおいている場合もある。このような場合には，これらの次官・次官補，次長・審議官，課長補佐などが長のスタッフなのか，それともそれ自身が1階層下の単位組織のラインの長なのかによって，ヒエラルヒー構造の作動様式は変容せざるをえない。

基礎単位は個人か集団か　しかし，それ以上に重要なのが，ヒエラルヒー構造の基礎単位組織（通常は係または班がこれに相当する）の内部組織をどのように編成するかである。すなわち，係長の下に複数の平職員が配置されている場合に，この係の所掌事務をさらにひとりひとりの係員にまで分掌させるのか否かである。

　この点での各国の組織慣行はかならずしも明らかではないが，欧米諸国の行政機関では概してひとつひとつの職位単位，すなわちひとりひとりの職員単位にまで事務の分掌を貫徹しているように思われる。これに対して，日本の行政機関では，組織法令上は基礎単位組織の所掌事務までを定め，係内の事務の分掌は職場においてそのつど適宜に変更可能な融通のきくものにしている。係の所掌事務に係員全員が連帯して責任を負う体制である。そしてまた，日本の行政機関では，係の係員の席次にまで年功に基づく上下の序列が持ち込まれている。

小部屋と大部屋の事務室　その結果，欧米諸国では行政機関の職員の定員削減は所掌事務の整理縮小と必然的に連動せざるをえないのに対して，日本では所掌事務の整理縮小をおこなうことなしに定員削減をおこなうことが可能になっている。また，欧米諸国の行政機関の庁舎は職員と秘書の小部屋に分割されていることが多いのに対して，日本のそれはほとんどすべて，少なくとも課単位以上の大部屋に分けられており，個室は官房課長以上の職位の執務室に限られている。

(2) 部局間の調整

次の問題は、同レベルの部局間の調整の方式である。

権限による調整と合議による調整

行政機関の部局編成に際しては、通常は部局をまたがる共管競合事務の発生を極少化するために、目的の同質性に基づく分業を基本にして、いわゆる縦割りの組織を編成する。しかし、この編成方法によっても、共管競合事務の発生を皆無にすることはできない。そこで、共管競合事務について関係部局間の利害・意見を調整する方式如何が問われることになる。

官僚制組織のフォーマル組織は、上級機関がその指揮監督権に基づき事前・事後の指示を下して、これを調整することを予定している。だが実際には、これが同レベルの部局間の合議によって自主的に調整されていることも決して稀ではない。そして、このインフォーマルな調整方式の方が組織の正常な作動様式であるかのごとくになればなるほど、下級機関の日常接触する情報源はそれだけ多元的になる。そのとき、フォーマル組織の命令系統が機能する領域はそれだけ縮小され、下級機関の自立性がそれだけ強まる。

縦割りの組織と横割りの組織の調整

ところで、この部局間の調整という問題をさらに一段と複雑にするのが、縦割りの組織と横割りの組織の混在である。

横割りの組織とは、本来ならばそれぞれの縦割りの組織のなかにその中心業務に付随して分散しているはずの共通事務を、作業方法の同質性に基づく分業の原理に従って寄せ集め、これをひとつの単位組織に編成したものである。財務・文書・人事などの総括管理機能を統合している部局、電算処理・営繕・用度などの補助管理機能を統合している部局などがその典型であるが、このほかにも、市役所・町村役場のレベルでは、全庁の窓口業務を統合している市民課とか全庁の用地取得業務を一手に引き受けている用地部などといった事例もある。

横割りの組織に集中された共通事務は縦割りの組織の中心業務

第10章 官僚制組織の作動様式

の実施にとって不可欠のものであるので，この両種の組織間の関係を円滑にするために日常頻繁な連絡調整が必要になる。しかも，縦割りの組織間の調整はいわば「足並みをそろえる」程度の調整で足りるのに，縦割りの組織と横割りの組織の間の調整はいわば「ペアを組みダンスを踊る」ほどの微妙な調整を要する。

そこで，この種の横割りの組織が多元的に分立すればするほど，単位組織の情報伝達経路はそれだけ多元化し，命令系統の一元化の原理をますます有名無実の虚構に変えてしまうことになる。各単位組織の長の部下に対する指揮監督権とは，決して排他的な支配権ではなく，別段の定めのない限り「広い権限の推定を受けるもの」という程度に理解しておくのが現実的である。

日本の官房系統組織

ところで，すでに第7章で指摘しておいたように，日本の行政機関では，この種の横割りの組織が高度に整備され，それが官房系統組織として一元的に統合されている。

そこで，日本の行政機関の単位組織は，上級機関の直接の指揮監督に服しているというよりも，むしろこれに代えて官房系統組織の濃密な統制に服しているようにみえる。すなわち，課は局長以上に局の総務課の統制に，局は大臣以上に大臣官房各課の統制に，そして省は内閣・内閣総理大臣以上に内閣官房・内閣府諸機関・総務省行政管理局・財務省主計局等の行政府レベルの官房系統組織の統制に服しているようにみえるのである。

このことをどのように理解したらよいのか。これはきわめてむずかしい問題であるが，日本ではライン系統組織の長の職務・職責を「自然人」の人格識見に委ねずに，これを官房系統組織という「組織」の集団行動に委ねているのだ，とみるべきではなかろうか。

(3) ラインとスタッフ

官房系統組織はスタッフ組織か

それでは，官房系統組織はスタッフ組織ということになるのであろうか。

古典的組織論では，スタッフは，ライン系統組織の管理者に助言・勧告をおこなうことをもっぱらの任務とすべきであって，決してみずから命令し決裁する権限をもつべきではないとされていた（第3章参照）。このライン・スタッフ理論の正統教義に照らせば，官房系統組織は各種の統制権を行使しているので，スタッフ組織には該当しないことになろう。

　だが，この正統教義ははたしてどこまで現実的なのであろうか。スタッフ組織のモデルとされたのは軍の参謀組織であった。それでは，軍の参謀部は助言・勧告しかおこなっていないのかといえば，実はどこの国の参謀部もライン系統部隊に対してみずから直接に指令し報告を求めているのが実態である。もっともこの点については，参謀部は司令官と一心同体の司令官の分身であるが故に，司令官の名において司令官に代わってみずから指令することも許されるのだとする解説もある。しかし，もしもこのような論法が許されるのなら，官房系統組織もまた，長の分身として行動しているスタッフ組織なのだと言いうるかもしれない。

ライン・スタッフの再定義　　古典的組織論は，命令系統の一元化の原理を金科玉条にしてしまったために，スタッフに統制権を認める余地を失ったのであった。だが，現実の官僚制組織では，助言・勧告権しかもたないスタッフ組織は十分な機能を発揮することができなかったからこそ，これに代わって，統制権をもつ総括管理機関が発達し，長の管理機能を代行するようになってきたのである。

　そこで，スタッフの概念をもっと広いものに定義し直そうとする見解があらわれる。すなわち，組織にとって第一義的な業務の遂行を任務とするものをライン，このライン系統組織に助言し，これを補助し，あるいは統制することを任務とするものをスタッフと再定義する見解である。このような新しい定義は，命令系統の一元化の原理に固執せず，統制スタッフの存在をさえ肯定していることになる。したがって，この種の定義に立っていえば，官

第10章　官僚制組織の作動様式　187

房系統組織こそ日本の行政機関に発達した日本的なスタッフ組織ということになろう。

3 専決権限の割付構造と情報伝達の方向性

縦の関係での分業構造は，横の関係での分業関係よりはるかに複雑な要素で構成されているために，それは組織の設計段階で明細に定めきることはできず，組織の日々の運用に委ねられる。いいかえれば，それは組織編成の課題というよりも組織形成の課題なのである。その理由は，以下の諸点にある。

① 専決権限の割付は，所掌事務の分掌ほど明確に排他的な管轄権を定めることができない。

② 官僚制組織のヒエラルヒー構造を垂直に結ぶ縦糸は，上から下への命令系統であると同時に下から上への補助系統であり，情報が上下双方向に流れる経路である。それ故に，この縦の系列のどの位置に決定権が所在するかと同時に，決定案件がどこから発案されるかがもうひとつの要点になる。

③ 官僚制組織における規律は，客観的に制定されたルールによる規律とそのつど個別になされる指揮監督による規律の2段階構造になっている。

(1) 専決権限の割付

横の分業と
縦の分業

具体例をあげて説明しよう。人事院の組織規則は，人事院の給与に関する報告・勧告の基礎となる，官民給与の実態調査の事務を人事院勤務条件局給与第一課の所掌事務のひとつと定めている。そして，この事務は同課の第二班で所掌されている。そこで，人事院の他の局・課・班がこの実態調査を実施することはありえず，横の分業は明快である。

ところで，官民給与の実態調査が人事院勤務条件局給与第一課第二班の所掌事務であるということは，それは第二班担当の主査たちと課長補佐の所掌事務であるとともに，給与第一課の総括補

佐と課長の所掌事務であり，勤務条件局の担当次長と局長のそれであり，事務総長のそれ，そして人事官会議のそれでもあるということである。では，官民給与の実態調査について，これら関係の主査・担当課長補佐・総括補佐・課長・次長・局長・事務総長・人事官会議はそれぞれいかなる職務・職責を有するのであろうか。これが，縦の系列での分業の問題である。

組織法令の空白　人事院の組織規則に限らず，日本の行政機関の組織法令は一般に所掌事務の分掌構造を定めるのみで，この種の縦の系列での分業については沈黙している。何故か。もちろん，その究極の原因は，多くの国と同様に日本の場合にも行政官庁理論を採用して，行政機関の所掌事務に関する権限はすべてその行政機関を統括している行政官庁に，すなわち具体的には主務大臣ないしはこれに代わる行政委員会に属するものとされ，事務次官以下の行政機構はすべて行政官庁の権限行使を補佐し補助する補助機関にすぎないとされていることにある。

しかし，実際には，所掌事務の処理に関するありとあらゆる決定案件について，大臣みずから発案し決定するなどということはおよそありえないことである。発案を補助機関に委ね決定のみおこなうことさえ不可能であるし，またその必要もない。大臣と補助機関の分業，さらに補助機関内部の上下の分業は不可避であり，必要である。

そこで，職階制に基づく官僚制組織はこの縦の系列での分業までできるだけ明細に定めようとしている。すなわち，職階制とは職位ごとにその職務と職責を明確にする仕組みであるが，このうちの職責を明確にするということは，とりもなおさず，その職位の縦の系列における責任の範囲を明確にすることにほかならないのである。この点にこそ，職階制を定めることの一番のむずかしさがあるともいえる。

専決規程と専決権　ともあれ，日本の組織法令は縦の系列の分業については何ひと

つ定めていない。ただし，その代わりに，専決規程と称される内部管理規則が制定されている。専決規程は行政官庁の権限の一部に関する専決権（＝決裁権）を行政機関の内部措置として特定の補助機関に委ねることを定めた規程である。専決権の委譲は権限の委任とは異なって外部効果をもたないが，専決権を委譲された事案についての決定過程は専決権者の決裁をもって完結する。したがって，この専決規程が専決権の委譲を詳細に，かつ徹底して定めていれば，これによって縦の系列の分業構造が明らかにされるはずである。

　しかしながら，専決規程による専決権の委譲は決して明細とはいえず，個々の事案の決裁を誰に求めるべきかは，多くの場合に依然として組織慣行に委ねられている。しかも専決権の委譲先は主として局長であり，せいぜいのところ課長どまりである。したがって，専決規程をみたところで，係員・係長・担当課長補佐・総括補佐・課長の間の分業構造は少しも明らかにならない。

(2) ヒエラルヒー構造の双方向性

<small>ヒエラルヒー構造の双方向性</small>　官僚制組織のヒエラルヒー構造は上下双方向に機能している。その命令系統は，上から下へ指示・命令し，あるいは下問する経路であると同時に，下から上へ報告し，提案を上申しその決裁を求め，あるいは助言し諫言する経路でもある。

　そこで，専決権が委譲されているからといって，専決権者がみずから発案し，みずから決定するとは限らない。上級機関は指揮監督権を保持しているので，あらかじめルールを制定する方法によってであれ随時に適宜の指示を下す方法によってであれ，専決権者の専決権の行使を統制しているかもしれない。また，専決権者はもっぱら部下からの上申を待ち，これを決裁しているだけのことかもしれないのである。したがって，専決権の委譲の構造を調べてみても，官僚制組織の意思決定が実際にどのようにおこなわれているのかは，依然としてわからない。

「3人1組」論　　このメカニズムを巧みに説明しているのが，イギリスの行政学者アンドルー・ダンサイア（A. Dunsire）の「3人1組」論である。かれによれば，官僚制組織の構造は，上下関係にある3人の職員の組合せを基礎単位にして，これを幾重にも連鎖させたものとみるべきだという。つまり，官僚制組織における上下関係の作動様式は，上下関係にある3人1組のうちの中間者の役割に集約されているというのである。

　ここでは，局長・課長・課長補佐の3人1組の場合を例にあげて解説してみよう。課長の上司である局長は，与党政治家との接触が多く，関連業界幹部と面会する機会も頻繁なので，課長より広い情報源をもち，物事をより大局的な観点から判断しうる立場にいるが，課の所掌事務の実施方法とか実施状況については細かな知識をもっていない。他方，課長の部下である課長補佐は，課長以上に世間が狭く情報源が限られている代わりに，その所掌事務の細目についての知識・情報の量は課長以上である。

中間者の役割　　このような局長とこのような課長補佐の間に介在している課長の役割とは何か。まず局長から下問があったときはもちろん，それがない場合でも，必要と認めたら随時に，局長に助言し勧告し，あるいは提案する責務をもつ。ついで局長から指示・命令を下されたときに，これが妥当ではないと思われたら，局長に諫言し翻意を促す責務をもつ。これを妥当と認めたときは，この指示・命令を部下にも了解可能なものに翻訳し肉付けした上で，課長補佐に伝達する責務をもつ。

　今度は，課長補佐から提案を受けたときにこれを妥当ではないと認めたら，自己の判断を示して再検討を命ずる責務をもつ。この提案を妥当と認めたら，みずから決裁するか，さもなければこれをさらに局長に上申してその決裁を求めることになるが，その場合には局長の判断を仰ぐべき要点を整理して説明する責務をもつ。このことは，単なる報告の上達の場合にもいえるのであって，

業務繁多な上司に敢えて伝えるべきことか否かを的確に判別する能力を期待されているのである。

　要するに，3人1組の中間者は，上からの情報を選別し分解し翻訳する責務と，下からの情報を選別し集約し翻訳する責務を有する。この責務を幾重にも連鎖させているのが官僚制組織の作動様式だというのである。

<small>指令型と決裁型</small>　さて，官僚制組織は，このように下降方向の情報流と上昇方向の情報流の複雑な絡み合いのなかで，その意思決定をおこなっているので，これについては全く対極的な，相反するふたつのイメージを描くことができる。

　すなわち，一方には，政策ないしは行動方針は最高管理者が決定し，これにもとづく指示・命令が中間管理者たちを次々に経由して下降してくる間に，その内容はしだいに分解され肉付けされていき，これが最終的な執行命令として組織の末端にまで伝達されると，ここで初めて指示・命令が執行活動に変換されるというイメージを描きうる。いわば指令型の意思決定である。

　しかし他方には，ある事案の処理方針の発案はその事務を分掌している末端の係員によってなされ，中間管理者たちが順次この提案を審査しこれに適宜の修正を加えていき，最後に成案として完成されたものが最高管理者に上申され，かれが受け身の姿勢でその採否を決するというイメージを描きうる。いわば決裁型の意思決定である。

<small>発案と決定</small>　この両極の理念型を対比してみればよくわかるように，意思決定方式の類型を論じるにあたって重要なのは，最終決定権の所在もさることながら，それ以上に，誰が決定案件を発案しているのか，誰が最初に決定過程を始動させているのかという点である。

　そこで，この発案から決定にいたる手続・過程という観点から行政機関の実際の意思決定を考察していけば，指令型と決裁型の使い分けはもちろん，両者の中間に位置するものとか，両者の融

合したものとか，さまざまな方式を識別していくことができるであろう。こうして，各国の行政機関の意思決定方式を相互に比較することができればまことに好都合なのであるが，この点は行政学にとってきわめて重要かつ興味深いテーマであるにもかかわらず，残念ながら研究業績の極端に乏しいところである。

日本の行政機関の意思決定方式として普及し定着している稟議制については第16章で解説することにし，ここでは，この意思決定方式が，縦の系列の分業関係の著しく不明確な組織構造を基盤にして発達してきたものであることに，注意を喚起しておくにとどめよう。

(3) 行政規則と裁量と指揮監督

縦の関係での分業関係を複雑にしている第3の問題，すなわち，ルールの制定と指揮監督の2段階構造という問題に移ろう。

<small>法令に従う義務と上司の職務上の命令に従う義務</small>

行政機関の職員には，法令に従う義務と上司の職務上の命令に従う義務と二重の義務が課せられている。

前者の義務は「法律による行政」の原理に由来した，またはそこから派生した義務である。何故ならば，法令とは国会の制定する法律と国会以外の国の諸機関の定める命令（内閣の政令，内閣府令，各省大臣の省令，並びに最高裁判所・会計検査院・人事院・各行政委員会などの規則）を指しているのであり，ここにいう命令はいずれも，国会に選任ないしは信任の基礎をおく機関が，法律の委任に基づく命令（委任命令）として，あるいは法律を執行するための細則を定めた命令（執行命令）として制定し公布するところの，外部効果をもった法規だからである。

これに対して，後者の義務は官僚制組織の内部で下級機関が上級機関の指揮監督に従う義務である。ところが，この「上司の職務上の命令」は実はさらに2段階の命令に分かれている。すなわち，行政機関の上級機関が下級機関の職員の執務を規律するために定めた行政規則に従う義務と，上司からそのつど個別に下され

る指示・命令に従う義務とである。

法令と行政規則　前者の行政規則は，訓令・通達・通知・要綱・要領等その名称はさまざまであるが，いずれも一般的なルールとして文書化されているので，先の法令と混同されかねない。しかし，行政規則は国民を拘束する外部効果をもった法規ではなく，裁判規範にもならないとされ，その公表を義務づけられてもいない。

さて，この種の行政規則は何故に制定されているのであろうか。法令に従い法令を執行せよといってみても，法令の規定にはいわゆる「法の欠缺」が多く，また解釈に迷うところも少なくないために，このままでは担当職員の執務の手引き（マニュアル）として役立たないばかりか，担当職員の裁量に委ねられる余地が広すぎて，公平無私の行政活動を確保しがたいからである。

行政規則と裁量　では，法令の解釈基準ないしは運用基準というべき行政規則を与えられれば，担当職員にはもはや裁量の余地は残らないのであろうか。もしそうであれば，上級機関による下級機関の統制は行政規則の制定をもっておおむね完了し，上司による日常の指揮監督はただ部下が行政規則どおりに執行しているか否かを監視するだけのことになりそうである。だが，行政規則が制定された後にもまだなお，担当職員にはいくばくかの裁量の余地が残るのが常態だと考えてよい。

このように，どこまでルール化を進めてみても，裁量の余地を絶無にすることは不可能であるからこそ，上司には指揮監督権が賦与され，部下の執務状態を監視し審査し続けることが義務づけられているのである。

規律と裁量　ところで，下級機関に，ことに執行の衝にあたる担当職員に裁量の余地を残すことは好ましくないことなのであろうか。

素朴な法治主義は，担当職員による事務処理をロボットとか自動販売機による機械処理に限りなく近づけることをもってその理想としていたといってもよいであろう。そして，この理想が達成

された暁には、監督の階層を幾重にも積み重ねた官僚制組織など全く不要になるはずであった。

　だが、担当職員が担う課題、そしてかれが当面している環境条件は予想外に複雑なものなのである。そして、この複雑な課題環境に的確に対応するためには、裁量の余地はなくてはならないものでもあるのである。

　ここに、現代の行政国家における規律と裁量の相克が生ずる。ただし、担当職員がこの裁量の余地の存在をどの程度まで自覚し、これをどこまで活用して対象の多様性に的確に対応するかは、かれの職業意識に依存している。

ベンディックスの至言　　ベンディックスは、官僚制組織の集団行動に伴う問題の核心は、いかにして規律と裁量、服従と自発の適切な均衡をはかるかにあると述べているが、これは至言であろう。

Tea Time

大学と病院

　国の機関のなかにはプロフェッショナル・オーガニゼーションと称される，官僚制組織とは全く異なる組織構造の機関も存在する。たとえば国立大学・国立病院など，各省の附属施設の一部にみられる組織形態である。

　大学・病院でその業務の中核を担当している教師・医師・看護婦（士）は，専門職業家（professional）またはこれに準ずる専門職に該当する人々である。教育・研究とか診療・看護といった業務は，担当者ひとりひとりの専門的な判断と自律的な行動に委ねられていて，通常の官僚制組織のように上司の指揮監督の下におかれていない。機関の運営方針の決定とか同僚を任用する人事も，教授会・医局会議など専門家集団で構成されている会議体の自治に委ねられている。これらの機関のなかで官僚制組織の形態を整えているのは裏方の事務部門の組織だけである。

　このようにいうと，次のように反論されるかもしれない。大学には教授・助教授・講師・助手の厳然たるヒエラルヒーがあり，病院には医師と看護婦（士）の主従関係があり，そして看護婦集団には総婦長・婦長・看護婦のヒエラルヒーがあるではないか，と。しかし，ちょっと待ってほしい。教授・助教授・講師・助手は官職の上下にすぎない。その間には，師弟関係はあったとしても，職務上の命令服従の上下関係はない。また病院の医師と看護婦（士）の関係は相互に独立したふたつの自律的な職能集団の間の協働関係であって，看護婦（士）は決して医師の部下ではない。

　ただし，プロフェッショナル組織にも官僚制原理に類似の要素が若干は持ち込まれている。大学に学長・学部長，病院には病院長・診療科長といった管理職がおかれているのはその一例である。これと同様に，公立小中学校には校長・教頭がおかれ，さらにいわゆる主任制の導入によって学年主任・学科主任が新設された。この種の組織に官僚制原理に類似のものをどの程度まで導入することが最適なのか，これはなかなかむずかしい問題である。

第11章

官僚制組織職員の行動様式

　　　　前章の第1節の（4）では，情報伝達経路の形成には三つの側面があると述べ，その第3の側面として，情報伝達経路の太さ，すなわち情報が情報経路をどの程度の頻度・密度で流通するのかという点を指摘した。だが，その後の解説はこの点に全く論及しないまま終わってしまった。

　　そこで本章では，この点にも関連させながら，考察の対象をもう一段ミクロの次元に絞り込み，官僚制組織の規律の下での上司と部下の関係の動態について概説する。それ故に，ここでの主題は官僚制組織において生きる個々人の行動様式のことになり，それも上級行政官よりもむしろ下級行政職員の行動の方に関心を寄せたものになる。

　　そして，それは，組織内外の文化（カルチュア）の影響という新しい問題を浮かび上がらせることにもなるであろう。

1　権威と権限

(1) 権威・地位・権限

　　　　ウェーバーは支配の理念型として三つの類型を設定した。すなわち，カリスマ的支配，伝統的支配，合法的支配である。

　　これを借用すれば，官僚制組織の内部における上下の支配にも，この三つの支配にほぼ対応するものとして，権威による支配，地位による支配，権限による支配という三つの類型を識別することができるであろう。

権威による支配　　職務にかかわる上司の高度の学識・専門能力に，あるいはその豊かな経験に裏づけられた見識に心服し，この上司の下した判断と指示の正しさを信じて，部下がこれに服従するのが，権威（ま

たは指導力）による支配である。これこそ，もっとも理想的な支配形態である。だが，部下にこのような意味での権威を認められる人材をすべての職位に配置することは至難の業である。

そこで，直接の職務にかかわる学識・専門能力の代わりに一般的な学歴・専門能力によって権威を調達しようとするのが，キャリア・ノンキャリアといった身分制の仕組みである。また直接の職務にかかわる経験の代わりに一般的な勤続経験の長さによって権威を調達しようとするのが，年功序列の昇任制である。

しかし，それだけでは不十分であるからこそ，これを補強するために，地位による支配と権限による支配が必要になる。

地位による支配　上司の能力・見識が部下のそれよりすぐれていようがいまいが，部下が上位の職位そのものに権威を認めてくれれば，これほど楽なことはない。これが地位（または威信）による支配である。

そこで，官僚制組織は，その職員に職位の上下に権威の差を認めるような習性を植えつけようとして，さまざまな工夫をこらしている。たとえば，日本の行政機関の場合には，職員の執務机を部屋の入口から奥へと年功順に並べ，最奥の管理職の机を大きくし，官房課長以上の職位には個室を用意する。上位者には官職名で呼びかけさせる。階級制を採用している制服組の官僚制組織の場合には，制服の飾章でその階級がわかるようにする。

ただし，職位そのものに権威を認める習性は，幼児期から成人期にいたる長期の社会化の過程のなかでその芽が育てられていなければ，職場でいかに手立てを講じようと，一朝一夕に身につけさせられるものではない。それ故，この地位による権威がどこまで機能するかは，その社会の文化（カルチュア）に依存するところが大きい。

権限による支配　そこで，部下の服従を最終的に確保するための担保手段として，権限（または法令）による支配がおこなわれる。これは，法令・規則により授権された指揮監督権を根拠にして，いいかえれば社

会的に承認された正統性をもつ上位権力の権威を借りて，部下に服従を要求するものである。そして，これに従おうとしない部下に対しては，制裁権の発動の可能性をほのめかすものである。

ただし，官僚制組織の中間管理者は通常は部下の任免権と制裁権を賦与されていない。職員を懲戒処分に付す制裁権は職員の任免権を有する最高管理者に留保され，中間管理者に賦与されるのは部下の勤務評定をおこなう権限だけであるのが通例である。それ故に，制裁権の発動をほのめかすといっても，そこにはおのずから限界がある。

そしてまた，勤務評定の権限の行使の可能性をやたらにほのめかして部下を脅し，あるいは誘うといった監督方法は，部下の自尊心を傷つけ，権威をますます低下させる愚劣な方法である。

(2) バーナードの権威受容説

ところで，現代組織理論の創始者のバーナードもまた，その主著『経営者の役割』(1938年) において，権威とは部下の側の受容によって成立するものであり，一般に権限と呼ばれているものもこの権威の一種であると述べ，われわれと同様に，命令服従関係を一貫して部下の側での権威の受容によって説明しようと試みている。

しかし，その説明の仕方，論理の運び方にはかなりの差異があるので，ここでしばらく，かれの論旨を紹介してみることにしよう。

機能の権威と地位の権威

まず，権威には「機能の権威」と「地位の権威」があるという。「機能の権威」とはわれわれのいう権威による支配のことである。そして，「地位の権威」とは先の地位による支配にあたるものなのであるが，その説明の仕方は大いに違う。指示・命令が，理解可能なもので，従うことに精神的肉体的苦痛を伴わず，従うことが個人的な利害にも組織の目的にも反していないように思われるとき，この指示・命令は部下の「無関心圏」(zone of indifference) に属する。そこで，部下はこの指示・命令に疑問を抱かずに従うのだと説明する。われわれのように職位そのものに権威を認めるなどとは言わずに，職員の利害に照らして実利的・合理的に説明しようとし，これを文化（カルチュア）に関連づけたりしていない。この点は次の権限の説明にも共通しており，ここに日本とアメリカの文化（カルチュア）の差を感じるのは，筆者だけであろうか。

権限行使も部下たちの受容に依存する

では，権限による支配についてはどのように説明しているのか。権限なるものは，一見したところでは部下の側の受容を伴わない「超然的権威」（superior authority）であるかのようにみえるが，これは当該部下の同僚たちによって受容されているときにのみ行使することのできるものである。その意味で，これまた部下たちの受容によって初めて成立する権威の一種であるという。いいかえれば，外見上は上位者による強要ないしは制裁にみえるものも，その実は職場の同僚たちによる仲間内の強要であり制裁なのだとする。

2 組織外への逃亡と組織内での反抗

(1) 組織外への逃亡

辞職の自由

官僚制組織は，最終的には権限による支配をおこなってでも，職員に服従を強要するものである。しかし，無際限の服従を強要することはできない。ウェーバーが指摘したように，近代官僚制は自由なる身分の人々が契約によって職員になっている組織であり，職員はいつでも辞職する自由を留保しているからである。職員は，服従することに耐えられなくなれば，その組織を捨て，組織外へ逃亡する。そして，職員の相次ぐ逃亡，すなわち離職は，組織にとっては脅威であり，その存亡にかかわる危機である。

バーナードの組織均衡理論

バーナードもまた，職員の就職と離職の選択行動について，以下のように説明している。

まず人は何故に自由の一部を敢えて犠牲にしてまで組織に加入するのか。個人的なさまざまな欲望・欲求がその組織に加入する（就職）ことによって有効にみたされそうだと判断し，その期待を抱いたからである。では，このような動機（motivation）に基づいて組織のために働いて，職員の側は何を得ているのか。組織の側は職員の貢献（contribution）に対して，給与等の金銭的価値を初め，社会的に安定した地位とか，社会的に有意義な事業のために働く喜び，良き仲間をもつことの生きがいなど，さまざまな諸価値を反対給付している。

　そこで，組織の側が提供するこれらの誘因（incentive）が職員の貢献の度合いに見合うものであり，かつまたかれの元来の動機を十分にみたすものであるとき，職員はその組織に満足しそこにとどまるが，この誘因・貢献・動機の均衡関係が崩れたときには，職員はこの組織のために働く意欲を失い，ついには組織を離脱する（離職）ことを決意するにいたる，というのである。

　このような考え方を組織均衡（organization equilibrium）の理論と呼ぶ。

辞職の自由の制約

　このように，官僚制組織職員は確かに辞職する自由を留保している。組織の側はこのことをつねに念頭において職員に対処していなければ，必要な人材を確保し続けることができない。

　しかしながら，この職員の側の辞職の自由は実際にはさまざまな社会的要因によって大きく制約されうるものである。十分な財産をもち，給与所得に依存しなくても暮らしていけるような人々は，あまり忍従しようとはせず，少しでも不満があればただちに辞職する傾向をもつので，組織にとっては扱いにくい職員である。これに比べ，副業・兼業収入が一切なく，給与所得にのみ頼って暮らしているサラリーマン職員は，そうそう簡単に辞職しようとはしないので，官僚制組織に適合した人々として歓迎される。その上，地位の上下に高い価値をおき，旺盛な出世意欲に燃えてい

第11章　官僚制組織職員の行動様式　　201

る人々は，ますますもって官僚制組織向きの人材として歓迎されることになる。

また，人手不足の社会とか職種では，あるいは開放的な労働市場のもとで転職が容易であり，転職に伴う不利益が少ないような社会とか職種では，従業員を厳しくしつけることはむずかしい。だが，労働力に余剰のある社会とか職種では，あるいはこれまでの日本社会のように，終身雇用制と年功序列制の雇用慣行が定着していて，転職に伴う不利益が多いところでは，職員はよほどのことでもなければ辞職しようとしないので，組織による規律はそれだけ厳しくなりうる。

(2) 組織内での反抗

怠業・不服従・面従腹背

転職が容易でない職場では，辞職は職員にとって最後の選択肢である。組織にとっても職員の懲戒処分は最後の手段である。したがって，一方には組織に強い不平不満を抱きながら組織を離れようとしない職員がいる。他方にはこの種の職員に苛立ち困り果てながら，これを組織外に追放することには容易に踏み切れない組織がある。

このような職員を相当数抱えている組織では，組織内でさまざまな形態の反抗行動が日常化する。ここにいうところの部下の反抗行動には，上司の指示・命令に応諾しておきながら実行しようとしないという単純な怠業行動とか，上司の指示・命令に従うことを拒絶して行動しようとしないという明快な不服従行動だけでなく，表面上は恭順の態度を示しながら裏では上司の指示・命令に対して反抗しているという面従腹背行動まで含まれる。

「上命下服」と「下意上達」の機能不全

面従腹背行動は，官僚制組織の上下の情報伝達経路，ことに管理職層と職員層を結ぶそれ，または特定の上司とその部下を結ぶそれを意図的に閉塞させ，情報の上下双方向の流れを悪くしようとする行動である。

したがって，面従腹背行動の諸形態を分類するとすれば，下降

方向の情報の流れを停滞させて「上命下服」関係を機能不全に陥れるものと，上昇方向の情報の流れを停滞させて「下意上達」関係を機能不全に陥れるものとに，大きく二分することができる。いずれも，ダンサイアがその「3人1組」論で中間者の上司に対する補佐・補助の責務としたもののうちのどれかを怠っている点は共通であるが，前者は裁量を不当に停止または濫用する行動であり，後者は上申を不当に停止または濫用する行動である。

裁量の停止　　第1の行動形態は，上司の指示・命令にいかなる補正・補完も加えずに，これをそのことばどおりに実行に移すものである。上級機関の下す指示・命令は肝心の要点のみを示し，実施方法の細目についてまで言及していないのが通例である。そこで，これを実行に移す際には，指示・命令の主旨を的確に把握し，この主旨にできるだけ忠実に従いながらも，この指示・命令をことばどおりに実行した際に起こりうる好ましくない副作用・反作用を最小限に抑えるように，諸々の事情を勘案して実施方法を策定しなければならない。それが下級機関の補助責任のひとつなのであるが，この点での裁量権の行使を停止する，あるいは裁量義務を放棄してしまうのである。その結果としていかなる混乱・弊害が生じようと，その責任はすべて指示者の側にあるとうそぶき，自己の責任を回避しようとするのである。

裁量の濫用　　第2の行動形態は，指示・命令の主旨を意図的に歪めて理解し，指示・命令の実施方法を策定する際に独自の判断・解釈を勝手に加え，結果的には指示・命令の主旨を歪曲させ，指示者の意図していなかったような結果を招来させてしまうものである。上司の意向を確認すべきところで，これをせずに，裁量権を濫用しているのである。

　1960年代のアメリカでは，政権の意図した政策が行政機構による実施過程で予想もしなかったものに変形されてしまうという問題が「官僚制問題」(bureaucracy problem) としてしきりに論じ

られ，これが政策実施（policy implementation）研究を促すひとつの契機になった。これは，ここで問題にしている管理職層と職員層の関係よりも高いレベルの問題，すなわち，政権と職業行政官の関係をめぐる問題ではあるが，そのメカニズムは完全に共通している。

上申の停止　第3の行動形態は，上司に報告すべき情報を秘匿して報告せず，上司の状況判断能力を奪うもの，あるいはあらかじめ上司の意向を聞いて処理すべき案件について，これをせずに独断で処理してしまい，上司に指導力を発揮する機会を与えようとしないものである。

上申の濫用　第4の行動形態は，これとは正反対に，本来であれば，上司にとって必要な情報と案件だけを選別して持ち上げるべきところを，すべての情報と案件をそのまま無差別に上申し，これらにつきいちいち上司の判断と指示を仰ぐという行動である。部下がこのような行動に出たとき，上司の机上にはとてもひとりでは処理しきれない量の書類が山積みにされ，何のために部下を抱えているのかわからない状態になってしまう。また，部下のこの行動は大量の未整理の情報を上司に提供することによって，肝心要の情報の所在を隠そうとしているのであり，これまた，外見上は上司を奉っているようにみえながら，その実は反抗している姿なのである。

こうした第3，第4の行動形態が明確な服務規律違反として懲戒処分の対象になりにくいのは，縦の系列の分業がそもそも不明確であるためにほかならない。

3 忠誠と反逆

(1) 忠誠の対象

前節での面従腹背の行動形態についての解説からもわかるように，官僚制組織における下級機関・部下の責務には，上級機関・上司の指示・命令が違法不当なものであればこれを諫め再考を促

し，上級機関・上司の指示・命令が妥当なものになるように助言し，またその指示・命令に肉付けをして妥当な実施方法を策定することまで含まれている。

そこで，このような「下から上へ」の働きかけの局面に着目すると，これまでの命令服従の問題に代わって，下級機関・部下の忠誠・反逆の問題が浮かび上がってくる。

忠誠対象の転移　部下の忠誠心は直属の上司に向けられるとはかぎらない。もう1段上位の上司に向けられ，課長補佐と局長の間に直接の接触が生じ，中間者の課長が命令系統から浮き上がってしまうことも生じうる。職員の忠誠心は中間管理者をすべて跳躍して，任命権者である大臣に向けられるかもしれない。このような忠誠対象の転移が生じたとき，それは直属の上司に対しては反逆になりうるのである。

集団・組織への忠誠　忠誠の対象は上位者とはかぎらない。みずからの所属する省閥とか省庁であるかもしれない。このときには，集団または組織の利益に忠実であろうとする忠誠心が上司への反逆を促すことになるかもしれない。

組織の目的・理念への忠誠　さらにまた，忠誠の対象が組織の究極の目的とか理念にまで抽象化されたときには，これを擁護するためであれば，みずからの所属する集団または組織の崩壊をも辞さないという革命行動を決意させるかもしれない。

シェイクスピアは，その戯曲『ジュリアス・シーザー』で，シーザーの暗殺に加担したブルータスに弁明させている，「シーザーを愛する浅きが故にあらず。ローマを愛する深きが故なり」と。ブルータスが忠誠の相克に悩みながら，なお守り抜こうとしたものは，ローマそのものというよりはローマの共和制であった。

(2) 公務員の倫理

行政は政治の侍女　しかしながら，行政機関の官僚制組織はこれを統括する内閣・大臣に仕え，これら主たる政治機関を補佐・補助すべき従たる存

在であって，この従者がその究極の主人に向かって公然と叛旗を翻すことを容認し奨励するようなことは許されない。

<small>ダーダネルス報告</small>　　そこで，イギリスの公務員倫理の聖典とされている『ダーダネルス報告』は次のような趣旨のことを述べている。すなわち，行政官たる者は政府の政策が不正不当だと思っても，それでただちに辞職するようなことをしてはならない。むしろ，不正不当であると考える所以を大臣に向かってはっきりと申し立て，またあらゆる機会をとらえて同僚の行政官にもこれを伝えるように努めなければならない。しかし，それでもなおかれの意見が受け入れられなかったときは，行政官たる者は己を殺し，決定された政府の政策を実施に移すべく最善の努力を尽くさなければならない，と。公務員倫理に関する一般論としては，このように語るほかないのかもしれない。

<small>ニュールンベルグ裁判</small>　　だが，公務員は上級機関に対して自己の信ずるところを申し立て諫言したという事跡を残しておきさえすれば，あとは違法な指示・命令に従って行動しても，その結果に対する責任を問われることは決してないのであろうか。否，ナチス・ドイツの戦争犯罪を裁いたニュールンベルグ裁判においては，ユダヤ人に対して人道に反する残虐行為を実行した者について，上司の指示・命令を受けて実行したことは免責事由にならないとして，有罪の判決を下した。

　このように，上司の指示・命令への服従がときによっては免責事由にならないのだとすれば，命令服従の世界に生きる公務員にも，決して犯してはならない行為があり，一身を賭して抵抗し反抗すべきとき，さもなければ敢然と辞職すべきときがあるということになろう。

4 指揮監督の限界とその効果

(1) 「ストリート・レベルの行政職員」

指揮監督関係が希薄なケース

　ところで，これまでのところでは下級機関・部下は上級機関・上司の指揮監督を受けていることを大前提にして論述してきた。だが，上級機関・上司が下級機関・部下の行動をどの程度まで密度濃く有効に指揮監督することができるかは種々の条件によって左右されているのであって，実際には有効な指揮監督がほとんどおこなわれていない場合もあるのである。すなわち，上下を結ぶ情報伝達経路のパイプが細い場合である。

　たとえば，部下の職務があまりにも専門的・技術的であるために門外漢の上司には部下の仕事振りを評定できない場合とか，部下が上司の目の届かないところで仕事をしているためにその仕事振りを監視することができない場合，ことに部下がそれぞれ単独で庁外で行動している場合などがこれに該当する。

リプスキーの研究

　アメリカのマイケル・リプスキー（M. Lipsky）は，外勤警察官・ケースワーカーなどは，いずれも広い裁量の余地をもって，対象者と直に接触しながら日々の職務を遂行している行政職員であるとして，この類いの行政職員のことを「ストリート・レベルの行政職員」（street-level bureaucrats）と命名したが，これは，正に上記のような諸要因の複合効果として，上司の濃密な指揮監督を受けず，なかば独立的に執務している職種の人々のことを指している。

ストリート・レベルの行政職員に生じがちな弊害とその抑制方策

　もっとも，リプスキーがこれらの職種を他の職種から識別するメルクマールにしたのは，指揮監督の密度の薄さそのものではなしに，むしろその帰結というべき，現場担当職員の裁量の余地の広さと対象者に対する権力の大きさの方であった。

　この種の行政職員の業務については，職権の濫用による人権の侵害，恣意的な法適用による不公平な処置，対象者との癒着に起

因する汚職行為などの弊害の発生が強く懸念される。それ故に，これを防止するために，上級機関は数々の通達を発し，ケース記録・業務日誌を書かせ，頻繁に研修を行い，あるいは一定期間ごとに転勤を命じて，職員の行動を規律し統制することにあらゆる努力を払っているのが通例である。生活保護行政を担当しているケースワーカーの業務に対する通達は，税務通達ほどの細かさはないにしても，数々の通達のなかでもきわめて詳細なもののひとつであり，警察官に対する教育訓練は際立って頻度が高い。

にもかかわらず，この種の行政職員の業務には依然として，広い裁量の余地が残らざるをえないのである。

(2) 「ストリート・レベルの行政職員」のディレンマ

エネルギー振り分けの裁量と法適用の裁量

「ストリート・レベルの行政職員」の広い裁量の余地なるものは，実は2段階の裁量に分かれている。前段は「エネルギー振り分けの裁量」であり，後段は通常の意味での「法適用の裁量」である。

この後段の「法適用の裁量」はかならずしも「ストリート・レベルの行政職員」にのみ特有の現象ではなく，執行活動を担当しているありとあらゆる第一線職員の業務に，程度の差はあれつねに付随しているものであり，基本的には法適用の対象者の個別事情が千差万別の多様性をもつことに起因するものである。

これに対して，前段の「エネルギー振り分けの裁量」の方はかなりの程度まで「ストリート・レベルの行政職員」に特徴的な現象である。何故ならば，この種の行政職員には異質な種々の業務の処理を期待されていることが多いので，かれらの限られた勤務時間とエネルギーをこれらの多様な業務のうちのどれにどの程度振り分けるかを決めなければならない。ところが，かれらは上級機関・上司の監視の目を逃れた場所で，日々の指示を受けずに勤務しているので，この振り分けは自分たち自身の判断で決めざるをえないし決めることができる立場にいる。この決定はかれらに

とってディレンマでもあり，裁量の余地でもある。

外勤警察官の業務とディレンマ
この点については，外勤警察官の場合を例にあげて，もう少し敷衍して説明しよう。駐在所の「駐在さん」と派出所（交番）の「お巡りさん」の業務には以下の2群のものがある。

第1群は，駐在所・派出所に待機していて，110番電話・直通電話・来訪などの形で住民から通報され持ち込まれてきた事案に対応しこれを処理する業務である。これをさらに分類すれば，①サービス活動（道案内，拾得物処理，迷子・酔っ払いの保護，悩みごと相談など），②秩序維持活動（喧嘩・料金トラブル・近隣騒音紛争の仲裁など），③規制執行活動（交通事故処理，違法駐車の処理，万引き者の連行など）である。

第2群は，積極的に駐在所・派出所の外に出て，地域内を巡回しながらおこなわれる業務である。これをさらに分類すれば，まず①巡回連絡（戦前は戸口調査と呼ばれたもので，各家庭を訪問し家族情報その他を調査し，情報を聞き出し記録しておく業務），②犯罪の現認による犯人の補導ないしは逮捕・連行，③通行人に対する職務質問である。

外勤警察官はこうした多様な業務の遂行を期待されているのであるが，その限られた勤務時間とエネルギーの範囲内では，このうちのどの業務であれ，これを満足のいくまで十分に実行することは不可能である。そこで，あちらを立てればこちらが立たずという「エネルギー振り分けのディレンマ」に直面せざるをえないということである。このことはケースワーカーの場合にもほぼ同様である。

業務記録による勤務評定
この種の行政職員に対しては，上級機関・上司の側は業務記録を点検し，そこに記録された処理件数などを唯一の手掛かりにして勤務評定をおこなわざるをえないことになる。このとき，いかなる種類の処理件数が評価対象に採用され，どの件数が相対的に高く評価されるかが，下級機関・部下の行動に決定的な影響を及

ぼす。たとえば，外勤警察官の勤務評定において不審者の発見がとりわけ高く評価されるのであれば，かれらは巡回に精を出し通行人に職務質問を乱発することにもなりかねないのである。下級機関・部下の点数稼ぎの行動は，しばしば対象者たる国民にとっては好ましくない副作用を伴いがちなのである。

Tea Time

資料山積み作戦

　昭和43～44（1968～69）年の学園紛争がようやく下火になったあと，日本の各地は住民運動華やかなりし時代を迎えた。新聞紙面に常設されていた「キャンパス情報」欄がいつの間にか「コミュニティ情報」欄に取って代わられていた。住民運動の対象はその後しだいに企業公害から公共施設公害へと広がり，自治体は対応に苦慮し始めていた。そんな昭和51年のことである。

特集記事「住民運動操縦法」
　地方公務員向けの，かなりの発行部数を誇る某月刊雑誌（誌名・巻号を伏す）が「住民運動操縦法」なる特集記事を掲載したところ，これがただちに国会の委員会質問で取り上げられたのであった。
　質問に立った某議員は，公害と闘い環境を守るために蜂起した住民運動の問題提起に真剣に耳を傾け，これを行政の反省の糧にしようとするどころか，住民運動を小馬鹿にしきった態度で，これを役人による操縦の対象として小手先の対応方策を伝授している特集記事に怒りを覚えたのであろう。

　だが，この種の記事の掲載を許しておいてよいのかと，言論出版の自由にかかわるような直截な質問をしたわけではない。質問の矛先は某省に向けられ，その省の職員がこの雑誌に定期的に寄稿してきていた事実を指摘し，かかる不謹慎な特集記事を掲載するような雑誌に国の職員が協力していてよいものだろうかと問うたのである。
　筆者自身も，住民運動・住民参加の問題に深い関心を寄せてきた研究者として，この特集記事には不快の念を覚えたものであり，その論調を擁護する気持ちなど毛頭持ち合わせていないのであるが，ここにあえてその記事のごく一部を紹介してみようと思う。
　それは，以下に書かれている住民運動操縦法が，本章で解説した行政職員の面従腹背の行動形態，そのなかでも情報を独占している部下がこの地位を悪用して上司を窮地に陥れようとする手法と，あまりにも見事に符合しているからである。

第11章　官僚制組織職員の行動様式　211

操縦法からの抜粋

「**資料山積み作戦**　説明会で使う資料はもちろん、その他できるだけたくさんの資料を作る。必要あろうがなかろうが、とにかく数多く作っていく。この資料を小出しにしながらリーダー宅に毎日のように届け、目を通してもらい、必要と判断したものはグループ員宅に回覧、配布してもらう。1～2日おきにリーダー宅に資料をとどけるようにすれば、リーダーの暇な時間がなくなり、1ヶ月もすれば精神的にまいってしまう。」

「**奥さんをねらえ**　ささいなことでも何でも、リーダーの自宅に昼間電話する。1日、2～3回。ときどきは自宅訪問をして相談をもちかけたりする。昼間なので、リーダーは不在で奥さんが応対することが多くなる。グループ員への連絡その他もたのんで、奥さんを非常に忙しい状態にもちこんでしまう。奥さんが主人に、リーダーをやめてくれ、といいだすのにそれほど時間はかからないだろう。」

情報の提供と隠蔽

ここで、もう一度繰り返し強調しておきたいのは、資料の山積み作戦は、情報を積極的に提供しようとする方策などではさらさらなしに、真に意味のある情報の所在を隠蔽しようとする悪意にみちた方策であることの方が多い、ということである。

自治体レベルでは早くから、開発プロジェクトによる環境破壊を未然に防止するための方策のひとつとして、事業者に事前の環境影響評価（環境アセスメント）を実施しその調査結果を公表することを義務づける制度が普及していた。平成12（2000）年度からは、国のレベルでも、これが法制化された。それ自体は結構なことである。

だが、現実に作成され公表される環境影響評価報告書は膨大なデータを羅列した部厚いものであることが多く、シロウトには読む気も起こらず、必死に読んでみてもデータのもつ意味を的確に読み取れないのが通例である。したがって、住民運動の側がこれを活用しようとすれば、その道の専門家に助力を請い、これを解読してもらわなければならない。

情報独占を権力の源泉にしている官僚制組織を向こうに回して、これと対等に対抗しようとすると、専門家による弁護（advocacy）の活動が不可欠となるのである。

第12章

第一線職員と対象集団の相互作用

　　　　前2章では，もっぱら官僚制組織の内部における作動様式と職員の行動様式に着目してきた。だが，行政機関の任務はいうまでもなく公共政策の立案と実施である。そして，公共政策とは国民社会に対して何らかの働きかけをおこなうことを意図しているものであるから，行政活動は官僚制組織の内部で完結するものではありえない。それはつねに組織外の対象集団に対して作用する執行活動を予定している。そして，この執行活動を，なかでも取締活動を担わされているのは，通常は官僚制組織の末端に配置され，対象集団と直接に相対している第一線職員である。

　　　　ところで，対象集団は，組織外の自律的な存在であるから，行政機関からの働きかけに対して唯唯諾諾と従うものではない。さまざまな画策をおこない，第一線職員の執行活動に反作用する存在である。

　　　　そこで，本章では，行政活動に固有の領域というべき規制行政活動の場合を事例に取り上げ，規制法令の立案・制定・執行の相互関連について説明するとともに，執行活動段階における第一線職員と対象集団の相互作用の諸相について概説しておくことにしよう。

1 規制行政活動の構造

(1) 規制行政活動

公共財と公共資源の共用関係の利害調整　　公共財（public goods）と公共資源（common resources）の共用関係について生じる利害の対立を調整するための活動，いいかえれば，公共の利益を実現するために，ある種の行為をすることを国民に命令したり，これを禁止したり許可したりする活動こそ，行政活動に固有の領域というべきものであり，これを規制行政活動と呼ぶ。

規制措置の
周知と受容

　規制行政活動が所期の目的を有効に達成するには，この命令・禁止・許可の規制措置が講じられていることを国民の多くに知らせ，その理由について説明し，その必要性を納得させておかなければならない。国民は，承知していない措置とか，意味するところを十分に理解できない措置，あるいはその必要性について承服しがたい措置などに対して，自発的に従おうとするはずがないからである。

　そして，国民の多くが自発的に従おうとしないような規制措置は，いかに政府の強権をもってしても，これを強制しきれるものではない。規制行政活動は大半の国民の理解と支持を背景にして，ごく少数の例外的な不心得者の行為を取り締まればそれで済むような場合にのみ，所期の目的を有効に達成することができるのである。

　そこで，規制行政活動は，まずは規制法令の制定公布活動から始まることになる。

(2) 規制法令の制定公布活動

　規制法令の制定公布活動とは，当該の規制措置に関する普遍的一般的なルールを法令形式に成文化してこれを制定公布し，国民に周知徹底をはかる活動である。

規制政策の構成
要素と規制法令

　この種の規制法令では，どのような目的を達成するために，誰が（所管官庁）誰に（規制対象集団）何をおこなうことを（規制対象行為）いかにして（適用手続）命令・禁止・許可するのか，そしてまた，この命令・禁止・許可条件などに違反する行為をおこなった者に対して，どのような制裁措置をいかなる手続に従って課するのかを規定する。いわば，当該の規制政策の構成要素の大半をここに定めているのである。

　ただし，この種の規制法令（作用法令の一種である）のなかには規定されない政策の重要な構成要素もないわけではない。たとえば，所管官庁の補助機関の構成と所掌事務の分掌（組織法令に

定められる），当該の規制政策の執行活動に充当される職員数（定員法令に定められる），配当される予算額（毎年度の予算に定められる）などである。

<small>規制の予測可能性</small>　規制法令の制定公布に際しては，規制対象集団と規制対象行為の範囲を詳しく明確に定めておけばおくほど，規制対象になっていることを知らずに違反行為を犯してしまう者とか，規制対象についての誤解に基づいて違反行為を犯してしまう者などを少なくすることができる。それ故にこれは，所管官庁にとって好ましいことである。そしてそれは，規制対象集団にとってはなおさらに好ましいことである。何故なら，規制法令に規制対象が詳しく明示されていればいるほど，所管官庁がその執行活動において何を合法として許容し何を違法として取り締まるかを，ますます正確に予測することができるからである。

(3) 規制措置と対応戦略

<small>規制法令の規定の曖昧さの原因</small>　だが，そうであるにもかかわらず，規制法令の規定はしばしば曖昧であり，所管官庁の側の執行活動に広い裁量の余地を残していることが多い。何故であろうか。全体からみればごく少数ではあっても，規制対象集団の側に規制措置の明確さを逆手にとって悪用しようとする人々がかならず存在するからである。

規制行政活動は，公共の利益のためにおこなわれるものではあるが，個々の国民に義務を課しその権利を制限する性格の措置であるから，これがすべての国民によって歓迎されるなどという事態はほとんどありえない。いわゆる「総論賛成・各論反対」という事態になることの方が多い。自分以外の人々の行為を制限することには異論なしとしながら，いざ自分自身の行為にも制限が及ぶ段になると，これに反対し抵抗するという，はなはだ手前勝手な反応になりがちなのである。

<small>利己的行動者による対応戦略</small>　そこで，対象集団のなかには，政府の法令に従順であることほど愚かなことはないと考え，政府の規制措置に対する対応戦略に

工夫をこらす人々が，少数ではあれ，かならず発生することになる。ある人々は監視の目を潜って違反行為を続けることに知恵を絞る。制裁措置の回避である。ある人々は違法に虚偽の申請・申告・報告・届出をすることによって，規制措置の網の目から逃避しようと試みる。また，ある人々は，処罰できるものなら処罰してみてくれと，居直りを決め込み，抵抗する。そして，もっと悪知恵にたけた人々は規制法令上の文言を注意深く研究し，そこに抜け道を探し当て，合法的な奇策を考え出して，所管官庁の裏をいく。規制行政活動は対象集団との知恵比べである。

したがって，所管官庁が規制法令を立案する際には，この種の利己的行動者が考え出すであろう対応戦略をあらかじめ想定し，これをできるだけ封じ込めるような規制措置を設計することになるが，この事前の防衛工作には限界がある。そこで，所管官庁の側はあらかじめ手の内をさらけ出してしまうことの愚を避け，時に応じて臨機応変に，また相手の出方に応じて融通無碍に対応する余地を残しておこうとすることになるのである。

2 規制措置の執行可能性と執行水準

(1) 規制措置の執行可能性

規制措置の設計　規制行政活動には違反行為がつきものであり，これを皆無にすることはまずもって不可能なことである。そしてまた，その必要もないのである。それどころか，違反行為が皆無の状態を政策目標にすることは，これによる政策効果の向上をはるかに上回る多大の弊害を伴う，危険極まりないことである。犯罪行為を絶無にしようとしたら，膨大な数の警察官を雇用しこれを街中に配備して，すべての国民の日常行動をその隅々まで常時監視させていなければならないことになろうが，このような警察国家状態は必然的に耐え難い人権侵害を伴うことを思い見ればよい。

しかし，さりとてまた，あまりにも多くの人々が平然と違反行

為をおこない，これらが一向に摘発も処罰もされずに放置されてしまうようでは，それは「ざる法」なのであって，正直者が馬鹿をみることになり，この規制政策は完全に失敗したことになる。したがって，規制法令を立案するにあたっては，違反行為をある程度以下の水準にまで有効に抑止し取り締まれるような仕組みを設計しておかなければならない。

執行可能性に影響する諸要因

このような意味での執行可能性（enforceability）に影響している要因は多岐にわたるであろうが，主要な要因をあげれば，以下の5点であろう。

① 規制対象の範囲を画定する概念・基準がどの程度まで明快か。いいかえれば，行為の合法・違法の分かれ目の判定がどの程度まで容易か。法令は言語によって表現され，ひとつひとつの言語の定義は決して明快ではないから，法令にはかならず解釈の余地が残るのであるが，法令用語の意味が曖昧でありすぎると，規制はむずかしくなる。

② たとえば，住民基本台帳・課税台帳などのように，対象集団を漏れなく把握した台帳を作成することができるような種類の対象集団かどうか。

③ たとえば，戸籍・住民登録関係の届出義務を怠ると，税金の扶養控除を受けられないとか国民健康保険の加入資格を得られないといったように，規制措置の仕組みが違反者に幾重にも不利益を及ぼすように設計されているかどうか。

④ この地点に立って監視をしていれば違反行為を効率的に摘発することができるといった類いの，関所・関門に相当するような取締りの「つぼ」があるかどうか。あるいはこの種の取締りの「つぼ」を人工的に設定することができるかどうか。

⑤ たとえば，犯罪捜査の場合などのように，違反行為を目撃した第三者がその事実をわざわざ規制担当部局に通報してくれるなど，世間一般の人々の広範な協力を期待することのできるもの

であるかどうか。

(2) 取締活動体制の整備水準

　さて、規制措置の仕組みをいかに巧みに設計したとしても、違反行為の発生を一定限度以下に抑止するには、違反行為は的確に摘発され、違反者は厳しく制裁されることが実証されなければならない。規制執行活動の眼目はこの取締活動にある。そして、この取締活動の有効性を規定する最大の要因は規制担当部局の職員数である。

<small>目標指向の規準と費用指向の規準</small>　しかし、違反行為を皆無にすることは政策目標になりえないとすれば、この取締活動体制の整備水準を決定する規準は何に求められるのであろうか。これには、大きく分けてふたつの規準がある（図表12-1参照）。すなわち、一定水準以上の遵法状態（あるいは一定水準以下の違反状態）の達成・維持を目標にして、どれだけの費用（cost）がかかろうとも、これに必要なだけの取締活動体制（定員・経費）を整えようとする目標指向の規準と、取締活動に要する費用がこれによって得られる便益（benefit＝効果の貨幣価値）を超えない限度内で取締活動体制を整えようとする費用指向の規準である。

　前者の目標指向の規準では、遵法水準こそが選択にあたっての規準であり、費用水準はこの選択の結果によって決まる。これに対して、後者の費用指向の規準では、費用水準が選択にあたっての規準であり、遵法水準はこの選択の結果によって決まることになる。

<small>職員数と予算額</small>　もちろん、規制執行活動に限らずすべての行政活動は、限られた職員数と予算額の範囲内で実施せざるをえないものであって、費用水準のことなど全く考慮に入れることなしに理想的な政策を立案し最良と思われる実施体制を整備してよろしいなどという贅沢な自由を与えられてはいない。

　しかし、この職員数と予算額は、規制法令で定められ固定され

図表 12 - 1　取締活動体制の整備水準

	目標指向の規準	費用指向の規準
低　↑　執行活動の水準　↓　高	一定水準以上の遵法状態の達成・維持を目標にして取締活動体制を整える	違反者の摘発・処罰による直接便益に見合う費用水準まで取締活動体制を整える
		違反者の摘発・処罰による直接便益とこれに伴う抑止効果の間接便益の合計に見合う費用水準まで取締活動体制を整える

ているものではなく，年々の予算編成過程において増員・増額を要求しうる性格のものであるために，規制担当部局は概して目標を重視し，この観点から取締活動体制の拡充を要求するのに対して，有限の行政資源の適正配分に責任を負う査定部局の方は概して費用を重視し，この観点から政策の効果を厳しく評価しようとする。

直接効果と間接効果　ところで，取締活動の効果には，違反行為の摘発と違反者の処罰による直接効果と，これが有効な警告となってその他の人々の違反行為を抑止するという「一罰百戒」の間接効果とがある。

そこで，先の費用指向の規準はさらに，この政策効果のふたつのとらえ方に対応したふたつの規準に分かれることになる（**図表12 - 1参照**）。すなわち，一方は，費用を違反行為の摘発・処罰から直接に生じた便益と対比する方法であり，他方は，費用と対比する便益に，違反行為の摘発から直接に生じた便益だけでなく，この取締活動の故に発生を抑止されたであろう（取締活動がこの程度までおこなわれなかったならば発生したであろう）違反行為の規模を推定して，この抑止効果に伴う間接の便益まで算入する方法である。

査定部局
との交渉

　このふたつの規準のうちでは，後者の規準に基づいたときの方が，より多くの職員数・予算額を充当して取締活動体制を拡充することを正当化することができるので，規制担当部局の方は概して抑止効果の大きさを強調する。だが，行政活動の非能率を厳しく糾弾しようとする人々はこの不確かな（正確な推定の困難な）抑止効果のことを無視ないしは軽視し，前者の規準に基づいて確かな直接の便益だけに着目して，行政活動の膨張抑制と減量経営を求めようとする。

　取締活動体制の整備水準は，こうして現実には，規制担当部局と査定部局の交渉によって決定されている。規制担当部局はこの取締活動体制を前提にし，その枠内で対象集団との相互作用に臨まなければならない。

3　対象集団と第一線職員の相互作用

(1) 違反者の類型

　規制執行活動の眼目は違反行為を摘発し違反者を処罰する取締活動である，と述べてきた。しかしながら，取締活動に従事している第一線職員にとっての最大の問題は，一口に違反者といっても，これにはさまざまの類型があるということ，そしてこの類型によっては，これをただちに処罰することが最善の執行戦略とは限らないということなのである。

　それでは，違反者にはいかなる類型があるのであろうか。おおむね以下の4類型に分けてみるのが有益であろう。

善意の違反者　　第1の類型は，当該の規制措置が実施されていることを知らなかった人，知ってはいたしこれを遵守する意思も有していたのだが，そのときはたまたま病気・身体障害などの故に，あるいは緊急不測の事態に遭遇していたが故に，ルールを遵守することができなかった人など，善意の違反者である。

悪意の違反者　　第2の類型は，当該の規制措置が自己に及ぼす損得勘定を打算

し，自分だけは何とかして規制の網の目を巧妙にくぐり抜け，規制・制裁措置を回避しようとしてさまざまな利己的行動をおこなう，悪意の違反者である。

異議申し立て者　　第3の類型は，当該の規制・制裁措置の違法不当性の確信に基づき，あえて違反行為を犯して規制担当部局と争おうとする，異議申し立て者である。

反抗者　　第4の類型は，「当局」の存在と権威そのものに反感を抱きこれを否認しているが故に，「当局」の措置には何であれ反抗するという決意に基づき，あえて違反行為を犯して「当局」と抗争する，反抗者である。

(2) 執行戦略の類型

それでは，規制執行活動を担当している第一線職員の執行戦略にはいかなる選択肢がありうるのであろうか。以下の4類型に分けてみるのが有益であろう。

周知戦略　　第1の類型は，周知戦略である。すなわち，規制措置の目的・趣旨，規制対象となる集団と行為の範囲，規制の実施時期と実施方法，遵守者に期待される利益，違反者が受けるであろう不利益，あるいは違反者に対して加えるであろう制裁措置などについて，早くから繰り返し事前の広報をおこないその周知徹底をはかる戦略，あるいは違反者に対して個別に説明し説得して以後の協力を要請する戦略などである。

制止戦略　　第2の類型は，制止戦略である。すなわち，物理的な装置を設置して違反行為の発生を制止し，人々の行動をごく自然に遵法行動に向けて誘導していく戦略である。たとえば，侵入禁止道路の入口に障害物を設置する，駅の改札口に自動改札装置を設置する，空港ターミナルにおいて乗降客はかならず出入国管理・税関・検疫の関門を通らざるをえないように通路を設計するといった事例がこれに該当する。

この戦略の利点は，行動の自由を制約された側が他人による束

縛・強制を受けたという実感をあまり抱かないこと，仮にこの制止・誘導の装置に怒りを覚えたとしても，その怒りをぶつける相手が面前にいないので，感情のもつれからおこりがちな売り言葉に買い言葉の喧嘩口論がおこる余地のないことである。ただ，この戦略の欠点は，機械装置は文字通り機械的な対応しかできず，融通を効かせる余地がないことと，これを採用できるのはこの種の装置が開発されている場合に限られることである。

制裁戦略　　　　第3の類型は，取締活動の本来の姿というべき制裁戦略である。すなわち，なすべき届出・報告・申告をしようとしないといった手続の不履行者に対しては何らかの不利益が及ぶようにあらかじめ制度を設計しておくこと，そして違反行為を犯した者に対しては，実地検査などの監視活動によってこれを発見・探知・捜査し摘発して，かれらを処罰する方法である。

適応戦略　　　　第4の類型は，適応戦略である。これは，違反者の側に無理からぬ事情があったと認めたときとか，違反者の言い分にももっともなところがあると認めたとき，あるいはこれは規制法令の予期していなかった全く新しい事例であると思われたときなど，要するに，行政機関側が規制法令を機械的に執行するのは適当でないと判断したときに採られる戦略である。すなわち，違反行為を黙認し放置して制裁措置を差し控えること，ある種の行為を例外扱いにして規制措置の適用対象から除外すること，あるいは規制措置を見直しこれを修正することによって，ある種の行為をこれ以降は合法化することといった戦略である。

(3) 相互作用の諸相

さて，上記の4類型の違反者に対して，規制担当部局の第一線職員の側は上記の4類型の執行戦略のうちのどの戦略をもって臨むのがもっとも賢い方策なのであろうか。その概略をまとめてみたのが右掲のマトリックス（図表12-2）である。これをみればわかるように，第一線職員は「人を見て法を説く」ことを求めら

図表12-2　違反者の類型と執行戦略の類型

		行政機関・行政職員の執行戦略			
		柔軟な対応	強硬な対応		柔軟な対応
		①周知戦略	②制止戦略	③制裁戦略	④適応戦略
違反者の類型	①善意の違反者	効果あり	効果あり	直接の効果なし	効果なし
	②悪意の違反者	効果なし	効果あり	効果あり	逆効果の余地あり
	③異議申立者	効果なし	逆効果の余地あり	逆効果の余地あり	効果あり
	④反抗者	効果なし	効果あり	逆効果の余地あり	行政側の屈服

れている。

　以下，このマトリックスの意味するところについて，若干の補足説明を加えておくことにしよう。

制裁戦略の選択的適用と「一罰百戒」

　取締活動の本来の姿は悪意の違反者に対して制裁戦略をもって臨むことである。規制行政活動の本来の目的が人々の利己的行動を規制することにあること，利己的行動にはしる悪意の違反者には制裁戦略をもって臨む以外に有効な方策に乏しいこと，この種の悪意の違反者に対して有効な制裁を加えておかないと，差し当たりは規制措置を従順に遵守しながら，この規制措置がどこまで忠実に執行され遵守されるのか，様子をうかがっている相当数の日和見者(ひよりみしゃ)たちを悪意の違反者に転向させてしまう恐れがあることなどからして，これは至極当然のことであろう。

　しかしながら，証拠を押さえて違反者を摘発し，これを処罰することは，実は大変な時間とエネルギーを要する業務であり，数多くの案件を同時並行的におこなえるものではない。規制担当部局が人手不足のときはなおさらである。そこで，悪意の違反者と

第12章　第一線職員と対象集団の相互作用　223

いえども、違反行為の軽易なものには警告を発するにとどめ、悪質な違反者に重点を絞って取り締まることによって、「一罰百戒」の間接効果を狙うことにならざるをえない。

過剰な規制と過少な制裁　しかしながら、規制執行活動をただちに取締活動と同一視してしまうのは適当でない。違反者のなかには善意の違反者も多数含まれているからである。これら善意の違反者に対しても、悪意の違反者に対するのと同様の強硬な対応をしたのでは、不必要な反発を招く。そこで、この種の違反者には周知戦略をもって臨み、本来なら規制法令の制定公布活動で達成されているべき関係者への周知徹底を執行活動のなかで補完することになる。

こうして、ただちに制裁戦略には訴えないという事例がさらにいっそう増えることになる。その結果、規制行政活動一般についてしばしば指摘されている現象が発生する。すなわち、「法令上は過剰とも思われる規制措置を用意しておきながら、実際には過少な制裁しかおこなわれない」という現象である。

だが、規制措置を知らなかったために違反行為をしてしまったという人々に対しては、つねに説諭のみの寛大な対応がなされるという事実が知れわたると、悪意の違反者たちまでが制裁措置を免れるために、「知らなかった」と偽証し偽装するようになってしまう。そこで、第一線職員は悪意の違反者と善意の違反者を的確に見分けようとして、猜疑心にみちた尋問をおこなうことになりがちである。そして、このことが善意の人々の心を深く傷つけ怒らせることになってしまう。

第一線職員の裁量行為　制裁戦略の発動を差し控えることも、周知戦略にとどめることも、すべて第一線職員の裁量行為である。だが、第一線職員にとってもっとも重要で困難な裁量行為は、いついかなるケースについて適応戦略をもって対応すべきかという選択である。

適応戦略の意義　あらゆる規制行政活動についていえることであるが、規制法令にしろ、その解釈・運用のマニュアルとして作成された行政規則

にしろ，千差万別の対象に対応する手引きとして決して万全なものではありえない。したがって，異議申し立て者に直面することは，行政機関がみずからの活動について再考する絶好の機会なのである。このような対象に対して，ときに適応戦略を選択することは決して第一線職員の不当な裁量行為ではない。むしろそれは，現場からの貴重なフィードバック情報として活用されるべきものなのである。

第一線職員の判断の適否　しかし，実際には，適応戦略をもって柔軟に対応してしかるべきときに，第一線職員が法令の本来の目的を顧みようとせずに，あくまで標準的な執務マニュアルにすぎないはずの通達等に固執して，機械的に制裁戦略をもって対応してしまうことの方が多い。そして，このようなときに，これが小役人根性丸出しの杓子定規（しゃくしじょうぎ）の対応として非難されることになるのである。

　以上の考察をとおして，官僚制組織の末端職員にまで裁量の余地が残らざるをえない事情，そしてそれがかならずしもつねに悪いことではないこと，むしろ執行活動を個別具体のケースに照らして妥当なものにする上には必要不可欠のものであることを，理解してもらえたものと思う。

　だが，この裁量の余地を第一線職員がつねに的確に活用するという保証のないことも事実なのである。現代国家の行政活動の合法性・妥当性は，そしてその有効性も，究極のところ第一線職員の賢明なる判断に大きく依存しているのである。

Tea Time

強圧抑制の循環

　ヨハン・ゲレスは，官僚制とは「組織内部の行動原理であるはずの服従の規範を組織外の臣民にまで推し広げて強要するもの，人間の価値をその人自身からではなしにその地位から評価するような態度をつくりだすもの」と評した（第9章参照）。

　官僚制組織末端の第一線職員と行政活動の対象集団との相互作用の関係は，官僚制組織内部の命令服従関係とは全く異なるものであるはずである。だが，官僚制組織職員はしばしば組織外の人々に対してまで，組織内の部下に接するのと同じような態度で，当然のことのごとくに従順な服従を要求しがちなのである。

　官僚制支配について論じられるとき，そこでは，官僚制組織内の上下の支配と官僚制組織による民衆支配の双方が明確に区分されることなしに包括されていることの多いのも，故なきことではない。辻清明は，この双方の支配関係が相互に連動しているものであることに注意を促し，日本官僚制の支配構造を貫く特権的性格を糾弾した。そして，この文脈のなかで，福沢諭吉の「痛烈にして巧妙な指摘」を引用して，この種の官僚制現象を「強圧抑制の循環」と名づけた（辻清明「日本官僚制と『対民衆官紀』」『新版・日本官僚制の研究』所収）。

　「政府の吏人が平民に対して威を振ふ趣を見ればこそ権あるに似たれども，此吏人が政府中に在て上級の者に対する時は，其抑圧を受くること平民が吏人に対するよりも尚甚しきものあり，譬へば，地方の下役等が村の名主共を呼出して事を談ずるときは，其傲慢厭ふ可きが如くなれども，此下役が長官に接する有様を見れば，亦憫笑に堪へたり，名主が下役に逢うて無理に叱らるる模様は気の毒なれども，村に帰て小前の者を無理に叱る有様を見れば，亦悪む可し，甲は乙に圧せられ，乙は丙に制せられ，強圧抑制の循環，窮極あることなし，亦奇観と云ふべし。」

　『文明論之概略』巻之五「日本文明之由来」の一節である。

第13章

官僚制批判の系譜

　第9章以来，行政活動の主体である政府の官僚制組織について考察を続けてきた。そこで本章では，官僚制の病理現象または機能障害現象として指摘され批判されてきた諸点について概説し，これをもって官僚制論を締めくくることにしよう。

1　批判の系譜

　官僚制ということばは，もともと政府の官僚制に対する「呪いのことば」として誕生したものであった。そこで，当然のことながら，政府の官僚制に対する悪口は枚挙にいとまがない。そして，それらは多種多様でありながら，相互に密接に関連しあっている。しかしながら，これらをあえておおまかに区分してみると，以下の三つの群に分けられる。

　第1群は，官僚制組織による政治支配，すなわち官僚政治に対する批判である。第2群は，官僚制組織の作動様式の非効率性に対する批判である。そして第3群は，官僚制組織職員の行動様式にあらわれる官僚主義（bureaucratism）に対する批判である。

(1) 官僚政治の批判

下克上現象

　ここにいう官僚政治とは，官僚制組織自体がひとつの強力な政治権力集団に成長し，議会・内閣・大臣など民主的代表で構成された政治機関の権能を侵食し，ひいてはこれらに代わって事実上政治の実権を掌握していく傾向のことを指している。政治・行政の主従関係における下克上現象のことである。

　現代公務員制が確立された今日では，専門性・永続性・中立性

の基本属性を備えた官僚制組織がかつてない規模にまで膨張発展している。それ故に，すでに第3章および第7章で述べたように，この巨大な官僚制組織がそのもうひとつの基本属性であったはずの従属性を忘れ，政治的影響力を不当に行使しているのではないかとする懸念が，絶えず再燃してくることになるのである。

協働の規範　現代民主制の下での政治・行政のあるべき関係を論じるにあたっては，すでに第2章で解説したところの統制の規範（優越・従属の政治・行政関係）と分離の規範（政治・行政の相互不介入関係）に，もうひとつ，新しい協働の規範（指導・補佐の政治・行政関係）を付け加えて考察する必要がある。

　福祉国家への道を歩み始めた現代国家の政治の良否は何よりも行政サービスの良否によって評価されるようになった。ここにおいて，政治の主要な任務は，過去の政策決定の結果として堆積している膨大な業務を適切に運営し続けるとともに，状況の変化に対応して過去の政策を修正・転換し，新規政策を追加していくことである。だが，これはかなりの素養と熟練を要する仕事である。しかも，過去の政策の修正・転換であれ，新規政策の追加であれ，現に実施している業務との関連を整理しなければならない。そこで，政治機関は政策立案の仕事を行政機関に依存せざるをえないことになってきたのである。こうして，政治・行政の関係を律する第3の規範として形成されたのが協働の規範である。

　協働の規範とは，政策立案の局面において，内閣・大臣（または与党）といった政治機関と行政機関の間に，指導・補佐の関係の成立を期待する規範である。この関係については，次のように説明されている。すなわち，政治機関の発議・指示した構想を行政機関が具体化するとか，政治機関が目標を設定し行政機関がその合理的な実現手段を考案するとか，あるいは政治機関が提示する価値前提と行政機関が提供する事実前提とが合成され，そこからひとつの決定が導き出されるなどと説明されている。

政策立案過程の実態

それでは現代民主制の下での政策立案過程の実態はどうかといえば,政策立案はかならずしも政治機関からの発議・指示を待たずに,行政機関独自の判断によっても始められている。というよりも,内閣提出法案の大半が実はこの種の政策立案過程を経てきたものになってしまっている。しかし,行政機関がみずから発議したものであっても,これを法案として議会に提出するためには,かならず大臣・内閣の決裁・決定を経なければならないのであるから,この段階での政治機関による決裁・決定が取捨選択の関門として適切に機能しているのであれば,これをもって,行政機関がその補佐機能を逸脱していると批判する必要はないであろう。

だが,政治機関の側に行政機関が立案した政策を評価する独自の判断規準の用意がなく,そのために,行政機関からのこの種の提案がほとんどつねにそのまま承認されているのだとすれば,話は別である。政治機関はその指導機能を何らはたしていないのみならず,政治機関に留保されている政策決定権まで事実上行政機関に簒奪され,空洞化していることになるであろう。

政治・行政の対抗関係

それでは,政治機関の側から発議・指示があった場合には,行政機関の側はその補佐機能をつねに忠実にはたしているのであろうか。現実は否である。行政機関は,政治機関の発議・指示に対して,現行法令に抵触する,予算を獲得する見込みが立たない,事務的に執行不可能であるなど,さまざまな口実を設けて,しばしばこれに反対し,協力せず,ときには反抗する。政治機関と行政機関の関係は,協働の関係どころか,対抗の関係になることさえある。

行財政改革への抵抗

その第1は,行財政改革などの場合のように,政治機関が意図する政策が各省庁のこれまでの業務のあり方に大きな変更を加えようとするものであると思われたとき,ことにその省庁の既得権益を侵しその権限を縮小すると思われたときである。

この場合は,行政機関の官僚制組織が過度の自律性をもち,そ

れ自身の利害関心を追求する独自の政治権力集団になったことに起因する官僚政治の悪弊として，批判されるのが通例である。事実，官僚制組織のこの種の非協力・抵抗・反抗を弁護することは，統制の規範，分離の規範，協働の規範のいずれからしても，むずかしいであろう。

<small>党利党略的政策への非協力</small>

　第2は，選挙制度改革などの場合のように，政治機関が発議した政策が，与党を利する意図の露骨な低次元の党利党略であるという意味において，あまりにも党派的でありすぎると思われたときである。

　この場合は，行政機関の官僚制組織がその業務の公平性・非人格性を維持し，その中立性を保持するために，分離の規範に立脚して政治家集団の恣意的な政策に協力しようとしない姿として，これを擁護できる場合もあるであろう。

<small>官僚制組織は国家の統一・安定・継続の体現者か</small>

　第3は，民族対策・宗教対策・労働対策・治安対策などの場合のように，政治機関が発議した政策が，与野党の対立を激化させ国論の分裂を招き，ひいては国民社会の政治統合を危うくするおそれがあるという意味において，あまりにも党派的でありすぎると思われたときである。

　この場合についての評価は微妙である。社会階層間の利害対立を反映した政党制の下での政党内閣は必然的に党派的な政策の実現を追求する存在であるので，その行き過ぎの抑制を官僚制組織に期待する声は，昔から少なくない。ヘーゲルは，議会が市民社会の特殊利益を代表するのに対して，官僚制組織は普遍的利益を代表することを期待していた。また，辻清明の見解によれば，ローレンツ・フォン・シュタインもまた「憲政が行政に対立する」関係を確立すると同時に，「行政が憲政に対立する」というもうひとつの関係を確立する必要を説き，官僚制組織に同種の抑制機能を期待していたとされる。超然的な官吏制の伝統を有する国々では，政党政治は社会の分裂・変転・断絶を反映しているのに対し

て，官僚制組織こそが国家の統一・安定・継続を体現することを期待する向きが概して根強いといえよう。

　しかし，民主制の下で官僚制組織にこの種の抑制機能を期待することは，官僚制組織に反党派的ないし脱党派的な行動を期待することを意味しており，許されないことではないかと思われる。

(2) 非効率性の批判

<small>市場のメカニズムによる資源配分の効率性との対比</small>

　官僚制組織の作動様式の非効率性に対する批判は，個々人の消費選好を基礎にした市場のメカニズムによる資源配分の効率性と対比しての批判である。もう少し具体的にいえば，まず第1には，政治のメカニズムによる行政サービスの生産・供給の多くが独占状態にあり，そこには競争の原理が働かず，倒産する心配もないために，「節約と能率」をめざした経営努力が十分におこなわれていないとする批判である。日本で「親方日の丸」意識として糾弾されているのがこの側面である。

<small>拡大膨脹性向</small>

　第2には，官僚制組織の作動原理それ自体のなかに，所掌事務の範囲を広げ，予算の極大化をめざし，組織を膨張させるメカニズムが内在しているとする批判である。19世紀のドイツの財政学者アドルフ・ワグナー（A. Wagner）は，公共部門の財政支出は経済の成長率を上回る速度で膨張すると述べた。また，「パーキンソンの法則」（C. N. Parkinson が1957年に発表）として広く人口に膾炙しているものは，行政機関の職員数はその業務量にかかわりなく，ある一定の比率で増大していくとした。そしてまた，「ピーターの法則」（L. J. Peter が1969年に発表）は，ピラミッド型の組織で職員が昇進していく結果は，往々にして自分の能力を越えた地位にまで昇りつめることになるとしている。この種の指摘の提示は後を絶たないが，いずれも，科学的に検証された命題ではない。

<small>公共選択学派の理論仮説</small>

　今日では，公共選択（public choice）学派の人々が，上記のような意味での非効率性の問題に精力的に取り組み，これについて

第13章　官僚制批判の系譜　231

より洗練された種々の理論仮説を構築しようと試みている。そこでは，こうした官僚制組織に特有の非効率性は，官僚制組織または政治のメカニズムにかかわる個々人または集団がそれぞれの効用の極大化をめざして行動するときにおこる必然の帰結である旨を論証しようとしているものが多い。

(3) 官僚主義 (bureaucratism) の批判

官僚主義の批判とは，官僚制組織職員に特有の行動様式に向けて投げかけられている非難の総称であり，通常は，不親切，尊大横柄，役人根性から始まって，杓子定規の形式主義，繁文縟礼（はんぶんじょくれい），法規万能主義，縄張り主義，権威主義，特権意識等々のことばで表現されているもののことである。

マートンによる
体系的な考察このような意味での官僚主義については，アメリカの社会学者マートンが体系的に考察したところであるが，かれの見解によれば，それは，官僚制組織の健全なる作動にとって必要不可欠な原理として採用されている諸原則を職員が自己のうちに内面化して身につけたときに，ここに形成される心構え・態度が，時・場所・場合を適切に選ばずに，所構わず表出されることから生ずるものである，という。

訓練された
無能力それは「訓練された無能力」と呼ぶべき現象の一種であるともいう。ある標準的な状況を想定し，この状況に適合する心構え・態度を徹底して訓練すると，この訓練を受けた人間は，想定されていた状況とは違う状況に対して柔軟に適応する能力を失い，本来想定されていた状況とは違う状況下においてまで，訓練されたとおりの心構え・態度をもって対応してしまう。徹底した訓練がかえってあだになって，能のない対応をしてしまう結果になるという現象である，というのである。

この問題については，官僚制組織の構成要件の諸原則と対応させながら，次節でもう少し具体的に解説することにしよう。

2 官僚主義の諸相

規則による規律
→法規万能主義

　先の第9章において，ウェーバーに依拠して近代官僚制の構成要件として指摘しておいたように，官僚制組織の行動に予測可能性をもたせるためには，人による恣意的な支配に代えて，客観的に定められた規則による規律の原則を確立しなければならない。

　しかしながら，法令の遵守を厳しく要請すると，やがて職員は法令ないしはその解釈・運用基準である行政規則を絶対的なものと考えるようになりかねない。法令の規定は何らかの目的を達成するために定められているものであるが，法令の解釈・運用はこの目的と関連づけておこなわれるべきものであることを忘れ，法令ないしは行政規則の規定の文言を忠実に遵守すること自体が目的であるかのように錯覚するようになる。

　手段が自己目的化してしまうのである。この種の現象のことを一般に「目的の転移」と呼ぶ。法令の遵守の要請についてこの「目的の転移」がおこるとき，そこに杓子定規の形式主義とか，法規万能主義と称される機能障害現象が発生する。

法規万能主義
と依法主義

　伊藤大一は，日本の行政職員が法令よりもむしろ行政規則・内部管理規則（内規）に過度に拘泥し依存する態度のことを，とくに依法主義と名づけている。確かに，法規万能主義と依法主義を区別することは有意義であろう。何故なら，法令の文言に忠実であろうとする法規万能主義であれば，これは「法律による行政」の原理を遵守し国民の権利を擁護しようとしている真摯な態度のしからしめるところであるとして，これを弁護する余地がまだしも残されているのであるが，法規としての外部効果をもたない行政規則・内規に不当に拘泥している依法主義には，これを正当化し弁護する余地が全くないからである。

規則による規律
と文書主義
→繁文縟礼

　そして，この規則による規律の原則と文書主義の原則とが結びついたときの機能障害現象が繁文縟礼と非難されているものであ

第13章　官僚制批判の系譜

る。すなわち、形式ばった規則・礼式がやたらに細かく定められ、申請・申告・届出・報告などに際して、その必要性が疑われるほど、多くの書類の提出を要求されたりする現象である（英語では、これを red tape と呼ぶ）。

<small>非人格性→
不親切で尊大
横柄な接遇態度</small>

　規則による規律の原則はまた、公平無私の非人格的な事務処理を確保するための要件でもある。そのときの窓口担当者が誰であれ、同一の顧客には同一の対応がなされること、また窓口に来訪した顧客が誰であれ、同種の事例には同種の対応がなされることが強く要請されているのである。たとえば、どの税務署員が担当するかで賦課される税金額が異なったり、どのケースワーカーが担当するかで生活保護が受けられたり受けられなかったりするのでは、法治主義とはいえないであろう。

　そこで、非人格的な事務処理を徹底して訓練されると、窓口職員は、差別・情実・依怙贔屓（えこひいき）といった非難を受けないように、どの顧客にも個人的な感情を殺して接遇するようになるかもしれない。

　また、行政職員が法令を個々の対象事例に適用する際に知るべきことは、この事例が法令上のどの範疇に属するかを判別するのに役立つ情報のみであるから、職員はそのことだけに関心を寄せる。だが、窓口を訪れる顧客は、法令の規定に定められている要件・範疇などに精通してはいないので、自分のケースに特殊な事情をこと細かく説明しようとする。そのとき、この身の上話に真剣に耳を傾けようとせず、これに何の関心も感動も示さない職員の態度は、不親切で冷淡で尊大横柄だと非難される。

　顧客たる国民の側からいわせれば、行政職員はわれわれ国民に奉仕する公僕のはずなのに、この職員の匙加減ひとつで自分に対する処遇が左右されているかのように感じられる。このイデオロギーと現実のギャップに、国民は苛立ちを覚える。マートンは、職業安定所でとぐろを巻いている失業者がうそぶくことばを記録

している。「俺たちのような仕事にあぶれた人間様がいなけりゃ，情け容赦のない奴らだって，する仕事がないじゃねえか。奴らが鼻を高くしていられるのも，俺たち失業者の御蔭じゃねえか」。

明確な権限の原則→セクショナリズム

明確な権限の原則には所掌事務の分業の原則が含まれている。それは職員の専門性・熟練性を高め，職務の能率を向上させるために必要な原則であり，また単位組織間の共管競合事務を減らし調整の負担を軽減するためにも必要な原則である。

だが，この分業の原則が徹底されたとき，そこには，通常セクショナリズム（分立割拠性）と呼び慣わされている機能障害現象が発生する。セクショナリズムとは，各部局がつねに自分のところの所掌事務を中心にものごとを考え，他部門との調整・協調に努めようとしない，「部局の哲学」というべきものを発達させることをいう。

縄張り主義の二面性

しかし，セクショナリズムは通常これにとどまることなく，これを越えて縄張り主義と呼ばれるものに発展する。そして，この縄張り主義は，モンロー主義的な閉鎖主義と帝国主義的な膨張主義の両面をもつ。すなわち，一方では，面倒で厄介な，おもしろみのない業務はできるだけ自分のところの所掌事務ではないと解釈して，その責任を回避しようとする態度を生み（ここに，いわゆる「タライマワシ」がおこる），他方では，やりがいのある，おもしろみのある業務については，極力これを自己の所掌事務のうちに取り込もうとして，他部門と争う。

明確なヒエラルヒー構造の原則→権威主義

明確なヒエラルヒー構造の原則は，命令系統を一元化することを初めとして，上下の情報流通経路の秩序を維持するための原則である。

だが，この原則は職員の内部に地位の上下を創り出す。将校と兵士，キャリアとノンキャリアといった身分制が存在する場合には，地位の上下に身分の上下が加わる。そして，ヒエラルヒー構造と身分制が結びつくとき，そこに辻清明のいうところの「強圧

抑制の循環」現象が発生することになりやすい。すなわち，下級職員には上級職員から強圧抑制を受けているという不快・不満の感情が鬱積する。そして，かれらはこの鬱屈した感情のはけ口を求め，これを部下に向けて増幅して発散する。そして，これを受けた末端職員は，そのはけ口を国民に求める。

　これは，権威主義的な官僚制組織におこりがちな現象として多くの論者によって指摘されているところであり，日本の官僚制組織にのみ見られる現象ではない。そして，この強圧抑制は下級職員のなかの古手，軍隊でいえば下士官クラスにもっとも強くあらわれるとされている。それは，個々の職員の人格とはかかわりなく，もっぱら官僚制組織内での相対的な地位に由来する行動様式だと説明されている。

身分保障の原則→特権意識　　行政職員に対する身分保障の原則は，先の第8章第3節で説明したように，種々の行為の禁止・制限に対する補償措置である。ことに現代公務員制では，行政職員の政治的中立性を確保し，かれらが保身のために汲々とする必要のないようにする上に，必須の措置である。

　だが，この安定した身分と集団としての自律性は，その反面で強固な仲間意識と外に対する特権意識とを育て，官僚制組織による政治支配の基盤になる可能性も高いのである。

　以上に解説してきたように，一般に官僚主義と総称されている官僚制組織職員の行動様式に見られる機能障害現象は，官僚制組織の健全正常なる作動にとって必要不可欠な諸原則と裏腹の関係になっているので，これについては，その発現を抑制しその弊害を緩和することはできても，これを根絶することはまずもって不可能に近いといわなければならない。

3 官僚制組織の惰性と刷新

(1) 惰性と刷新

　　　　　　　前節で取り上げなかったものに，惰性（inertia）の通弊と呼ばれているものがある。官僚制組織は先例踏襲・旧套墨守（きゅうとうぼくしゅ）に傾きがちで，環境変動に機敏に適応し旧態の刷新（innovation）をはかろうとはしない保守性をもつとする非難である。

　　　だが，この問題はいささか複雑である。ひとつには，これが官僚制組織の作動様式の非効率性に対する批判であると同時に，官僚制組織職員の行動様式の官僚主義に対する批判でもあることにある。もうひとつには，何をもって惰性・保守というのか，官僚制組織は総体として保守的であると言い切れるのかといった疑問が続出するからである。

政策の拡充と刷新
　　　すでに指摘したように，絶対君主制時代以来，官僚は封建体制を打破し「上からの近代化」を推進する先兵であった。現代も，内閣提出法案の大半は行政機関の官僚制組織から発案され，毎年度の予算編成に際して次々と新規政策の概算要求をおこない，所管事業の拡充をめざし奔走しているのも行政機関の官僚制組織である。こうした側面をみれば，官僚制組織は，惰性に身をまかせているどころか，絶えざる刷新を使命にしているようにもみえる。

　　　しかしながら，この点に関しては，官僚制組織が発案する新規政策のほとんどは，その所管の権限・組織・定員・予算を拡充しようとする動機，いいかえれば官僚制組織の私的な集団利益を擁護し増進しようとする動機に発しているもので，従来の政策の延長線上にある保守的な施策にすぎず，官僚制組織がみずから率先して従来の政策の欠陥を認め，これを廃止・転換・刷新しようとする事例など希有のことに属すると反論されることが多い。

先例の踏襲と刷新
　　　だが，世間一般の人々が先例踏襲・旧套墨守の惰性として批判しているのは，このような政策の拡充か刷新かといったレベルで

の保守性のことではない。むしろ，先の杓子定規の形式主義・繁文縟礼・法規万能主義などと同様に，通常は下級職員が行政規則・内規に従って処理しているルーティン・ワークにあらわれる先例踏襲主義のことである。そうであるとすれば，この下級職員による法適用の惰性・保守性という指摘と先の法令・行政規則が結構頻繁に改正されているという事実との関係について，何らかの整合性のある説明が求められることになる。

規則革新派と規則保守派の対立関係

この点については，伊藤大一による説明が参考になるであろう。すなわち，上層公務員は行政規則・内規の改廃こそわが使命と心得，その朝令暮改をも厭わぬ規則革新派であるのに対して，下層公務員にとっては行政規則・内規の継続こそが業務に対するかれらの経験の蓄積と熟練を支える前提条件であるために，かれらは概してその頻繁な改廃に抵抗する規則保守派になるというのである。

(2) キャリアとノンキャリア

このように考察してくると，官僚制組織を一枚岩の組織と見てはならないことに気づく。管理職層と非管理職層の分化のもつ意味，さらには将来の管理職層まで包含したキャリアとそれ以外のノンキャリアの分化のもつ意味を的確に認識しない限り，官僚制組織の作動の動態を理解することはできないのである。

日本の官僚研究会編『お役人操縦法』(昭和46年，日本経済新聞社) は，「役所の住人たちが協力して書き上げた」とされている書物であるが，日本の中央省庁のキャリアとノンキャリアのエートスについて，要旨以下のように記述している。

キャリアのエートス

キャリアを特徴づけているのは，第1にはノンキャリアとは違うというエリート意識，第2にはキャリア同士の仲間意識，そして第3には各省庁の一家意識の三つであり，かれらは，キャリアとして任官して早々から自分たちの身分と将来を保障している強固な組織と強大な力に目覚める。

したがって，かれらは官僚機構と国家権力にきわめて忠実な存在になり，個人的犠牲を顧みずに，ほとんど無定量に働くようになる。そしてかれらは，自分たちの権益や将来の出世をいつの間にか既定のものとして意識下に押しとどめ，意識的には全くの愛国者，愛省精神の化体者になっていく。

　キャリアたちの仕事ぶりはものすごい。およそいかなる企業のモーレツ社員もかなわぬほどのモーレツ役人である。一般の役人たちが夕方5時早々に帰宅したあと，キャリアたちが毎晩10時，11時まで仕事をしているというのは霞が関ではごくありふれた姿である。なかには1カ月に100時間の残業と日曜出勤は当たり前と思っている者が多い。権限を笠に着てのんべんだらりと仕事をしているという一般の役人像とは全くかけはなれている。

　この限りでは，理想的な日本国の職員といえるかもしれない。だが問題は，これが高じて，仕事の出来よりも自己犠牲の大小を問題にするようになることである。ほとんどのキャリアは，自分がいかに夜遅くまで働いているか，家庭生活を犠牲にしているか，はなはだしきは，いかに健康を害してまで働いているかを自慢するようになるのである，と。

ノンキャリアのエートス

　ノンキャリアの人々は国政に影響を与えるような立場にはいないが，一般ビジネスマンが役所に持ち込む許認可案件などの処理はこのノンキャリアの人々の担当するところである。しかも，キャリアたちは頻繁にポストを変わるのに対して，ノンキャリアの人々は少なくとも4～5年，ときには10～15年も同じ部局にいる。

　ノンキャリアの人々は，キャリアになれなかったことを無念に思っているが故に，自分がキャリアでないことから軽く見られることを避けようとする警戒心が習癖のようになっている。そして，この感情の裏返しとして，ノンキャリアの人々は自分の経験の豊かさと博識ぶりを吹聴したがる傾向をもつ。かれらは，キャリアの上司よりも「この問題については自分の方がはるかに詳しいの

だ」というプライドをもっているから，やたらに法規の解釈を振り回し，先例を持ち出したがる。

役人は一般に，何事につけ，まず拒絶反応を示すという性癖をもっているのであるが，こうした性癖はどちらかといえばノンキャリアの人々に強い。なかでもノンキャリアの古参組，つまり大学を出たのにキャリアになれなかった人々の中年層，役所のポストでいえば本省の係長から課長補佐，地方局や県庁の課長級にあたる40代以上の人々に，この性癖がとくに顕著である，と。

キャリアと
ノンキャリアの
相互依存の分業
関係

そして，同書によれば，キャリアとノンキャリアは，先の規則革新派と規則保守派の関係のようにもっぱら対立関係にあるのではなく，他面では相互依存の分業関係に立っているという。すなわち，キャリアは政治家との接触が多く，政治家受けの善し悪しが出世に影響するので，政治家からの圧力に弱い立場にあるが，ノンキャリアには政治家を恐れるいわれはない。だが，ノンキャリアは業者・業界の人々と日々に接触しているが故に，下手をすると，かれらからの接待攻勢に搦め取られ，収賄の罪に問われかねない立場にいるが，キャリアには業界に対して卑屈になるべきいわれはない。

そこで，キャリアはノンキャリアが承服しないことを口実にして政治家からの圧力をかわし，ノンキャリアはキャリアの承認が得られないことを盾にして業者からの誘惑を拒み，これによって官僚制組織の自律性がかろうじて保たれているというのである。

(3) 職員組合のディレンマ

トゥレーヌの
階級関係の理論

フランスの社会学者のアラン・トゥレーヌ（A. Touraine）は，社会の階級関係と歴史形成行為のシステムとの関係について論じ，上位階級と人民階級の階級関係を，①支配・防衛関係，②指導・防衛関係，③支配・異議申し立て関係，④指導・異議申し立て関係の4類型に区分しているが，この種の階級関係の理論は，政治家集団と行政官集団の関係にも，また官僚制組織内の管理職層と

非管理職層の関係，ないしはキャリアとノンキャリアの関係にも適用することができるであろう。

当局と職員組合　そして，管理職層と非管理職層の関係，ないしはキャリアとノンキャリアの関係は，かなりの程度において，当局と職員組合の関係とも重なり合っている。この上下 2 層の階級関係が指導・異議申し立て関係になれば，それは歴史の進歩を促進する方向に機能することになるが，これが支配・防衛関係になれば，それは歴史の進歩を停滞させる方向に機能することになる。したがって，行政機関の官僚制組織は総体としてつねに保守的にしか機能しないと断定することはできないであろうが，これが革新的に機能する蓋然性はきわめて低いといわざるをえないであろう。

職員組合への期待　日本でも，戦後早々の時期には，新たに誕生したばかりの公務員の労働組合に官僚制を内部から民主化する機能を期待した人々が少なくなかった。辻清明もそのひとりであった。かれは「日本官僚制と『対民衆官紀』」の末尾において，以下のように書いている。

「『対民衆官紀』の確立を担当すべき主体は何かが最後の課題になる。——中略——私はこの画期的な官僚制の民主化が自覚せる広汎な民衆ならびにその政治的表現である国会をその担当者とすることに躊躇するものではないが，とりわけその有力な推進的役割を演ずるものとして現に結成せられている官庁労働組合を挙げたいと思う。なぜなら，かれらは，その接渉関係における民衆の眼には特権的な官僚団の構成分子として映じ乍ら，しかも同時に下級官吏としては，官僚制自体の特権的支配の重き軛を荷っているからである。——中略——かれらこそ自己の支配的地位と被支配的地位を止揚すべき絶好の地位にある。」

職員組合のディレンマ　だが，公務員の職員組合の組合員たちは，特権的な官僚団の構成分子であるとともに，官僚制組織内では特権的支配を受けている存在でもあるが故に，「最も困難な地位」に立たされていると

第 13 章　官僚制批判の系譜

もいえるのである。行財政改革において行政機構の整理統廃合がなされ定員が削減されるとき、その影響を誰よりも深刻に受けるのはノンキャリアの人々なのであって、かれらの利益を代表する職員組合は防衛的な立場に追い込まれざるをえない。組合員の利益を代表しつつ、異議申し立ての機能をはたすには、どのような路線がありうるのであろうか。これこそ、職員組合が直面しているもっとも深刻なディレンマなのである。

Tea Time

末弘厳太郎の役人学三則

官僚主義のパロディ

　役人の行動様式の官僚主義を皮肉り，官界に反省を求めたパロディとして，かつて日本で広く知られていたものをひとつ紹介しておこう。

　それは，民法・労働法の大先達である末弘厳太郎が昭和6（1931）年に雑誌『改造』8月号に寄稿した「役人学三則」なる一文である。

　これは，いよいよ大学を卒業してお役所勤めをすることに決まった，教え子の学生に宛てた手紙の形式で書かれており，その就職決定に祝いのことばを述べ，役人として出世するための心構えを懇切に教え諭しているものであるが，とくに心すべき事柄が最後に3カ条にまとめられ，それぞれの条項ごとに詳しい注釈がつけられている。

　以下は，その3カ条と注釈の一節を抜き出したものである。

役人学三則

　第1条　およそ役人たらんとするものは，万事につきなるべく広くかつ浅き理解をうることにつとむべく，狭隘なる特殊の事柄に特別の興味をいだきて，これに注意を集中するがごときことなきを要す。

　注釈の一節に曰く。「特殊の事務に興味を感じてそのほうの専門家になると，自然ほかに融通がきかないため，なかなか出世できない。そうしてほかから人繰りの関係上どんどん専門の知識なき役人が上役として転任してくる。だから，出世という妄念をたちきってお寺にでも入った気がなければ，特殊行政の専門家になることはできないのである。」

　第2条　およそ役人たらんとするものは，法規を盾にとりて形式的理屈をいう技術を習得することを要す。

　注釈の一節に曰く。「いかに相手のいうことが条理にかなっていると思っても，容易にそのまえに頭を下げるようではいけない。条理などは無視して，法規一点張りで相手をねじふせなくてはいけない。どうもあの男は理屈ばかりこねてものがわからないといわれるようにならなければ，とうてい役人と

して出世しない。——中略——ひとの迷惑など考えてはいけない。ちょうど軍隊で靴や着物に大中小三種類をつくっておいて，むりにもそのいずれかを着させるように，そうしてそのいずれをも着れないような大男や小男を兵隊にとらないように，なるべく簡単な概念的形式をつくっておいて，相手のいうことをむりにもそのいずれかの中に押しこむか，またそのいずれにも入りえないものはぜんぜん排斥するようにしなければならない。」

第3条　およそ官吏たらんとするものは平素より縄張り根性の涵養につとむることを要す。

注釈の一節に曰く。「すべて役所はあらゆる機会を利用して自分の縄張りをひろげようと努力している。そのために常時積極的ないし消極的の権限争議をやっているのが現在の役所である。かれらは自己の縄張りを拡張したり維持したりするために，必要があると，国民の利益はもとより国家的利益をすら無視してなんらはばかるところがない。ある役所でなにか新しい仕事をはじめようとすると，必ずやほかの役所は主管事務の関係からいろいろと難癖をつける。そうして少しでもなにか利得をえようとする。」

現代のパロディを

末弘は第1条と第2条では「役人」といい，第3条では「官吏」といっている。これが意図的な使い分けであるとすれば，それぞれ何を指していたのであろうか。役人とは地方の吏員まで含めたものか，それとも国の役人のすべてを指すのか明らかでないが，官吏の方はおそらく高等官を指していたのではないかと思われる。

この三則のなかで，現在でもほぼそのまま首肯しうるものがあるであろうか。おそらくは，第3条の縄張り主義についての所説に頷く人々が多いのではなかろうか。そうだとすると，それは何故なのか。これまた，興味のあるところである。

日本のお役所の雰囲気も公務員の気風も，昭和6年当時のそれに比べれば，ずいぶんと大きく変わってきているはずである。したがって，現在の状態にふさわしい公務員学三則が書かれるとすれば，上記のものとはかなり趣の異なったものになるのではなかろうか。実際に公務員生活を体験した人々のなかから，現状をより的確に反映した秀逸のパロディが創作され発表されることを期待している。

第14章

政策形成と政策立案

　　　　　第9章から前章までの5章では，行政活動の主体である官僚制組織の作動様式と職員の行動様式について考察してきた。そして，とくにこのうちの第11章と第12章では，主として政策の実施活動，法令の執行活動，または指示・命令の実行活動の側面について考察してきた。そこで，本章から主題を一転させて，行政活動のもうひとつの側面である政策の立案活動，法令の起案活動，または予算の編成活動などの方に考察の焦点を移動させていくことにしよう。

　　　　　政策・法令・予算などの立案活動についての考察は，それらの最終決定権が政治機関に留保されているので，当然のことながら，政治のメカニズムの作動様式と行政活動との関連を問うものにならざるをえない。

　　　　　そしてまた，政策・法令・予算などは，政府がその課題環境の要請に応えこれに対して何らかの働きかけをすることを意図しているものであるため，その立案活動について考察するということは，われわれの関心の対象を官僚制組織内部の力学から官僚制組織と課題環境の対応関係の力学へと移し変えていくことを意味する。

1 政策の循環と行政活動

(1) 政　策

政策と実施活動　　行政活動とは，政府の政策（＝公共政策）を立案し実施する活動であるということができる。では，公共政策（public policy）とは何か。これを厳密に定義することはむずかしいが，ここでは便宜上，それは政府の方針・方策・構想・計画などを総称したものであり，「政府が，その環境諸条件またはその対象集団の行動に何らかの変更を加えようとする意図の下に，これに向けて働き

かける活動の案」ということにしておこう。

　この定義は，政策を「活動」それ自体ではなしに「活動の案」としているので，政策とその実施活動を区別しようとしていることになる。だが，どこまでの活動を政策の立案・決定活動とみなし，どこから先をその実施活動とみなすべきかは，一義的には決めがたい。それは観察者の立場と観点によって変わらざるをえない。しかし，ここでは便宜上ごく常識的な社会通念に従い，政治機関により決定済みの活動案を政策と考え，行政機関の決定に委ねられている事項の立案・決定活動は政策の実施活動の一部であると考えておくことにしよう。

政策と立法形式　それでは政治機関により決定済みの活動案とは，国会・内閣・大臣が立法した法令・予算・計画・行政規則などの立法形式に定められた事項そのもののことなのであろうか。かならずしもそうとは言い切れない。

　まず第1に留意しておくべきことは，あるひとつの政策の構成要素は，通常は複数の立法形式に分散されて定められていることの方が多いということである。すなわち，その構成要素の一部は法令（そのまた一部は組織・定員法令，残りは作用法令）に，一部は計画に，一部は予算に，そして残りは行政規則にといった具合にである。その意味において，政策と個別の立法形式とは区別しておく必要がある。

　第2に留意しておくべきことは，国会の決議，閣議の決定・了解・了承などに定められた事項，国会での首相の施政方針（所信表明）演説，外務大臣の外交演説，財務大臣の財政演説などを初めとして，首相・大臣の国会での答弁とか記者会見での発言などにおいて表明された政府の活動方針なども，政策の一部でありうる，ということである。政策の表示形式は各種の立法形式に限られてはいないのである。

政策と施策・業務　それでは，政府の活動案のすべてを政策と呼ぶのが妥当かとい

えば，そうでもない。英語圏の用語法にも，政策（policy）と施策（program）と事業（project）の概念の使い分けがあるように，政府の活動案のなかの特定のものだけを政策と呼ぶ用語法の方が一般的である。

行政機関が担当している事務事業の大半は過去から営々として運営されてきている継続的業務である。これらも過去のいずれかの政権が決定した政策を実施し続けているものであるという意味では，確かに政策の実施活動である。だが，それは，最近の政権が新たに政策として実施に移したばかりのものとか，現政権がこれから実施しようと意図しているものとは，その性格を異にする。現政権がこれを見直す意向を示し，これに何らかの新たな改変を加えようとしない限り，政策としてとりたてて意識されることもなしに，既定の施策として日々に運営され続けられていく性格のものである。

予算の編成に際しては，任意的経費と義務的経費，政策的経費と事務的経費，投資的経費と経常的経費などという区分がなされているが，政策の概念は，少なくともここにいうところの政策的経費が充当されるものに限定し，その他のものはこれを施策・業務と呼ぶことにした方が実際的であろう。

(2) 政策の循環と政治のメカニズム

政策の循環回路 このような意味での政策を政治システムから環境に向けた産出（output）ととらえ，政治システムが環境から受けた投入（input）を政策に変換して産出する政治のメカニズムのフィードバック回路を図解したのが，**図表14-1**である。

政治システムがその社会経済的環境諸条件の変動を認知し，またそこから生じた（または生じうる）新しい政治課題の発生を認知したとき，政治システムは既成の政策の修正・転換・廃止ないしは新規の政策の立案決定を政府に要請する。

この新政策が政府によって決定され実施されるにいたったとき，

図表14-1 政策の循環回路

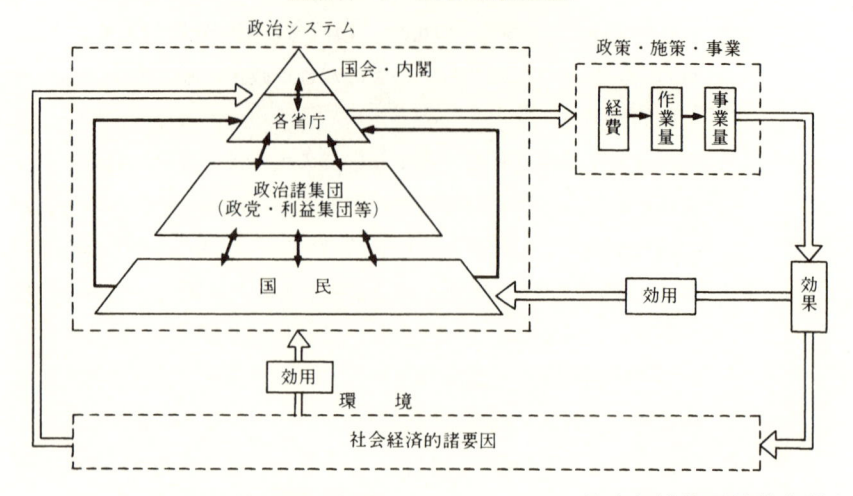

政治システム：国会・内閣／各省庁／政治諸集団（政党・利益集団等）／国民
政策・施策・事業：経費／作業量／事業量
効果／効用
環境：社会経済的諸要因

　この政策の最終効果（result）として、社会経済的環境諸条件ないしは人々の社会生活に何らかの客観的な変化（impact）が生じる。ここで人々がこの変化を政策によってもたらされた効果として主観的に認知したとき、これが政策の効用（utility）である。人々がこの効用に満足すれば、この政治課題は当面は解決されたことになる。だが、人々がその程度の効用に満足しなければ、政府に向けてさらなる努力が要請されることになる。

政治システムの構成　　政治システムの内部を見れば、人々と政府を媒介する行為主体として、世論の動向から政治課題を認知しこれを集約して政府に伝達するインフォーマルな政治諸集団が存在する。その中核にあるのが政党であるが、これに加えて財界・労働界・農業界その他の各種業界の利益集団（interest groups）があり、また各種の態度集団（attitude groups）とマス・メディアなどがある。政府は、これらの政治諸集団によって展開される政治過程の渦中において、政策を立案し決定し、かつ実施している。

　そして、このフォーマルな政策産出機構である政府の内部を見れば、政策の決定を主たる任務とする国会・内閣・大臣といった

政治機関と，これを補佐し補助して，政策立案と政策実施を主たる任務とする行政機関（＝各省庁）とに分かれている。

(3) 政策のライフ・ステイジと行政活動

政策のライフ・ステイジ　　政治諸集団と政府，そして政治機関と行政機関の政策の策定をめぐる分業関係をみるにあたっては，個々の政策がたどるライフ・ステイジを以下のように分解しておくのが便利である。すなわち，課題設定（agenda setting），政策立案（policy making），政策決定（policy decision），政策実施（policy implementation），政策評価（policy evaluation）の各段階である。

社会経済的環境諸条件の変動に伴って新たに発生する社会問題のすべてが政府の対応すべき政治課題になるわけではない。そこで，各種各様の社会問題のなかから政治課題として対処されるべきものが選別され，これが政治の舞台の議題として浮上してくるのが第1段階の課題設定である。この議題のなかから政府が対処すべきものと認知されたものについて，政府の対応方策を具体化するのが第2段階の政策立案である。こうして立案された政策案について制度上の決定権限を有する機関が審査・審議し決定するのが第3段階の政策決定であり，こうして決定された政策を実施に移すのが第4段階の政策実施である。そして，実施された政策については，その効果が評価され，必要に応じてその継続・修正・転換・廃止の決定が政府に要請される。すなわち，第5段階の政策評価は再び第1段階の課題設定へとフィードバックされていく。

政策策定の分業関係　　政策のライフ・ステイジのうちで，政治の舞台に問題を提起する課題設定の機能は，フォーマルな政府の諸機関によってだけでなく，政党・利益集団・態度集団，マス・メディアなどのインフォーマルな政治諸集団によっても広く分担されている。「外圧」などといわれるように，国際諸機関とか外国政府から問題が提起される場合もある。そして，政策決定の主要部分は国会・内閣・

大臣といった政治機関の権限に属している。また，最後の政策評価は政策決定の結果に責任を負う政治機関の任務であるが，インフォーマルな政治諸集団もそれぞれに，行政サービスの消費者としての立場において政策評価をおこなっている。

<small>行政活動は政策の立案活動と実施活動</small>

これに対して，政策立案の機能は，政党と行政機関にほぼ独占された，両者の協働領域である。野党は内閣提出法案に対して修正案を提出して対抗するし，現に議員立法によって制定された法律も決して少なくない。しかし，こと内閣提出法案に関する限り，そのほとんどすべてが行政機関の手で立案されているのである。そして，政策実施の機能は行政機関の独占領域に等しい。行政活動は政策を立案し実施する活動であるというのは，このような意味においてである。

<small>governmentからgovernanceへ</small>

もっとも，行政活動の「新公共管理」の思潮と手法が導入され，規制緩和，民間委託，民営化，実施部局のエージェンシー化などが推進されるようになるにつれて，従来は行政機関の直営事業として生産・供給されていた行政サービスが企業や民間非営利法人 (non-profit organization＝NPO) などによって生産・供給される公共サービスにとって代わられる傾向が顕著になってきている。いいかえれば，行政機関による行政サービスは公共サービスの一部を構成するにすぎず，公共サービスの生産・供給主体はますます多元化してきているのである。

このような最近の動向は「governmentからgovernanceへ」と表現されている。行政機関による政策実施の機能は，公共サービスを行政サービスとして生産・供給することそれ自体ではかならずしもなく，政策目的の的確な実現をめざして公共サービス・ネットワークを形成しこれを適切に維持管理することに変わってきているのである。

2 政策形成の分析手法

(1) 政策立案と政策形成

政策立案と政策決定

　政策立案と政策決定の境界は実はまことに曖昧である。政策案に原案・修正案・最終成案といった段階があるとき，この最終成案に到達するまでの全過程を政策立案の段階ということもできるし，それぞれの段階ごとに暫定的な決定行為があったとみることもできる。

　ことに，日本の中央省庁による立法作業の標準的な手続では，各省の主管課の起案した法案の原案はまず各省間折衝を通過し，ついで与党の関係機関の了承を得て，初めて閣議に上程される。そして，閣議決定を経て内閣提出法案として国会に上程されると，そこで今度は与野党間折衝にさらされる。このような手順を経由しているとき，このうちの各省間折衝と政府与党間折衝の過程は政策立案の過程ともいえるし，政策決定の過程ともいえる。

政策立案と政策形成

　政策の立案・決定の過程は通常は原案についての審議から始まる。そして，この原案にはかならずその起案者が存在する。その限りでは，政策はつねに誰かによって立案されたものであるといえる。

　しかしながら，この政策原案は起案者たち自身がその必要性を認め，積極的に発議し起案したものではなかったのかもしれない。上司の指示・命令を受けてやむなく起案したのかもしれないし，多くの関係者の協議の場で合意された事項にかれらが文章表現を与えたにすぎないのかもしれない。

　また，当初の原案はその後の各省間折衝とか政府与党間折衝の過程で大きな修正を受け，その最終成案は原案とは似ても似つかぬものに変貌してしまっているかもしれない。そして，その最終成案は，この立案過程に参画したどの人の立場からみても，みずからの理想案から遠くかけ離れたものに終わってしまっているの

かもしれない。

このように考えると，政策はつねに，力のベクトルの合成のように，関係者間の妥協の産物として形成されたものにすぎないともいえる。

政策分析と政策研究　政策はつねに立案されたものであるとともに，形成されたものである。そこで，政策の立案・決定過程の研究には，起案者の立場に立ち，政策立案（policy making）活動を少しでも合理化しようとする観点から研究している政策分析（policy analysis）の系統と，観察者の立場に立ち，政策形成（policy formation）過程に働く力学を解明しようとする観点から研究しているところの政策研究（policy study）の系統とが生まれる。

そこで，本節ではまず，後者の政策形成分析の視座の方から概説しておくことにしよう。

(2) 政策形成の分析手法

環境諸条件と政策の相関分析　まず，もっともマクロな次元における政策形成分析の視座として，トーマス・ダイ（T. Dye）およびアイラ・シャーカンスキー（I. Sharkansky）などによって試みられ，一時期アメリカで流行した政策産出分析（policy outcome analysis）がある。

これは，相関分析の統計解析手法を用いて，各国間，各州間または各自治体間の比較分析をおこなおうとするもので，比較対象とする政府の政策産出を示す統計指標とその社会の社会経済的環境諸条件を示す統計指標との相関関係を分析することにより，政府の政策産出の差異がどの程度まで社会経済的環境諸条件の差異と相関しているのかを調べるものである。研究の結果は，それぞれの政府における政策のあり方がその社会の産業化，都市化，所得水準，教育水準などの程度と高い相関関係にあることを確認している。

この種の研究は，社会経済的環境諸条件の政策産出に対する強い規定力を暗示し，各政府の政策の構成形態を，先進国型と後進

国型，あるいは都市型と農村型などに類型区分する上にはきわめて有効であった。しかし，これだけでは，それぞれの政府における政治システムの作動様式の差異は政策産出の差異に対してあまり大きな意味をもたないかのような印象を与えかねない。

政治システムと政策の相関分析

　そこで，政治システム内部の何らかの構造特性と政策産出の相関関係を調べようとする分析手法があらわれる。たとえば，議会における都市地域利益の過少代表といった議員定数配分の不均衡状態と政策産出の間に有意の差があるか否かを調べるとか，直接税と間接税の比率（直間比率）といった各国における租税政策構造の差異とその社会における反税ないしは反福祉の気運の強度の間に有意の相関関係を見出しうるか否かを研究するのである。交渉の妥結結果の推移から交渉当事者間の権力バランスの変動を推定するといった類いの研究も，この系統に属している。

　政治システムと政策の相関分析をおこなう統計解析手法は，統計指標の活用方法と分析結果からの推論にとりわけ慎重でなければならず，決して生易しい分析手法ではない。しかし，それはいわゆる政策科学（policy science）の分析手法としてはもっとも有望なものであり，今後さらにいっそう洗練されていくものと期待されている。

政治的交換と政治的均衡の仮説モデル

　相関分析の統計解析手法では，一般に，政治システム内部の行為主体の意見・利益・動機などは，ひとまずブラック・ボックスに入れられて，捨象されている。これに対して，政治システムの基底を支える有権者の意見・利益・動機と政策の間の因果関係についてマクロの理論仮説を構築しようとするいくつかの試みがある。

イーストンのモデル

　たとえば，デイヴィッド・イーストン（D. Easton）の政治システム・モデルでは，有権者は政策要求（demand）と政治的支持（political support）を政治システムに投入し，政治システムはこれを政策に変換して産出すると仮説されている。

いいかえれば，このモデルでは，政治システムの側は政策要求への応答と政治的支持の調達を秤にかけ，有権者との間に政治的交換（political exchange）をおこなうものと想定されている。その背後には，政治システムを構成している政党政治家たちは政権を獲得し維持することをめざし，これに必要な政治的支持を調達するために，そしてその限りにおいて有権者の政策要求に応答するという仮説がある。政策は政策要求と政治的支持の政治的均衡点まで産出されることになる。

ダウンズのモデル

　それでは，有権者の側はいかなる打算に従って行動しているのであろうか。アンソニー・ダウンズ（A. Downs）は，有権者は政策から受ける便益（benefit）と課税される費用（cost）の利害関係を秤にかけ，その間の最適の均衡点を求めているという仮説モデルを構築している。

　そしてその上で，かれは，政治のメカニズムは市場のメカニズムとは異なり，超不完全情報状態の下で作動しているものであるが故に，有権者の打算は費用の大きさを過剰に意識し，費用の軽減を要求する方向に偏向することになり，その結果として民主制国家の予算規模は完全情報状態の下で形成されるはずの状態よりも小規模になると推論している。かれのこの推論の当否を検証することは事柄の性質上不可能であるが，かれの推論とは全く逆に，有権者の打算は便益の拡大を要求する方向に偏向すると推論することも，十分に可能である。

　イーストンのものであれダウンズのものであれ，政治的交換と政治的均衡の仮説モデルは，市場のメカニズムのアナロジーで政治のメカニズムを説明しようとする試みであり，その説明力には大きな限界があるといわざるをえない。

事例研究の功罪

　これに対して，政治システムを構成する政治諸集団の相互作用としての現実の政治過程に着目して，政治システムの実際の作動状態を実証的に研究しているのが，事例研究（case study）の手

法である。すなわち，ときには関係当事者に対するインタビュー調査で裏づけながら，ある政策が誰によって発議され，誰が原案を立案し，これを誰が支持し，これに誰が反対したのか，そしてこれら諸集団間の妥協はどのようにして成立したのかといった点を克明に追跡調査しようとするのである。

　この手法の利点は，政策形成過程の現実の姿をいかにもそれらしく描き出すところにある。

　だが，その描写は「群盲象を評す」とか「木を見て森を見ず」と称されるものになってしまうおそれがある。この心配をひとまず措くにしても，ごく限られた数の事例の研究から得られた知見をはたしてどこまで一般化することができるのかという問題に直面する。そしてまた，この手法は，政策形成過程の議題として浮上してこない「不決定」(indecision)事象について，これが何故であるのかを解明するのには適さないのである。

(3) インクリメンタリズムと多元的相互調節の理論

リンドブロムのインクリメンタリズムの理論

　予算編成過程では前年度予算をベースにして，新規の増分(increments)についてのみ厳しい査定がおこなわれているという観察結果に基づいて，政策形成過程の一般モデルを構築しようと試みたものに，チャールズ・リンドブロム（C. E. Lindblom）のインクリメンタリズム（incrementalism）――増分主義・漸増主義・漸変主義などと訳されていることもある――の理論がある。

　これによれば，政策立案者の一般的な行動様式は以下のようなものであるという。

① 政策案の立案を始めるのは，理想の目標に近づくためではなく，現実の差し迫った弊害を除去するためである。

② 政策案の立案にあたっては，所属機関と対象集団の利益の観点からこれをおこない，その他の集団の利益のことまで考慮に入れようとはしない。

③ 目的と手段を峻別せず，初めから両者をワンセットにした

政策案を立案する。

④ 政策案の探求は，現行業務の実施方法に僅かな修正を加えただけの政策案から始める。

⑤ 政策案の探求は実現可能と思われる2〜3の選択肢を見出したところでとどめ，この範囲のなかから最善と思われるものを選択することで満足する。

⑥ 当面の課題を一挙に解決しようとはせず，政策の修正・変更を繰り返しながら漸進的にこれを解決しようとする。

このインクリメンタリズムの一般モデルは，政策立案者の多くに認められる実際の行動様式を忠実に一般化した記述モデルであるにしても，この種の行動様式は是正され克服されるべき非合理なものなのであって，これを模範的な行動様式として推奨する規範モデルにはとうていなりえない，と考えるのが常識であろう。

リンドブロムの多元的相互調節の理論

ところが，リンドブロムは，個々の政策立案者たちがこのようにそれぞれ利己主義と現実主義に立って行動し合うとき，これら多元的な集団利益を代表する人々の多元的な価値規準に基づく行動が相互に調節された結果として形成される政策は，ちょうど市場の自動調整作用による予定調和と同様に，公共の利益に合致した合理的なものになるはずだというのである。これがインクリメンタリズムの理論と対をなす多元的相互調節（partisan mutual adjustment）の理論である。

この理論に対しては，組織化されていない集団利益もあるのであって，現実の政治過程にはあらゆる集団利益が均等に代表されているわけではないので，既存の政治諸集団間の相互調節に委ねていたのでは，公共の利益が達成されることなどありえない，と反論することができる。

だが，アーロン・ウィルダヴスキー（A. Wildavsky）などのように，リンドブロムのインクリメンタリズムの理論を擁護する人々は，次のように再反論する。そうであるからこそ，労働者利

益を擁護するために労働基本権を保障して労使交渉を制度化したように，消費者利益とか環境保全利益などについてもこれを擁護する制度を創出し，この種のカウンター・バランス装置を政治過程のなかに埋め込む努力をすべきなのである。肝心なことは，このようにして政治過程をますます多元化させ，多元的相互調節の結果を合理的なものにしていくことであって，この多元的相互調節に代えて，政府がその一元的な価値規準に基づき諸利益を調整しようとすることではない。それは民主的でも合理的でもない，と。

(4) 政治諸集団間の行動操作

多元的相互調節の理論に対する賛否はともかく，リンドブロムが政治諸集団間の行動操作の方法として論じている点は，現実の政治過程における政策調整の方法，ことに政策立案段階での各省間調整の方法を整理する上にも有益なので，その要旨を紹介しておくことにしよう。

ここでは，相互に価値規準を異にする独立対等の当事者間の関係が前提されているので，権威・権限に基づく上からの調整が機能する余地はない。そこで，相互の行動操作の方法は，①交渉，②操作，③先導の3種の方法に大別される。

交渉──討議・取引・貸借

交渉とは，Aが事前の協議によってBから期待する行動を引き出そうとする方法である。この双方向の情報伝達において，BもAを操作することにより，行動操作は対称的になりうる。この交渉をさらに細かく分類すれば，討議，取引，貸借に分けられる。

（ⅰ）討議とは，AがBとの協議をとおして，Bの状況ないしは効用に関する認識を変えさせること，つまりAがBに期待する行動がBの価値規準に照らしてもBにとって利益であると認識させることによって，期待する行動を引き出そうとするもの。

（ⅱ）取引とは，AがBとの協議において，もしもBがAの期

待どおりに行動してくれる場合にはBに利益を供与し，Bが期待に反した行動をすれば不利益を与えるという意思を伝え，期待する行動を引き出そうとするもの。先の討議と違うのは，相手方の認識を変えるだけでなしに，相手方に期待可能な効用そのものを変えることである。

　（iii）　貸借は取引の変形である。取引では交換条件が明示され，交換が同時におこなわれるのに対して，Aがある時点で代償なき協力をBに要請し，この借りの返済として，将来Bからの代償なき協力要請に応じるというもの。貸借による行動の相互操作は，貸し借りの関係についての双方の了解が一致しているときに，初めて期待どおりに作動する。これには，その作動が不確実であること，交換がはなはだしい不等価交換になりうることなどの欠点がある反面，当面は信用によって必要な協力を調達できること，交換が露骨でないことなどの利点がある。

　このような意味での交渉は，行動操作そのものであると同時に，政策立案者が相手方の行動の操作可能性を事前に確かめるという意味をもっている。相手方の諾否ないしは逆操作に応じて，政策案は修正されたり断念されたりすることになる。

操作——説得・誘因提供・脅迫・補償

　操作とは，政策立案を完了しこれを決定した後に，これを実現するためにのみ，一方的に相手方の行動を操作しようとするものである。相手方と事前の交渉をおこなうことが不可能な場合とか，あるいは相手方の反応の予測に確信をもっていた場合であれ，全く不用意であった場合であれ，相手方の反応を事前に確認する必要を認めなかったような場合などに，事後にとられる方法である。これを細かく分類すれば，説得，誘因提供，脅迫，補償などに分かれるが，いずれも先の討議，取引，貸借などにみられた行動操作がただ一方的におこなわれるものである。

先　導

　先導とは，AとBが双方の政策を調整しておくことが双方にとって利益であることを知りながら，事前の協議をしてみても合意

に到達できそうにないと判断された場合とか，相手方の協力を得られなかったとしても何とかなると判断したような場合などにとられる方法で，AがBと事前の協議をせずに，自己の政策案を公表してしまうなど，これをもはや修正の困難な既成事実にしてしまい，BとしてはAの政策に適応して自己の政策を修正するほかに途のないような状況に追い込むという方法である。ただし，この方法は信義則違反の行為として相手方から厳しく糾弾され，報復措置を受けることになる可能性の高い危険な方法であり，頻繁におこなえるものではない。

先の政策形成過程の事例研究は，関係当事者間のこの種の行動操作を追跡することを意図した手法にほかならないのであるが，貸借と先導に類する行動操作について確証をつかむことは，外部の観察者には大変にむずかしい。

3 政策立案分析の視座

続いて本節では，無数の社会問題のなかから政治課題として取り上げるべきものを選別し認知して，政治システム内において政策立案の必要を発議し，政策案の起案（発案）をする政策立案者の観点に立った分析の視座について概説しておくことにしよう。なお，政策立案者は行政機関であるとは限らないのであるが，以下では，行政機関が政策案を発議し起案する場合を念頭において論述することにする。

(1) 政策立案の必要性

政策立案の規範的研究と実証的研究

政策立案に関する研究は，最善の政策案を立案し選択する技法，いいかえれば構想しうるすべての政策案を立案し，そのなかからもっとも合理的な政策案を選択する技法の開発をもっぱらの目的にした，規範的研究に集中してきたきらいがある。政策立案の技法と過程についての実証的研究の蓄積は意外に乏しいのである。先のリンドブロムによるインクリメンタリズムの理論の提唱には，

第14章　政策形成と政策立案　　259

従前の規範的研究に対する批判が含まれていた。そこで，まずは政策案の発議と起案を促すそもそもの契機についての考察から始めてみることにしよう。

政策案の発議と立案の契機　行政機関が新しい政策案の立案に取り組み始めるのは，その必要性を認めたればこそである。それでは，いかなる場合に新政策の立案の必要性が認知されるのであろうか。政府が何らかの対応をすべき新たな課題環境が発生した場合か，さもなければ政策目標の達成水準に対する評価基準が変わって，政府が達成水準を向上させる必要性を認めた場合かのいずれかである。

前者の課題環境条件の変動の認知の側面については次章で詳しく取り上げるので，ここでは後者の政策目標の達成水準に対する評価基準の変動の側面について考察しておくことにしよう。

政策目標の達成水準に対する評価基準には，①限界値基準，②充足値基準，③期待値基準の3基準があるといえる。

限界値基準　限界値基準とは，これ以下の状態に陥ることだけは絶対に避けなければならないという最低限度の目標値である。現実の行政活動でこれに該当しているのは，裁判所・会計検査院または監督官庁などによって違法不当事項と判定されるような事態だけは避けたいとか，マス・メディアにより厳しく非難されるような事態を回避したいといった行動基準である。また，行政活動の実績が年々低下し，行政機関の存廃論議にまで発展するような事態だけは絶対に避けたいという行動基準である。

規制行政活動では，大きな災害・事故などが発生したときに，政府による日頃の規制監督活動の不十分さが厳しく糾弾され，これを機に新しい政策案が立案される事例が多い。また，違反行為が頻発し激増して，これをこれ以上放置しておいたのでは規制措置の空洞化を招くといった事態に直面したときに，政策の転換がおこなわれることが多い。サービス提供活動では，行政活動の実績が低下し，あるいは政策効果がはかばかしくないために，予算

が大幅に削減され，このままでは当該事業は縮小の一途をたどらざるをえないといったような場合，ことにいずれはその行政機関の存続理由さえ問われかねないといったときには，かならず何らかの政策転換が試みられることになる。

充足値基準　次の充足値基準とは，政策目標がこの水準まで達成できればそれで一応はよしとする当面の目標値である。現実の行政活動でこれに該当しているのは，国の各省の公共事業整備計画ないしは自治体の基本計画などに定められている年々の計画目標値とか，類似団体の達成水準などである。

政策目標の達成水準がまだこの充足値基準にまで到達していないからといって，そこでただちに既成の政策の修正・転換とか新規の政策の立案がおこなわれることは稀である。この充足値基準はむしろ，現行業務の量的な拡充によって，その達成水準の向上を促す基準として機能していることが多い。

期待値基準　第3の期待値基準とは，できることならこの水準にまで到達したいという理想の目標値である。現実の行政活動でこれに該当しているのは，専門学会などによって科学的に設定された各種の安全基準とか，先進国の達成水準などである。自治体にとっては国の各省の計画目標値がこれに該当している場合もある。たとえば，人口1人当たり7.2平方メートル以上の都市公園面積を確保するという計画目標値は，大半の自治体にとっては当分の間達成する目途の立たない期待値基準である。

ところで，この種の期待値基準に基づいて新政策の立案が始められるとすれば，それは長期計画といった政策の場合にほぼ限られ，通常の意味での新政策がこれを基に立案されることはほとんど皆無に等しい。

政策目標の達成水準が向上していくにつれ，人々の願望水準もまた上昇していき，限界値・充足値が徐々にレベルアップされてしまう。このとき，期待値との格差は縮小していくが，やがては

期待値それ自体がもう一段高いレベルに設定し直されることになり、期待値はいつまでたっても長期目標であり続けるのが通例なのである。

政策目標の達成水準に対する満足度　以上、3つの評価基準について説明してきたが、課題環境条件がこのうちのいずれの基準に照らして評価されるかによって、政策目標の達成水準に対する満足度が異なり、政策対応の必要性の認識の強度が変わるのである。

　限界値基準に照らして評価すれば、行政活動はすべて良好にみえ、何の改善の必要も認められないかもしれないが、期待値基準に照らして評価すれば、行政活動には改善すべき問題点が山積していると認識されるはずである。また、それぞれの基準値が時代とともに向上し、かつてはこれで十分と思われたものが不十分に思われるようになる。

　ともあれ、政策案の発議と立案は、リンドブロムの指摘するように、これらの基準値以下の状態を解消しようとして始められるのが常態である。

(2) 政策対応のレベル

政策立案コストと政策転換コスト　こうして、新しい政策対応の模索が始まるにしても、既成政策の修正・転換と新規政策の立案では、政策立案者にかかる負担が全く異なる。新たな政策対応が現行業務の実施方法と差異の少ないものであればあるほど、政策立案は容易であり、またこの政策転換に伴う危険も少ない。だが、新しい政策対応が現行業務の実施方法とかけ離れた異質のものになればなるほど、その政策の立案には高度の能力を要し、その実効性を的確に予測することもむずかしく、政策転換に伴う危険はそれだけ大きくなる。したがって、行政機関はできるだけ簡単な対応方法から検討を始め、これではとても不十分であることが判明したときに初めて、より複雑な対応方法を模索していくことになる。

　そこで、この新政策の模索のレベルを、政策立案コストの大小

図表14-2　政策対応のレベル

政策立案のコスト		政策転換のコスト	
		小さい（現行業務の実施方法）	大きい（新規政策）
政策立案のコスト	小さい	微　修　正	模　　倣
	大きい	転　　用	研究開発

という軸と政策転換コストの大小という軸の組み合わせから分類してみたのが，**図表14-2**に表示した，現行業務の実施方法の①微修正と②転用，新規政策の③模倣と④研究開発という4類型である。

微修正　　　　第1の微修正とは，現行業務の実施方法を見直しそのごく一部を手直しすることによって課題環境条件の変動に対応しようとするものである。

　　　　通達等の行政規則レベルの改正，または定員の増員ないしは減員，あるいは予算措置の増額ないしは減額だけで対処されているような政策変更は，おおむねこの型に属している。

転　用　　　　第2の転用とは，現行業務の実施方法を構成しているひとつひとつの要素に少しずつ所要の修正を加え，これを従来とは異なる目的対象向けの業務に転用しようとするものである。

　　　　たとえば，需要の減退してきた養護老人ホームを需要の増大している特別養護老人ホームに転換すること，同じく学校教育施設を生涯学習施設に転換すること，母子保健対策・結核対策を主眼にして組み立てられてきた保健所の施設とマンパワーを高血圧・脳卒中といった成人病対策主眼のものに切り換え，さらにはこれを在宅老人対策の保健指導・訪問看護を主たる目的にしたものに切り換えていくこと，あるいは宅地の開発分譲に対する行政指導の手法をマンションの開発分譲に対する行政指導に応用すること，土地区画整理事業の換地処分の手法を市街地再開発事業の立体換地処分に応用することなどである。

　　　　いずれも，職員は業務の実施方法に習熟しており，その実効性について予測も立ち，この政策転換に伴い予期せぬ結果がおこる危険は少ない。ただ，業務の実施方法の転用にあたっては，その

構成要素のすべてに漏れなく所要の修正を施すことが必要であり，その政策立案のコストは決して小さいものではない。

模倣　　現行業務の実施方法に範をとることができないとすれば，全く新規の政策を採択するほかない。だが，ここにきわめて簡便な第3の方法がある。他の国または自治体によってすでに実施され，それなりの成果を実証している政策を模倣し導入するという方法である。ただ，この方法は当該政府にとってはあくまでも新規の政策の採択であるから，政策転換に伴う諸々のコストは避けがたい。ただ，その政策立案のコストは小さい。

研究開発　　こうして，新規政策を独自に研究開発することは，政策立案コストと政策転換コストの双方が大きいので，政策立案者にとって最後の選択肢になるのが通例である。

(3) 政策案の現実性

政策案の現実性　　政策対応のレベルは，上記の考察のように，政策立案者にとってのコストの観点だけから選択されているのではない。政策案の選択肢の模索に際して政策立案者たちがそれ以上に真剣に検討しているのは，政策案の現実性（feasibility）についてであろう。そして，この政策案の現実性は，①政治上の実現可能性，②行政資源の調達可能性，③業務上の執行可能性という三つの次元に分けられる。いずれにしろ，当該政策案に対する関係者たちの反応行動についての予測である。

政治上の実現可能性　　第1の政治上の実現可能性とは，政策原案を立案した後に，これが各省間折衝を切り抜け，与党の了承を得て，さらに国会審議を通過成立する見込みが立つか否かである。自治体の政策立案の場合には，この種の政治過程に加えて，職員組合との合意を取り付ける見込みが立つか否かがもうひとつの重要な考慮事項であることが少なくない。

行政資源の調達可能性　　第2の行政資源の調達可能性とは，この政策の実効性を担保する上に不可欠なだけの権限・組織・定員・財源を調達する見込み

が立つか否かである。これら行政資源の調達も最終的には与党の支持を要し国会の議決を要している場合が多いので，その点では先の政治上の実現可能性と同質の問題のように思われるかもしれないが，これらの行政資源の調達については，内閣法制局による法令審査，総務省行政管理局による機構・定員審査，財務省主計局による予算査定といった関門が別個に存在する。そして，これらの行政府内の総括管理機関による承認を得られるか否かが先決要件となっている点が，先の政治上の実現可能性とは若干異なるところである。

<small>業務上の執行可能性</small>　第3の業務上の執行可能性とは，行政機関と対象集団の相互作用の局面での問題である。すなわち，規制行政において対象集団の違反行動を有効に取り締まることができるかどうか，建設管理行政において用地を取得できるかどうか，施設運営行政においてマンパワーを確保することができるかどうかといった類いの問題である。

<small>政策案の「お蔵入り」</small>　以上の三つの次元での現実性について事前の予測がおこなわれ，その段階ですでに現実性に欠けると判断された政策案は，それ以上の綿密な検討対象から除外される。あるいは，素案の段階で関係者の意向を打診し，その結果をみて，拒絶反応の強い案から次々に断念していく場合もある。

こうして，多くの政策案が素案の段階で，政策立案・政策転換コストないしは現実性の観点から放棄され，成案にいたる以前に「お蔵入り」になる。そして，最終成案の形にまで立案され，決裁権者に提示されるのは，唯一の案に絞られてしまうことが多い。多くても，2～3の選択肢しか提示されない。

(4) 政策案の合理性

<small>「合理的な選択」の規範モデル</small>　このように，政策立案を政策立案者たちの手に委ねておくと，かれらは政策立案・政策転換のコストを考え，できるだけ現行業務の実施方法から距離の少ない政策案を好み，また政策案の現実

性を重視して，どうしても関係者の合意を調達しやすい保守的な政策案しか立案しようとしない。ここから，真に合理的で斬新な政策案を真剣に模索し探求する姿勢を期待することはむずかしい。

しかしながら，政策案が初めから唯一の案に絞られてしまったのでは，政策決定の衝にあたる決裁権者のなしうることはこの案の採否を決定することのみになってしまう。仮に，複数の選択肢が提示されたとしても，そこに真に合理的で斬新な政策案が含まれていなければ，決裁権者がこのなかから最善の政策案を選択したとしても，その決定は真に合理的な決定になりえない。

そこで，「合理的な選択」(rational choice) に到達するための手順を解説した多種多様な規範モデルが提唱され，これを駆使するための種々の評価技法が開発されてきたのである。

効用最大化モデル

そのいずれにもほぼ共通しているのは，政策立案者は以下のような手順を踏むべきだとされていることである。

第1に，課題解決の手段，すなわち政策案の選択を規定すべき諸価値を識別し，これらを一元的な価値体系に構成する。第2に，これらの諸価値を実現する政策案として考えられるものを余すところなくすべて拾い上げる。第3に，これらの政策案を採用したときにおこりうる結果とこれによって達成される諸価値をすべて，それぞれの政策案ごとに調べ上げる。そして第4に，これらの政策案のなかから，これらの諸価値の達成値が最大になると考えられるものを選択しなければならない，と。

この種の完全性・総合性・最大化を要求している規範モデルをサイモンは最大化モデル（maximizing model）と呼び，リンドブロムは総覧的決定モデル（synoptic model）と呼ぶ。

統計的決定の理論では，さらに手段と結果の因果関係を確率的に測定する方法により不確実性（uncertainty）の問題を克服しようとする。ゲームの理論では，相手方の手段と当方の手段との組合せを調べ，それが相手方にもつ効用まで予測に組み込もうと試

みる。また，費用効果分析（cost-effectiveness analysis）とか費用便益分析（cost-benefit analysis）などの価値評価技法では，価値をプラスの価値とマイナスの価値に分解して計量しようとする。

　部分的な変形はこれ以外にもさまざまにありうる。だが，いずれにしろ，規範モデルの基本前提は変わらない。すなわち，それは，これを文字どおりに受け取れば，政策立案者に対して，状況に関して完全情報をもち，この情報を処理する最大限の認識能力を備え，そして効用を最大化すべく努力することを要求しているのである。

リンドブロムによる批判　　しかしながら，人間の認識能力には限界がある。また，自然事象についてにしろ社会事象についてにしろ，情報は著しく不完全である。仮に収集可能な範囲の情報に限定するにしても，これを完全に収集し分析するには多大の時間・労力・資金等のコストを要する。そして，一元的な価値体系を構成し，すべての価値を単一の尺度で較量することなど，およそ不可能である。規範的モデルの構成である以上，それが現実の行動とかけ離れていても，理論上は何の支障もない。だが，それが人間にとって不可能なことを要請しているのだとすれば，それは規範性すらもちえないのではないか。これが，リンドブロムの批判の要点であった。

サイモンの充足モデル　　そこで，規範モデルを人間にとって可能なレベルの規範モデルに修正すること，あるいは現実の人間行動に関する記述モデルに近づけることが試みられる。

　サイモンは，人間の認識能力の限界を前提にして，効用の最大化ではなく，願望水準（aspiration level）の充足をめざせば足りるとする充足モデル（satisfying model）を構成している。このモデルは，現実の政策立案者の認識能力と願望水準をかれの主観的な認知に委ねたときには記述モデルとしての性格の濃いものになるが，認識能力と願望水準を主観的な認知以上のレベルに設定すれば，それは政策立案者に努力を要求する規範モデルとしての性

格の濃いものになる。

　認識能力と願望水準として設定されるレベルが現実の経験的レベルから極端にかけ離れず，常識的に期待可能な目標であれば，この充足モデルは最大化モデルの欠陥を大幅に是正することができる。何故なら，政策立案者は当面考えられる政策案だけを精査すればよい。もしも，最初に検討した政策案が願望水準を達成するものであれば，選択のための分析はそこで停止してよい。このとき，結果の分析も，波及効果をどこまでも追跡していくような総合的なものである必要はなくなる。

<small>エチオーニの混合走査法モデル</small>　また，アミタイ・エチオーニ（A. Etioni）は混合走査法モデル（mixed scanning model）を提唱した。これは，組織の資源は有限であるため，これを効率的に活用するためには，影響力の甚大な政策についてのみ，走査法で現実性の高いごく限られた数の選択肢を選び，これについて綿密な分析を加えることとし，その他の政策案の立案はインクリメンタリズムに委ねるべしとする，折衷論である。

　しかし，サイモンの充足モデルであれエチオーニの混合走査法モデルであれ，規範モデルからひとたびその完全性・総合性・最大化の要件を取りはずしてしまうと，モデルの規範性はとめどなく希釈されうるのである。どの程度情報を収集し，どの程度創造的な手段を新たに構想し，どの程度厳密な結果分析をし，どの程度多くの価値を考慮に入れればよいのか，これを示す規準がモデル自体のなかには消滅してしまうからである。

(5) 政策の構成要素と表示文書

　ところで，以上の考察では，政策ないしは政策案はひとつの文書であるかのように論述してきた。だが，本章の第1節で述べておいたように，政策と立法形式とは一応別物である。

　そこで，最後に，政策の構成要素とその表示文書の関係について説明を補足しておくことにしよう。

政策の構成要素　政策とは，次のような一連の要素から構成されている体系である。すなわち，①目的，②実施機関・実施権限，③対象集団・対象事象，④権限行使・業務遂行の基準，⑤権限行使・業務遂行の手続，⑥充当財源・定員，である。

政策の表示文書　これらの諸要素のうち，一般に作用法令に定められているのは，①目的，③対象集団・対象事象，④権限行使・業務遂行の基準，⑤権限行使・業務遂行の手続に関する基本事項についてのみである。これらの細目は通常は法令を補完する通達等の行政規則に定められる。

　これに対して，②実施機関・実施権限は各省設置法以下の組織法令に定められる。

　そして，以上の諸要素は，ひとたび法令が制定されると，ある程度の期間は安定的に持続するものであるのに対して，⑥充当財源・定員は，予算・定員法令に定められるもので，年々細かく変動する余地の大きい要素である。そして，予算費目の使途・条件などの細目は予算を補完する要綱等の行政規則に定められていることが多い。

　もっとも，いわゆる補助金等にも，法律に根拠規定をもつ法律補助と予算にのみ根拠をもつ予算補助とがあるように，法律に財源に関する一定の条項がおかれていることもないことはない。だが，このような場合にも，費用分担の原則とか，補助率，あるいは補助金等の算出基準が定められているのみで，総枠など具体的な金額まで法律に明記されていることはまずない。

規制行政とサービス行政　政策の構成要素と表示文書の関係は政策領域によって大きく異なる。

　人々に義務を課しその権利を制限する規制行政は，規制権限をもっとも重要な行政資源とするものであるが故に，法令に大きく依存するが，予算にはそれほど大きく左右されない。許認可申請を処理し，報告を提出させてこれを審査し，ときたま実地検査を

するなどの指導監督をおこない，無許可・無届営業を取り締まるために必要な人員と事務経費があれば足りるからである。

　資金交付行政・建設管理行政・施設運営行政などのサービス行政についても，そのサービスの基本的な枠組みは道路法・学校教育法・社会福祉事業法等の法令に定められている。だが，これらのサービス行政は，事業費なしには何事もなしえない政策領域であるが故に，法令以上に計画と予算に大きく依存しているのである。一口に計画といっても，これには多種多様なものが存在するが，道路整備五箇年計画・下水道整備五箇年計画等の公共事業整備計画は，公共事業の規模と速度についての予定を定めているのである。

法令と予算　　法令と予算は政治機関が行政機関を統制するもっとも基本的なふたつの手段である。そして，法令は主として行政活動の遵守すべき手続と基準を定めているのに対して，行政活動の規模・量を統制しているのは主として予算である。

Tea Time

キューバ・ミサイル危機の分析

　何を政策ととらえ，政策と実施活動の境界をどこに設定するのが妥当かは，何を観察し何を語ろうとしているかによること，また政策は誰かが立案・決定したものとみることもできれば，政治過程における諸集団の駆け引きの結果として形成されたものとみることもできることは，すでに本文中で述べたところである。

　1962年のキューバ・ミサイル危機に際して米ソ両国政府がとった一連の決定行動を分析対象に選び，これをさまざまな観点から多角的に分析してみせた好例として著名な研究に，グレアム・アリソン（G. Allison）の『決定の本質』（1971年）がある。

アリソンの三つのモデル

　アリソンは，この研究において，政府の政策とこれに基づく行動を説明するアプローチとして，以下の三つのものを導き出した。すなわち，政府の戦略目的に基づき最善の政策案を選択すべく行動した結果として解釈する合理的決定モデル，行政機関の官僚制組織が情報を分析して認識した課題環境に対し，その蓄積された政策レパートリーと業務方法を動員して対応した過程として解釈する組織過程モデル，異なる地位・権力・立場に立って策動する多数の関係当事者間の錯綜した駆け引きの渦中で形成された産物として解釈する官僚政治モデルである。

　ところで，この三つのアプローチによる分析は，単に視角が異なるだけで，同一事象の異なる側面を描写しているといえるのであろうか。それとも，同一事象を観察しているように見えて，実は異なる事象を分析対象にしているものなのであろうか。

行動記述の抽象度

　この点についてひとつの貴重な示唆を与えているものに，大河原伸夫の小論「政府行動と政策——行動指針の抽象度をめぐって」（『創文』323号，1991年7月）がある。大河原は，アリソンの同書の分析では，政府行動の記述の抽象度と行動説明の方法とが密接に関連しているとして，要旨以下のよ

うに指摘している。

　たとえば，ソ連によるキューバへの「ミサイル配備」は，ソ連の戦略目的や政府内政治から説明されている。しかし，「ミサイル配備」を具体化したものである「不等辺四辺形のパターンに沿った地対空ミサイル基地の建設」，「戦車および対戦車ミサイルの運び込み」，「恒久兵舎の建設」などは，ソ連の戦略目的やその政府内政治からは説明することができず，ミサイル配備を担当した組織の標準作業手続からのみ説明可能とされている。

　すなわち，政府行動は「不等辺四辺形のパターンに沿った地対空ミサイル基地の建設」等と記述される限りで，組織過程モデルにより説明できるものになるが，抽象度を高めて「ミサイル配備」と記述される場合には，合理的決定モデルおよび官僚政治モデルによる説明が必要になっている。

　同様に，アメリカによるキューバの「海上封鎖」は，アメリカ政府内の政治的プロセスから説明されている。しかしながら，それを具体化したものである「キューバ沖500マイルでの封鎖線の設定」は，海軍の標準作業手続によってのみ説明可能とされる。

　政府行動は，「海上封鎖」という記述のもとでは官僚政治モデルで，また「キューバ沖500マイルでの封鎖線の設定」という記述のもとでは組織過程モデルで，それぞれ理解することができるのである。

　アリソン自身は，政府行動の説明方法の多様性に関心を向けており，政府行動の記述における抽象度の高低に焦点をあてていたわけではない。しかし，それにもかかわらず，アリソンの分析は，政府行動の説明方法を問題にする限り，行動記述における抽象度の相違がきわめて重要であることを示している，と。

　要するに，大河原は，官僚制組織のヒエラルヒー構造のどの階梯での政策決定かという相違とは全く独立に，政策とこれに基づく行動をどの程度の抽象度においてとらえるかによって，これに対する説明要因まで変わってこざるをえないということに，注意を促しているのである。

事例研究への教訓

　本文中において述べたところの「群盲象を評す」事例研究，あるいは「木を見て森を見ず」の事例研究などがどのようにして生まれてくることになるのかという点についても，薄々にしろ，察していただけたであろうか。

第15章

環境変動と政策立案

　前章から考察の主題を政策の立案活動の方に移し，まずは政策立案と政策形成の関係について概説した。そして，政策立案分析の主要な視座として政策の必要性・現実性・合理性の3点を上げ，これについて概説した。

　しかし，そこでは，政策立案の契機としてもっとも重要な，課題環境条件の変動の認知とこれを出発点にした政策対応の必要性の判定については，考察を省略しておいた。

　そこで，本章では，政策立案においてもっとも重要なこの側面についての考察から始め，行政需要の施策への変換について論じ，最後に予測と計画をめぐる若干の問題について概説しておくことにしよう。

1　環境要因群と政策領域

　行政活動とその課題環境条件との対応関係について考察するといっても，政府に何らかの政策対応を要求しその政策実施の効果を左右している環境要因は無数にあり，これらの環境要因をひとつひとつ取り上げ，その変動の探知・認知の方法について論じていたのでは，際限がない。

分類体系の欠如　これら無数の環境要因をいくつかの要因群に分類する体系が確立されていれば大変に好都合なのであるが，今のところはまだその種の体系が確立されていない。そしてまた，これに対応する政策領域についても，その体系的な分類方法が確立されていない。

　そこで，ここでは，きわめて非体系的な方法ではあるが，主要な環境要因群と思われるものを選び出し，これらと各種の政策領域との対応関係をごく大雑把に素描してみることから始めてみよ

う。
(1) 国際政治経済体制の変動

経済官庁の行政活動　国の省庁のなかでも，国際関係を所管している外務省・防衛庁を初めとして，貿易収支に深く関与している経済産業省・農林水産省，国際金融など貿易外収支に深く関与している財務省・金融庁，また海運・航空といった国際運輸を所管している国土交通省などの経済官庁（または産業行政官庁）の行政活動は，何よりもまず国際政治経済体制の変動に大きく規定されている。

旧ソ連・東欧諸国の体制変革，EU統合の前進，日米貿易摩擦の推移，中国の改革開放，韓国・台湾・香港・シンガポールなどのNIEs（newly industrializing economies＝新興工業経済地域）の興隆，朝鮮半島における南北対話などは，これらの政策領域に今後とも大きな影響を与え続けるであろう。

国際基準の拘束　国際化の影響はもとより上記のような省庁に限定されているわけではない。今日ではほとんどすべての行政活動が国際機関の設定した国際基準に拘束されるようになってきている。このことは，ILO（国際労働機関），WHO（世界保健機構）と厚生労働省，UPU（万国郵便連合）・ITU（国際電気通信連合）と総務省，ICPO＝INTERPOL（国際刑事警察機構）と警察庁といった諸例を思い浮かべれば分かるであろう。

(2) 経済成長と生活水準

経済成長率　経済の成長発展，これに伴う国民の所得水準の向上，そしてさらにその結果として生ずる高学歴化，生活水準と生活様式の変化，生活意識の変容などは，あらゆる政策領域にきわめて大きな影響を及ぼしているもっとも基礎的な環境要因群である。経済成長率の変化は国民所得の水準を決め，国および自治体の税収とか年金財政などに直接の影響を及ぼし，人事院の給与勧告とか生活保護行政の最低生活基準の決定などを左右する。

所得水準　そして，所得の向上に伴う高学歴化傾向は教育行政に対する行

政需要を高め，生活様式の変化は住宅政策・廃棄物処理政策・観光政策などの転換を促し，生活意識の変容は犯罪の発生動向を変え，警察行政に新たな課題を投げかける。

経済見通し　　それ故に，内閣府が毎年策定する経済見通しはもっとも基礎的な環境変動予測としてあらゆる政策領域において参照され，計画策定の指針として活用されることになる。

(3) 人口構成の変動

また，厚生労働省所管の厚生行政，文部科学省所管の教育行政のように，国民各層に対してサービスを提供する性質の行政活動は，人口の年齢別・性別構成の変動にもっとも強く規定されている。国立社会保障・人口問題研究所が厚生労働省に附置されている理由もここにある。

若年人口の減少　　最近のように，いわゆる合計特殊出生率が年々減少して（人口を維持するのに必要な率は2.08以上であるのに対して，平成11年にはこの率が1.34にまで下降した），15歳未満人口の減少傾向が続くことになると，保育所・幼稚園・小中学校・高校レベルですでに顕在化している対象人口の減少が，これからは短大・大学へ波及していき，それぞれの施設とマンパワーに余剰を生じさせることになる（図表15-1および15-2参照）。

高齢化社会と高齢社会　　そして他方では，老年人口（65歳以上人口）の絶対数が増え，その相対比率の上昇が続く。高齢化社会とは老年人口が総人口の7％を越えて増え続けている社会をいい，この割合が14％を越えた社会を高齢社会と呼ぶのであるが，日本は昭和45（1970）年に高齢化社会の仲間入りをした。そして，それから24年後の平成6（1994）年には，次の高齢社会の段階に到達した。日本における高齢化の最大の特徴は，その進展速度の異例の速さにある（図表15-3および15-4を参照）。

なかでも，後期老年人口（75歳以上人口）の比率が増え，年金・医療・介護保険関係の経費が急激に増大するものと予測され

図表15-1　日本の人口ピラミッド（平成11年10月1日現在）

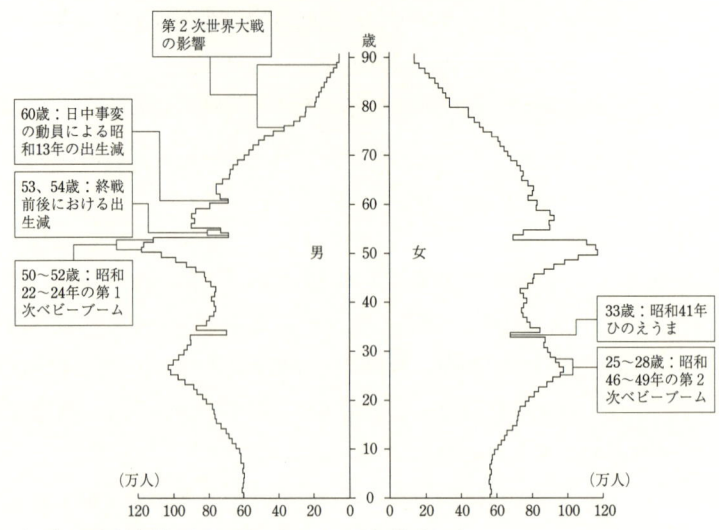

- 第2次世界大戦の影響
- 60歳：日中事変の動員による昭和13年の出生減
- 53、54歳：終戦前後における出生減
- 50～52歳：昭和22～24年の第1次ベビーブーム
- 33歳：昭和41年ひのえうま
- 25～28歳：昭和46～49年の第2次ベビーブーム

（出所）　総務庁（当時）統計局，平成11年10月1日現在「推計人口」。

図表15-2　人口構成及び平均寿命の推移および将来推計等

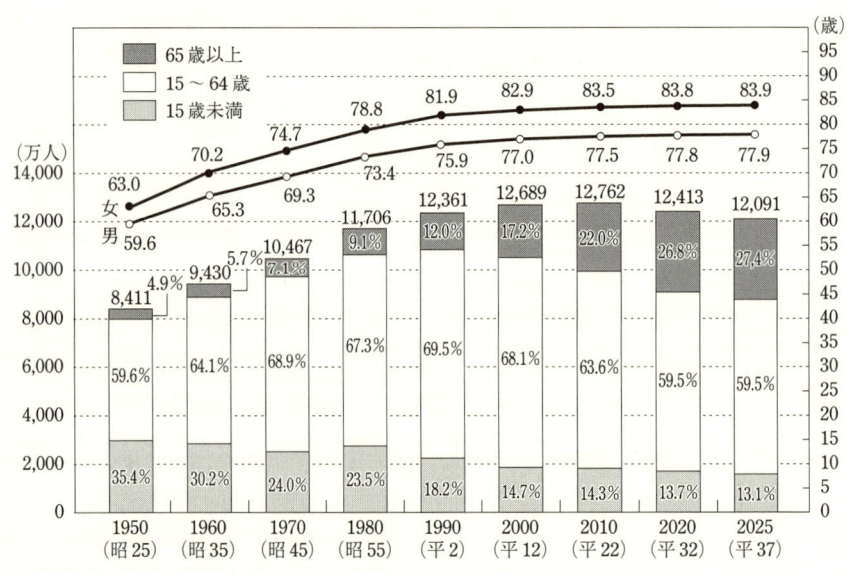

	1950 (昭25)	1960 (昭35)	1970 (昭45)	1980 (昭55)	1990 (平2)	2000 (平12)	2010 (平22)	2020 (平32)	2025 (平37)
総数（万人）	8,411	9,430	10,467	11,706	12,361	12,689	12,762	12,413	12,091
65歳以上	4.9%	5.7%	7.1%	9.1%	12.0%	17.2%	22.0%	26.8%	27.4%
15～64歳	59.6%	64.1%	68.9%	67.3%	69.5%	68.1%	63.6%	59.5%	59.5%
15歳未満	35.4%	30.2%	24.0%	23.5%	18.2%	14.7%	14.3%	13.7%	13.1%
平均寿命 女	63.0	70.2	74.7	78.8	81.9	82.9	83.5	83.8	83.9
平均寿命 男	59.6	65.3	69.3	73.4	75.9	77.0	77.5	77.8	77.9

（出所）　『平成12年版厚生白書』p.344, p.346 より。

図表15-3 欧米先進国と日本の高齢化率――推移と予測

(出所)『高齢社会白書平成11年版』、33頁より。

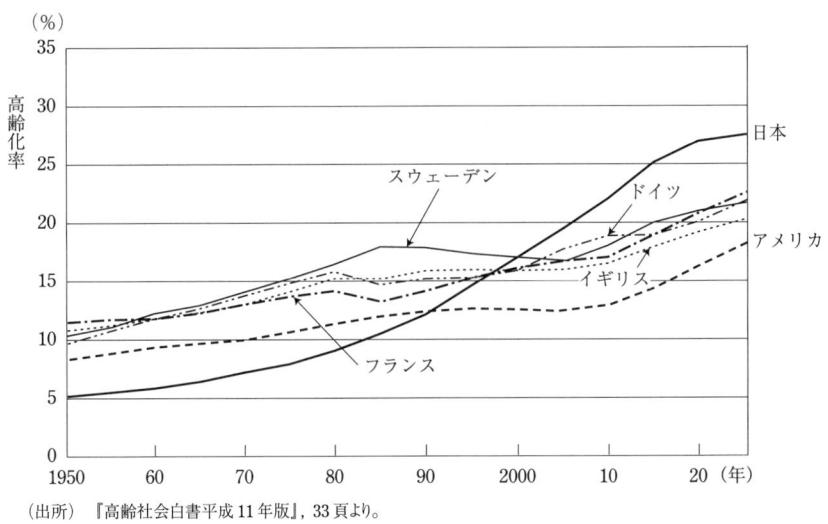

図表15-4 人口高齢化速度の国際比較

国　名	65歳以上人口比率の到達年次		所要年数
	7％	14％	
日　　本	1970年	1994年	24年
ア メ リ カ	1945	2014	69
イ ギ リ ス	1930	1976	46
西 ド イ ツ	1930	1972	42
フ ラ ン ス	1865	1979	114
スウェーデン	1890	1972	82

(出所)『高齢社会白書平成11年版』33頁より。

ている。

(4) 人口分布の変動

　これに対して，国土交通省の所管する全国総合開発計画，道路・下水道・公園・港湾・鉄道・空港などの公共事業，総務省がその制度管理にあたっている地方自治制度・地方交付税制度などは，同じ人口問題でも，その年齢別・性別構成ではなしに，その地域分布の変動に大きく左右されている政策領域である。

東京一極集中等　　ここでは，いわゆる東京一極集中とそれぞれの地方圏内部での大都市集中の傾向がどのように推移していくかがこれらの政策領域の今後の対応を左右するもっとも大きな要因であろう（図表15

図表15-5 人口分布の変動の推移と予測

人口減少都道府県の広がり

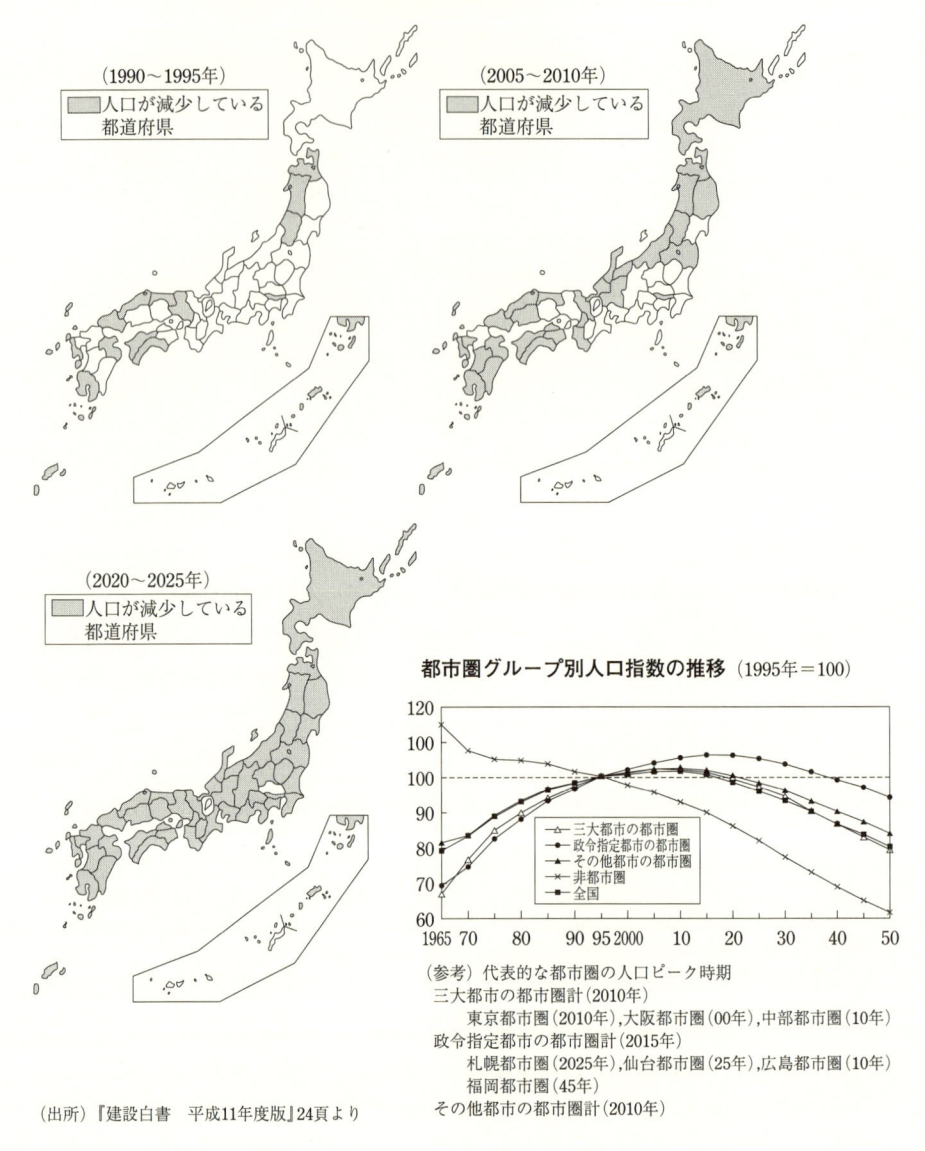

(1990～1995年) 人口が減少している都道府県

(2005～2010年) 人口が減少している都道府県

(2020～2025年) 人口が減少している都道府県

都市圏グループ別人口指数の推移 （1995年＝100）

凡例：
- 三大都市の都市圏
- 政令指定都市の都市圏
- その他都市の都市圏
- 非都市圏
- 全国

（参考）代表的な都市圏の人口ピーク時期
　三大都市の都市圏計（2010年）
　　　東京都市圏（2010年），大阪都市圏（00年），中部都市圏（10年）
　政令指定都市の都市圏計（2015年）
　　　札幌都市圏（2025年），仙台都市圏（25年），広島都市圏（10年）
　　　福岡都市圏（45年）
　その他都市の都市圏計（2010年）

（出所）『建設白書　平成11年度版』24頁より

-5参照)。

(5) 科学技術の進歩発展

科学技術の進歩発展は，文部科学省が所管する研究開発行政を初め，経済産業省・農林水産省・国土交通省などの所管する産業行政，それに総務省の電気通信行政・放送行政，厚生労働省の医療行政など，幅広い政策領域に大きな影響を与えているもうひとつの環境要因群である。

<small>新しい物質・素材・製品との戦い</small>

そして，環境省所管の環境保全行政とか廃棄物処理行政などもまた，科学技術から生み出される新しい物質・素材・製品との不断の戦いを強いられている政策領域である。

(6) 気象変動・自然災害

最後に，農林水産省の所管する農林漁業の産業行政，国土交通省・気象庁・消防庁の所管する防災行政，国土交通省が所管する河川行政，港湾行政，運輸行政，海上保安行政などは，気象の変化・変動および天変地異といった自然条件にかかわる環境要因群の影響をとりわけ強く受ける政策領域である。

<small>測量・観測</small>

そこで，この種の自然環境条件の変動を探知する方法としておこなわれているのが測量と観測である。国土交通省の国土地理院による国土の測量と国定地図の作成，気象庁による気象観測と気象予報並びに地震・地磁気・地層の観測，水産庁と海上保安庁による海洋観測，そして環境省・国土交通省・自治体などによる公害の常時監視などはその代表例である。

2 環境変動と統計調査

(1) 調査統計と業務統計

これに対して，社会環境条件の変動を探知してその将来を予測する方法として発達したのが統計調査である。

<small>調査統計と業務統計</small>

国および自治体が活用している統計データには，社会事象の変動を探知すること自体を目的にしておこなわれる統計調査から得

られた調査統計と，国または自治体の業務の記録から副次的に得られた業務統計とがある。

指定統計と承認統計と届出統計　このうちの前者の調査統計のなかで重要なものは，統計法に基づき総務大臣の指定・承認，あるいは総務大臣への届出にかかわらしめているので，これらをそれぞれ指定統計，承認統計，届出統計と呼ぶ。そして，このうちでもっとも重要な指定統計については，その調査目的・調査事項・集計方法・公表形式を明確に定め，国民に正しい報告を義務づけている一方，政府の関係者には個票の内容に関する守秘義務が課せられている。

センサス調査と標本調査　またこの指定統計には，調査対象のすべてについて調べるセンサス（悉皆）調査と，これらのセンサス調査から一定の標本（サンプル）を抽出して，これについてのみ，センサス調査時点間の変化の動態を小刻みに調べる標本調査とがある。前者のセンサス調査の代表が5年ごとの周期で実施されている国勢調査と事業所統計調査である。そして，国勢調査から抽出した標本について毎月おこなわれている標本調査の代表が家計調査と労働力調査であり，事業所統計調査から抽出した標本について毎月おこなわれている標本調査の代表が毎月勤労統計調査である。

統計調査業務の委託と直営　これら指定統計の統計調査業務の大半は国から自治体に委託して実施されている。だが，農林関係の統計はひとつの大きな例外であり，主として農林水産省の地方出先機関の統計情報事務所の手で，国の直轄の下におこなわれてきている。この統計情報事務所の前身は作物報告事務所であるが，この作物報告事務所は戦後の食糧難時代に，米の供出と配給を公平にするために信頼のできる統計を得るために創設された機関であり，当時は全国でおよそ20,000人の職員がこの統計調査業務に従事していたのである。

(2) 統計情報の活用方法

業務統計情報の活用方法　サイモンは，業務統計情報が組織管理において活用される方法を，①成績評価情報（score-card information），②注意喚起情報

(attention-directing information)，③課題解決情報（problem-solving information）の3類型に区分しているが，この類型区分は統計情報一般の活用方法にも応用することができるように思われる。

成績評価情報　　① 成績評価情報とは，業務が適切に遂行されているか否かを点検し確認するために使われる情報である。業務統計の多くは，第1次的にはこの目的のために記録され整理されているものであるが，第2次的には注意喚起情報としても活用される。

注意喚起情報　　② 注意喚起情報とは，注意を振り向けるべき問題の所在を探知するために使われる情報である。調査統計の多くは，第1次的にはこの目的のために調査し収集されるものであるが，第2次的には政策・施策の効果を確認し評価する成績評価情報として活用される場合もないことはない。

課題解決情報　　③ 課題解決情報とは，当面する課題の様相とその背景・原因を詳しく分析し，これを解決するためにはどのような方法がありうるのかを模索するために使われる情報である。業務統計情報であれ調査統計情報であれ，恒常的に記録・調査されている統計情報だけではこの課題解決情報としては不十分で，課題解決のためには独自の調査研究が随時におこなわれ，新しい追加情報が収集されるのが通例である。

統計情報の解読方法　　ところで，統計情報を成績評価情報または注意喚起情報として活用するためには，統計情報を解読し，そこから何らかの意味を引き出し，これを評価しなければならないのであるが，そのためにもっとも頻繁に使われる素朴な方法が以下の三つのものである。すなわち，①目標と実績の乖離の度合いを確認し，目標の達成率とその向上率を評価する方法，②時系列の変化の趨勢を確認し，事態が改善の方向にあるのか悪化の方向にあるのかを評価する方法，③国際間比較または自治体間比較をおこない，相対的な到達水準を評価する方法である。

<small>白　書</small>　　　そして，各省庁はこうした分析評価の結果の概要を通常は『白書』に集約して解説している。したがって，各省庁の課題・環境についての状況認識の変化の跡を追うためには，『白書』の記載内容を経年史的に分析してみるのがもっとも簡便な方法である。

(3) 調査研究と諮問

<small>調査費と研究会</small>　　　統計情報の分析評価から何らかの対応を要する新しい課題が探知されたとき，各省庁は，課題解決情報を収集するために，まず概算要求において調査費を要求し，これを用いて民間シンクタンクまたは外郭団体の調査研究機関に調査研究を委託する。この種の調査研究を受託した機関では，学識経験者（その多くは大学の研究者と官庁のＯＢ）で構成された研究会を組織し，調査研究の方法とその結果の解釈の仕方についてかれらの意見を聴取する。そして，この研究会の場には，委託省庁の担当行政官たち自身が出席し，その論議に非公式に参加しているのが通例である。

<small>審議会等への諮問</small>　　　こうして，新しい課題についての課題解決情報が蓄積され，この課題に対する省庁の認識と対応方針がある程度まで固まった段階になると，この課題に対する対応方策が関係各界の代表で構成された正規の審議会等に諮問されることになる。そして，この審議会等では，事務当局から提出された各種の資料に基づき意見の交換がおこなわれ，やがて事務当局の用意した草案をたたき台にして答申文案が起草されることになる。

　　それ故に，審議会等は事務当局の「隠れ蓑」として事務当局の方針にお墨付きを与えているにすぎないのではないかとする批判が絶えないところであるが，それは関係各界の反応を打診し，大方の合意を形成する上に一定の機能をはたしている。

　　こうして審議会等の答申が得られると，法令案・概算要求案などの具体的な立案作業が始められる。

3 行政需要の施策への変換

　　　　環境変動の認知に基づく新しい政策対応の立案といっても、その抽象度・明細度には無限のレベルがある。対応の基本方針を表明した抽象度の高い政策（policy）を行政サービスの生産・供給の仕組みを設計した施策（program）に分解し、この施策をさらに個別の行政サービスの内容を確定した事業（project）にまで具体化する際には、対応すべき課題量（対象集団・対象物の数量およびこれに対して供給すべきサービス量）を推定する作業が必須である。

　　　ことに、法令の立案・決定からこれを実施するための予算の立案・決定へと移行するにあたっては、対応すべき課題を計量化して把握することが不可欠の要件となる。ここに、行政需要または行政ニーズの概念が登場してくる所以がある。

（1）需要概念の類推適用

市場の需要と行政サービスの需要

　　　行政需要なる概念は、昭和37（1962）年に設置された臨時行政調査会（第一次臨調）においてひとつの鍵概念として使われ、そこから普及したものであり、その意味内容はかならずしも明確ではないが、市場のメカニズムの需要・供給の概念を政治のメカニズムに類推適用したものである。

　　　政府の行政サービスに対する需要は、市場で売買される財・サービスに対する需要のように、貨幣を媒介にした価格と効用の等価交換をとおして自動的に顕在化してくるものではなく、需要と供給の自動調整作用を期待することのできない性質のものであるから、この類推適用には大きな限界を伴う。しかし、個別企業経営の次元における需要予測の概念と手法を政府による行政サービスの需要予測に類推適用することは、ある程度までは可能であり、有効であるようにも思われる。

企業経営における需要予測

　　　企業経営における需要予測では、市場の状態を把握するために、

市場力・購買力・販売力といった概念が使われている。

市場力とは，市場を飽和性からみた概念であって，市場への浸透の限度，つまり当該の財・サービスを消費しうる市場の規模を意味する。そこで，市場力は，世帯・個人などの消費単位に関する人口学的な属性の構造，需要の源泉となる所得状況，その他需要の発生状況を示す諸指標によってとらえられる。

次の購買力とは，市場を普及性からみた概念であって，新規需要の購買力，買換需要の購買力，買増需要の購買力に分けられる。新規，買換，買増といった購買力の内容によって，需要の関数関係は異なる。ごく一般的な傾向としては，新規需要は財・サービスの機能とか販売政策などに大きく左右され，買換需要は価格要因の，買増需要は所得要因の影響を強く受けるという。

ところで，上述の市場力と購買力は財・サービスの市場における総需要をとらえる概念であるのに対して，最後の販売力は，市場の占拠性からみた概念，つまり競争関係にある供給主体間の市場占有率をとらえる概念である。

以上の簡単な説明からも明らかであるように，需要予測は市場の状態変化の把握を基本としているが，販売戦略が需要構造に影響するので，需要予測と販売戦略とは切り離しがたく結びついている。

行政サービスの需要予測

いわゆる行政需要についても，その規模の見積もりをしようとすれば，人口学的な属性に関する構造分析を要する。また，行政サービスの相互代替性とか相互補完性を分析しようとすれば，購買力分析に似た，需要の発生構造に関する分析を要する。あるいは，行政サービスにおいても，その質量，提供方法，料金などが行政需要に関する選好曲線を変動させるという側面が存在する。さらに，行政サービスについても公共サービス全体のなかでの公私の役割分担が論じられるように，販売力分析に類似の，公共サービス供給主体の複合構造に関する分析が必要になる。

このように考えるならば，行政サービスに対する人々の要求ないしは要望を，政府に対する人々の行政「需要」と呼ぶことにも，それなりの意義があるように思われる。

(2) 行政サービスの計量化

<small>行政需要と
行政ニーズ</small>

しかしながら，政府の行政サービスについて需要概念を類推適用することはそれほど簡単なことではない。市場における需要は商品の質量と価格を前提にして顕在化するものであるのに対して，政府の行政サービスに対する需要は無定型なものだからである。

そこで，需要概念を政府の行政サービスに類推適用するに際しては，まず行政需要と行政ニーズの概念を，ついで行政ニーズの認定と施策ないしは事業の目標数値の設定を，明確に区別しておかなければならない。

行政需要とは人々が政府にその充足を期待する効用のことであり，行政ニーズとは政府の側が行政サービスによって対応すべき課題と認定したものと定義したい。

<small>行政需要の無定型
性と流動性</small>

行政需要は，あくまでも，人々が政府に対して抱いている期待であるから，それは階層・集団・個人ごとに多種多様であり，しかも相互に矛盾対立していることが少なくないし，明確に定式化されていないことが多い。

たとえば，公害のない街に戻してほしいという人々の期待がきわめて強いとしても，それでは公害をどのような方法でどの程度まで防止することを期待しているのか，公害防止のためであればどの程度の規制措置まで甘受する用意があるのか不明確であることが多い。

しかも，行政需要はいたって流動的であり，その強度は不断に変動している。

<small>顕在行政需要と
潜在行政需要</small>

そして，行政需要には，人々の期待が政府に対する要求として政治過程に表出している顕在行政需要と，理由はともあれ，これがまだ政治過程に表出していない潜在行政需要とがあるが，顕在

行政需要であるにもかかわらず，政府が対応すべき課題とは認められない，これに対応する技術的方法がない，行政資源に限界があるために対応できないなどの理由から，行政ニーズとして認定されないものもある。

これとは逆に，潜在行政需要であるにもかかわらず，政府の側がこれをニーズ調査によって掘り起こし，あるいは統計情報の分析によってその存在を推測して，これを行政ニーズとして認定することもある。

目標数値の設定と事業量の見積り

しかし，行政需要と行政ニーズそれ自体は計量的に測定しがたいものである。上述の定義から明らかなように，行政ニーズの認定それ自体が明確に定式化されているとはかぎらないからである。仮に，ある課題の解決について政府が責任を負うべきことが法定されているような場合であっても，政府の努力義務がどの範囲のどの程度にまで及ぶのか，これが不明確であるのが通常である。課題量の計量が可能になるのは，施策ないしは事業の目標数値が確定された段階においてである。

論理的なあるべき手順としては，行政ニーズの認定に続いて，この行政ニーズを充足するための施策が設計され，その上でこの施策目的を達成するための事業が設計され，その事業目標が設定されるべきものであろう。だが，現実の手順をみると，行政ニーズの認定とその証左というべき初期的な施策の試行とが同時におこなわれる。そして，この施策がその試行結果に照らして漸次に修正され拡充されながら行政サービスとして定着していく過程で，施策目標と事業目標の自覚的な設定が相互循環的に進められていくのである。

「行政需要の測定」

こうして，施策ないしは事業の目標数値が設定されるにいたったときに初めて，この目標水準にまで到達するのに必要な事業量の推定が可能になる。

したがって，世にいうところの「行政需要の測定」なるものは，

厳密にいえば，行政需要の測定でも行政ニーズの測定でもなく，目標数値を設定するための作業であるか，そうでなければ事業量を見積もる作業のことである。

　いいかえれば，「行政需要の測定」がおこなわれるのは，継続的な業務としてすでにある程度まで定着した行政サービスについてであることが多く，新規政策の立案・決定をめぐる主要な論点は行政需要を行政ニーズとして認定することの可否である。

(3) 供給主体の複合構造

<small>行政需要の総合性</small>

　行政需要について論じる際には，財・サービスを供給する主体の複合構造についても考察しておく必要がある。

　行政需要は，一般に複合的な対応を要する期待である。たとえば，高齢者たちは，経済的不安のない健康な状態で，温かい人間関係のなかで自立して生活していくことを望み，このような生活を可能にする諸条件を整えることを政府に期待している。

　これはおそろしく総合的な行政需要である。そこで，この行政需要に対しては，政府の側でも，老齢年金制度の充実，老人医療保険制度の整備，介護保険制度の創設等々，多元的な行政機関が多種多様な施策を用意して対応しなければならない。そして，それらの多様な施策のなかには相互に代替関係にあるものもあれば，相互に補完関係にあるものもありうる。

<small>供給主体の組み合わせ</small>

　そしてまた，この種の総合的な行政需要を充足する財・サービスのすべてを，政府がみずから供給しなければならないとは限らない。家族内の相互扶助とかコミュニティ内のボランティア活動で対応する方が適切なものもあれば，事業所単位の共済組合制度とか福利厚生事業による対応を期待すべきものもある。また非営利法人である社会福祉法人経営の老人ホーム事業を活用する余地もある。さらにはシルバー産業の営利事業に委ねた方が適当なものもありうるかもしれない。

　したがって，ある行政需要を政府の対応すべき行政ニーズに認

定するか否かという問題は，この行政需要を充足する種々の財・サービスを誰が供給するのが最善か，財・サービスの供給主体をどのように組み合わせるのが妥当かという点についての判断にかかわる問題なのである。

これが，公私の役割分担とか，民間活力の活用とか，あるいは民間委託の推進などとして論議されている問題にほかならない。

(4) 行政需要の制御

行政需要の充足と制御　ところで，行政需要の増大には行政サービスの供給量の増大をもって対処するのが通常の姿ではあるが，こうした行政需要の充足という観点とは全く逆に，行政需要の制御について考えてみる必要がある。

行政需要の制御には，大きく分けて三つの方策がある。すなわち，①指導・規制による予防方策，②助成・振興による民活方策，そして③価格操作による減量方策である。

指導・規制による予防方策　たとえば，自動車による通学を規制して，キャンパス内での駐車場整備需要の発生量を削減するとか，健康診断と保健指導を徹底して，本人自身による健康管理を求め，医療サービス需要の発生量を削減するとか，事業所に育児休業制度の導入拡大を強制して，親自身による育児を奨励し，乳幼児保育需要の発生量を削減するといったように，行政需要のそもそもの発生源をとらえ，ここに何らかの指導・規制を加え，問題の自力解決を求め，これが公共サービスに対する需要として顕在化することを予防する方策である。

助成・振興による民活方策　たとえば，私立の学校・病院・福祉施設などを助成・振興して，民間の非営利法人による教育・医療・福祉サービスの供給量を増やし，国公立の学校・病院・社会福祉施設の新増設の必要を最小限に抑えるといったように，政府以外の事業主体を助成・振興しそのサービス供給量を増大させて，人々の公共サービス需要を政府以外の事業主体に向かわせることにより，政府の行政サービス

に対する需要圧力を軽減させる方策である。

価格操作による減量方策　　たとえば，水道料金を引き上げて節水効果を期待するとか，老人医療を有料化して高齢者の医者通いを抑制するといったように，行政サービスを有料化しその価格を操作することによって，消費者の消費性向を抑制し，行政サービスの消費量を減量させる方策である。

図表15-6　ごみ処理・再利用の総合モデル体系

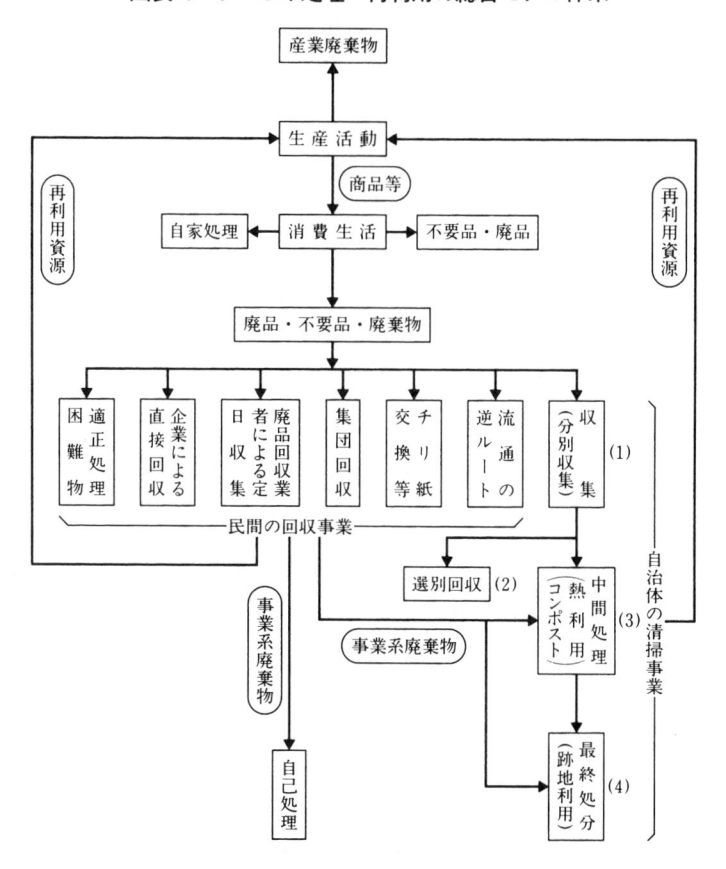

```
                         産業廃棄物
                             ↓
        ┌──────────→ 生 産 活 動 ←──────────┐
        │                    ↓                      │
        │                 商品等                    │
       再                   ↓                      再
       利    自家処理 ← 消 費 生 活 → 不要品・廃品   利
       用                   ↓                      用
       資            廃品・不要品・廃棄物             資
       源    ┌──┬──┬──┬──┬──┬──┐           源
             ↓  ↓  ↓  ↓  ↓  ↓  ↓
           困 適 直 企 廃 日 集 交 チ 流 収
           難 正 接 業 品 用 団 換 リ 通 集
           物 処 回 に 回 品 回 等 紙 の （分別収集）(1)
              理 収 よ 収 定 収    逆
                    る 業 者    ルート
                    ─────民間の回収事業─────       自
                                  ↓                  治
                             選別回収 (2)             体
                                  ↓                  の
                             中間処理                清
                             熱利用                  掃
                             コンポスト  (3)         事
                                  ↓                  業
                             最終処分
                             (跡地利用) (4)
```
事業系廃棄物 → 自己処理

事業系廃棄物

(注) (1)～(4)の自治体の清掃事業には，委託業者による事業を含む。
(出所) 寄本勝美「ごみ問題と都市行政」(人間環境を考える会編『お茶の間から見た都市問題』1982年，ぎょうせい) より。

<small>生活系ごみの
発生構造と
減量方策</small>

　廃棄物処理行政においては、こうした行政需要の制御の方策がすでに実際に広く検討され採用されている（**図表15-6参照**）。これ以外の行政サービスについても、この種の行政需要の発生構造に関する分析を蓄積していくことが肝要であろう。

4 予測と計画

　環境変動の認知と行政サービスの計量化に深く関連しているのが、予測と計画という行政活動である。そこで、最後にこの問題について論及して、本章の考察を締めくくることにしよう。

(1) 計画行政の発展

<small>計画行政の起源</small>　各国の政府が計画と呼ばれる立法形式ないしは政策の表示形式を広く採用し始めたのは、第一次大戦以降のことであった。すなわち、第一次大戦中に初めて戦時計画が策定され、大恐慌期にはこれが経済復興計画になり、そして第二次大戦中には再び戦時総動員計画が策定された。そして、この危機の時代に計画行政を体験した諸国では、戦後も経済復興計画と国土復興計画を策定する行政手法が継承されたのである。

　この計画という形式の活用が日本でも顕著になったのは、昭和30年以降のことである。戦後初めて政府の経済計画として正式に閣議決定されたのは、鳩山内閣の『自立経済六箇年計画』である。これに岸内閣の『新長期経済計画』がつづき、そして昭和35(1960)年には、池田内閣の『国民所得倍増計画』が決定されている。

<small>国民所得
倍増計画</small>　この『国民所得倍増計画』は岸内閣時代の治安政策中心の高姿勢から経済政策中心の低姿勢への転換を象徴する政治スローガンとして大きな役割をはたしただけでなく、それは経済計画としても一段と技術的に洗練されたものになり、民間企業の設備投資を促す上に大きな効果を発揮した。そしてそれは、財政方針を積極化させ、産業基盤となるべき社会資本の充実に投資の重点をおい

ただけでなく、企業の設備投資を積極化させ、人々の消費水準を格段に高めた点でも、いわゆる「ＧＮＰ信仰」の起点を形成した。

全国総合開発計画　昭和37（1962）年には、この『国民所得倍増計画』をうけて、これまた戦後初の全国総合開発計画が策定され、さらにその延長線上に新産業都市建設促進法等が制定された。こうした国の側での動きと相前後して地方にも地域開発ブームがおこり、中央と地方の双方に無数の「計画」が出現したのであった。

(2) 計画行政と民主政治

アメリカにおける計画論争　政府計画（government planning）の策定、行政活動の計画化の指向は、現代国家にほぼ普遍的な現象である。しかし、自由主義経済体制と民主政治体制への信奉がひときわ強く、また戦争による国土の疲弊を受けることのなかったアメリカでは、政府計画の観念は容易に受け入れられるところとならなかった。政府計画の策定は計画経済の導入と同義に解され、社会主義の意味合いをもつものと受け取られ、警戒されたのである。それだけに、このアメリカで1930〜40年代に展開された計画論争は、計画行政に内在する原理的な問題点を鋭くとらえていた。

　政府計画の導入の是非をめぐる論争は、市場のメカニズムと政治のメカニズムの優劣という論点と、計画行政と民主政治の調和は可能か否かという論点とをめぐって展開されていた。前者の論点についてはすでに随所で論及してきたので、ここでは後者の論点についてのみもう少し詳しく紹介しておくことにしよう。

計画行政と民主政治　計画行政と民主政治の調和は可能か否かという論点は、以下の四つの危惧を背景にした論議であった。すなわち、

　第1は、計画はしばしば新しい規制措置を導入する前提として策定されるので、政府計画の普及発展とは人々の行動の自由に対する制約の拡大を意味するのではないかとする危惧である。

　第2は、計画の策定は計画策定機関に権力を集中させることになり、政府間または政府の諸機関間の権力関係を変えるのではな

いかとする危惧である。

　第3は，計画行政とは社会的諸利益の調整・統合の機能を少数の計画家と称される専門家の手に委ねてしまうことを意味し，それは多数の意思が支配すべき民主政治の原理に抵触するのではないかとする危惧である。

　第4は，計画は一定期間の継続性を前提にして策定されるものであるが，それは政治家の生命とする臨機応変の適応行動を不当に拘束するものになるのではないかとする危惧である。

　政府計画といっても，これには実にさまざまなものがあるので，政府計画のすべてについてこの種の危惧がつねに妥当するというものではない。しかし，この種の危惧からおよそ無縁だと言い切れる計画行政もまた少ないのである。

　にもかかわらず，現代国家がさまざまな政府計画を策定しているのは，それが多少なりとも行政活動を合理化するのに役立つと期待しているからにほかならないのであるが，計画活動（planning）の合理性には多くの限界が付随しているのである。

(3) 予測と計画

計画の定義と要素

　計画活動とは，未来の人間行動について相互関連性の高い一群の行動案を提案する活動である。いいかえれば，計画（plan）一般に共通している要素は，①未来の事象にかかわること，②行動群の提案であること，そして③提案される行動群が相互関連性の高いものであることの三つであるが，このうちの②はすべての政策に共通するものであるから，計画に固有の特質といえば，それは①の未来性と③の相互関連性である。

　現に「計画」と命名されている政策の大半は，何カ年かの計画期間を設定したものであると同時に，未来の目標が数値・図面・地図など目標と実績のずれを客観的に測定することのできる形式で表示されているものか，そうでなければ，行動群の相互関連性が詳細に規定されているものか，そのいずれかである。

計画と予測　　計画は未来の人間行動の提案であり，未来の状況についての一定の予測を前提にしている。そこで，まずはこの予測という点に着目して，そこから計画活動の合理性とその限界について説明することにしよう。

予測数値の固定　　予測に付随する第1の問題は，未来の社会事象の正確な予測は大変にむずかしいということである。その困難さは計画期間が長くなればなるほど増す。そこで，長期予測は，ごく少数の重要変数の過去の趨勢を未来に投射する方法で将来値を推定することになるが，ここでは予測値に一定の幅が生じざるをえない。しかし，予測値に大きな幅を残したままでは，その他の計画諸元の数値を確定することができないので，予測値をその幅のなかのいずれか一点に固定することにならざるをえない。

　　たとえば，『国民所得倍増計画』の策定に際しては，今後10年間の経済成長率は6.5%から8.0%の範囲内と推定されていたが，この幅のなかから7.2%という数値が恣意的に選ばれて固定されたのであった。7.2%だと，国民所得は10年間でちょうど倍増する計算になるので，政治スローガンとしてこれほど好都合なことはないと判断されたからであった。そして，ひとたび予測値が固定されると，その後はこの数値が一人歩きを始め，予測の当否はもっぱらこれを基にしておこなわれるようになるのである。

予測と目標　　予測に付随する第2の問題は，予測と計画による制御の関係である。未来の状況を予測する際に，計画主体が対象となる社会事象に対して何らの働きかけもしないという仮定のもとで生ずるであろう未来の状態の予測と，計画主体が対象となる社会事象に対して一定の働きかけを加えたときに生ずるであろう未来の状態の予測とを厳密に区別できれば，何もせずに放置した場合と計画に基づいて制御した場合の効果とを比較対照することが可能になるが，現実の予測ではこのふたつの場合を厳密に区別することは困難であるために，この点が曖昧になる。

『国民所得倍増計画』策定の際の「経済成長率の予測は，経済各セクターのバランスを勘案した，政策的前提を置いた予測である」と解説されているが，「政策的前提を置いた予測」となると，これは予測であるのか目標であるのか判然としなくなる。そこで，その後に実際に達成された経済成長も，それが自然の結果なのか，計画的制御の成果なのか，厳密には判定しがたい。

<small>予測の公表の効果</small>

予測に伴う第3の問題は，予測の公表が人間行動に影響を与え，予測が自己実現的予言になったり自己否定的予言になったりしてしまうという問題である。

『国民所得倍増計画』についても，これが強気の経済成長を予測したために，それが政府による保証と受け取られ，企業の設備投資を促し，その結果として予測値を上回る成長を達成することになったとする説もある。

政府の経済見通しに示される予測値はどこの国でも経済活動の指針として広く参照されているのであるが，そうなると，予測の公表にあたっても，これがもたらす効果を予め慎重に計算に入れておかなければならないことになる。だが，それは予測というものをますます操作的なものにしてしまうことになるのである。

<small>測定可能な目標の設定は目的の単純化</small>

次に，計画のもうひとつの特徴である測定可能な目標の方に視点を移し，これに付随する問題点について考察してみよう。

目標が測定可能な形式で表示されている計画では，手段たる行動の合目的性，行動結果の計画適合性，そして計画の成否の度合いの判定がしやすくなる。しかしこのことは，別の観点からみれば，計画の目的ないしは判定基準を極度に単純化していることを意味する。計画に明示された目標はその背後にある多様な目的の達成度合いを測る代替指標にほかならない。

たとえば，これから何カ年のうちに収容定員何万人分の保育所を増設するという計画の場合を例にあげていえば，この計画を具体化する過程では，公立と私立の分担割合，施設の建設単価，職

員の配置基準，保育料の水準等々について決定しなければならない。しかも，その背後には，保育サービスの提供は母親に就業の機会を保障することを目的にしたものか，母親に自由時間を与えることを目的にしたものか，保育に欠ける幼児を養育するためのものか，幼児の社会化を促進するためのものかといった諸点についての判断が下されていなければならないはずである。

したがって，この計画の成果を評価する場合にも，ただ単に保育所が何人分増設されたかを確認するだけでは不十分であり，その背後にある諸目的がどの程度まで適切に達成されたかが評価されなければならないはずなのであるが，計画の成果はもっぱら収容定員の側面での達成率によって評価されることになる。

あらゆる行政サービスには同時に達成されるべき多数の目的があり，あるいはまたこの行政サービスの提供に際して侵害してはならない価値条件が数多くある。ところが，測定可能な一元的な目標の設定はこうしたものをすべて背後に隠してしまうことになるのである。代替指標の達成それ自体が目的に転化してしまうと言ってもよい。

しかしながら，この単純化に伴う弊害を回避しようとして，多様な目的を計画の目標のなかに持ち込むと，測定可能な目標の設定は困難になり，手段の適合性の判定も格段にむずかしくなってしまうのである。

計画の効能と限界

われわれは，場当たりの対応に運命を託することを潔しとせず，われわれの行動を多少なりとも合理的なものにしようとすれば，未来をできるかぎり的確に予測し，あらかじめ計画を立てて行動せざるをえない。

しかし，社会事象の複雑さに引き比べて，人間の環境についての認識能力と制御能力はきわめて不完全なものにとどまっている以上，計画は高度に複雑な社会事象を管理可能な形に単純化する作業にならざるをえないのである。計画とは，他の要因はすべて

一定不変であるとの仮定を立て，特定の要因についてのみその未来を予測し，これを前提にして特定の対象だけを制御し，これによって全体状況を好ましい状態に導こうとする活動である。いいかえれば，計画は考慮に入れるべき多くの要素を敢えて捨象することによって，初めて成立しているものである。

したがって，計画に対しては，これが不完全で総合性に欠けているとする批判が加えられることが多い。だが，これはすべての計画についてつねに妥当しうる批判である。

問題は，計画にさらに多様な要素を盛り込み，これをもっと複雑で総合的なものにすることがどこまで可能か，そうした方がより望ましい結果を生むのか，それとも計画に盛り込まなかった要素・側面は計画の枠外で対処する方が賢明なのかである。

(4) 総合計画の構成要件

経済計画・国土計画・予算

計画は，多数の組織単位の行動を提案する総合計画になればなるほど，その策定作業はいっそうむずかしいものになるはずである。にもかかわらず，多くの国々の政府が経済計画・国土計画・予算といった総合計画の策定を手掛けているのは何故か。この種の総合計画の策定は何故に可能になっているのであろうか。

そこで，この3種の総合計画について検討してみると，そこには総合計画に共通する構成要件というべきものがあり，これらの構成要件のみたし方がこの3種の計画ごとに異なっていることがわかる。

有限資源の利用配分計画

第1に，いずれの計画も，特定の有限資源を手掛かりにしていることである。すなわち，経済計画は国民経済における資本・労働力を，国土計画は土地・水などを，そして予算は政府の財源を対象にして，その利用配分を計画している。

このうちで，資源の有限性が最も可視的で明瞭に自覚されているのは財源である。土地・水などの天然資源の有限性の方がはるかに可視的で明瞭ではないかと思われるかもしれないが，ここで

問われているのは利用可能な土地・水の量であり，その有限性はそれほど自明のことではない。

競合関係の総合性　　第2に，多くの行政活動がこれらの有限資源の利用配分をめぐって競合する関係にあることである。それ故に，この特定の資源を対象にして策定する計画がそのまま行政活動を幅広く捕捉した総合計画になりうるのである。

　行政活動の全側面を金銭支出の点から捕捉できるものではないが，金銭支出を全く必要としない行政活動はほとんど皆無である。そこで，財源の利用配分計画たる予算は行政活動に対するもっとも包括的な計画になっている。だが，資本・労働力とか土地・水などの資源は公共部門だけでなく，むしろ民間部門によって広く活用されているものであり，またこれらの資源を争奪し合っている行政活動，あるいはその配分に重大な影響を与える行政活動の範囲はかなり限定されている。

　そこで，経済計画と国土計画は行政活動の総合的な捕捉という面では予算に劣る。

利用配分の制御手段　　第3に，この有限資源の利用配分について何らかの制御手段をもっていることである。

　政府は国庫の統一的な管理を背景にして，絶対的な予算編成権をもっている。経済計画の制御手段はこれに比べればはるかに不完全なものではあるが，政府は各種の景気調整手段をもっており，これを前提にして経済計画を策定している。これに対して，国土計画の成否は，政府がどの程度まで強力で明細な土地利用規制権を有しているか否かに依存している。

計画の科学性　　第4に，計画の対象である有限資源の利用状況に関する十分な情報を収集し，しかもそこに一定の経験科学的な法則性を発見して，これに依拠することである。この科学性の構成要件がみたされれば，計画はこの法則性に立脚して対象を制御することができる。そこで，計画に合理性の粉飾を施し，その説得力と対抗力を

強めることができる。

　経済計画は，高度に整備された調査統計を活用し，しかも経済学の理論モデルに基づいて経済動向を制御しようとしている。それ故に，経済計画はもっとも計画らしい体裁を整えている。これに比べ，国土計画の基礎となるべき土地利用現況に関する調査統計の整備はいたって不十分であり，しかも土地利用については理論モデルの蓄積が不十分である。それ故に，それは科学的に基礎づけられたものというよりも，構想としての性格の強いものにとどまる。そして，予算の場合には，財源配分を導く合理的な法則など全く存在せず，もっぱら権力的な査定によって編成されている。この点こそが，予算には計画性がないといわれる所以であり，予算を計画として見た場合の最大の弱点である。ただし，予算に特有の事情は，その年度ごとの編成に絶対的なタイム・リミットがあり，このことが計画の策定を可能にしていることである。

総合計画の総合性の限界

　要するに，総合計画といわれるものも，何らかの特定の戦略的要因を手掛かりにして，多くの行政活動をその特定の側面から総合的に捕捉しようとしているにすぎないのであって，それらは決して全行政活動の全側面を網羅的に捕捉しているものではない。

　そこで，経済計画は経済指標を偏重し社会指標の開発を遅らせているとされ，国土計画は施設計画に偏向し社会計画に関心を向けていないと指摘される。そして，予算は金銭支出を伴う事業の費用効果分析を重視し，貨幣価値で評価しがたい価値を軽視しているなどと批判されることにもなるのである。

Tea Time

国勢調査の起源

聖書のなかの人口調査

　人口調査の歴史は古い。旧約聖書によれば，エジプトの地を脱しシナイの野にいたモーゼたちイスラエルの民に対し，神エホバは「汝等イスラエルの子孫の全会衆の惣数をその宗族に依りその父祖の家に循ひて核べその諸の男丁の名と頭数とを得よ」（民数紀略第1章）と命じている。

　このときの人口調査は徴兵を目的としたものであったが，しだいに徴税のための戸籍調査が登場する。新約聖書によれば，ローマ皇帝がすべての人にその出生地で戸籍調査を受けるように布令したため，ヨセフとマリアも故郷への旅に出立した途次，旅人で混雑していたベツレヘムの旅籠でイエス・キリストが生誕したと伝えている（ルカ伝第2章）。

アメリカ合衆国の国勢調査

　しかし，近代的な国勢調査の制度をもっとも早くに確立したのは，アメリカ合衆国であった。建国以来，憲法1条2節3項において「人口の算定は，合衆国連邦議会の最初の集会から3ケ年以内に行い，その後10年毎に，法律の規定にしたがって行うものとする」と定めたのである。それは主として，連邦議会下院の議席を各地域の人口に比例して公平に配分する目的に出たものであったが，この人口調査の内容は回を重ねるごとに，しだいに詳細なものになっていった。ことに1850年の第7回国勢調査以降には，人口調査の枠を大きく越えて，国家の社会経済事情に関する諸統計を幅広く収集する性質のものに発展した。

　国勢調査がとくにアメリカでこのような発展を遂げたのは，この国が「移民の国」であったことによるところが大きい。犯罪・貧困・病気といった諸々の社会悪の蔓延は移民の大量流入と結びつけて論じられ，そのつど移民の流入阻止の運動がおこり，あるいは移民の同化促進の運動が展開された。このいずれの方向からであれ，移民問題に強い関心をもつ人々が政府に移民の実態把握を求め，このことが国勢調

査を充実させたといえるからである。

　したがって，この国では，国勢調査から得られた統計数値が，当面の複雑な社会問題に対して単純明快な証拠を提供するものとして，しばしば政治的に活用されてもきた。

　たとえば，奴隷解放運動のために書かれたノン・フィクションの刊行物である『南部の危機』は，1850年国勢調査の統計数値を最大限に活用して書かれており，そのなかには，北部の自由諸州には14,911館の図書館があり，その蔵書数は 3,888,234冊にも及ぶのに対して，南部の奴隷諸州には 695館の図書館と 649,577冊の蔵書数しかないといったことまで書かれていた。そして共和党はリンカーンを擁立した大統領選挙戦に際して，この書物を10万部も買い上げて配布したと伝えられている。

　また，1907年の移民問題委員会の報告書は，ありとあらゆる統計を活用して，社会の諸悪をことごとく移民に結びつけて論じ，移民に対する当時の社会的偏見をあらわにしたものとして著名である。こうして，1912年にはついに移民法が成立し，移民制限の基準として民族別の割当比率（quota）の制度が確立されたのであった。

国勢統計の生産と流通

　ところで，合衆国憲法が真に比類のないものであるのは，それが国勢統計の生産について規定していただけでなく，統計情報の流通についても規定していたことである。すなわち，憲法2条3節は「大統領は，時々連邦の状況（the State of the Union）につき情報を連邦議会に与え，また自ら必要にして良策なりと考える施策について議会に対し審議を勧告する」と定めている。これが今日では大統領の一般教書として知られている制度であるが，これは元来は，施政方針の説明とか法案審議の勧告より以前に，議会に対する国勢報告の制度であった。

　国家建設の当初から政治における情報の機能をこれほどまでに重視し，情報の公表についてこのような制度保障を確立した国はほかにない。

　歴代大統領の一般教書のコンテント・アナリシスをしてみせたある研究によれば，19世紀前半の一般教書に登場する数量指標は1教書平均3指標にすぎなかったのに対して，これが第二次大戦以降には11指標になり，1961年のケネディ大統領のそれでは実に28指標を数えたという。

第16章
日本の中央省庁の意思決定方式

法令・行政規則の意思決定方式　政策の表示形式は法令・予算・計画・行政規則などの立法形式に限定されていないことは，すでに第14章の1の(1)において述べたとおりである。しかしながら，少なくとも施策・事業のレベルにまで具体化され，すでに継続的な業務として実施されている政策に関するかぎり，その主要な構成要素のほとんどは法令・予算・計画・行政規則などの立法形式に分散して表示されている。

　そこで，本章では，これらの立法形式のうちからまず法令とこれに類似の性質をもつ行政規則の場合を取り上げ，これらの案が日本の中央省庁の内部で発案され決定されていく仕組みについて概説しておくことにしよう。

ルーティン・ワークと重要事案　ところで，日本の中央省庁の内部における政策立案の仕組みについては，従来は日本独特の意思決定方式とされている稟議制との関連で論じられてきた。そして，この稟議制は日常のルーティン・ワークにかかわる意思決定から法令案の立案にかかわる意思決定にいたるまで共通に適用されているものとして理解されていたので，従来の議論では，日常のルーティン・ワークの意思決定方式と法令案の立案の意思決定方式とを区別して論じる必要を認めていなかった。

　しかし，このような理解は日本の中央省庁の意思決定方式の実態に反しているように思われるので，以下の解説では，より新しい見解に従い，日常のルーティン・ワークの意思決定方式と法令案の立案等の重要事案の意思決定方式とを区別して論じている。

原則と例外　このふたつの意思決定方式を区別することができるのであれば，第14章から政策立案活動の方に視点を移してきているのであるから，ここではもっぱら法令案の立案等の重要事案にかかわる意思決定方式についてだけ解説しておけばよいともいえる。

　だが，後述するように，日本の中央省庁の文書管理規則では，ルーティン・ワークに適用されている典型的な稟議制こそが文書処理の原

則的な方式とされ，法令案の立案等の重要事案に適用されている変則的な稟議制はあくまで例外的な方式とされているので，まずは典型的な稟議制についての解説から始め，その上で変則的な稟議制についての解説に移るのが順当であろう。そしてまた，その方が従来の稟議制論の理解と本章における解説との異同を鮮明にすることにもなるであろう。

1 従来の稟議制論と意思決定方式の類型区分

(1) 従来の稟議制論

稟議制は，経営学の小野豊明・山城章，行政学の辻清明，そして文化人類学の中根千枝などによって，日本の公私の官僚制組織に共通する独特の意思決定方式として指摘され，これが広く海外にまで紹介・論評されてきたために，これに対してはとくに外国の日本研究者たちから強い関心が寄せられてきた。

稟議・稟議書・稟議制

稟議・稟申・稟請（現在では稟の俗字の禀と書かれていることの方が多い）はいずれも，「上位の偉い方々の御意向をお伺いする」という意味合いをもった古いことばである。かつては大臣等の裁可を仰ぐために上申する起案文書（お伺い文書）のことを稟議書と呼んでいたので，この稟議書の起案から決裁にいたる一連の文書処理方式のことを稟議制と称していた。

稟議・稟議書といった古語自体は，今日では銀行の貸付審査部門などごく一部の世界を除いてほとんど使われていないのであるが，起案文書の起案・回議・決裁の文書処理方式は昔どおりであるために，この文書処理方式のことを引き続き稟議制と称しているのである。

稟議制の定義

したがって，稟議制とは，ある事案を担当している末端職員がまずその事案の処理方針を記載した文書を起案すると，その後はこの起案文書がしだいに上位の席次の者へと順次に回覧されその

審議修正を受け，これら中間者すべての承認が得られたときに，この成案をその事案の専決権者にまで上申してその決裁を仰ぎ，かくして専決権者の決裁が得られたときに，この事案の処理方針は確定したことになるという文書処理方式のことである。

そして，中間者による承認および専決権者による決裁の意思表示は起案文書上の所定欄への押印によってなされるので，批判の意味を込めてハンコ行政と俗称されることもある。

辻清明の
稟議制論ところで，日本の行政機関における稟議制の実態について，これを初めて体系的に紹介し論評したのは，辻清明の論文「日本における政策決定過程——稟議制に関連して」であり，この論文に表明されている稟議制に関する理解が行政機関の稟議制に関する通説的な見解になっていた。

この論文では，日本の官僚制組織における意思決定のすべてが上述のような稟議制で処理されているかのように記述されていた。また，この稟議制では末端職員が起案文書を起案すること，そしてほとんどの場合にはこれがそのまま承認され決裁されていることが指摘され，そのことから，事案の処理方針を実質的に決定しているのは末端職員であるかのように解説されていた。そしてまた，この稟議制では起案文書は机から机へと順次に回覧され個別に審議され，関係者が会議を開いて討論審議することは原則ではないと解説されていたので，日本の行政機関の意思決定では会議が重要な役割を演じていないかのような印象を与えていた。

この稟議制論が日本の行政機関の意思決定の実態を正しく描写しているのだとすれば，法令案の立案といった類いの重要事案でさえ，原案は末端担当職員によって起案され，これがほぼそのまま採択されていることになりそうである。そうであれば，これはまことに驚くべきことであった。それは少なくとも欧米諸国の行政機関の意思決定方式とはあまりにも大きくかけ離れていたので，外国の日本研究者たちはこの稟議制論に大きな驚きを覚え，これ

に異常なまでの関心を寄せたのであった。

<small>井上誠一による批判</small>　だが，辻清明の稟議制論はいくつかの点で大きな事実誤認をしていたのであった。何よりもまず，上述のような典型的な稟議制に従って意思決定がなされているのは，日常のルーティン・ワークに属する事案処理についてだけであって，法令案の立案等の重要事案についての実質的な意思決定はむしろ関係者間の会議においておこなわれているのである。これらのことを明確に指摘し，日本の中央省庁における意思決定方式の実態を詳細に解説してみせたのが，井上誠一『稟議制批判論についての一考察：わが国行政機関における意思決定過程の実際』である。

井上は，キャリアの行政官として某省の総括補佐まで勤め上げながら中途退職したという職歴の持ち主であり，その豊富な実務経験に基づいてこの論稿を執筆したのであった。以下，第4節にいたるまでの解説はこの井上の著作に全面的に依拠している。

(2) 意思決定方式の類型

そこでまず，日本の中央省庁で現に使用されている意思決定方式の諸類型からみていくことにしよう。これを整理したのが**図表16-1**である。

<small>稟議書型と非稟議書型</small>　これをみれば明らかなように，まず第1に，すべての意思決定が稟議書型でおこなわれているのではなく，非稟議書型の意思決定と称すべきものが存在する。しかも，予算の概算要求の決定とか国会答弁資料の作成といった，行政機関にとってもっとも重要な事案の意思決定がこの非稟議書型に属していることに留意してほしい。

国会答弁資料の作成を行政機関の意思決定事案のひとつとして取り上げていることには違和感を覚えるかもしれない。だが，国会の委員会審議において議員質問に対して大臣以下の政府側がおこなう答弁は，質問事項に関する当該省庁の状況認識のみならず，これに関連した法令等の解釈・運用方針を公式に表明するもので

図表16-1　意思決定方式の諸類型

類　　型　　区　　分			具　　体　　例
稟議書型	順　次　回　覧　決　裁　型		法規裁量型行政処分の決定
	持　回　り　決　裁　型		法令案，要綱の決定 便宜裁量型行政処分の決定
非稟議書型	文書型	処理方式特定型	予算の概算要求の決定 国会答弁資料の作成
		処理方式非特定型	生産者米価の政府試算の決定
	口　　　頭　　　型		会議への出欠席に関する決定

（出所）　井上誠一『稟議制批判論についての一考察』財団法人行政管理研究センター，1981年。

あることが多いのであって，それは広義の政策の表明にほかならないのである。

　法律の制定改廃にかかわる議案を国会に提出している場合には，あらかじめ詳細な想定問答集を作成しているのが通例であって，この法案が可決成立した後に出版される新法の逐条解説書は，この想定問答集を基にして執筆されていると考えてよい。

順次回覧型と持回り型

　次に，稟議書型は順次回覧型と持回り型の2種類に分けられることに注意してほしい。各省庁の文書管理規則類を調べてみると，意思決定は原則としてすべて順次回覧型の文書処理方式によるべきことを定め，もうひとつの持回り型で文書を処理しようとする場合には，あらかじめ官房文書課の承認を得ることを要求している。

　ところが，法令案・通達案・要綱案の立案とか，財団法人の認可といった裁量領域の広い便宜裁量（自由裁量）型の許認可処分などの重要事案の決定は，実際にはほとんどつねに，文書管理規則上はあくまで例外的な文書処理方式とされている持回り型の方

式で処理されているのである。その結果として、原則的な文書処理方式とされている順次回覧型が実際に活用されているのは、裁量領域の狭い法規裁量（覊束(きそく)裁量）型の許認可処分など、日常のルーティン・ワークとして処理されている軽易な事案を決定する場合に限られてしまっている。

　要するに、文書管理規則上の建前と運用上の実態の間には大きな乖離が生じているのである。従来の稟議制論はこの点に気づかず、重要事案の決定までが軽易な事案と同様に順次回覧型で処理されているかのように思い込んでいたことになる。

2 順次回覧型の決裁方式

(1) 決裁事案の種類と関係者の範囲

　さて、それでは、文書管理規則上は原則的な文書処理方式とされている順次回覧型の決裁方式とはどのような方式なのであろうか。その典型的な流れ図を示したのが図表16‐2である。

　先に述べたとおり、この方式が採用されているのは比較的軽易な事務的事案についてであるため、その決裁権が局長に委譲されていて、専決権者は局長であることが多い。また、同じ理由から、この種の事案の処理には事前の調整を必要とする関係課は存在しないのが普通である。そこで、起案文書が回議されるのは、当該の事案を所掌している主管課の内部とこの課の属する局の総務課の内部だけであるのが通例である。

　ところで、文書が総務課を経由するのは、日本の行政機関では局の総務課はいわば局レベルの官房系統組織として局長を補佐すべき機関とされていて、局長に上申する文書はすべて総務課の審査を経由すべしとする慣行が確立されているからである。また、審議官は局長のスタッフと考えられているので、審議官の職が設置されている場合には、これをも経由することになる。

　なお、中央省庁の普通の課では係長の下に係員がひとりもいな

図表16 - 2　順次回覧型における起案文書の流れ

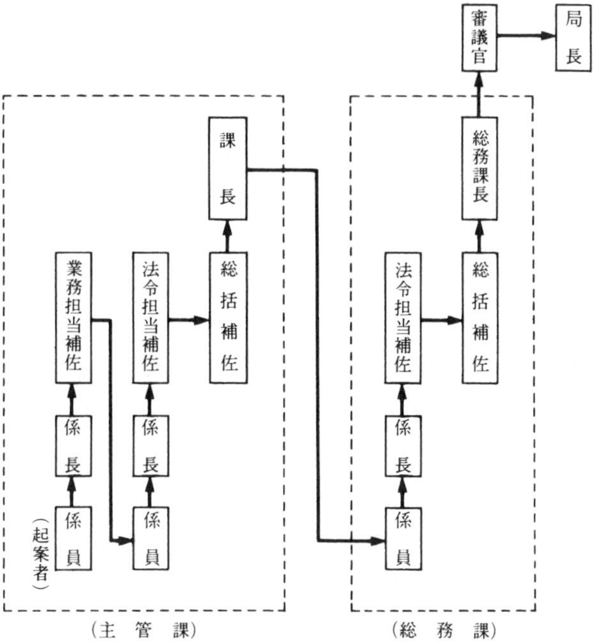

[図：主管課（係員（起案者）→係長→業務担当補佐→係員→係長→法令担当補佐→総括補佐→課長）から総務課（係員→係長→法令担当補佐→総括補佐→総務課長）へ、そして審議官→局長へ流れる組織図]

(出所) 図表16 - 1に同じ。

いことも多く，また総括補佐が法令担当補佐を兼務していることも多いので，このような場合には，文書が回議される関係者の人数は**図表16 - 2**に表示されているものより少なくなる。

(2) 起案・回議・決裁

起　案　　順次回覧型で処理される法規裁量型の許認可事案の場合，その申請書等は主管課の担当職員のところに提出されてくるので，その他の職員は申請書が提出された事実さえ知らない。したがって，この事案について最初の行動を起こしうるのは担当職員をおいてほかにない。しかも，事案はルーティン・ワークであり，その処理方法についてはあらかじめマニュアルが作成されているのが通例であるから，担当職員はこのマニュアルを参照してこの事案の処理方針を決め，これを記載した起案文書を起案する。

第 16 章　日本の中央省庁の意思決定方式

|回　議|　その後，この起案文書は，**図表16-2**の流れ図に従って，関係者の机から机へと順次に回議されていく。そして，この過程では関係者すべてによる個別審議を受けるのが建前である。しかし実際には，この文書の記載内容まで点検するのは，せいぜいのところ担当職員の直属の上司である係長とそのまた上の業務担当補佐くらいのもので，残りの人々は審議らしい審議など一切せずに文書の標題を一瞥しただけでただちに承認の押印をし，これを次の人に回しているのが常態である。担当職員の事務処理能力を信頼しているからにほかならない。

決裁または代決　　こうして，起案文書が総務課長にまで到達したとき，ここで総務課長がこれを局長にまで回議する必要はないと判断すれば，みずから専決権者に代わって代決をして，この事案を決裁してしまうことも稀ではない。

　「代決」とは，本人が承認・決裁の押印をすべき箇所に直下の者がみずからの印を押し，そこに代決と書き加え，これをもって本人の承認・決裁を得たことにするという便法である。この代決の制度は，本来は本人が不在などの場合にのみ許されている便法なのであるが，実際には本人が在室している場合にまで頻繁に活用されてしまっているのである。

平常時の形骸化　　このように順次回覧型では回議・決裁の行為が著しく形骸化していることになるが，平常はこれで何の支障もないと考えられているのである。しかし，汚職事件が発覚したときなど何らかの不祥事が発生した後とか，関係者が新人で不慣れであるときなどには，この流れ図上のもっと多くの人々が実質的な審議をおこなうようになる。回議・決裁の実質は，事情に応じて臨機応変に変動しているのである。

(3) 順次回覧型の特徴

　この方式の特徴を要約しておけば，以下のとおりである。

①　決裁事案が軽易なものであるために，決裁権が委譲され，

関係者の範囲も狭く，起案者から専決権者にいたる時間的空間的な距離が比較的に短い。しかも，

② 起案文書は建前上は関係者のすべてによって個別に審議されるべきものであるが，実際にはその多くが省略されるので，決裁にそれほど時間はかからない。そしてまた，通常は当初の起案がそのまま承認・決裁されている。したがって，

③ この方式においては，末端の担当職員が事案の処理方針を実質的に決定していることになる。ただし，その起案はあらかじめ上位者によって制定されたマニュアルに従っておこなわれているのである。

3 持回り型の決裁方式

(1) 決裁事案の種類と関係者の範囲

これに対して，持回り型の決裁方式が採用されるのは，重要な政策的事案についてであるから，この場合には決裁権の委譲はおこなわれておらず，通例は大臣自身が決裁権者である。そして，官房長以上の人々に上申するときは，かならず官房文書課の審査を経由すべきことが確立された慣行になっている。

また，重要な政策的事案になればなるほど，一般には事前に協議し，あるいは事後に報告して，その承認を取りつけておくべき関係課の数が多くなる。この関係課は１省庁内部にとどまらず，複数省庁に及ぶ場合さえ決して稀ではない。

そこで，この種の決裁事案について採用される持回り型の決裁方式において，起案文書が最終的に処理される形式的意思決定過程の段階での起案文書の建前上の流れ図を例示したのが，**図表16－3**である。この図表では，表示を簡略化するために各課の課長以上の経路についてのみ表示しているが，各課長が審議する以前に課内の総括補佐以下の審議を経由していることは，先の図表16－2の場合と同様であるから，起案文書について承認を求めるべ

図表16-3　持回り型における起案文書の流れ

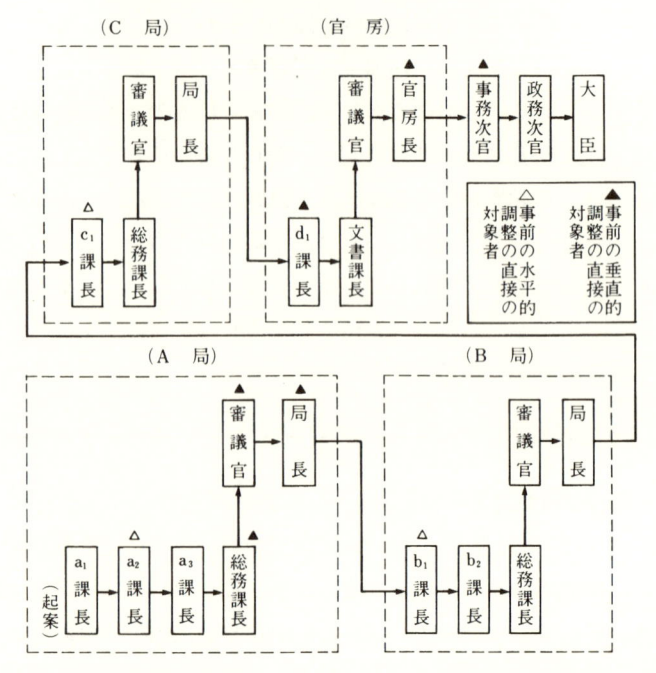

（C局）　　　　　（官房）

審議官 → 局長

審議官 → 官房長 ▲ → 事務次官 ▲ → 政務次官 → 大臣

△　　　　　　　△
c₁課長 → 総務課長　　d₁課長 → 文書課長

△ 対象者への直接の水平的事前調整
▲ 対象者への直接の垂直的事前調整

（A局）　　　　　　　　　（B局）

審議官 ▲ → 局長 ▲

審議官 → 局長

（起案）a₁課長 → a₂課長 △ → a₃課長 → 総務課長 ▲

b₁課長 △ → b₂課長 → 総務課長

注）　なお，平成13 (2001) 年以降は，各省大臣の下に，従来の政務次官に代えて複数の副大臣・大臣政務官が配置されることになったので，事務次官から大臣にいたる中間に副大臣・大臣政務官が介在する可能性があるが，この点は副大臣・大臣政務官の制度がどのように運用されるかによる。

（出所）図表16-1に同じ。

き関係者の総数はかなりの数に達する。

　にもかかわらず，起案文書の起案から決裁にいたる過程に要する日数は想像されるほど多くはない。その理由は以下のとおりである。

(2) 実質的意思決定と形式的意思決定

意思決定の
2段階構造

　持回り型の決裁方式の第1の特徴は，その意思決定過程が2段階に分かれていることである。すなわち，起案文書に盛り込まれるべき原案の大綱について関係者間の合意を形成していく実質的意思決定過程の段階と，かくして合意に達した大綱に事務的技術

的な検討を加え，その文章表現を推敲した成案を作成して，これを起案文書の形式に起案し，この起案文書を関係者のところへ持参して承認を求める形式的意思決定過程の段階とである。

実質的意思決定過程　前段の実質的意思決定過程では，決裁事案の検討作業を最初に始動させたのが誰であれ，この事案を所掌する主管課が，局の総務課長・審議官・局長，さらには官房の関係課長・官房長・事務次官等の意向を確認した上で，課内において第1次原案を立案する。

　ついで，局の総務課および官房の文書課と協議して，この事案にいささかでも利害関係を有する関係課の範囲を確認し，このなかから重大な利害関係をもつ関係課を事前の政策協議の相手方として選び出す。このように，水平的調整の相手方を限定するのは，調整相手が増えれば増えるほど，調整作業の困難さは増すからである。

　さて，事前の政策協議の相手方が決まったら，その関係者を招集して会議を開き，この第1次案の趣旨を説明する。その場でも質疑応答がなされるが，関係課の人々はこれをそれぞれの課に持ち帰り，これを課内で検討し，第1次案に対する質問事項と意見表示事項をメモにまとめ，これを主管課に回答する。主管課ではこれら関係課からの反応に対応して第2次案をまとめ，再び会議を招集する。こうしたキャッチボールが，すべての関係課の疑義が解消されるまで繰り返される。この過程で主管課と関係課の間には，しばしば両者の了解事項を記録にとどめるための覚書が交換される。

　この方法を幾度も繰り返しても，どうしても関係課の同意を得られないような場合には，局内の関係課については局の総務課に，局外の関係課については官房文書課に，それぞれ調整工作を依頼する。そして，他省庁の関係課との調整は両省庁の官房文書課同士の協議に委ねられる。こうして幸いにも，すべての関係課の合

意が成立すれば、この事案は第2段階の形式的意思決定過程へと移行することになるが、合意の形成に失敗すれば、この事案はこの第1段階で断念され、流産することになる。

形式的意思決定過程　垂直・水平の全関係者の合意が成立すると、主管課は、合意された大綱に細目の肉付けをおこない、文章表現を推敲して、起案文書に書くべき成案をまとめる。この成案を主管課の担当職員が起案様式に清書する。持回り型の決裁方式における担当職員による起案とは、この起案様式への清書という行為以上のものではない。

先の順次回覧型では、この後の回議は起案文書を関係者の机から机へと順次に回覧していく方法によるが、持回り型の回議では、主管課の職員が起案文書を持って関係者の面前に赴き、その場でただちに承認の押印を求めて回るのである。「持回り」と呼ばれる所以である。これにより、文書の機密が保持されると同時に、文書が格段に迅速に処理されることになる。関係課の職員たちが、審議らしい審議をすることなしに、その場でただちに承認の押印をするのは、すでに事前にその内容を熟知し、これを承認しているからである。

ただし、この第2段階の形式的意思決定過程では、決定に関する事前の情報伝達の意味をも込めて、事前調整の相手方の範囲を越え、もっと広い範囲の関係課に対して起案文書を回議するのが通例である。そこで、この段階にいたって初めてこの事案についての説明を受けることとなった関係課は、事前の意見調整を求められなかったことについて苦情を述べ、承認の押印を渋る可能性が高い。

持回りの便法　この持回りの回議では、事前の意見調整が終了していることを理由にして、回議順位の変更、代決、後伺いなどの便法の活用が大幅に許容されているために、文書処理に要する時間はさらに一段と短縮されている。

「回議順位の変更」とは，図表16 - 3 に例示した流れ図の順序で回議せずに，そのときどきの便宜に従って，a_1課→a_2課→a_3課の順序をa_1→a_3→a_2の順に変更したり，あるいはA局→B局→C局の順をA→C→Bの順に変更したりすることをいうのである。ただし，局内の関係課すべての承認を得るまでは総務課に持ち込むことを許されず，省庁内の関係局すべての承認を得るまでは官房に持ち込むことを許されない。

「後伺い」とは，関係者がたまたま不在のときなどに，その人の承認を得ることを後回しにして，その上位者の承認を先に求めてしまうことである。後伺いにした人に対しては改めて事後承認を求めるのが建前なのであるが，実際にはこれを省略してしまうことが少なくないという。

(3) 持回り型の特徴

この方式の特徴を要約すると，以下のとおりである。

① 起案文書の起案に先立って，大綱について垂直的水平的な意見調整がおこなわれる。

② この事前の意見調整では，決裁権者の直下に位置し決裁権者を補佐している人々——図表16 - 3 の例示では事務次官・官房長・主管局長——の意向があらかじめ聴取され，かれらの意向に沿って原案が作成されているのであって，これらの人々こそが事案の実質的な決定権者なのである。

③ 関係者間の意見調整は会議形式を基本にしておこなわれる。

④ 主管課の担当職員による起案は関係者間の合意の所産というべき成案を起案様式に清書する行為にすぎず，事案の実質的な決定行為を意味するものでは全くない。

⑤ 起案文書が作成されて以後の文書処理は，持回りと種々の便法の許容によって，従来の稟議制論が想定していたほどには長い日時を要していない。

4 日本の中央省庁の意思決定方式

(1) 意思決定方式の特徴点

　　　　　　　　上述のごとき稟議書型の意思決定方式の運用実態から日本の中央省庁における意思決定方式にみられる特徴点を抽出してみるとすれば，差し当たり以下のような諸点を指摘しておくことができるであろう。もっとも，これらをどこまで特殊日本的な特徴と言い切れるかは，いまだ確かでない。比較対照すべき諸外国の行政機関内部の意思決定方式について十分な研究成果が蓄積されていないからである。

法制と運用の乖離　　第1に，法制上の建前と運用上の実態との間に大幅な乖離が存在することである。

　　まず各省庁の法制上の権限はすべて大臣に帰属しているが，内部的には決裁権が局長・課長に委譲されていることが多い。しかも，この専決権者がおこなうべき決裁をその直下の者が代決してしまうこともしばしばである。そして，その事案の実質的決定権というべきものはこの代決権者よりさらに下位の者に属していることが多い。すなわち，法制上の決定権者→専決権者→代決権者→実質的決定権者というずれが生じている。

　　法制と運用の乖離は，文書管理規則上は順次回覧型を原則としておきながら，緊急に処理すべき案件，機密に処理すべき案件，上位者が指導力を発揮すべき案件など，重要な案件になればなるほど例外的な方式である持回り型を活用していること，また順次回覧型の場合であれ持回り型の場合であれ，平常の状態では起案文書の回議が形骸化していることにもあらわれている。

集団的意思決定とセクショナリズム　　第2に，重要な意思決定は，垂直的な意見調整のときであれ水平的な意見調整のときであれ，すべて会議の場で集団的におこなわれていることである。

　　しかも，大部屋の課長席の前で随時におこなわれる会議であれ，

局長室で開かれる主管課と総務課・審議官・局長との会議であれ，ヒエラルヒー構造上の階梯が数段離れている人々が一堂に会している。そして，この会議においては，地位の上下にかかわらず発言が許容され，説得力のある適切な意見であれば，下級者の意見であっても採択される。

　この種の会議の場こそ，閉鎖型任用制の下での職員の職場内研修（on the job trainning = O J T）の場になっているのであり，下級職員にも重要事案への参画意識を与える機会になっているのである。

　しかしながら，その反面で，この集団的意思決定の方式は，セクショナリズムの傾向を助長する機能をはたしてもいる。この方式では，まず課単位の意見が集約され，ついで局単位，省庁単位の意見が集約されていくことになるが，こうしていったん集団的に集約されてしまった組織単位の意見は簡単には修正変更されにくいので，他の課，他の局との意見調整はそれだけむずかしいものになり，総務課とか官房文書課の介入を要する。部内の強い結束が他部門に対する排他意識を強めてしまっているのである。ことに，他の省庁との合議（「あいぎ」と呼ぶ）は，国際間の外交交渉にも似た独立対等者間の折衝になり，調整・妥協は容易に成立しない。局長と局長，大臣と大臣といった首脳間の直接折衝がめったにおこなわれないのは何故か，興味のあるところである。

　日本の中央省庁による政策対応に，迅速性が欠け，タイミングを失しているきらいがあるとすれば，その主たる原因はこの省庁間の政策調整に手間暇がかかりすぎていることにある。

官房系統組織の関与

　第3に，すべての意思決定に官房系統組織が関与し，これが重要な役割を演じていることである。

　総務課が局長にアクセスする際の経由機関になり，官房文書課が大臣にアクセスする際の関門になっているというだけではない。それぞれのレベルの官房系統組織が，主管課に対して政策調整の

相手方を指示し，部内の調整にあたるとともに，部外に対しては部を代表して折衝する役割を担っているのである。総務課は局長権限の，官房は大臣権限の補佐・代行機関なのである。

<small>ヒエラルヒー秩序の尊重</small>　第4に指摘しておくべきことは，口頭型の意思決定でない限り，事案についての実質的意思決定がどのような方式でおこなわれようと，最終的には必ず稟議書型の形式的な文書処理がおこなわれ，その起案文書の処理に際しては，組織内のヒエラルヒー構造を下から上へと秩序正しく経由することを要求されていることである。

　持回り型において便法として回議順位が変更される場合であっても，この回議順位の変更は同位の組織間についてしか許されていない。その限りでは，文書管理規則の建前は維持されており，日本の中央省庁の意思決定はすべて稟議制によっておこなわれているとも言えるのである。

　そして，この稟議制と呼ばれる文書処理方式は，法制上の建前と運用上の実態との乖離を繕う仕組みとして，そしてまた職員に対して日々に繰り返し，建前上の決裁権限の所在と地位の上下関係を再確認させるための仕組みとして機能しているように思われるのである。

(2) 稟議制の組織基盤

　日本においては何故にこのような稟議制が形成され，今日にいたるまで維持され続けてきたのであろうか。いいかえれば，日本の中央省庁の意思決定については，法制上の建前と運用上の実態との間に何故にこれほどまでの乖離が生じているのであろうか。この点についてはさまざまな説明が可能であろうが，これをいきなり日本社会の文化（カルチュア）と結びつけて論ずるのではなしに，日本の官僚制組織の形成方式との密接な関連について指摘しておくべきではないかと思われる。

<small>キャリア・ノンキャリアの身分制</small>　まず第1に，戦前の官吏制における高等官・判任官・雇・傭人の身分制，戦後の国家公務員制におけるキャリア・ノンキャリア

の身分制と密接に関連しているように思われる。

　明治維新以来の日本の上級官僚は旧士族としての同質性に支えられていた。そして，文官試験制度が確立されて以降は，これが帝国大学法学部出身者としての同質性にとって代わられた。そして，やがては大臣までがこの高級官僚のなかから登用されるようになったのであって，大臣から上級官僚にいたるこの高度の同質性こそが決裁権の下部委譲を促し，代決を許し，また政策立案作業をキャリア集団を核とする組織単位の集団的意思決定に委ねることを可能にしてきた最大の要因ではなかったかと思われる。

　そしてまた，キャリアとノンキャリアの二重構造が通達・通牒等の行政規則と内規を制定する必要を生み，この種の執務マニュアルの発達がルーティン・ワークの処理を末端担当職員に委ねることを可能にしてきたように思われる。

専決権限の割付構造

　第2に，第10章で指摘しておいたように，日本の官僚制組織においては，組織単位間の横の分掌構造が明確であるのに対して，上下の縦の系列の分業構造，すなわち専決権限の割付構造の方は決して明細には定められていないため，事案によっては，その決裁を仰ぐべき専決権者が誰であるのか法制上は詳（つまび）らかでない場合が少なくないのである。そこで，この種の事案はいずれのレベルにまで上申すべきかを，事案ごとにそのつど適宜に判断し振り分けてきたのが，稟議制ではなかったかと思われる。

　そしてそれは，法令の空白部分を運用によって補充する慣行にすぎなかったからこそ，ある大臣の下では大臣自身の決裁を仰いでいた事案が別の大臣の下では局長の決裁に委ねられるといったように，その時々の上下の人間関係に応じてかなり柔軟に変更することのできるものであったように思われる。

官房系統組織の発達

　第3に，この柔軟かつ微妙な意思決定方式の運用を統括することをとおして課長・局長・大臣を補佐する組織として発達したのが，日本に独特の官房系統組織のうちの文書・法令系統組織にほ

かならなかったように思われる。すなわち、それは、各課ごとの法令担当補佐・総括補佐から局の総務課、官房の文書課を経て、内閣官房・内閣法制局にまでつながる系統組織である。

(3) 政治主導の強化は稟議制を変えるか

以上に解説してきたところの日本の中央省庁の意思決定方式は、これまでの官僚主導体制下においてほぼ定着していたそれである、と考えてよい。

副大臣・大臣政務官制度の導入　しかしながら、1990年代以降の政治改革の流れのなかで、政治主導を強化しようとする種々の試みが徐々に積み重ねられてきている（第7章参照）。そうした流れのなかのひとつとして、**図表16-3**の下にも注記しておいたように、平成13（2001）年の中央省庁の再編と時を同じくして、各省大臣の下に、従来の政務次官に代え、複数の副大臣と大臣政務官が配置されることになった。この新しい副大臣・大臣政務官制度がどの程度まで政治主導の装置として活用されることになるのか否かは、今しばらく制度運用の経過を見てみなければ何とも言えないが、これが政治主導の装置として機能するようになれば、大臣・副大臣・大臣政務官が上述した持回り型の決裁方式の、まず前段の実質的意思決定過程において実質的な決定権者として登場してくる可能性がある。

副大臣はスタッフかラインか　そして、複数の副大臣がそれぞれ数局を分担管理するラインとして各省大臣を補佐する仕組みが採用されるのであれば、省庁間の調整も、大臣官房と大臣官房の間の折衝に委ねられるのではなしに、それぞれの省庁の担当副大臣の間の調整になるかもしれない。

ついで後段の形式的意思決定過程との関連では、副大臣・大臣政務官が従来の政務次官と同様に各省大臣のスタッフとして位置づけられるにとどまるのであれば、**図表16-3**の文書の流れ図にもほとんど変化は生じないであろう。しかしながら、複数の副大臣がそれぞれ数局を分担管理するラインとして活用されるのであ

れば，局長による文書の決裁が終了した後，この文書が大臣官房に持回られる前に，担当の副大臣の決裁を受けておかなければならないことになるかもしれない。そうなれば，**図表16-3**に表示されている文書の流れにも相当に大きな変化を生じることになる。

　副大臣・大臣政務官制度の導入が，あるいは政治主導の強化が，従来の官僚主導体制下の稟議制の慣習に，あるいは大臣官房の役割と機能にどの程度の変容を迫ることになるのかならないのか，まことに興味深いところである。

Tea Time

国会答弁資料の作成

　井上誠一は，国会答弁資料の決定方式は，順次回覧型とも持回り型とも異なる，特殊な稟議制であるという。

「質問通告」と「質問取り」

　国会の本会議や各委員会で政府に対する質疑がおこなわれる場合には，その前日までに質問予定者と質問予定事項が関係省庁の官房の総務課など，各省庁の国会担当課に通告される。

　この「質問通告」を受けると，国会担当課の職員たちがただちにその質問予定議員との接触をはかり，本人または秘書から，質問予定事項の詳細とその事項ごとの答弁要求者を聞き出す。

　この「質問取り」にあたって，答弁しにくい質問事項を削除してもらったり，答弁しやすい形に改めてもらったり，大臣答弁の要求を局長答弁に変えてもらったりするのが，国会担当職員の腕の見せどころであったといわれる。

答弁資料の実質的決定

　質問取りが終わると，質問予定事項が整理され，大臣答弁事項と局長答弁事項の区分がなされて，関係局の総務課に伝えられる。通常はこれが前日の夕刻ころである。総務課では総括補佐が中心になり，これを関係各課に配分し，答弁資料（答弁本文と参考資料）の作成を指示するとともに，局長・審議官にこれを報告し，その意見をあらかじめ聴取して，これを関係各課に伝達する。

　各課における答弁資料の作成は，通常はその事項を担当している係長または課長補佐が原案を通常の事務用紙に作文し，これをまず総括補佐，ついで課長が閲覧し，加筆訂正する。各課の作成した答弁資料案は，その課の職員が局の総務課の法令係長・総括補佐・総務課長・審議官・局長へと順次に持回り，かれらの閲覧に供し，加筆訂正を受ける。ただし，時間に余裕がないときは，いきなり局長のところへ持参して，その加筆訂正を受ける。この国会答弁資料の作成においては，局長がみずから大幅な加筆訂正を加えることも稀ではなかったという。

　そして，局長の閲覧・加筆訂正を経

た答弁資料案は，清書せずに，そのまま官房の国会担当課に持参する。官房の国会担当課では課長が閲覧・加筆訂正をし，最後に官房長の閲覧に供して，その承認を得ると，大臣答弁の内容はこれをもって確定することになるという。

質問予定事項が関係各課に伝達されて以降は，この答弁資料案を作成することがすべての業務に優先され，迅速に処理されるので，その答弁資料案が官房長の閲覧を受けるまでの所要時間はせいぜいのところ3時間程度であるといわれる。

答弁資料の形式的作成

官房長の閲覧を経て確定した大臣答弁資料は，原案作成課の職員によって特別の仕様の用紙に清書される。清書後，これを複写印刷に付し，所定の部数を局の総務課に提出する。その際，そのうちの1部については，綴じ間違いがないかどうか，印刷不鮮明の箇所がないかどうかなどをとりわけ入念に確認し，担当課長の印判を押捺する。これが大臣用になる。

こうして関係各課から提出されてきた答弁資料を局の総務課が取りまとめ，これを官房の国会担当課に提出する。官房の国会担当課では，これを質問予定者ごとに整理し，その日のうちに大臣秘書官の手元に届ける。その時刻はしばしば深夜になる。そして，その翌朝，その内容につき，関係局長から大臣に対して説明がおこなわれる。これを「大臣レクチャー」と呼ぶ。

これに対して，局長等の政府委員の答弁の場合には，その答弁資料案について官房の国会担当課長や官房長の閲覧は不要とされ，特別の仕様の用紙に清書する必要もない。そこで，大臣答弁と局長答弁では，その答弁資料作成に要する手間暇が大きく異なるからこそ，大臣答弁か否かの区分は，事務当局にとっては重大な関心事であったといわれる。

政府委員制度の廃止

平成11（1999）年の国会法改正により，国会の委員会審議で各省庁の局長等が政府委員として答弁に立つ制度は廃止された。そこでその直後は，大臣が答弁するか総括政務次官が答弁するかに変わり，平成13（2001）年以降は，これが大臣か副大臣かの選択肢に変わっているので，かつての局長答弁の場合のような簡略な手続はなくなっているのではないかと推量される。

第17章

予算編成過程と会計検査

　前章では，法令とこれに類似の性質をもつ行政規則の場合を取り上げ，これらの案が日本の中央省庁の内部で発案され決定されていく仕組みについて概説した。

　そこで，本章では，政策のもうひとつの基幹的な表示形式である予算を取り上げ，もうひとつの行政資源である財源が要求され査定されていく予算編成過程の仕組み，および予算執行の結果を確認し検査し統制する会計検査について概説することにしよう。

1　予算の循環

(1) 財政と予算

財政の三機能　　政府の行政活動の財源を保障している財政は，以下の三つの政策的機能をもつ。すなわち，資源配分機能，所得再分配機能，経済安定機能である。

　資源配分機能とは，市場のメカニズムをもってしては充足することのできない公共財（public goods），および市場のメカニズムでは的確に供給されない準公共財（quasi-public goods）または混合財（mixed goods）を供給する機能である。国民経済における私的財（private goods）と公共財の間の資源配分，並びに種々の公共財間の資源配分を調整して社会の効用の最大化をはかることであり，これこそ財政の元来の機能である。

　所得再分配機能は，生存権の保障が政府の責務と考えられるにいたって以降に付加された機能であり，低所得者に対する非課税，高所得者に対する累進課税，社会保障関係費の支出などの財政措置をとおして社会階層間の所得を再分配する機能である。

そして，経済安定機能は，1930年代の慢性的不況の克服策として公債発行収入をもってする政府支出の積極的拡大がおこなわれて以降に付加された，もっとも新しい機能である。

財政民主主義 近代国家は，政府によって一方的に賦課され強制的に徴収される租税収入を財政の基本とするようになったために，租税国家とも称された。

それ故に，近代国家の形成過程では，この租税の賦課徴収の是非をめぐり，しばしば国家と社会の間に厳しい対立状況が発生した。そこで，この事態を打開する方策として，納税者層の代表を招集しその協賛を仰ぐことが試みられ，これが今日の議会制の原型になった。

したがって，現代民主制では，政府の財政はすべて議会の議決に基づいて処理されるべきことを基本原則にしている。このことを財政学では財政民主主義と称している。そして，この財政民主主義を実現するための基本制度が，租税法律主義と予算決算を議会の議決にかかわらしめる制度である。

租税法律主義と予算決算制度 租税法律主義は日本においても旧憲法時代から確立されていた。だが，予算制度の方については，旧憲法は内閣の責任における予算超過および予算外支出を許し，また緊急時には議会の議決を経ずに勅令によって財政上の処分をなすことを認め，さらには予算が議会で成立しないといった事態に備え，このような場合には前年度予算を施行することまで許容していた。これに対して，新憲法は，その第7章・財政の諸条項においてこの種の抜け道をことごとく封じ，財政民主主義の原則を徹底させている。

予算の意義 予算とは，来るべき会計年度（通例は1年）内に実行することを計画され，原則としてその履行を義務づけられる経費の支出（歳出）とこの経費支出に充当されるべき収入（歳入）の予測とを体系的に総括したものである。

そして，予算は，これが議会において議決されるべき立法形式

のひとつであり，政府が誠実に遵守すべき法的義務を負った行為規範のひとつであることから，形式上は法律の一種として取り扱われることもある。しかしながら，予算は，その他の法律とは異なり，これが裁判規範として使われることはない。

(2) 予算の統制機能

議会によって議決された予算は，納税者の代表機関である議会が政府諸機関の活動を統制する規範である。

歳出権限の付与　　第1に，歳出予算は政府諸機関に対する歳出権限の付与を意味する。裏返していえば，歳出予算に根拠をもたない支出，予算に定められている以上の支出は禁じられ，違法とされる。

歳入計画の承認　　第2に，歳入予算は上記の歳出権限の付与に対応しこれを保障する歳入計画になっているのであって，それは単なる歳入の見積もりではなしに，行政府による租税の賦課徴収または財政資金の借入についての議会の承認を意味する。

個々の租税の賦課徴収は個別の税法の定めるところによるが，歳出予算に見合うだけの歳入を確保するために増減税措置の必要が認められれば，これに照応した税制改正がおこなわれるべきことを意味する。

財政政策の公約　　第3に，予算は，会計年度単位の財政計画であることからして当然のことではあるが，資源配分・所得再分配・経済安定に関する政府の政策を表示する文書である。同時に，それは，企業の予算とは異なり，政府の国民に対する公約でもある。

ことに歳出予算は納税者に対して租税収入の使途を公約したものであり，政府諸機関はその誠実なる履行の義務を負わされているのである。したがって，予算の使い残しもまた，それが事務事業に要する経費を合理的に節約した結果ではなしに，予算に計上した事務事業を着実に実施しようとしなかった結果であれば，義務の不履行として批判されるべき事柄である。

(3) 予算の循環

予算は，①予算作成過程，②予算執行過程，③決算過程のライフ・サイクルをたどる。これを予算の循環 (budget cycle) と呼ぶ。以下，日本の中央省庁の場合を念頭において，この予算の循環について説明しよう。

予算作成過程　第１の予算作成過程は，①行政府内において次年度予算を編成する過程と，②行政府が編成した予算（国会で議決された予算と区別するために，これを政府予算とか予算の政府案と称することもある）が国会に提出され，これを国会において審議・修正・議決する過程とに分かれる。

予算作成過程は，原則として，新しい会計年度が始まる以前に完了しなければならない。日本の会計年度は４月から翌年の３月までになっているので，予算は前年度末の３月末までに国会の議決を得なければならない。これまでに予算が成立しないと，新年度において政府諸機関には１円たりとも支出する権限がないので，公務員の給与さえ支払えないことになってしまうからである。

そこで，国会の審議状況から判断して，予算がこの時点までに成立しそうもないという状況に立ちいたった場合には，政府諸機関の活動停止の事態を避けるために，暫定予算を編成し，これを国会に提出してその議決を求めることになる。しかしながら，この暫定予算に組み込まれるのは年度当初の１〜２カ月分の事務的な経常経費に限られる。それ故に，年度当初を暫定予算をもって切り抜けることは，政策的な事務事業への着手が遅れることを意味するのであって，好ましいことではない。

予算執行過程　第２の予算執行過程では，予算の年間配賦計画が立てられ，政府諸機関の予算はこれに従って分割配当される。そこで，政府諸機関はこの配賦計画に合わせて，建設工事請負契約とか物品購入契約を結び，事務事業に着手し，金銭を支出していくことになる。

しかし，ここで記憶に留めておいてほしいのは，予算が承認さ

れて初めて，これを執行するためにおこなわれる法令・通達・要綱等の改正作業が少なくなく，この種の立法作業が予算執行と並行しておこなわれているということである。すなわち，予算の裏づけを不可欠とする政策に関する限り，政府諸機関による政策立案はまず予算要求から始まっているのである。

決算過程　　第3の決算過程は翌年度から始まる過程であるが，この過程は，①政府諸機関がその会計帳簿を整理し会計を締めて決算報告を作成する過程と，②これと並行しておこなわれる会計検査院による会計検査の過程，そして，③政府諸機関の決算報告と会計検査院の検査報告が国会に提出され審議・承認される過程とに分かれる。こうして，決算報告が国会で承認されると，ここで初めて政府諸機関の予算責任が解除され，この予算のライフ・サイクルは終了することになる。

　ところで，この決算過程に要する年月は通例は1年半前後に及ぶので，予算の循環は通算して3年半前後にわたっている。そこで，ある年度についてみれば，政府諸機関は当該年度予算を執行するかたわら，次年度予算の概算要求をおこない，同時に前年度予算の決算作業を進めている。そしてそのとき，国会ではまだ前々年度予算の決算審議が続いているかもしれない。三つの過程はこのような形で同時進行しているのである。

　そこで，予算に関する規範理論によれば，前年度予算に関する会計検査院の検査報告とか前々年度予算に関する国会の決算審議がただちに翌年度予算の編成作業に反映されるべきだとされている。これが実現して初めて，予算の循環はフィードバック回路を形成することになるというのである。

国会による事前統制と事後統制　　国会は，まず予算委員会による政府予算の審議・修正をとおして，政府諸機関の活動に対して事前統制を加え，また決算委員会による決算報告と検査報告の審議をとおして，政府諸機関の活動に対して事後統制を加えることになっている。しかしながら，日

本の国会が予算に修正を加え，決算に不承認の議決をした事例はごく稀であり，しかも，その場合の修正ないしは不承認は予算ないしは決算のごく一部分についてのそれにとどまっていた。

　そこで，以下では，この予算の循環のうち，行政府内の予算編成過程と会計検査とに焦点を絞って，もう少し詳しく考察してみることにしよう。

2　予算編成過程の意思決定方式

(1) 予算のマクロ編成とミクロ編成

マクロとミクロ
の編成
　　予算編成にはマクロの編成とミクロの編成というふたつの側面がある。すなわち，歳出予算総額の規模の大枠を決め，歳入予算をこれに合わせて編成し，税制改正と公債発行の要否・規模などを決定するのがマクロの編成であり，政府諸機関から提出された予算要求事項の1件1件について厳密に査定し，歳出予算の構成をその細目まで決定するのがミクロの編成である。

　　財政のもつ政策的機能のうちの経済安定機能と所得再分配機能の大綱は予算のマクロ編成の如何によって左右されるのに対して，資源配分機能と所得再分配機能の細目はミクロ編成の積み上げによって初めて確定する。したがって，概算要求を提出した政府諸機関の主たる関心は後者のミクロ編成に向けられるが，政府予算の編成に最終責任を負っている旧大蔵省主計局にとっては，前者のマクロ編成の側面においてみずからの財政方針（財政政策・租税政策・公債政策）をいかにして貫きとおすかということこそが，最大の関心事であった。

マクロの編成
　　そこで，旧大蔵省主計局は，経済企画庁・通商産業省と競合して独自の経済見通しを立て，政府の「経済見通しと経済運営の基本的態度」の策定に影響力を行使してきた。そしてまた，旧大蔵省主税局による税収見積もりを参考にしながら，みずからも独自に税収見積もりをおこない，これに税外収入の見積もりを加え，

歳入予算についての見通しを立てていた。そして，税制改正については旧大蔵省主税局と，財政投融資計画と公債発行については旧大蔵省理財局と協議を重ねた。こうして，みずからの財政方針を徐々に内々のうちに固め，その骨子をまず概算要求基準に示し，予算査定の最終段階ではこれを予算編成方針として閣議決定した。そして，ミクロ編成の積み上げ結果をこのマクロ編成の範囲内に収めるように努めていたのである。

<small>経済財政諮問会議の設置による変化</small>
しかしながら，平成13（2001）年1月から施行された中央省庁等の再編制に際して，従来の経済企画庁は廃止され，新設された内閣府のなかに，経済全般の運営と予算編成の基本方針について審議する経済財政諮問会議が設置された。これは内閣機能の強化をはかる一連の措置のひとつとして構想されたものであるから，この経済財政諮問会議が意図されたとおりの機能を発揮することになれば，ここに概説した予算のマクロ編成は，今後は内閣主導の下に経済財政諮問会議の手で行われることになるはずである。だが，その場合に従来の経済計画の策定方法にどのような変更が加えられるのか，また予算のマクロ編成と予算のミクロ編成の調整がどのようにしてはかられるのか，旧通商産業省に代わる新しい経済産業省，旧大蔵省に代わる新しい財務省の主計局，主税局，理財局などとの協議または対抗の関係がどのように変わるのかを，いまから的確に予測することはむずかしい。

(2) 予算編成の段階とタイム・スケジュール

<small>ミクロの予算編成の段階</small>
他方，ミクロの予算編成過程は，以下の四段階から構成されている。この点については，今後も基本的に変わらないものと思われる。

第1段階は，各省庁の各課がみずからの予算要求原案を作成して，これを各局の総務課に提出する段階である。管下に地方支分部局または附属施設が設けられている場合には，各課はこれに先立ち，これら管下のすべての予算部局から予算要求原案の提出を

受け，そのなかから本省庁の所管課として予算要求すべきものを取捨選択する。この取捨選択は，地方支分部局とか附属施設の予算部局からみれば，最初の査定を受けているに等しいのであるが，この段階での取捨選択は査定とは観念されておらず，この取捨選択の結果は要求部局にさえ公式には通告されていない。

　第2段階は，こうして各課から提出されてきた予算要求原案を各局の総務課が査定し，局としての予算要求書を作成し，これを各省庁の官房予算担当課（大半の省庁では会計課がこれに該当する）に提出する段階である。

　第3段階は，こうして各局から提出された予算要求書を官房予算担当課が査定し，省庁としての正式の概算要求書に取りまとめ，これを財務省主計局に提出する段階である。

　第4段階は，各省庁から提出された概算要求書を財務省主計局が査定し，その最終結果を閣議に報告し，そこで政府予算が決定されるまでの段階である。

予算編成の　タイム・スケジュール

　予算は前年度末までに国会の議決を得なければならない都合上，予算編成過程の各段階には厳しいタイム・リミットが設定されている。

　第1段階は例年5月末ないしは6月初めまでに完了しなければならないことになっているので，地方支分部局および附属施設の予算部局は，新年度に入って早々の時点から，次年度に向けた予算要求原案について検討を始めることになる。

　第2段階は6月末ないしは7月初めまでに，第3段階は8月末ないしは9月初めまでに完了しなければならない。

　そして，最後の第4段階では，財務省原案が12月20日過ぎに内示され，それから慌ただしく復活折衝がおこなわれ，その最終決着の結果が年末の御用納め前後の予算閣議に報告される。そして，この閣議で追認された政府予算を年明けから印刷に付し，1月下旬にはこれを国会に提出して，その審議を仰ぐことになる。

第17章　予算編成過程と会計検査

(3) 予算編成過程の意思決定方式

非稟議書型の意思決定方式

前章の図表16－1に整理してあるように，予算編成過程の意思決定方式は非稟議書型に属している。

そして，これが文書型のうちの処理方式特定型に分類されているのは，予算要求書が財務省の指定する三段表と呼ばれる一定様式の用紙に記入され，これに説明参考資料を添付する形式で作成されているからである。しかも，要求に対する査定はすべて，査定部局による内示に対して要求部局が同意した時点で実質的に確定したものとして取り扱われているので，これを非稟議書型に分類しているのである。

実は，第2段階および第3段階の作業が完了した時点で，それぞれ稟議書が作成され，その決裁がおこなわれているのである。ただ，それは事後の全く形式的な文書処理にすぎず，このことの故をもって予算編成過程の意思決定方式を稟議書型とみなすことは，実質的な意思決定方式の実態を見誤るものであろう。

局レベルの予算編成過程

それでは，予算編成過程の意思決定方式とはどのようなものなのであろうか。**図表17－1**は，先の第1段階から第2段階にいたる局レベルの予算編成過程のフローチャートを示したものである。

各局の総務課は各課から提出された予算要求原案に基づいて，要求事項ごとに各課から要求の趣旨，積算根拠などについて詳細な説明を受け，活発な質疑応答をおこなう。これを総務課ヒヤリングと呼ぶ。

このヒヤリングには，各課から課長以下係員にいたるまで関係職員全員が出席する。総務課の側でヒヤリングの中心になるのは，総務課長・総括補佐・予算担当補佐である。

ヒヤリングは政策的予算を中心におこなわれ，人件費・備品費等の事務的予算については予算担当補佐の査定に委ねられる。政策的予算のうちの最重要事項の査定は後の局長査定まで保留されるが，その他のもののうちで比較的に重要な事項は課長が，その

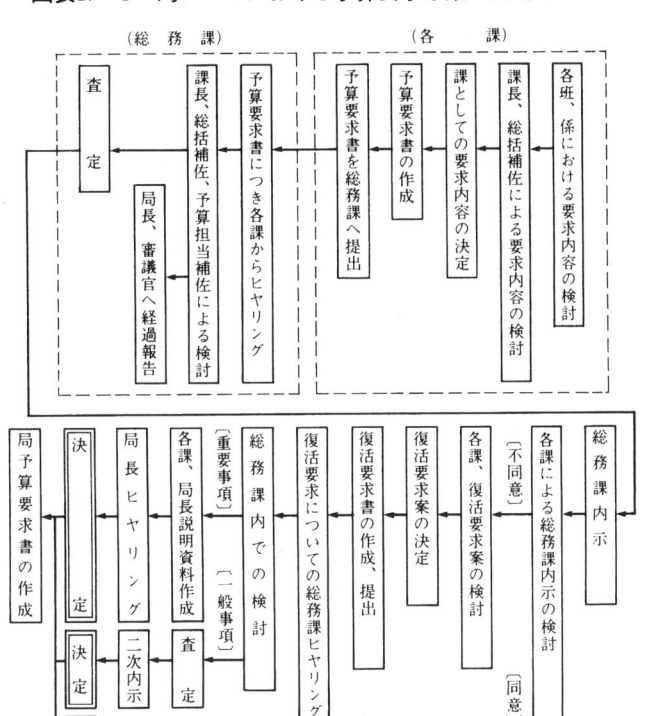

図表17‑1　局レベルにおける予算要求原案の決定過程

（総務課）　　　　　　　　　　　（各　　課）

〔各課〕
- 各班、係における要求内容の検討
- 課長、総括補佐による要求内容の検討
- 課としての要求内容の決定
- 予算要求書の作成
- 予算要求書を総務課へ提出

〔総務課〕
- 予算要求書につき各課からヒヤリング
- 課長、総括補佐、予算担当補佐による検討
- 査定
- 局長、審議官へ経過報告

↓

- 総務課内示
- 各課による総務課内示の検討
  - 〔同意〕
  - 〔不同意〕→ 各課、復活要求案の検討 → 復活要求案の決定 → 復活要求書の作成、提出 → 復活要求についての総務課ヒヤリング → 総務課内での検討（重要事項／一般事項）→ 査定 → 各課、局長説明資料作成 → 局長ヒヤリング → 決定（二次内示）→ 決定 → 決定 → 局予算要求書の作成

（出所）図表16‑1に同じ。

　他の事項は総括補佐が査定して，その結果が要求課に内示される。これが一次内示と呼ばれる。この一次内示に示された査定案に各課の側が同意した事項については，それがそのまま局の要求事項として確定する。

　この一次内示で削除ないしは減額された事項のうちで，各課の側で同意できない事項については，復活要求がおこなわれる。しかし，この段階で当初要求どおりに戻す全面復活を要求するようなことは，査定側の心証を害し，得策ではない。そこで，復活要

求は当初要求に多少なりとも修正を加えておこなわれる。

各課の復活要求事項については再度のヒヤリングを経て二次内示がおこなわれ、最重要事項については局長ヒヤリングに移行する。こうして、さみだれ的に確定していった各課の予算要求が総務課の予算担当係によって1冊に取りまとめられ、これが局の予算要求書として官房予算担当課に提出される。

省庁レベルの予算編成過程　第3段階の省庁レベルの予算編成過程の仕組みも基本的にはこれとほぼ同じである。ただ、この段階では査定部局が官房予算担当課に変わり、各局の総務課が要求側に立って、各課と行動をともにする。

また、この段階では、先の局長ヒヤリングに相当する官房長・事務次官ヒヤリングはおこなわれないようである。したがって、先に局長ヒヤリングで決定されたような局の重点予算については、もっぱら総務課と官房予算担当課の折衝に委ねられる。

行政府レベルの予算編成過程　第4段階の行政府レベルの予算編成過程についても、その基本的な仕組みは同じである。ただ、この段階の査定部局は財務省主計局に変わり、各省庁の官房予算担当課もまた要求側に立って行動する。

主計官と主査　第2の特徴は、行政府レベルの予算査定業務は膨大であるために、主計局には3人の次長（部長級）がおかれ、その下に11人の主計官（課長級）がいて、そのうちの9人の主計官が各省庁の予算を分掌していること、また各主計官の下には複数の主査（課長補佐級）が配置されていて、これらの主査がそれぞれ省庁または局の予算を分掌していることである。そして、それぞれの主計官・主査の査定方針は局議で調整されるが、この局議の場では、主計官・主査は要求側の各省庁を弁護する立場に立って説明するのに対して、局長・次長・総括主計官等が査定側に立ってヒヤリングをおこない、全体の調整をはかることになる。

復活折衝　第3の特徴は、12月下旬に財務省原案の内示（一次内示）がお

こなわれた後に繰り広げられる復活折衝が数段階に及び，しかも各段階ごとに折衝の当事者が変わることである。すなわち，まず各局の総務課長と主査の折衝（総務課長折衝）がおこなわれ，ここで二次内示の内容が合意されると同時に，次の局長と主計官の折衝（局長折衝）のお膳立てについて協議される。そこで，この局長折衝では三次内示の内容が円滑に合意された後，次の事務次官と主計局次長の折衝（次官折衝）についての下準備がおこなわれる。こうして，次官折衝で四次内示にいたり，大臣と主計局長の折衝（大臣折衝）で五次内示がおこなわれる。そして，かつては，政治色の強い事項が最後に与党の三役または四役と大蔵大臣との政治折衝に持ち越されていたが，近年は，この政治折衝がおこなわれず，最後は，大臣と大蔵大臣の折衝で最終決着にいたっていた。

(4) 予算編成過程の意思決定方式の特徴

ここで，上記のような予算編成過程の意思決定方式に認められるいくつかの特徴について整理要約しておくことにしよう。

時間的制約　まず第1に指摘しておくべきことは，意思決定に厳しい時間的制約が課せられていることである。

新年度に入る以前に予算を国会で議決してもらわなければならないという絶対的な要請から逆算して，各段階の締切期限が設定されているので，要求側と査定側の間にいかに激しい意見の対立があったとしても，この締切期限までには何らかの決着をつけなければならない。もしも，何らの決着もつかなければ，その要求事項はその年度においてはゼロ査定になり，次年度以降の折衝に先送りされるだけのことである。

対立者間の折衝構造の連鎖　予算編成過程の意思決定方式は，前章で考察した稟議書型の意思決定方式とは異なり，関係者が協調して合意の形成をめざすものではなしに，対立する役割を担う両当事者間が折衝する構造になっている。

どの段階においても，少しでも多くの予算を獲得しようとする要求側と，予算を実現可能な範囲内に収め，しかも全体として均衡のとれた合理的なものにしようとして，要求側の主張を厳しく審査することをもって自己の職務と心得ている査定側との間で，厳しい攻防が繰り広げられている。

　しかも，各段階での査定者は次の段階以降では要求側を弁護し，最終段階ではこれを代表して行動する仕組みになっている。今日の敵は明日の友である。そこで，要求側は査定側と決定的な喧嘩別れをしてしまうことなどできず，ひたすら査定側の理解を要請するほかはない。

実質的決定権の分散構造

　先の稟議書型の意思決定方式では，最後に決裁権者の決裁を得て，初めてひとつの決定に到達するのであって，ここにいたるまでの無数の関係者の意思決定はすべて決裁権者の決裁を補佐しているものにすぎない。これに対して，予算編成過程では，無数の意思決定が複数の人々によって分業され，その結果として，ひとつひとつの事項についての意思決定は事実上ただ一人の担当者の判断に委ねられていて，決して集団的意思決定になっていないことである。

　すなわち，第2段階では，事項の重要度に応じて，査定権が総務課の予算担当補佐・総括補佐・課長，そして局長に分散されている。第4段階でも，各省庁に関する査定が主査・主計官に分掌されているだけではなしに，事項の重要度に応じて，最終査定をする担当者が異なっている。

　これは，予算の編成があまりにも複雑で膨大な作業であるために，誰であれ，そのすべてをただ一人で審査し切れるものではないことによる。

部分決定の積み上げ構造

　もうひとつの特徴は，どの段階でも，一次内示で確定する事項，二次内示で確定する事項，その後の高次のヒヤリングで確定する事項，あるいは復活折衝まで留保される事項といったように，部

分部分の決定がさみだれ的に確定され，徐々に積み上げられていくことである。最終査定が終了するまで，すべてを仮決定の状態にしておくと，議論が蒸し返され，いつまでたっても決着がつかないおそれがあるからである。

　これまた，短時日のうちに複雑にして膨大な意思決定をおこなうために採用されている便法にほかならない。

(5) 財政投融資計画と組織・定員

　従来は予算ときわめて密接に関連していたものに，財政投融資計画と行政機関の組織・定員がある。そこで，予算の編成と同時並行して，財政投融資計画が策定され，組織変更の審査と定員改定の査定がおこなわれていた。財源と人的資源というふたつの行政資源の調達は連動していたのである。

財政投融資計画の策定　財政投融資（しばしば財投と略称される）とは，郵便貯金を初め，郵便年金・簡易保険・厚生年金・国民年金などの積立金として政府が保有している資金や政府の信用で調達された資金などの政府資金を，政府がその政策目的に即して運用する活動である。そして，この財政投融資の会計年度単位の配分計画を策定していたのが財政投融資計画であって，「第2の予算」ともいうべき性格をもっていた（図表17-2参照）。

　財政投融資の原資の運用先となる特別会計・特殊法人・地方公共団体等を所管している各省庁の主管課は，通常の予算要求と並行して，これら管下の諸機関に対して政府資金の投融資を求める要求書を旧大蔵省理財局に提出していた。そこで，主計局と理財局が協議し，予算と財政投融資計画の調整をはかっていたのである。

財政投融資改革による変容　しかしながら，この財政投融資の仕組みにも大きな改革が加えられ，郵便貯金や年金積立金等を資金運用部に預託する制度が廃止され，これらが自主運用されることになったため，財政投融資の原資として流入する資金は大幅に減少することになった。そこ

第17章　予算編成過程と会計検査　　335

図表17-2 財政投融資の流れ

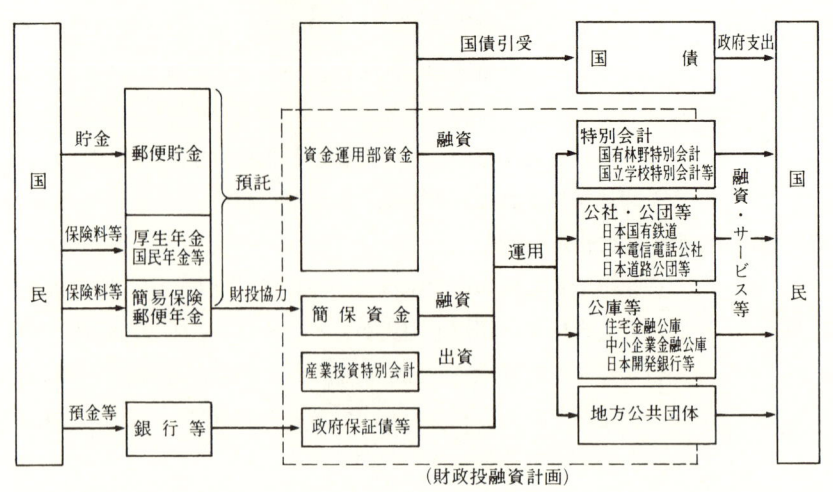

```
         国債引受        政府支出
国    貯金   郵便貯金              国 債
      ─────  ──────              ─────
民            預託  資金運用部資金  融資  特別会計           融資・
             ┌─────────────┐          国有林野特別会計     サービス
      保険料等 厚生年金              運用  国立学校特別会計等   等      国
             国民年金
             ──────              公社・公団等
      保険料等 簡易保険  財投協力          日本国有鉄道
             郵便年金              日本電信電話公社
                     簡保資金 融資  日本道路公団等             民
                     ──────
                     産業投資特別会計 出資  公庫等
                     ──────              住宅金融公庫
                                         中小企業金融公庫
      預金等  銀 行 等          政府保証債等  日本開発銀行等
             ──────
                                          地方公共団体
             └─────────────┘
                              （財政投融資計画）
```

（注）この図表は，郵便貯金や年金積立金の資金運用部への預託制度の廃止以前の流れ図であることはもとより，三公社の民営化以前の流れ図を表示したものである。点線に囲まれた枠内がその当時の財政投融資計画に基づく資金運用であった。
（出所）公文宏ほか編著『図説財政投融資』昭和58年度版，p. 3。

で，この穴を埋めるために，財政投融資債（略称は，財投債）や財政投融資機関債（略称は，財投機関債）を発行して資金調達をはかることになっている。

　財投債は国がその信用に基づいて資金の一括調達をおこなう債券であり，財投機関債は各種の公庫・公団などの特殊法人等がそれぞれ独自に発行して資金を調達する債券であるが，この後者の財投機関債の発行による資金調達にどの程度まで現実性があるのか危惧されている。

　ともあれ，財政投融資の仕組みにはすでに大きな変容が生じているので，今後は，財政投融資計画の策定の仕組みにも大きな変容がおこる可能性が高い。

組織審査・定員査定

　予算要求とは，既往の施策の拡充・転換または新規政策の新設を要求することにほかならないので，これを円滑に実施するため

に，これらの施策・政策を所管する行政機関・附属施設の組織（職を含む）の統廃合・新増設と，これらの行政機関・附属施設の組織の定員増を必要とすることが多い。そして，組織の新増設は施設整備費・設備費の需要を伴いがちであり，また定員増は必然的に人件費増を伴う。

そこで，各課は，組織変更と定員改定に関する要求を事務事業経費の要求と一体にして，その予算要求書のなかに記載する。

しかしながら，組織変更の適否の審査と定員改定の要否の査定には，事務事業経費の査定とは異なるところがあるため，前者の審査・査定は，財務省主計局による予算査定に先立って，総務省行政管理局によっておこなわれている。そして，これを予算査定と連携させている仕組みについては，すでに第7章の**図表17-2**に図示したとおりである。

なお，総務省行政管理局には，財務省主計局の主計官・主査に相当する分掌職の管理官・副管理官がおかれており，その査定の仕組みは主計局のそれとほぼ同じである。

ただし，自民党の行政改革論議のなかには，定員は予算上の人件費の総枠で抑制することとし，等級別定数の改定等を弾力化する案も浮上している。そこで，このような仕組みが採択されることになれば，定員査定と予算査定を連携させているこれまでの仕組みにも変容が生じることになろう。

3　会計検査

(1) 行政活動の監査

評価と監査　　行政管理論の説くところによれば，政策についての立案・決定・実施・評価の各過程に対応して，行政活動についてもその企画（plan）・決裁（decide）・実施（do）・評価（see）の各過程が存在すべきだとされている。そして，日本の行政には「プラン偏重の行政」の傾向が見られ，行政活動の結果に対する評価の必要性

についての認識が薄いという指摘もある。

　この行政活動に対する評価の中核をなしているべきものが，監察・監査・検査などと称されている活動である。議院内閣制の下では，法令・予算に照らして違法不当の行為がおこなわれないように行政各部を指揮監督することは，国政事務を分担管理している各省大臣のもっとも基本的な対議会責任（accountability）に属しているので，各省庁の所掌事務に対する監査事務は通常は官房の所掌事務の一部とされている。

　しかし，国税庁・郵政事業庁（いずれ郵政公社に変わる予定）などのように金銭の出納にかかわる業務の多い省庁では，監査事務を専門的に担当する独自の部局が設けられている。また，生活保護行政の監査事務を専担する厚生労働省社会・援護局監査指導課のような珍しい例もある。

<small>内部監査と外部監査</small>
　ところで，各省庁がその所掌事務についてみずからおこなう監査・監察を内部監査と呼び，これに対して，当該省庁に対し独立の地位を有する機関が外部からおこなう監査・監察を外部監査と呼ぶ。

　このような意味での外部監査には，財務省による財務監査と総務省による行政監察とがある。前者は，各省庁の予算執行状況について実地監査するもので，会計法が各省庁の予算執行を監督する権限の一環として財務大臣に授権しているものであるが，実際にはあまり活用されていない。後者は，財務会計の適否に限らず広く行政活動全般の適否を監察するものとして，総務省行政評価局により活発に実施されている。

　いずれも，内閣の責任の下に実施される行政府内部の監査・監察であるが故に，過去の違法不当の行為を摘発しその責任を追及することよりも，むしろ予算執行ないしは行政活動を将来に向けて改善していくことを主目的にしている。そこで，行政監察に基づく勧告は公表されているが，この勧告の背景となった個別具体

の不適切事例は公表されていない。

これに対して,以下に解説する会計検査 (audit) は,独立機関である会計検査院が実施する純然たる外部監査である。それ故に,それは強制力をもった調査権に裏づけられ,また,その検査の結果は検査報告に掲記され,人事院勧告の場合とは違って内閣を経由してではあるが,国会に報告されることになっている。

(2) 会計検査院と会計検査

<small>会計検査院</small>　　会計検査院は,憲法90条に明文の根拠をもち,会計検査院法によって「内閣に対し独立の地位を有する」と定められている。

それは,内閣が国会の衆参両院の同意を経て任命する3人の検査官によって構成する合議制の検査官会議と事務総局をもって組織されている。そして,政令と並ぶ規則の制定権をもち,二重予算制度に守られており,人事院の創設に際してそのモデルとされたことは,すでに第8章で説明したとおりである。

<small>会計検査と
検査報告</small>　　会計検査院は,国の収入支出の決算を検査し確認すること,常時会計検査をおこなって会計経理を監督し,その適正を期し,是正をはかることに加え,会計検査院法等に定められた国以外の諸機関の会計経理をも検査すること,そしてこれら検査の結果を検査報告に掲記して国会に報告することをもって,その任務としている。

そして,検査の結果,不適当な会計経理と認めたときは,これを指摘し,その是正を求めることができる。また検査の結果,故意または重大な過失により著しく国に損害を与えたと認めるときは,その会計事務職員の懲戒処分を要求する権限,出納職員・物品管理職員の不注意などにより国に損害を与えた事実があるかどうかを審理し,弁償責任の有無を検定する権限などを有する。そして,このような指摘・要求・検定がおこなわれたときは,すべて国会への検査報告に掲記されることになる。

<small>指摘事項の種別</small>　　ところで,検査報告において不適当な会計経理として指摘され

る事項にも，大きく分けて以下の三種のものがある。すなわち，その第1は「法律，政令若しくは予算に違反し又は不当と認めた事項」（会計検査院法29条3号該当事項），第2は「会計経理に関し法令に違反し又は不当であると認める事項」（同法34条該当事項）についての意見表示事項または是正処置要求事項，第3は「法令，制度又は行政に関し改善を必要とする事項」（同法36条該当事項）についての意見表示事項または改善処置要求事項である。

　これまでの検査報告の使い分けからみると，個々の会計経理の違法不当事項を指摘してその責任を追及するような場合には第1の類型に属するものとして処理され，個々の会計経理の背後にある制度を是正・改善して同種の事態の再発を防止しようとする場合については，そのうちの小規模の軽易な事項を第2の類型に属するものとし，大規模の重要な事項を第3の類型に属するものとして処理されてきているように思われるが，指摘事項の種類の振り分け，いいかえれば各該当条項の使い分けの規準は，決して明快ではないように思われる。

(3) 会計検査の規準

　独立の会計検査機関による会計検査については，検査の対象機関と対象事象の範囲，検査の規準，検査の手法，検査報告の方法など種々の論点があるが，ここでは検査の規準をめぐる問題について論及するにとどめておこう。

合法性の規準　会計検査において会計経理の適否を判定する際のもっとも伝統的かつ基本的な規準は，合法性（legality）ないしは合規性（regularity）の規準である。すなわち，個々の会計経理が法令・予算・会計規則と会計経理上の諸慣行に照らして違法不当でないかどうかという規準である。

3Eの規準　しかしながら，現在では多くの国々の会計検査機関が，この合法性の規準に加えて，経済性（economy），効率性（efficiency），有効性（effectiveness）の三規準を導入してきているといわれる。

そして，これらの三規準を表す英単語の頭文字がすべてEであることから，会計検査の関係者たちはこれらを3Eの規準と通称している。

会計検査の関係者たちの解説するところによれば，第1の経済性の規準とは，同じ成果をもっと安い経費で達成することのできる方法があるのではないかという規準であり，第2の効率性の規準とは，同じ経費でもっと高い成果をあげる方法があるのではないかという規準であるとされる。そして，第3の有効性の規準とは，施策ないしは事業の所期の目的が十分に達成されていないのではないかという規準だとされている。

日本の会計検査の指摘事項の変遷

日本の会計検査院による指摘事項も，昭和20年代から30年代にかけては，合法性の規準に照らして違法不当とされた事項にほぼ限られていた。そして，これらの指摘事項は先の第1の類型，すなわち会計検査院法29条3号該当事項として処理されていたのであるが，この類型の指摘事項はその後は減少してきている。

これに対して，昭和40年代半ばから増え始めたのが，先の第2と第3の類型，すなわち34条該当事項および36条該当事項であって，その多くは，新しい3Eの規準を適用した指摘事項になっているのである。

3Eの規準のうちで，その適用の当否をめぐって論議を呼ぶのは有効性の規準についてである。ある施策ないしは事業を会計検査において有効性に欠けると指摘することは，会計検査院が国会ないしは内閣の責任に属する政策決定権に介入していることになるのではないかという疑問が抱かれうるからである。そこで，会計検査院もこの点については慎重を期し，有効性に欠けると認める事項については，改善処置要求をせずに，意見表示にとどめて，改善方策の検討を主管省庁に委ねていることが多い。

特記事項

なかでも，旧国鉄の旅客営業収支等の悪化，原子力船「むつ」の開発，国有林野事業の経営など，抜本的な政策転換を要すると

認められる類いの問題については,「その他必要と認める事項」を検査報告に掲記することができるとしている,会計検査院法施行規則15条の規定を活用し,検査報告に「特に掲記を必要と認めた事項」(特記事項)として記載し,関係者の論議を促すという方法がとられている。

　会計検査院は,戦後に制定された会計検査院法上の権限を解釈運用することにより,財務会計の実態の変化に対応して,会計検査の力点のおきどころを変えてきていると言えよう。

Tea Time

予算の査定権は神聖不可侵か

主計局主導の予算編成

　日本の国の予算はほとんど100％大蔵省主計局によって編成されてきた。

　政府予算が国会審議で修正されることはほとんど皆無であった。政府予算の編成過程でも，内閣総理大臣がこれに介入することも，閣議でこれについて実質審議することすらなかった。

　各省庁はその概算要求について族議員に説明し，その支援を要請してきた。また復活折衝の最終段階では大臣折衝がおこなわれ，ときには与党首脳と大蔵大臣の政治折衝にまで持ち込まれることもあった。だが，折衝に応じてきたのは最後まで大蔵大臣以下の大蔵省だったのである。

　そのうえに，主計局による査定はその99％までが主計局次長以下に委ねられ，主計局長とか大蔵大臣の判断と指示に左右されていたのはごく僅かな部分にすぎないといわれていた。元主計局官僚が「神聖不可侵の査定権」という表現を口にしてはばからなかったのも，このためにほかならない。

日本の方式は例外的

　しかし，これは日本に特有の現象であったように思われる。

　アメリカの連邦政府の場合には，大統領府の行政管理予算庁が編成した政府予算（budget）が予算教書として議会に提出されるが，これは議会が歳出権限法（appropriation acts）を立法する際の参考資料にすぎず，予算は実質的には議会によって編成されている。

　これに対し，議院内閣制を採用しているフランス・イギリス・ドイツの場合には，日本と同様に，政府予算は各省と同格の大蔵省によって編成されている（フランスは，1978年に経済・財政省から予算省を独立させたが，1983年以降は経済・財政大臣が予算大臣を兼任する仕組みになっている）。しかし，いずれの国の場合でも，政府予算の編成，あるいはその実質的な前段階というべき公共支出計画の策定の作業は，最終段階において大統領・首相に，あるいは閣議に持ち上げられ，そこで政治決

第17章　予算編成過程と会計検査

着がはかられている。

　予算編成権をほぼ全面的に大蔵省主計局に託してきた日本の従来の方式は、昭和の初頭以来続いてきた伝統である。昭和11（1936）年発足の広田内閣の時代に、井上蔵相の緊縮財政方針に対する各省の反発が激しく、予算折衝が難航したことから、主計局の機能を内閣の直属機関に移す行政機構改革案が浮上したことがある。また戦時中には、軍部から同様の改革案が提起された。しかし、いずれのときも、実現にはいたらなかった。戦後になってからも、昭和37（1962）年に設置された臨時行政調査会（第一次臨調）の審議過程で同種の改革の要否が論議されたが、答申には採用されなかった。

真に重要な問題は何か

　予算編成権の所在をめぐってこれまで繰り返し論じられてきたのは、これを各省と同格の大蔵省に委ねるのが妥当か、それともこれを行政組織上各省より1段上位に位置する内閣または内閣総理大臣の直属機関に移すべきかであった。しかし、真に問題にすべきはこの点ではないように思われる。

　確かに旧大蔵省は形式上は各省と同格の機関であった。だが、主計局に関する限り、それはすでに慣行上、各省庁の各局より実質的には1～2段も上位の機関として承認されていた。このことは、復活折衝の過程で誰と誰が折衝していたかを見れば、明らかなところである。

　また、主計局を財務省から内閣府に移せば、主計局と主税局・理財局の関係にいくぶんの変化が生じるであろうが、そのことがそれほどに重要な論点とは思われない。

　真に重要な論点は、予算査定機関の組織上の位置ではなく、閣僚を初めとして政治家たちが予算編成過程にどこまで実質的に介入しようとするのかである。実は、各省庁の側が概算要求をまとめる段階においても、大臣はそれほど積極的な役割を演じていなかったのである。主計局主導の予算編成体制は、各省庁における官僚主導の予算要求体制に支えられていたと同時に、また逆にこれを護持する防波堤の役割をもはたしていたように思われる。

内閣主導は実現するか

　平成13（2001）年以降、内閣府に経済財政諮問会議が設置され、各省にも複数の副大臣・大臣政務官が配置された。これが、従来の主計局主導の予算編成体制にどの程度の変容を迫ることになるのか、注目に値する。

第18章

行政活動の能率

前章の第3節では、各国の会計検査でほぼ共通に使用されている合法性・経済性・効率性・有効性の検査規準について、ごく簡単に紹介しておいた。本章ではこれをうけて、行政活動の能率について、もう少し詳しく考察してみることにしよう。

アメリカ行政学の鍵概念

能率は、かつてはアメリカ行政学の鍵概念であった。そして現在でも、政策ないしは行政活動の良否を評価しようとするおよそありとあらゆる理論と実践において、ほとんどつねに登場してくる概念である。

行政評価の多様な価値規準

もちろん、能率は、政策ないしは行政活動の良否を評価する唯一の価値規準でも最高の価値規準でもない。第4章で論及しておいたように、現代国家の行政活動を観察する視点とこれを評価する価値規準にはさまざまなものがある。すなわち、行政活動の過程の民主性と手続の適正性に視点をすえれば、正統性・合法性・公平性などの価値規準に従ってその良否を判定することになろう。また、行政活動の自己増殖傾向を憂慮し、これを抑制しようと思えば、行政活動の必要性・経済性・能率性を厳しく検証することになろう。そしてまた、公共政策の社会統合機能に関心を寄せれば、政策ないしは行政活動の必要性・有効性・適応性を問うことこそが肝要であろう。

民主性と能率性、そして能率性と有効性

だが、そうはいうものの、種々の価値規準は実際には相互に密接に関連し合っていて、それほど明確に区分できるものではない。アメリカ行政学における能率概念の展開を振り返ってみても、能率性はまず初めは民主性との対比で論じられ、その後はもっぱら有効性との関連において論じられてきている。

能率とは何か。これは予想外に複雑な問題なのである。

1 能率概念の展開

初期のアメリカ行政学は、政党政治の介入を排除すべき行政固

有の領域を分離し，この領域に属する事象を律する合理的な技法を確立するために，科学的管理法に学び，そこから管理の諸原則を摂取して，行政管理論を開花させた。それ故に，アメリカ行政学は能率をことのほか高く価値づけてきたのであるが，それにもかかわらず，能率概念についての確定的な定義はいまだに得られていない。

そこで，まずは，能率ということばの主要な用語法を以下の三類型に分けて解説してみることから始めよう。

(1) 能率＝官僚制原理

まず第1の用語法は，能率を民主性原理と対置するものである。そして，その起源はウィルソンの古典的論文「行政の研究」(1887年)にまでさかのぼることができる。

政治体制の
能率・非能率　ウィルソンはこの論文で，行政活動の拡大とその有効性こそが政治の正統性を支える時代が到来したという認識から出発して，民主制国家においても，これまでのように抑制均衡の複雑な仕組みによって政府を統制することにばかり腐心するのではなしに，政府を活気づけることに意を用い，仕事のできる有能な専門行政官で構成される公務員制を確立しなければならないと説いた。かれがこのような文脈のなかで語る「能率的な政府」とは，民主制原理に官僚制原理を接ぎ木した政府にほかならなかった。

アボット・ローウェル(A. L. Lowell)もまた，その論文「民主的政府の専門行政官」(1913年)において，アメリカの政治とヨーロッパ諸国のそれとを対比し，前者を素人による非能率な政治，後者を専門家に助けられた能率的な政治と特徴づけた。

そして，第一次大戦後のチャールズ・フェンウィック(C. G. Fenwick)の論文「民主的な政府と能率的な政府——大戦の教訓」(1920年)にいたると，民主的な政府は権力の分散，摩擦と軋轢，不満足な妥協，決定の遅延などによって特徴づけられ，他方，能率的な政府の方は権力の集中，一元的な指揮命令に基づく

整然たる秩序，迅速な決定，専門家による最善の方法の選択などによって特徴づけられている。

　いずれも，能率的ということばを，官僚制原理に支えられた有能な政府を包括的に特徴づける，漠然たる形容詞として使っているのであって，それ以上に能率の具体的な意味内容を特定しようとはしていない。

　したがって，能率的であることとは，有能であること，仕事のできること，仕事が速いことなどと，ほとんど同義である。

<small>民主的にして能率的な行政</small>
　この種の用語法は連合国軍総司令部（GHQ）の影響下に制定された戦後日本の諸法律にも見られる。たとえば，国家公務員法1条には「この法律は，国家公務員たる職員について適用すべき各般の根本基準を確立し，職員がその職務の遂行に当り，最大の能率を発揮し得るように，民主的な方法で，選択され，且つ，指導さるべきことを定め，以て国民に対し，公務の民主的且つ能率的な運営を保障することを目的とする」とあり，また地方自治法1条には「この法律は，地方自治の本旨に基いて，──中略──，地方公共団体における民主的にして能率的な行政の確保を図るとともに，地方公共団体の健全な発達を保障することを目的とする」とある。

　ここで「公務の民主的且つ能率的な運営」とか「民主的にして能率的な行政」ということばで表現されているのも，民主制原理と官僚制原理の調和にほかならない。

(2) 能率＝投入・産出比率

　第2の用語法は，能率を個々の活動の性能を評価する概念とし，ある活動に投入された努力とその活動から産出された成果との対比を能率と呼ぶものである。

<small>最小の努力で最大の成果</small>
　最小の努力をもって最大の成果をあげる方法がもっとも能率的な方法ということになる。代替的な複数の選択肢の能率を比較するためには，これらの能率を測定しその間の序数関係を明らかに

しなければならない。そのための計算手法としては，産出量を投入量で割った比率の高低で比較する除算法が一般的であるが，場合によっては，産出量から投入量を差し引いた較差の大小で比較する減算法もありうる。

_{ニューヨーク}
_{市政調査会と}
_{サイモン}
　アメリカ行政学の流れのなかで能率のこの用語法を普及させたのは，科学的管理法からの摂取にもっとも熱心であったニューヨーク市政調査会系統の人々であり，これにいっそう磨きをかけて概念定義を明確にしたのは，若き日のサイモンであった。そして今日では，これこそもっとも正統の能率概念というべきものである。そこで，これについては次節でさらに詳しく検討することにし，ここでは行政活動における投入・産出比率の意味を説明しておくにとどめよう。

_{経費・作業量・}
_{事業量・効果}
　この能率概念を行政活動に適用するときに，まず問われるのは，何を投入（input）としてとらえ，何をもって産出（output）としてとらえるべきかである。

　この点については，行政活動を経費→作業量→事業量→効果の四段階から成り立っているものとしてとらえるのが有効であろう。ここでは，家庭ごみの収集運搬という行政活動を例にとって説明しよう。すなわち，まず清掃部局の予算に人件費・設備費等の「経費」が計上され，これによって一定人員の清掃作業員の雇用が可能になり，また一定台数の収集車両等が購入される。そして，これらの職員の実働時間と収集車両の走行距離等がこの経費の投入によって産出された「作業量」である。そして，これだけの作業量の成果は，ごみの収集量とか週当たりの収集回数等としてとらえられる。これが作業量の投入から産出された「事業量」である。では，この事業実績から産出される「効果」とは何かといえば，この事業によって，街がごみの堆積または散乱していない清潔で衛生的な状態に保たれていること，各家庭におけるごみ処理の費用・労力が大幅に軽減されていること等々である。

投入・産出比率　行政活動をこのような四段階の重層構造としてとらえることにしてみた場合には，行政活動の能率には，理論上は以下の六つの種別がありうることになる。すなわち，経費を投入としてとらえ，作業量・事業量・効果をそれぞれその産出としてとらえたときの三つの能率，次には作業量を投入としてとらえ，事業量・効果をそれぞれその産出としてとらえたときのふたつの能率，最後に事業量を投入としてとらえ，効果をその産出としてとらえたときのもうひとつの能率である。

能率の種別　会計検査の検査規準として使われている経済性・効率性は，いずれも，経費を投入としたときの能率の一種である。

また，政策分析の手法として広く活用されている費用効果分析および費用便益分析は，いずれも，経費を投入とし効果を産出として，政策実施の能率を測定しようと意図しているものである。

これに対して，一般に生産性（productivity）として算出されているのは，作業量（労働時間）を投入とし事業量（生産額）を産出としたときの能率のことである。

(3) 能率＝組織活動に対する満足度

第3の用語法は，組織活動に参加している人々がその組織活動に対して抱いている満足感の度合いを能率の究極の判定規準とみるものである。

ディモックの社会的能率論　アメリカの行政学者マーシャル・ディモック（M. Dimock）は，投入・産出比率をもって能率とするのはあまりにも機械的な能率観であると批判し，真の能率というべき社会的能率は，組織の職員の勤労意欲（モラール）とこの組織に所属していることに対する満足感，並びにこの組織が生産・供給している財・サービスの消費者などの抱いている満足感によって決まるとした。

バーナードの能率論　現代組織論の創始者バーナードもまた，これに類似した能率の概念を提唱した。すなわち，かれは，まず組織活動の有効性（effectiveness）と能率性（efficiency）を区別し，その上で，有効

性とは組織目的の達成度合いのことであるのに対して，能率性とは，職員を初めとして，広く組織活動に貢献している人たちが感じている満足の度合いのことであるとした。

<small>人間関係論の影響</small>

かれらは，ある組織活動に貢献している人々の満足感が高ければ，その組織に対する貢献意欲はますます高まり，貢献意欲が高まれば，その組織活動はおのずから拡大発展するという因果関係の成立を想定しているのであって，そこには人間関係論の強い影響を読み取ることができる。いいかえれば，それは，科学的管理法以来の能率至上主義に疑問を提起し，組織活動の能率をその因果連鎖の根源にあるところの生身の人間の満足感にまでさかのぼって測定することにより，能率概念のうちに人間心理の要素まで取り入れようとしたものであった。

しかしながら，この第3の能率概念は，先の第1の能率概念と同様に，組織活動の総体としての良否を評価する概念でありえたとしても，個別の組織活動ごとにその良否を評価する概念にはなりえない。また，関係者の満足の度合いの高い組織活動，職員の勤労意欲の高い組織活動が組織目的をつねに有効に達成するという保証もない。

そこで，この用語法の下では，能率性の概念は，個々の政策・施策・事業の実施活動の良否とは直接に結びつかないものになっているのである。

2 投入・産出比率の意義と限界

(1) 有効性と能率性

<small>両概念の定義</small>

投入・産出比率としての能率概念を精緻なものにしていくためには，有効性（effectiveness）の概念と能率性（efficiency）の概念とを明確に区別することが必須の前提になるのであるが，この両概念の使い分け方はいまなお一定していない。

しかし，ここでは，有効性とはある活動の実績を所期の目標水

準に照らしその達成度合いによって評価する規準であり、能率性とはこの活動の実績をその投入・産出比率によって評価する規準であると定義しておくことにしたい。

有効性の規準の意義　そこで、これを行政活動に適用するとき、有効性は政策・施策・事業についてその実施結果の良否を直截に評価する規準である。評価の対象は、その実施活動の経費・作業量・事業量のレベルであることも、その効果のレベルであることもある。また、評価にあたっての基準は政府自身の計画目標に対する達成度合いであるかもしれないし、あるいは評価者の側の期待水準に照らした達成度合いであるかもしれない。しかし、いずれにしろそれは、行政サービス水準の良否を評価する規準である。

したがって、それは、一般市民もごく日常的におこなっている比較的に単純な評価ではあるが、行政活動に対するもっとも基本的な価値規準である。もっとも、行政活動の効果レベルの成果を客観的に確認することは決して簡単なことではない。だが、少なくとも事業量レベル以下の実績を確認することは、予算書とか業務統計を調べれば、それほどむずかしいことではない。

有効性の規準の限界　しかし、行政活動の良否をこのような有効性の規準だけから評価することは、あまりにも一面的でありすぎる。何故ならば、行政活動の有効性は目標水準ないしは期待水準に対する達成度合いをもって評価されるので、その評価の高低は目標ないしは期待がどの水準に設定されるかにかかっており、行政サービスはどこまで向上してもそれで十分ということにならず、いつも、より多くの経費と人員を投入してサービスをさらにいっそう拡充すべしとする結論になりがちだからである。また、有効性の評価は、行政資源の有限性を考慮に入れていないので、その活動の成果がどれだけの資源を投入した結果であるのか、同量の資源でもっと大きな成果をあげる方法はなかったのかを問題にしていないからである。

したがって，有効性の規準は，政府に対していっそうの努力を求めるのには役立つが，与えられた予算・定員の枠内でおこなわれている政策実施活動の良否を評価するのにはあまり役立たない。だからこそ，これに加えてもうひとつ，投入・産出比率を問題にする能率性の規準が確立されてきたのである。

(2) 能率測定の障害

しかし，実はまことに困ったことに，能率性の評価は有効性の評価よりもはるかにむずかしい。その原因は主として以下の諸点にある。

相対比較　　行政活動の有効性を評価する場合には，複数の活動方法のそれを比較対照する必要はかならずしもない。有効性の評価は目標水準ないしは期待水準に照らしておこなわれるものであるため，ひとつひとつの活動方法ごとにその有効性を評価することができるからである。

これに対して，能率性の評価はつねに相対比較であることを要する。ただひとつの行政活動の投入・産出比率を測定できたとしても，それだけでは何の意味ももちえない。複数の活動方法について，それらの投入・産出比率を測定し，その間の能率の高低を明らかにすることができたときに，初めて実践的な意味をもちうるものだからである。

介在要因の制御　　相対比較の対象になりうるのは同種の行政活動である。ひとつの政府のうちで，全く同種の複数の行政活動が同時並行して実施されているような場合には，それらの活動方法の間の能率を比較することによって，能率性の高い活動方法を発見することができる。だが，そうでなければ，比較対象を他に求めなければならない。このような場合に通常採用されているのは以下の三つの方法である。すなわち，過去に実施されていた活動方法と現在実施している活動方法を比較する時系列比較か，現行の活動方法と新たに構想中の仮想上の活動方法を比較する政策分析か，さもなけれ

ば，類似団体など他の政府で実施されている活動方法と比較する団体間比較かである。

　いずれの場合にしろ，比較対象に選ばれたものの環境諸条件は，程度の差こそあれ，すべて異なっている。実験の場合のように，その他の諸条件はすべて一定などという仮定は成り立ちえない。そして，行政活動の成果のあらわれ方はこれらの介在要因の作用によって違ってこざるをえない。

　たとえば，A市とB市の消防活動の能率を比較する場合であれば，両市が全く同量の経費・人員を投入して同等の消防体制を整備していたとしても，その活動の成果のあらわれ方は，両市の乾燥度，風の強さ，木造家屋の密集度などの諸条件の差異に応じて異なってくるであろう。

　このような条件の下で，両市の消防活動の能率を比較しようとすれば，消防活動以外の介在要因に由来する作用を捨象して，消防の活動方法の差異に由来する成果の差異のみを抽出しなければならないことになろう。だが，この種の介在要因の作用を制御することは，統計解析手法を駆使しても，決して簡単なことではない。

諸価値の換算　さらに，能率の数量的な測定それ自体に伴う難問がある。どのような行政活動の場合であっても，その成果を唯一の指標によって評価することは適当でない。

　たとえば，図書館行政の良否を貸出冊数の多寡のみによって評価することは適当ではなく，蔵書数・年間新規購入冊数・入館者数・貸出冊数等々の複数の指標によって評価されるべきである。また消防行政の良否は被害総額の高低だけで評価されるべきではなく，火災発生件数・類焼戸数・被災者数・死傷者数・被害総額等々の多数の指標を用いて多角的に評価されるべきである。

　そうであるとすると，このような複数の指標に基づく総合評価の結果を相互に比較可能にするためには，異なる指標でとらえら

れた異質の価値を一定の換算率に従って単一の価値尺度に換算し直して，価値量の総和を算出するほかはない。たとえば，費用便益分析にいうところの便益（benefit）とはあらゆる効果を貨幣価値に換算したものである。すなわち，費用便益分析は，投入量と産出量の双方とも貨幣価値で表示することによって，比率の算出を単純化している分析手法である。

だが，行政活動の成果をあらわす価値のなかには，時間・生命・健康・美醜などといった貨幣価値に換算しがたい諸価値も含まれている。こうした諸々の価値をすべて単一の価値尺度に強引に換算することがどこまで可能なのか。可能であるにしても，そうすることがはたして好ましいことなのであろうか。

割引率の採用　ところで，行政活動の成果は一定期間を経過した未来の時点になって生ずるという場合も少なくない。このような場合には，未来の異なる時点に生じる価値を同一の尺度に換算する必要が生じる。このような場合には，未来の価値を現在価値に置き換えるために，割引率（discount rate）を使うのが通例である。

だが，この割引率の数値としてどのような数値を使うべきかが実は大問題なのである。割引率の数値の選び方しだいで，活動方法ごとの便益の総量がきわめて敏感に変動してしまい，能率の高低の順序が入れ替わることが多いからである。

投入・産出比率の比較評価の3基準　最後に残る難問は，このようにして数量的に測定された投入・算出比率をどのような基準によって比較し評価すべきなのかである。ここでは説明の便宜上，投入・産出比率の分母の投入量が経費である場合を例に選び，問題の所在を解説することにしよう。

第1基準　まず第1の基準は，投入・産出比率の分子の産出量（成果）が共通で，分母の投入量（経費）にのみ大小の差があるような場合に適用される基準である。このような場合には，分母の経費の大小のみが比較対象になり，分母の経費が最小の方法がもっとも能率的な方法ということになる。すなわち，この基準では，能率の

向上は経費の節約を意味し，能率は経済性と同義である。

第2基準　次に第2の基準は，投入・算出比率の分母の経費は共通で，分子の成果にのみ大小の差があるような場合に適用される基準である。このような場合には，分子の成果の大小のみが比較対象になり，分子の成果が最大の方法がもっとも能率的な方法ということになる。すなわち，この基準では，能率の向上は有効性の向上を意味し，能率は有効性と同義である。

上記のいずれの場合であれ，能率性は経済性または有効性に還元されうるものであり，能率性に独自の意味は失われる。だが，現実には，分子または分母が完全に同一であるなどという事態はほとんどありえない。現実の複数の投入・産出比率の比較評価は分子も分母も異なる比率についての比較評価になる。

第3基準　このような場合に適用されるのが第3の基準である。すなわち，このような場合には，比率の大小に着目して，この比率が最大の方法を選べばよいように思われる。だが，ほんとうに，それで差し障りがないのであろうか。

たとえば，いまここに，100万円を投じて100単位の成果をあげる方法Aと，150万円を投じて120単位の成果をあげる方法Bがあったとしよう。この場合には，方法Aの能率は 1.0，方法Bの能率は 0.8 となり，方法Aの方が能率的である。だが，有効性は方法Bの方が高いことになる。

このようなときにも，つねに方法Aの方を選択すべきなのであろうか。そうであるとすれば，これを正当化する合理的根拠は何か。

サイモンによる機会費用概念の導入　若き日のサイモンはこの問題について考察し，次のように提言した。能率の比較評価を現実に可能にするには，機会費用（opportunity cost）の概念を導入して，制御のできる投入量の方に操作を加えて分母を一定にし，その上で分子の大小のみを比較対照すべきであると提唱した。いいかえれば，第3基準を先の第

2基準に置き換えて比較対照すべきであるというのである。

すなわち，上記の例に即していえば，方法Bは方法Aより50万円余分に投入しているのであるから，方法Aをとった場合には，残る50万円が別の用途に充当され，そこに別途の成果を生じているはずである。そこで，方法Aの分母を150万円にそろえ，その分子の方にこの50万円相当分の価値単位を加算した上で，双方の分子の大小を比較すべきだというのである。

(3) 会計検査の検査規準との関係

ここで，以上に説明してきた有効性と能率性の規準と，前章で説明した会計検査における検査規準との関係について，補足しておきたい。

<small>経済性・効率性は能率性の下位概念</small>

会計検査における経済性（economy）と効率性（efficiency）の規準は，いずれも，ここにいうところの能率性（efficiency）の一種である。すなわち，それらはいずれも経費を投入量としたときの投入・産出比率である。そして，このうちの経済性の方は，分子の成果がほぼ共通とみなしうるような比較的に単純な事例に，上記の第1基準を適用しているものであり，効率性の方は，分母の経費がほぼ共通とみなしうるような比較的に単純な事例に，上記の第2基準を適用しているものである。

これに対して，会計検査における有効性（effectiveness）の規準とは何かはかならずしも明確ではないが，それはここにいうところの有効性とほぼ同義であって，ここにいうところの能率性の評価にまでは及んでいないように思われる。

そうであるとすれば，上記の第3基準を適用せざるをえないような複雑な事例に対して投入・産出比率に基づく評価を加えることは，会計検査ではまだおこなわれていないということになろう。

(4) 能率性の規準の限界

このように，能率性の規準は，行政活動の良否を評価するために，ことに，与えられた経費と人員の枠内で成果を最大にすべく

努力している政策実施活動の良否を評価するためには必須の価値規準なのであるが，行政活動の能率性を実際に数量的に測定し比較し評価することは，予想外にむずかしいことなのである。

とりわけ政策・施策・事業の成果を，作業量・事業量のレベルにおいてとらえるのではなしに，最終的な効果のレベルにおいてとらえ，その能率を数量的に測定することは至難の業に属する。その理由はふたつある。

効果に関する調査統計情報の不足

ひとつには，政策・施策・事業の作業量・事業量レベルの成果は各種の業務統計に記録されているのに比べ，それらの効果レベルの成果になると，これを的確にとらえられるだけの調査統計情報が十分に収集されていないからである。

評価方法についての合意の不成立

もうひとつには，能率の比較評価の結果が説得力をもつためには，成果を数量的に測定する際の指標の選び方，換算率・割引率の決め方などについて大方の合意が成り立つことを要するが，実際には，高次の政策についての評価になればなるほど，こうした肝心要の点について論争が絶えないからである。

PPBSと費用便益分析

そうであるにもかかわらず，このもっとも困難な効果レベルの能率性の比較評価にあえて挑戦しようとしているのが，費用効果分析とか費用便益分析などの政策分析の諸手法である。

しかも，1960年代後半のジョンソン政権下のアメリカ連邦政府では，この費用便益分析の手法を年々の予算編成過程で広く活用しようと試みられた。計画事業予算制度＝PPBS（planning, programming, and budgeting system）と呼ばれたものがこれであるが，ここで活用された費用便益分析は，すでに実施された政策の成果の能率を比較評価するのではなしに，これから採用しようとする政策について予測される成果の能率を事前に比較評価しようとするものであった。

このPPBSの試みは結局のところ失敗に帰したので，その挫折の原因についてさまざまな解説が加えられているけれども，少な

くともその一因は，効果レベルの成果についての能率評価それ自体のむずかしさにあった。

3 有効性・能率性の評価の活用方法

政策実施活動の有効性・能率性の評価はつねに不完全なものにとどまる。そして，その評価の仕方についてはつねに論争の余地がある。

したがって，有効性・能率性の評価をめぐる真の問題は，それが完全か不完全か，正しいか正しくないかではない。この種の評価をめぐる真の問題は，評価の結果を誰がどのように活用すべきかである。

この点に関連してまず問題になるのは，この種の分析評価は政策決定者（decision-maker）のためのものか，それとも国民一般のためのものかである。

(1) 政策決定者に必要な情報と国民一般に必要な情報

<small>政策決定者のための政策分析</small>

これまでに政策分析の手法として開発されてきたものは，そのほとんどすべてが政策決定の衝にあたる人々の任務に役立てるためのものであった。したがって，政策分析に従事するアナリストは，政策決定者の価値尺度に立ってこれをおこなってきた。

だが，政策分析の情報を必要としているのは政策決定者だけではない。政策の立案と実施を任務にしている行政官たちだけでもない。国民一般もまたこれを求めているのである。

<small>国民一般に役立つ行政診断手法</small>

ただ，政治家と行政官が必要としている情報と，国民一般が必要としている情報は同じではない。政治に参加し行政活動の効果を享受している国民一般にとって有用な情報は，問題を解決するのに役立つような詳細な情報であるよりも，むしろ問題の所在を示し，政治的関心を喚起するような，簡明な情報であることを要する。したがって，政策決定者のための政策分析手法とは別に，国民一般に役立つ行政診断手法を開発していく必要がある。

認証と格付け　　近年，日本の自治体レベルで流行のきざしがみられるISO（国際標準化機構）のISO14001（環境管理システムの国際規格）に基づく認証を受ける動向や，自治体ごとの財務状況，住民サービス，暮らしやすさなどを評価し，その評価結果を自治体ランキングの形で公表する格付け（rating）が増え始めているが，この種の民間専門評価機関による認証や格付けは，国民一般に有益な評価情報であり，この種の評価情報がますます多様に開発されることが望まれる。

(2) 管理統制のための評価と自己改善のための評価

　もうひとつの問題は，政策分析の手法は，行政資源の調達と配分を担当する総括管理機関が各部局を管理統制するためのものか，それとも各部局が自己の政策立案・実施活動を点検し改善するためのものかである。

管理統制への活用とその弊害　　PPBSにおいて費用便益分析が予算編成過程に活用されたように，政策分析の手法が，予算査定・定員査定・組織審査・法令審査・行政監察・会計検査などを担当する機関による管理統制に活用されるときには，統制側も決して意図していなかったような，好ましからざる弊害を伴いがちであることに，留意しておかなければならない。

　各部局は統制機関の覚えを目出度くするために，統制側がプラスに評価する指標値を高め，かれらがマイナスに評価する指標値を低めることに過剰な関心を寄せ，政策の立案と実施をかえって歪めてしまうことになりかねないのである。

　たとえば，図書館行政の良否がもっぱら貸出冊数の多寡で評価されると，各図書館はひたすら貸出冊数を増やすことに努め，そのときどきのベストセラー本を重複購入するようになるかもしれない。また，会計検査が生活保護行政における不正受給の事例ばかりを厳しく指摘すると，各福祉事務所は濫給の防止にのみ注意を払い，漏給の事例を発見することに努力しなくなってしまうお

それがある。

　要するに、統制側では注意喚起情報として使っているにすぎないつもりであっても、各部局側ではこれを成績評価情報であるかのように受け取り、管理統制に過剰に反応してしまうという現象である。

<small>自己点検・自己改善のための活用</small>
　そこで、PPBSが失敗に帰して以降というもの、各国ともに、この種の政策分析の手法をむしろ実施機関側での自己点検・自己改善の手段として活用することを奨励し、これを性急に統制の手段として使うことを避けるようになってきていた。

(3) 政策評価の新潮流

<small>Citizen's Charter と政府業績結果法</small>
　ところが、1990年代に入って以降、再び世界的に、政府の政策・施策・事業の業績を評価しようとする新しい潮流が生まれている。たとえば、イギリスではメージャー政権下でCitizen's Charter（市民憲章）が制定され、アメリカでは政府業績結果法（GPRA）が制定された。国ごとにそれぞれ事情は異なるが、大きな潮流としては、新公共管理（NPM）の思潮と手法の導入、「governmentからgovernanceへ」の変容と密接に関連している。

<small>執行管理のための手法？</small>
　公共サービスの生産・供給主体が多様化してきたことに伴い、このサービス・ネットワークを適切に維持管理する手法が、サービスの生産・供給の方法・手続の合法性・適正性を綿密に事前に統制する手法からサービスの実績の良否の事後の評価に基づいて概括的に統制する手法へと、その重点を移してきているように思われる。いいかえれば、新しい評価手法は、総括管理機関による管理統制のための手段でも、実施機関側での自己改善のための手段でもなしに、執行管理機関が実施機関であるエージェンシーやNPOなどを統括する執行管理のための新たな手段として開発されつつあるように思われる。

<small>国の政策評価と自治体の事務事業評価システム</small>
　この世界的な潮流の余波は日本にも波及してきている。平成13（2001）年1月から施行された中央省庁の再編制に合わせて、

360

国の中央省庁のすべてに対して，政策評価の実施が義務づけられた。そして自治体レベルでも，三重県の事務事業評価システム，北海道の「時のアセスメント」から発展した政策アセスメント，静岡県の目的指向型施策評価システムなどを先駆例として，新しい評価システムを導入しようとする動向が顕著である。

　ただし，日本において導入されようとしている評価システムには，依然として，評価に基づいて政策・施策・事業の改廃を進めようとする歳出削減の意図に基づくものか，さもなければ各部局職員に顧客志向・結果志向の意識を植え付けようとする意識改革の意図に基づくものが多く，新公共管理（NPM），governanceへの対応といった，新しい目的意識に基づくものはまだ稀であるように見受けられる。

(4) 評価の活用方法

　それでは，この種の政策分析の手法の正しい活用方法とは何か。ひとことでいえば，一方では，必要以上に労多く精度の高い分析評価を求めず，他方では，分析評価の結果に対して，分析評価の精度に見合う程度以上の意味合いをもたせないことであろう。

封筒の宛名書きの作業能率

　ある市役所で，住民に郵送する何千通もの封筒の宛名書きをしてもらうために，パートタイムのアルバイターを雇っているとしよう。そして，かれらの作業能率を測定し評価することにしたとしよう。

　この場合の作業能率とは経費を分母にし作業成果を分子とする投入・産出比率のことである。だが，分母の経費は一定額の時給で，すべてのアルバイターについて共通である。そこで，分子の作業成果を示す指標を決め，アルバイターごとに指標値を調べれば，それで済むことになる。

作業能率の測定指標

　それでは，封筒の宛名書きという作業の成果は何を指標にして測定すればよいのであろうか。

　もっとも重要な指標は仕事の速さであろう。作業の速度が遅ければ，一定数の封筒の宛名書きを完了するのに要する時間数が増え，それだけ支払うアルバイト料が嵩むことになるからである。そこで，すべてのアルバイターごとに，その作業速度を1時間当たりに平均何通書きあげるかという共通の指標値であらわすことにする。

　しかし，仕事は速ければよいというものではない。正確さも要求される。宛名を誤記されたのでは，肝心の郵便が相手に届かず，「宛て先人不明」で返送されてくるかもしれない。そこで，この仕事の正確さを第2の指標に決め，アルバイターごとに，かれらが書きあげた封筒の宛名書きを原簿と照らし合わせて点検し，誤記の発生頻度を1時間当たりに平均何件という共通の数値であらわすことにする。

　宛名書きという作業の成果はこのふたつの指標でとらえつくされているのであろうか。否，あまりにも下手な字で乱暴に書かれたのでは，受取人に不快感を与える。そこで，筆跡の美しさ・丁寧さを第3の指標とする。ただ，この点は点数評価になじまないので，筆跡の美しさ・丁寧さをA・B・Cの3ランクに格付けるにとどめることにしたとしよう。

測定指標に基づく総合評価

こうして，宛名書きの作業成果を速度，正確さ，筆跡の美しさ・丁寧さの三指標で評価することが決まり，個々のアルバイターの指標値またはランクも明らかになった。だが，ここでさらに，三指標を総合して評価する方法を決めなければならない。まず点数評価されていない筆跡の側面の取り扱いが問われる。これについては，Cランクに格付けられたアルバイターはそれだけで論外として落第させ，残るA・Bランクのアルバイターについて，速度と正確さの2点のみで総合評価をすることにする。そして，速度の評価を90点満点，正確さの評価を10点満点にし，総合得点が100点満点になるように，個々のアルバイターの指標値を得点に換算することにしたとする。

さて，問題は，この作業能率の測定の方法と比較評価の結果について，関係者のすべてが納得するかどうかである。論争の余地はいくらでもある。

パートタイムのアルバイターとはいえ，数日間にわたり職場の片隅を占拠し，職員のかたわらで仕事をすることになるので，周囲を不愉快にするような暗い人物は避け，明るい人物を雇いたいから，人物評価を加味せよという意見が出るかもしれない。

それ以上に議論が百出するのは，筆跡の丁寧さCランクの人々をそれだけで落第にしたこととか，速度の評価に90点，正確さの評価に10点の配点をしたことなどの合理性についてであろう。

能率の規範的側面と客観的測面

アメリカ行政学の大御所ワルドーは，その主著『行政国家』において，能率には規範的側面と客観的側面とがあると述べているが，宛名書きの作業成果をいかなる指標でとらえ，それぞれの指標をどの程度に重要視するのかを決めるのが規範的側面であり，これに基づいて指標値を測定し得点を換算するのが客観的側面である。能率の評価は，この規範的側面について合意が成立する限りにおいて，その客観性を主張できるのである。

封筒の宛名書きというきわめて単純な作業の能率についてさえ，規範的側面は存在し，この点については論争の余地があることを理解してもらえたであろうか。

行政活動の成果をその効果のレベルでとらえ，その能率を比較評価することはこれよりはるかに複雑な事柄である。だが，問題の構造は同じである。

第19章

行政管理と行政改革

　　本章と次章では、再び行政活動の全貌を展望する視点に立ち返り、この教科書の最後を締め括ることにしよう。
　　まず本章では、行政活動の全貌を管理学の視点から把握し直してみた上で、それが政策学および制度学の視点とどのような形で接合し連動することになるのかを概説する。

1　社会管理と組織管理

(1)　社会管理と組織管理

組織管理活動
　　この教科書では、行政活動を政策との関連において政策立案活動と政策実施活動とに分けて論ずることが多かった。
　　だが、第4章で述べた定義に立ち返れば、行政活動とは公的な官僚制組織の活動のすべてを包括していたのであって、当然のことながら、これには純粋に組織内的な管理活動も含まれる。否、むしろ、現代国家の行政活動においては、この種の組織管理活動の比重が著しく高まっているのである。

対外的活動と対内的活動
　　そこで、行政活動を管理学の視点から改めて把握し直してみれば、行政活動には、政府の本来の目的である社会管理をめざす対外的活動と、この対外的活動を支障なく円滑に遂行させるために、これを担う官僚制組織を適切に維持管理する対内的活動とがあることになる。
　　この社会管理にかかわる対外的活動と組織管理にかかわる対内的活動の表裏の関係を、例のごとく、立案・決定・実施・評価の循環図式に合わせて概念化してみると、**図表19-1**のように描く

図表19‐1　社会管理と組織管理

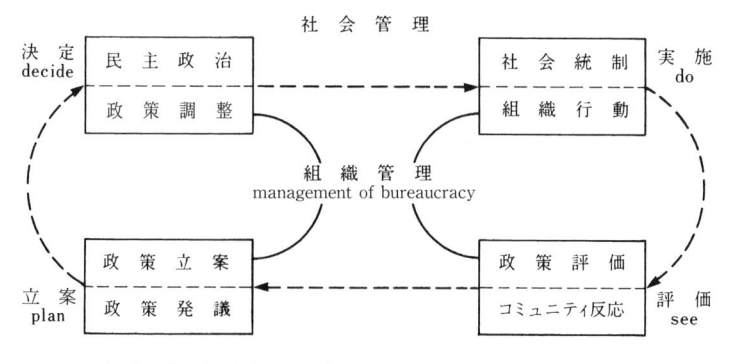

```
                        社 会 管 理
決 定  ┌─────────┐              ┌─────────┐  実 施
decide │ 民 主 政 治 │              │ 社 会 統 制 │   do
       ├─────────┤              ├─────────┤
       │ 政 策 調 整 │              │ 組 織 行 動 │
       └─────────┘              └─────────┘
                    組 織 管 理
                management of bureaucracy
       ┌─────────┐              ┌─────────┐
       │ 政 策 立 案 │              │ 政 策 評 価 │
立 案   ├─────────┤              ├─────────┤   評 価
plan   │ 政 策 発 議 │              │コミュニティ反応│   see
       └─────────┘              └─────────┘
```

ことができるであろう。

(2) 管理技術の発展

_{行政技術と}
_{管理技術}　　　ここで，官僚制組織の対外的活動である社会管理にかかわる技術を行政技術と呼び，その対内的活動である組織管理にかかわる技術を管理技術と呼ぶことにして，双方の関係について考察してみよう。

　　　　行政技術は，官僚制組織とその環境との相互作用にかかわる技術であるから，それは行政官が駆使する技術であると同時に，官僚制組織の行動に反応しこれに影響を及ぼそうとする国民一般と政治家の側が駆使する技術でもある。これに対し，管理技術の方はもっぱら官僚制組織の内部で駆使される技術である。

_{行政技術の側面}
_{への関心は希薄}　　行政学は，本来であれば，行政技術に関する学として誕生した方が自然であったかもしれない。だが，アメリカ行政学を源流とする現代の行政学は，むしろ管理技術に関する学として出発したのであった。もっとも，その後は管理（management）の概念の包括範囲を広げることをとおして，その学問領域を徐々に拡大してきてはいた。しかし，それでもなお，行政技術の側面に関する関心はごく近年にいたるまで希薄であったといわざるをえないであろう。それは，行政学がまだ，個別の行政活動を対象にした各論を構築するまでにいたっていなかった故でもあった。

管理の概念の発展

　管理とは，当初はもっぱら，政策実施段階の組織行動を有効かつ能率的にするために官僚制組織の維持発展をはかる組織管理の技術を意味していた。だが，それは，今日では，政策立案・政策調整・組織行動・政策評価の全局面において，官僚制組織の対応能力を高めるべく，その運行を管理する技術とみなされるにいたっている。

　科学的管理法は作業の科学として始まり，しだいに文書事務・会計経理事務等の標準化に応用され，現代の自動データ処理（ADP）および管理情報システム（MIS）にまで発展する礎石を築いた。この初期の管理は，目的活動を所与とし，もっぱら手段たる組織行動の「節約と能率」を追求する技術であった。

　行政管理論の時期になると，組織をその目的活動との関連において編成する技術が探求され，また政府予算制度の確立を初めとして，総括管理の機能および機関が充実された。これによって，管理の概念は，組織行動の局面だけでなく，政策調整の局面まで包含するものに拡張され，次なる跳躍への準備が整った。

管理主義への信仰と懐疑

　政治・行政融合論の時期にいたると，政策立案・計画策定・予算編成・立法考査の技術に関心が寄せられ，管理の概念は，組織行動・政策調整の局面を越えて，政策立案・政策評価の局面をも広く包括するものに変貌した。管理の機能が，官僚制組織の維持発展をはかることから，その目的活動そのものの改善をはかる機能にまで拡大されたのである。こうして，管理技術を駆使することによって行政活動を合理化することができるとする，管理主義（managialism）信仰の気配が強まった。

　1960年代後半のPPBSの試みはこれを象徴していた。だが，この1960年代には，新しい市民参加・住民参加・コミュニティ参加の大胆な実験も始められていたのである。このことは，管理主義の有効性に対する懐疑の念もまた，すでにこの時期から芽生え始めていたことを意味するものであろう。

(3) 行政管理の発想の転換

管理主義の試練　この管理主義が厳しい試練にさらされ，行政管理の発想に大きな転換を迫られたのは，1970年代の石油危機以降のことである。財政危機に直面した先進諸国は，予算査定・定員査定を厳しくして行政活動の膨張抑制に努めたが，この種の従来型の行政管理手法による減量経営には大きな限界があった。年々の新規増分（increments）を抑制することはできても，既定の経費と人員にまでメスを入れ，これを削減することは困難だったからである。こうして，より抜本的な制度改革を含む行政改革に取り組むことを余儀なくされていった。

市場のメカニズムの活用　この1980年代の行政改革を特徴づけているのは，何よりもまず，国営企業の民営化，規制緩和，民間委託の促進など，市場のメカニズムを活用する諸方策の推進であったといえる。

新公共管理（NPM）　しかし，これと並行して，地方自治制度と財政調整制度の改革，公務員給与制度の改革，納税者・消費者の参加の拡大，コミュニティの連帯の強化などの諸方策が進められた。そこには，福祉国家の肥大した行政活動をできるだけ管理可能な規模に分割し，これを納税者・消費者の監視と統制の下におこうとする新しい発想もうかがわれるのである。この流れを集約しているのが新公共管理（NPM）である。

こうした行政改革の動向と符節を合わせて，学界では，政策実施過程の研究が進められ，行政活動の限界が論じられた。そしてまた，政治のメカニズムの欠陥を指摘し市場のメカニズムの活用を提唱する公共選択学派の研究が活況を呈した。

governmentからgovernanceへ　行政活動に対する関心は，対内的活動にかかわる管理技術の側面よりも，官僚制組織とその環境との相互作用にかかわる行政技術の側面に向けられてきているのである。これを象徴しているのが「governmentからgovernanceへ」である。

これが管理主義の挫折を意味するのか，それとも管理主義のさ

らなる発展を意味するのか，いまのところ定かではないが，ここ二十数年来の行政改革論議は行政学にその再構成を迫るものであった。

<small>日常の行政管理と非日常の行政改革</small>　この点はともかく，総括管理機関によって担当されている日常の行政管理と非日常の行政改革とはいかなる関係にあるのであろうか。これを日本の実情に照らして考察してみよう。

2　行政資源の総括管理

(1)　総括管理と行政改革

<small>総括管理機能の性質</small>　第3章で紹介したように，アメリカ行政学では，執政機関を補佐する総括管理機関が担当すべき機能をPOSDCoRBの七つの機能に要約した。日本の官房系統組織が現に担当している諸機能も基本的にはこれと合致している。

<small>行政資源の集中管理</small>　しかしながら，日本の官房系統組織の諸機能の中核をなしているのは何といっても資源管理機能である。すなわち，いわゆる官房三課は，法令上の権限・財源・人員・情報という四つの主要な行政資源のうちの，少なくとも権限・財源・人員について，これを上位の官房系統組織から調達し，部内の各部局に配分する機能を担っているのである。

行政資源の集中管理には，ふたつの側面がある。第1は，各部局に共通する庶務的な業務を一元的に処理することによって各部局の労力・時間を節減するという，補助・サービスの側面であるが，第2は，この行政資源に対する各部局からの配分要求を審査・査定することをとおして，各部局による政策選択と資源配分を操作するという，指揮監督・調整の側面である。

<small>予算査定・定員査定の性質</small>　ところで，官房三課が所管する上記三つの行政資源のうちでも，法令上の権限と財源・人員とでは，その性質がかなり異なる。

一般に，法令には時限が付されていない。まして毎年度定期的に見直され改正されるものではない。したがって，法令上の権限

は，ひとたび授権されれば当分の間は変更されない，継続性を備えている。

これに対して，財源と人員の方は，毎年度の予算査定・定員査定において見直される余地がある。しかも，定員については，新規の振り替え・増員だけを査定の対象にする仕組みであるのに対して，財源の方は，既定の経費まで含めて年間経費のすべてが予算編成のたびごとに査定される建前である。

そこで，政策を構成している諸要素のうちでも，法令上に定められた諸要素はその政策の安定した骨格を形成するのに対して，充当財源と充当人員のふたつの要素，ことに充当財源の要素は年々変動する可能性をもつ。裏返していえば，官房系統組織はこの財源・人員の配分を操作することをとおして，各部局の政策実施活動の質量に微妙な変更を加えることができるのである。

この意味において，予算査定と定員査定は政策立案活動の一部であると同時に，既定の政策の実施活動を細かく管理している活動でもある。

行政管理と行政改革

したがって，日常の行政管理と非日常の行政改革の違いについては，この段階では，一応次のように要約しておくことができよう。すなわち，日常の行政管理とは，政府構造の基幹にかかわる諸制度と法令上の権限を所与の前提とし，この枠内で，総括管理機関が予算査定と定員査定をとおして新規増分を抑制することであり，非日常の行政改革とは，この枠を越えた改革に及ぶことである，と。その詳細については，これから徐々に解説する。

(2) 制度改革と減量経営

制度の段階構造

各省庁の行政活動を枠づけている諸制度は，その枠組みの大きさとこれに伴う安定性・継続性の観点から，以下の諸段階に分けられる。

第1に，もっとも安定した外枠を形成しているのは，いうまでもなく，憲法・公職選挙法・国会法・内閣法・裁判所法・地方自

治法等に定められている憲法構造である。

　第2に，国家行政組織法・国家公務員法・財政法・会計法等に定められている基幹的な行財政構造である。

　第3に，各省庁設置法等の組織法令に定められている各省庁の所掌事務の分業構造である。日本の場合にはとくに，この分業構造が高度に安定していた。昭和35（1960）年以来40年間府省レベルの構成には全く変化がなかったのである。これを大改革したのが平成13（2001）年1月から施行された中央省庁等の再編であった。そして，官房系統組織による法令審査・文書審査・予算査定・定員査定・組織審査などは，ほとんどすべてこの組織法令に定められた所掌事務を根拠にして実施されている。

　第4に，各省庁所管の各種の作用法令に定められている個別の事務事業に関する枠組み構造である。

　第5に，毎年度予算で確定する当該年度の予算・定員と，この予算を執行するためにこれに付帯しておこなわれる法令と行政規則の改正である。この種の法令・行政規則の改正は，予算査定・定員査定の際の了解事項の一部を構成しているので，査定機関と協議しながらおこなわれるのが通例である。

　そして，最後に位置するのが，その他の行政規則に定められている個別の事務事業に関する執行細則であり，これらは各省庁の裁量の下に，関係省庁と合議して制定改廃される。

　以上の諸群のうち，第1群から第3群にいたるものは「制度」と称されていることが多い。

行政機構改革と行政整理

　かつて日本で行政改革と観念されていたものには，以下の2類型がある。

　第1は，上記の第1群から第3群に属する「制度」の改革に及ぶものであり，行政機構改革と呼ばれたことが多い。

　第2は，上記の第5群の日常の行政管理における資源管理機能を拡大強化して，既定の経費・人員を見直し，これを減量するこ

とであり，行政整理と呼ばれたことが多い。これが日常の行政管理と異なるのは，この行政整理では，これに付帯して，第4群に属する関係法令を整理し不要不急の事務事業を廃止すること，さらには第3群の領域にまで踏み込み，組織法令を改正して行政機構を統廃合することである。

なお，昭和37年の臨時行政調査会（第一次臨調）の設置以来，行政改革の観念に若干の変容がみられるが，このことについては後述しよう。

(3) 新規増分の厳格審査

ところで，日本においては，昭和40年代以降，通常ならば行政改革の範疇に属することを日常の行政管理の枠内で実現してしまう種々の方式が確立されてきている。新規増分の厳格審査と呼ぶべき方式である。

スクラップ・アンド・ビルド方式　その1は，昭和43（1968）年の1省庁1局削減の措置以降に確立されたスクラップ・アンド・ビルド方式であり，各省庁の内部機構の新増設に対して適用されている。すなわち，局・部・課等の新増設を要求する省庁はその前提として，同格の組織・職を同数統廃合する案を提示しなければならないとするものであり，各省庁の内部機構の設置を現在数で頭打ちにして，その純増を抑制する方式である。

特殊法人の新増設についても，これとほぼ同様に，同数の統廃合が求められていたように思われる。

定員削減計画　その2は，昭和44（1969）年の総定員法の制定とともに開始された，定員削減計画の仕組みである。

総定員法には全省庁を通ずる政府全体の定員の総数のみが定められ，各省庁ごとの定員の総数は政令に定められる。したがって，この定員についても，スクラップ・アンド・ビルド方式を適用すれば，その純増を避けられるはずである。しかしながら，定員は機構のようには運ばない。たとえば，国立大学の学部・学科が新

増設されたり，国立病院が新増設されたりすれば，どうしてもそこに相当数の定員を配分しなければならないことになるが，これに見合う数の定員の削減を当該省庁にのみ要求することは実際上不可能だったからである。

そこで案出されたのが定員削減計画である。これは，たとえば，今後5年間のうちに現有定員の5％を削減することを全省庁に対して一律に要求するものである。旧総務庁（総務省は平成13年1月以降，総務省の一部になっている）の見解によれば，各省庁はその事務事業の合理化・効率化を進め，これによって不要不急になった部門の定員を削減する方法で削減目標を達成すべきであるとされていた。ところが，特定の部門を不要不急の部門と認定することは，各省庁の内部においても決して容易なことではなかったために，実際には，すべての内部機構に対して平等に一律の削減を命じていることが多かった。

一定率の削減目標を課せられた各部局は，この期間内に停年・死亡・病気・転職等で退職した職員の後を補充しないという方法で，人員削減に耐え，空席となった定員を返上する。このような方式での人員削減が日本で可能なのは，係の分掌事務には係員全員が連帯して責任を負う仕組みになっているためである。

旧総務庁は，こうして各省庁から返上されてきた定員をプールしておいて，先の大学・病院のようにどうしても新規増分を認めざるをえない部局に対して，このプールした枠内で定員を配分することにより，政府全体の定員の総数の純増を抑制してきたのである。

これまた，一種のスクラップ・アンド・ビルド方式にほかならないが，ただ省庁単位のそれではない。

概算要求のシーリング方式　その3は，各省庁から大蔵省に提出する概算要求の総額にシーリングを設定する方式である。この方式は昭和36年度予算からすでに導入されていた。だが，当初は前年度予算比150％であった

シーリングがその後は徐々に引き下げられ，財政再建の時期には，ゼロ・シーリング，マイナス・シーリングになったこともあった。

ところで，概算要求額は，新規増分を一切要求しなかったとしても，前年度予算を上回るのが通例である。何故なら，たとえば，給与改定があれば人件費は上昇するし，また一般勤労者世帯の消費支出が上昇していれば生活保護世帯に支給する最低生活費を引き上げなければならないなど，義務的経費が膨張するからである。そこで，この種の義務的経費が予算に占める構成比の高い省庁にとっては，一律のシーリング設定はとりわけ厳しい制約を課せられたことになる。したがって，全省庁に一律のシーリングを課することは実質的には決して公平な措置ではなかったのであるが，シーリングは原則として（例外はあったが）一律に課せられた。にもかかわらず，この方式は全省庁によって受け入れられたのであった。

各省庁としては，シーリングを低く抑えられれば抑えられるほど，既定の事務事業を整理縮小して既定経費を削減するか，あるいは国の補助率を引き下げてその分の財政負担を自治体に転嫁するかしない限り，新規増分を要求する余地がないことになってしまう。それ故に，この方式にもまた少なくとも部分的には，スクラップ・アンド・ビルドの要素が含まれているのである。

法令のサン・セット方式

さて，以上の三つの方式は組織審査・定員査定・予算査定に関するものであった。法令審査にはこれらに相当するものはありえないのであろうか。

アメリカのサン・セット法は，新たに制定される法律を時限法にし，時限ごとに更新の必要の有無を厳格に審査することにより，法令の増殖に歯止めをかけようとしたものであった。

各省庁の横並び均等主義

ところで，この種のスクラップ・アンド・ビルド方式は日本に独特のもののようである。何故にこのような方式が日常の行政管理の枠内で可能になったのか。その秘密は全省庁への一律適用に

あるのではないかと思われる。省庁間の安定した分業構造と職員の各省別採用の制度を背景にして，全省庁横並びの均等な受難であればこれを受容するという組織文化が形成されているのではなかろうか。

3 行政改革の諸相

(1) 第一次臨調と第二次臨調

第一次臨調　　第五次行政審議会は昭和35（1960）年12月の答申において，行政の画期的な体質改善をはかる方策として，アメリカのフーバー委員会を模範とする，独自の調査能力をもった権威のある臨時の行政診断機関を設置することを提言した。この提言をうけて昭和37年に設置されたのが，臨時行政調査会（第一次臨調）であった。

国会は同調査会設置法の制定に際して，調査会の議決は全員一致とすること，人員整理をおこなわないことなどを求める附帯決議をした。そして，調査会の委員の一人には総評の太田薫が委嘱された。しかも，この調査会は，7名の委員，16名の専門委員，そして多数の調査員からなる大規模な調査審議機関であった。さらに異例なことに，調査会の議事録等が公開された。

新しい行政需要　への対応方策の　提言　　また，その答申には，新しい行政需要への的確な対応を求めるという趣旨から，水資源開発・首都圏整備・消費者保護等々の個別分野に関する方策の提言が含まれていた。高度経済成長に対する種々の隘路を打開することが当時の課題であったことによるものであろうが，それにしても，この種の提言は従来の行政整理とか行政機構改革のイメージから著しくかけ離れたものであった。

このとき以来，行政改革についての新しいもうひとつのイメージが形成された。それは，内閣が直々に設置した第三者的な諮問機関が各省庁の壁を越えた総合的な観点から行政全般のあり方を見直し，その改革を推進することであり，行政のどのような側面についてのいかなる方向での改革かを問わないのである。

第二次臨調　　昭和56（1981）年に設置された第二次臨時行政調査会（会長・土光敏夫）は，その名称どおり，第一次臨調をモデルにしていた。その9名の委員のうちには総評系と全労系の2名の労働界代表が加えられ，多数の参与・専門委員・調査員が委嘱された。

政策事項への介入　　だが，この財政危機下に設置された第二次臨調の活動様式と改革提言は，先の第一次臨調とはおよそ異質のものになった。当初から「増税なき財政再建」を基本方針と定め，早々と緊急提言をまとめ，大蔵省による当面の予算編成にたがをはめた。そして，その後も一貫して「小さな政府」を目標に，三公社の民営化などの諸方策を提言した。

それ故に，第二次臨調の行政改革は財界主導と非難されたりした。また，重要な政策事項が臨調首脳と政府与党首脳の了解のもとに密室内で次々に決定されているかのように見えたので，この種の政治を諮問機関型政治と命名し，その危険と弊害に警鐘を鳴らした評者もあった。

そしてまた，第二次臨調の活動と提言は，政策事項に深く介入し，その後の政治に決定的な方向づけをした点で，行政改革というよりも政治改革というべきものになっているのではないかとする疑問も提起された。

(2) 行政改革と政治

第二次臨調の活動様式と改革提言についての評価は，後世の歴史家の審判に委ね，ここでは，行政改革と政治の関係について若干の補足をしておくことにしよう。

政治の論理と行政の論理の交錯　　行政改革はもともと政治の論理と行政の論理が交錯する課題である。それは，革命，終戦，経済変動，政権交代といった政治変動の機会に企てられることが多い。それは，ときの政権担当者が政治路線の変更を象徴するものとして企画するという点で，政治的色彩を帯びることを免れない。

またそれは，在来の行財政構造に既得権を有する官界・政界・

業界の激しい抵抗に遭遇するのが通例であり，この抵抗を排して推進できるだけの政治指導力に裏づけられていなければならないという点でも，すぐれて政治的な営みである。

それ故にまた，行政改革が完遂された暁には，権力構造にいくばくかの変動を生ずることになる。

行政改革と政策論争　問題は，行政改革の名の下におこなう改革である以上は，党派的な政策論争から距離をおき，純粋に行政の論理で語りうる事項に改革の範囲を限定すべきか否かであろう。

この点は，行政の論理においてどこまでのことを語りうるのか，既存の政策体系をすべて与件とした上での「節約と能率」でどの程度の行政整理をおこないうるのか，そして行政の論理に徹することが改革の政治上の実現可能性をどの程度まで高めうるのか，といった諸点の判断にかかるであろう。

(3) 行政改革と政治改革の合流

臨調行革の継続　第二次臨調は昭和58（1983）年3月に解散した。だが，行政改革の課題はその後も，第一次臨時行政改革推進審議会（略称は第一次行革審）→第二次行革審→第三次行革審→行政改革委員会→規制緩和委員会へと受け継がれ，絶えることなく推進され続けている。

行政手続法と情報公開法の制定　この行政改革の流れの一環として，平成5（1993）年11月には行政手続法が制定され平成6年10月から施行された。また，平成11（1999）年5月には情報公開法が制定され，平成13（2001）年4月から施行された。

政治改革の当面課題と究極課題　ところで，日本の政界では，1980年代末に発覚したリクルート事件を契機として1990年代には政治改革の推進が新たな政治課題になった。当面の改革課題は，お金のかからない選挙，政策を争点にした選挙の実現をめざして，選挙制度改革と政治資金制度改革に設定された。しかしながら，政治改革の究極の課題は，「護送船団方式」の産業行政に代表されるような政官業の癒着構造と

か国会議員が地元選挙区への利益還元のための仲介斡旋に奔走するような中央・地方の融合構造など,「55年体制」の下で形成された戦後政治体制の構造改革と政界の再編成にあると認識されるようになった。

地方分権推進の衆参両院決議
　こうして政界の流動化が始まった。平成4 (1992) 年には,細川護熙を党首とする日本新党はその結党宣言において,「明治以来の集権的国家システムとその中核にある中央官僚制に根ざした巨大な構造障壁を除去しないかぎり,生活優先の社会の建設も国際協調・国際貢献するための日本経済の体質改善も不可能である」と謳いあげた。この日本新党の政界進出に刺激されて,当時の社会党,民社党,公明党が相次いで地方分権の推進を唱えるようになり,平成5 (1993) 年6月には,自民党と共産党をも巻き込み超党派で,地方分権推進の衆参両院決議がなされた。

自民党一党支配体制から連立政権時代へ
　その直後の国会で,政治改革法案の処理をめぐって宮沢内閣不信任の議決が成立し,衆議院は解散され,同年7月に総選挙が実施されたが,この間に旧自民党は自民党,新生党,新党さきがけに分裂した。そして,このときの総選挙で自民党は衆議院の過半数をとれず,通算38年間に及ぶ自民党一党支配体制の時代に終止符が打たれ,非自民の諸政党による大連立内閣として細川内閣が誕生した。

選挙制度改革と政党助成制度の創設
　これ以降の歴代の内閣とこれを支える連立与党の組み合わせはめまぐるしく変転しているが,平成13 (2001) 年初頭の現時点にいたるまで,橋本内閣の末期と小渕内閣の初期のごく短期間を除いて,連立政権時代が続いている。そして,この間の平成6 (1994) 年に政治改革関連4法が成立し,衆議院議員選挙が中選挙区制から小選挙区比例代表並立制に改められ,新たに政党助成制度が創設された。

地方分権一括法の制定
　また,平成7 (1995) 年に成立した地方分権推進法に基づいて地方分権推進委員会が設置された。そして,この委員会の数次の

勧告に基づいて，平成11年には，機関委任事務制度の全面廃止等を中核とする地方分権一括法が制定公布され，新しい地方自治制度が平成12年度から施行されている。

橋本行革と自自連立の政策合意

さらに，橋本内閣は，行政改革会議を設置し，橋本首相みずからその会長を務め，ここを舞台にして，内閣機能の強化，中央省庁の1府22省庁体制から1府12省庁体制への再編，郵政省の郵政公社化，独立行政法人制度の創設，政策評価の導入等を中核にした「橋本行革」について審議し，この会議の最終報告に基づいて平成10（1998）年には中央省庁等改革基本法を制定した。これに加え，平成11年1月の自民党と自由党の連立協議において，国会における政府委員制度の廃止，党首討論制度の導入，並びに再編後の新しい中央省庁体制への副大臣・大臣政務官制度の導入などが合意された。そこで，同年の7月には，「橋本行革」と自自連立の政策合意を法制化する国会法，内閣法，国家行政組織法等の改正が行われ，このうちの政府委員制度の廃止および党首討論制度の導入などは同年秋の国会からただちに実施に移された。そして，新しい1府12省庁体制および副大臣・大臣政務官制度などは平成13（2001）年1月から施行された。

行政改革と政治改革の合流

要するに，1990年代の行政改革には，第二次臨調以来の行政改革の流れに加えて，1990年代に入って以降の政治改革の流れが合流してきているのであって，そこには従来の官僚主導体制を是正し「政治主導」の強化をはかろうとする別途の意図が込められてきているのである（第6，7章参照）。

Tea Time

フーバー委員会の政治状況

臨時行政調査会とフーバー委員会

　第一次臨調はアメリカのフーバー委員会を模範として設置されたとされている。そして，日本では，このフーバー委員会は超党派的に構成され，その答申にあたっては，党派的な争点になるような政策事項への介入を避け，対象を純粋に行政的な事項に限定して，改革の勧告をおこなったが故に，その勧告は議会によって尊重され，行政改革を成功に導いたのであるとする理解が，広く蔓延していた。

　しかも，そのような理解を背景にして，日本の第二次臨調の活動様式と改革提言は行政改革のあるべき姿を逸脱しているのではないかとする疑問を呈する向きも皆無ではなかった。しかし，フーバー委員会に関するこの種の理解には，史実に反している点が多々含まれているように思われるので，この点について解説を加え，誤解を解いておきたい。

　フーバー委員会には，実は1949年設置の第一次委員会と，1953年設置の第二次委員会とがあるので，まず両委員会を明確に分けて解説しよう。

第一次委員会の政治状況と勧告

　第一次委員会は，第二次大戦中に形成された戦時行政体制を平時の状態に戻すこと，ことに国債の累積による多額の財政赤字を解消し，一日も早く均衡財政に復帰することをめざして，議会の発意によって設置された。

　さらに，この時点では，トルーマン政権に対して野党の立場にあった共和党がすでに連邦議会の多数議席を占め，翌年に控えていた大統領選挙においても共和党候補のデューイが当選するであろうと予想されていた。

　そこで，議会多数派の共和党議員たちは，この絶好の機会に，戦時行政体制の見直しだけでなく，民主党のローズヴェルトとトルーマンの下で実施されてきたニューディール政策の抜本的な見直しまでおこなおうと意気込んでいたのである。

　ただし，委員会の構成にあたっては，きわめて慎重な配慮がなされた。すな

わち，連邦議会の上下両院がそれぞれ委員の半数を選出することにし，各院からの委員の選任も共和・民主両党で折半することにした。委員会の構成をこのように超党派的なものにしたのは，これによって委員会答申の政治上の実現可能性を高めるためであった。

　第一次委員会は共和党のこのような思惑のもとに設置されたものであったから，同委員会の委員長に就任した元大統領のハーバート・フーバー（H. C. Hoover）も，当初は「この委員会の任務は行政府の能率と業績を改善するような管理ないし機構の変革を勧告することに限定されない。委員会の任務は，政府の事務事業の経費，その有用性，その限界，その縮小・廃止といった諸点に照らして，政府の事務事業の範囲を画定することにも向けられる」と述べ，同委員会が政策の取捨選択にかかわる事項にまで深く介入する姿勢を示していたのであった。

　ところが，その翌年におこなわれた大統領選挙では，大方の予想に反して，現職のトルーマンの方が再選されてしまったのである。そこで，フーバー委員長は選挙後に次のような声明を発表して，政策事項への介入を自制する方針に転換したのである。曰く，「委員会の任務は現に存在する政府のすべての活動を能率的なものにすることである」と。こうして，その答申は，結果的には確かに，政策事項に介入するところの少ないものになった。そして，その故であるかどうかは別にして，議会がこの答申に応え，その勧告事項のかなりの部分について立法措置を講じたのも事実である。

第二次委員会の政治状況と勧告

　その後，政権は民主党のトルーマンから共和党のアイゼンハワーへと引き継がれた。第二次のフーバー委員会はこの新しい共和党政権のもとで設置されたもので，先の第一次の委員会で手をつけられなかった改革をおこなおうとするものであった。

　それ故，当然のことながら，この第二次委員会は当初から政策事項への介入を予定していた。ことに，「民間事業と競合しているような，必要不可欠ならざる事務事業を廃止すること」を強く期待されていたのである。そこで，第二次委員会はその答申において，各種の政府直営事業の民営化を初めとし，政策問題に広く深く介入した数々の勧告をおこなった。そして，この第二次委員会の答申の方は，着実に実施に移されたとはとてもいえない。

第20章

行政統制と行政責任

　　本書では，現代国家の行政活動を担う官僚制組織がいかなる制度の枠組みの下で，どのような作動原理に従って活動しているのかという点に焦点をあててきた。

　　しかし，「そもそも国政は，国民の厳粛な信託によるものであつて，その権威は国民に由来し，その権力は国民の代表者がこれを行使し，その福利は国民がこれを享受する」（日本国憲法前文）ものである。したがって，国民の側は，官僚制組織に多くを期待するのであればあるほど，これを統制する方法に工夫をこらさなければならない。

　　そこで，本章ではこの問題を取り上げ，まず最初に，行政府の活動を統制する憲法構造について復習する。ただし，これは憲法学・行政法学に属する主題であるので，これについてはごく簡潔に概説するにとどめ，むしろこれらの古典的な諸制度を補完するものとして誕生してきたところの，現代的な諸制度について解説することに力点をおく。

　　そして最後に，話を再び官僚制組織の側に戻して，行政官・行政職員個々人の行政責任について論じ，本書を締め括ることにしよう。

1 行政統制の憲法構造

(1) 行政統制と行政参加

古典的な統制制度

　　現代民主制は，近代民主制以来の間接民主制と権力分立制の憲法原理を継承している。そこで，行政活動に対する統制（行政統制）は，国民（the Public）を直接に代表する議会による統制，国民を直接または間接に代表する執政機関による統制，そして裁判所による統制を基本にしている。これらはすべて憲法構造として確立されている統制であり，不服従に対する制裁手段を整えた制度的統制である。そしてまた，それは行政機関の外部に存在する

機関による統制であるので，これを制度的外在的統制と呼ぶことができる。

　行政機関は日常的には執政機関の指揮監督の下におかれている。そして，行政機関は，執政機関の指揮監督が上司の職務上の命令を介して組織の末端にまで確実に伝達されるように，指示・命令系統を一元化したヒエラルヒー構造に編成されている。そして，この執行管理の体系を補完しているのが官房系統組織による管理統制の仕組みである。これらの統制もまた，公務員法と各種の組織法令に定められ，懲戒処分の制裁手段によって担保されている制度的統制である。ただし，それは行政機関の内部における上級機関（者）による下級機関（者）の統制であるので，これを制度的内在的統制と呼ぶことができる。

行政機関と対象集団の相互作用
　しかしながら，現代民主制の下での行政活動には，これ以外にも，種々さまざまな事実上の統制が加えられている。

　このような事態になった根本原因は，現代国家の行政活動が国民諸集団に対する利益配分の機能を強めてきたこと，そしてこれに伴い，行政活動による利益配分機能をめぐっていわゆる「社会集団の噴出」現象を招いたことにある。

　行政サービスは特定の集団に利益を配分し，また特定の集団に不利益を配分するものであるために，一方には行政サービスの継続・拡充を要求する圧力団体が生まれ，他方には行政サービスの修正・撤廃を要求する抵抗団体が生まれる。いずれにしろ，行政機関は，行政の客体，行政活動の対象集団，行政サービスの利害関係者というべき国民諸集団（publics）と日常頻繁に接触を保ち，これらの集団・個人との間に濃密な相互作用を営むようになったのである。

　行政機関側は所期の政策目的を実現すべく対象集団に働きかけ，対象集団側は自己の利益を実現すべく行政機関に働きかける。その間の相互作用は要望・期待の相互伝達の過程であり，互いに相

手の要望・期待を完全に無視したのでは，良好な関係を形成することはできない。

そこで，行政活動は対象集団・利害関係者の反応によって事実上の制約を受けることになる。

_{行政参加の}
_{制度化}　この種の事実上の拘束力を統制と呼ぶことには異論もあるであろう。しかし，現代国家の行政活動においては，行政機関と対象集団・利害関係者の関係を円滑にするために，政策の立案・決定・実施・評価の過程に対象集団・利害関係者の参加を要請し，あるいはこれを許容するさまざまな方式が案出されてきている。もちろん，この種の参加の場の多くは諮問機関であり，参加の手続の多くは聴聞手続に属するものであって，そこでの発言ないしは決定が行政機関の意思決定を法的に拘束する意味をもつわけではないので，それは先の制度的統制の諸制度とは明らかに異なる。

だが，この種の事実上の拘束力の存在に目を閉じるのは不適当であろう。何故なら，この種の事実上の拘束力をどの程度まで制度化すべきかという問題こそ，現代の行政統制をめぐるもっとも重要な論点のひとつになっているからである。

ギルバートの
マトリックス　そこで，アメリカの行政学者のチャールズ・ギルバート（C. E. Gilbert）は，この種の事実上の統制を先の制度的統制と区別し，非制度的統制と名づけている。

このような意味での非制度的統制まで視野に入れることにするとすれば，これについてもまた，外在的統制と内在的統制を区別することができる。すなわち，上記のような対象集団・利害関係者による統制は外在的統制である。これに対して，行政機関の内部での部下の反応，他部局の同僚職員の反応などは内在的統制である。そして，行政職員の労働組合または職員団体のもつ拘束力は，場合によって，外在的統制に分類することも内在的統制に分類することもできるであろう。

行政統制の構図をこの分類方法によってマトリックスに整理し

図表20-1　行政統制（行政責任）の構図

<table>
<tr><th></th><th>制度的統制</th><th>非制度的統制</th></tr>
<tr><td>外在的統制</td><td>議会による統制
執政機関による統制

裁判所による統制</td><td>諮問機関における要望・期待・批判
聴聞手続における要望・期待・批判
情報開示請求による統制
その他対象集団・利害関係人の事実上の圧力・抵抗行動
専門家集団の評価・批判
職員組合との交渉
マス・メディアによる報道</td></tr>
<tr><td>内在的統制</td><td>会計検査院・人事院その他の官房系統組織による管理統制
各省大臣による執行管理
上司による職務命令</td><td>職員組合の要望・期待・批判
同僚職員の評価・批判</td></tr>
</table>

てみたのが図表20-1である。以下，日本における制度的外在的統制について概説する。

(2) 国会による統制

民主的統制の基幹である国会による統制には，大きく分ければ，①立法権による統制，②人事権による統制（内閣総理大臣の指名，内閣の信任・不信任，検査官・人事官・行政委員会委員などの任命についての同意，裁判官の弾劾等），③国政調査権による統制がある。

立法権による統制　「法律による行政」の原理の根幹である立法権による統制には，法律案の議決，予算・決算の議決，条約の承認，そしてこれらの審議過程での質疑と決議などが含まれる。

この立法権による統制についての主要な課題は，内閣提出法案に対する修正，予算の修正，決算の不承認を含め，議員立法権をどの程度まで積極的に活用することができるか，政令等への委任をどの程度まで狭い範囲に抑制できるかである。そして，立法権の強化方策として従前から論議されているものには，国会の会期制の廃止，逐条審議の導入，政令を国会の審査に付す制度の導入などがある。

直接立法制度　　その他に，国民が立法過程に直接参加する制度として，かつてワイマール時代のドイツなどで広範に活用され，今日ではスイス，それにアメリカの諸州と自治体の一部などで活用されているにとどまる，レフェレンダム（国民投票）とイニシアティブ（国民発案）がある。

(3) 内閣・内閣総理大臣・各省大臣による統制

　　議院内閣制の執政機関は内閣と内閣総理大臣，並びに各省大臣である。

内閣による統制　　まず内閣による統制には，①法案提出権による統制（内閣から提出する法案・予算・決算の承認，並びに条約の締結権），②政令制定権による統制，③人事権による統制（最高裁判所裁判官の任命権，検査官・人事官・行政委員会委員等の任命権，並びに各省庁の局長以上および特殊法人の役員等の人事に関する承認権など），④指揮監督権による統制（各種の施政方針の決定・了解・了承），⑤内閣法制局による管理統制（内閣提出法案・政令案についての法令審査）などがある。

内閣総理大臣による統制　　また内閣総理大臣による統制には，①国務大臣・副大臣・大臣政務官等の任免権および指揮監督権による統制，②内閣府の主任の大臣としての内閣府令制定権による統制，③内閣府の主任の大臣としての人事権および指揮監督権があり，この指揮監督権のうちには内閣府諸機関による総合調整権などが含まれる。

各省大臣による統制　　そして，各省大臣による統制には，①各省の主任の大臣としての省令制定権による統制，②各省の主任の大臣としての人事権および指揮監督権がある。そして，この人事権には行政職員の懲戒処分権が含まれ，また指揮監督権には，下級機関によってなされた処分についての取消権を初めとして，行政不服審査法に基づく審査請求の審査権，並びに監査権等が含まれていることは，いうまでもあるまい。

行政委員会等　　ここで，執政機関による統制について補足しておきたいことが

ある。それは、会計検査院・人事院および各種の行政委員会など、内閣または各省大臣からある程度の独立性を有する合議制機関が存在し、そのなかには準立法権および準司法権を行使しているものがあることである。もっとも、この種の合議制機関の設置数はアメリカのそれに比べればはるかに少ない。

そして、アメリカでは、許認可事務の多くがこれらの独立規制委員会の行政審決（administrative adjudication）によって処理されているのに対して、日本ではほとんどの許認可事務が各省庁の行政処分で処理されている。

(4) 裁判所による統制

「法律による行政」の原理の担保

「法律による行政」の原理を最終的に担保しているのは裁判である。そして、この点についての大きな選択肢は、ヨーロッパ大陸諸国のように行政府に特別裁判所としての行政裁判所を設置するか、それともアングロ・サクソン系諸国のようにこれを設置せず、すべての訴訟事件を普通裁判所に管轄させることにするかである。

行政裁判所

明治憲法は、当時のプロイセンの法制にならって、行政事件訴訟に関する裁判管轄権を行政裁判所に帰属させていた。これに対して、新憲法は「すべて司法権は、最高裁判所及び法律の定めるところにより設置する下級裁判所に属する」（76条1項）と定め、さらに「特別裁判所は、これを設置することができない。行政機関は、終審として裁判を行ふことができない」（同条2項）と明記した。行政法学では、この改革を指して、行政国家から司法国家への転換と称している。

行政訴訟

昭和37（1962）年に制定された行政事件訴訟法は、出訴事項については概括主義を採用し、訴訟類型としては抗告訴訟・当事者訴訟・民衆訴訟・機関訴訟の4類型を設けている。

2 行政活動への直接参加

続いて,「社会集団の噴出」以降に登場した現代的な諸制度についての解説に移ることにしよう。その多くは,すでに述べたように,行政活動の対象集団・利害関係者に何らかの形での行政参加を要請または許容する性格の制度である。

(1) 職員組合の参加

<small>労働基本権</small>　　労働運動の勃興に伴い,公務の世界にも労働組合が誕生することになった。そして,やがて一般労働者に労働基本権が保障される時代になると,これを行政職員にまで適用するか否かが各国での大きな論点になった。

<small>労働組合と職員団体</small>　　労働基本権を行政職員にまで適用した国々では,公務員の給与その他の勤務条件について,政府は使用者側代表として公務員労働組合との交渉に応ずる義務を負い,場合によってはさらに団体協約を締結しこれを遵守する義務を負うことになった。このような国々の場合には,政府の労務管理・定員管理・人事管理はこの交渉・協約によって拘束されざるをえない。

日本では,すでに第8章で概説したように,国家公務員か地方公務員かを問わず,一般職の公務員には労働三法の適用がなく,いわゆる労働組合を結成することが許されていない。また団体協約を締結する権利が否定され,争議行為が禁止されている。ただ,給与その他の勤務条件および社交的厚生的活動に関して当局と交渉するために,職員団体を結成し,これを法人とすることが認められているにとどまる。

したがって,日本の場合には,当局の管理権が職員団体との交渉によって法的に拘束されることは少ない。だが,地方支分部局および附属施設など,行政活動の現場になればなるほど,当局は職員団体の意向を完全に無視して組織活動を管理するようなことはできない。

(2) 政策立案への参加

「社会集団の噴出」に伴って出現したもうひとつの制度が，職能代表議員で構成する経済議会等を設置する方式と，行政機関の附属機関として諮問機関を設置する方式である。

<small>職能代表方式</small>　前者の職能代表方式は，ワイマール時代のドイツを中心に戦間期のヨーロッパ諸国に普及していた制度であり，地域代表議員で構成されている通常の議会を補完する「第2の議会」として，職能集団を選挙区とする職能代表議員で構成する経済議会等を設置し，経済・産業政策に関連する法案等の審議にあたらせようとしたものであった。

だが，選挙区の構成が技術的に困難であったことと，経済議会等が期待されたように職能集団間の利害調整の場として機能せず，むしろ利害対立をかえって鮮明にする場になってしまったという体験から，その後は急速にすたれていった。

<small>諮問機関方式</small>　そこで今日では，いずれの国でも後者の諮問機関方式の方が主流をなしている。とくに日本では，この方式が好んで活用されている。むしろ濫設気味でさえあるとされ，行政改革のたびごとに整理の対象にされたほどである。ことに，平成13（2001）年1月の中央省庁の再編を機に，211あった審議会等が91に大幅に整理統合された。

審議会等とは国家行政組織法8条に基づき個別の法令によって設置されている合議制機関を指し，それ以外の大臣・局長の私的諮問機関とか各省庁に設けられる非公式の研究会等とは区別されている。

この審議会等には資格審査・不服審査等の審査を任務とする審査会も含まれているが，ここで論議の対象にしているのは，いわゆる学識経験者だけでなく，対象集団・利害関係者の代表の参加を要請し，かれらの意向を政策立案に反映し，あるいは行政機関が構想中の政策案にかれらの同意を調達しようとしている類いの

審議会である。

　もちろん，この種の審議会の答申には，行政機関の意思決定を拘束する法的な効力は与えられていない。しかし，当該の制度・政策について事前に諮問すべき審議会が設置されている場合にこの諮問の手順を踏まずに政策決定をすること，また審議会において大方の同意を得られなかったような政策を採択することは，事実上困難になっている。

行政委嘱員方式　なお，日本では，政策実施業務の一端に参画し協力する一定の任務を国民個々人に委嘱するという方式も幅広く活用されている。

　中央省庁が委嘱しているものの例には，民生委員・保護司・人権擁護委員・行政相談委員・国勢調査員などがある。都道府県知事および市町村長によって委嘱されている類似のものはさらに多種類にのぼる。

　この行政委嘱員と呼ぶべき人々は，その任務のかたわら，いわば行政機関の触手として，行政活動の対象集団・利害関係者と直に接触して得た感触を行政機関にフィードバックする役割をはたしているのである。

市民参加方式　また，都道府県・市町村では，県民参加・市民参加のかけ声の下に，県民会議・市民会議といった名称をもつ，従来の審議会等とは一風異なった合議制の機関が設置され始めている。

　しかしながら，自治体の場合には，なかでもとくに市町村の場合には，特定の職能集団を対象にした行政活動はそれほど多くないので，従来型の審議会の委員も，対象集団・利害関係者の団体の代表というよりは，各種の行政関係団体の代表か，そうでなければ各種の行政委嘱員等の一般市民代表というべき人々であることが多い。

　これに対して，国の審議会にあっては，県民参加・市民参加に相当するような意味での，国民参加を考える余地は乏しい。

(3) 行政立法・計画策定への参加

行政立法の事前手続とパブリック・コメント制度

現代国家の法律には，法律それ自体には政策の大綱しか定めず，肝心の執行対象・執行基準・執行手続などについての定めを政令・省令に委任してしまっている事例が増えてきている。そこで，この種の行政立法の過程に対象集団・利害関係者の意向を聴取する制度はないものかが問われる。

アメリカの行政手続法は，この種の規則制定（rule making）の側面についてもその事前手続を定め，規則の制定に先立って規則案をいったん公示することを政府に義務づけ，これに対する意見書の提出を受けつける制度を確立している。

平成6（1994）年10月から施行された日本の行政手続法にはこの規則制定の事前手続は定められていない。しかしながら，平成11年3月に「規制の設定または改廃に係る意見提出手続」が閣議決定され，各省庁が規制を伴う政令・省令等を制定する際に意見の照会をおこなうようになった。これがパブリック・コメントの制度と呼ばれ，規制に関する行政立法以外の領域にも広がりつつある。

計画策定の事前手続と環境アセスメント

この種の事前手続の必要性は計画策定の過程についても共通している。

現に日本でも，都市計画については，その決定に先立ち，都市計画の案について公聴会の開催等，利害関係を有する住民の意見を反映するのに必要な措置を講ずること，また都市計画の案を一定期間縦覧に供し，意見書提出の機会を与えることなどを定めている。

また，環境に影響を及ぼすおそれのある事業に関して，環境に与える影響を事前に調査・予測・評価してその結果を縦覧に供し，これに対する意見書提出の機会を与え，環境保全に役立てることを環境影響評価（アセスメント）制度と呼ぶ。自治体レベルではかなり以前から環境影響評価条例の制定が進んでいたが，国が環

境影響評価法を制定しこれを施行したのは，平成11（1999）年6月のことである。

住民運動と住民参加

　この計画策定過程の事前手続の問題に密接に関連しているのが，いわゆる抵抗型の住民運動と住民参加の問題である。

　国際空港，新幹線鉄道，原子力発電所，ダムなどを建設する公共事業，あるいは市街地再開発事業などについては，その事業計画の決定に頑強に反対し抵抗する住民運動が発生し，事業計画の推進を不可能にしてしまうといった事態が，1960年代から各国で頻発した。

　この種の住民運動に対してどのように対応すべきかということこそ，先進諸国がほぼ共通に直面した新しい課題であり，これを契機にして，種々の住民参加方式が試みられてきた。

　だが，この種の住民運動は事業計画の即地的決定に触発されて組織化されることが多く，また利害関係住民の範囲を画定することがむずかしいので，計画過程の初期段階から対象集団・利害関係者の団体の代表を諮問機関に参加させるという方式は有効ではない。それだけに，住民参加は事実上の交渉の形態をとるのが通例である。

圧力団体と住民運動

　ところで，抵抗型の住民運動は，いわゆる圧力団体とは違って，職能利益ではなしに地域利益を基盤にしている。また圧力団体のように，集団利益の増進まで要求しているのではなしに，既存の良好な自然・生活環境を保全しようとしている。

　だが，いずれも，特定の集団利益を代表していることに変わりはない。したがって，農協とか医師会の主張がつねにそのまま公共の利益に合致しているとはかぎらないのと全く同様に，住民運動の主張はつねに全面的に正しいなどという保証はどこにもない。

　けれども，今日では，圧力団体が参加することの意義を全面的に否認しようとする人は少ない。その参加は議会のもつ代表性の欠陥を補完する意義を認められている。抵抗型の住民運動も，通

常の政治過程に正当に代表されていない特定地域住民の利益を代表しているのである。

そしてまた，現代の公共公益施設はかつてなく大規模になり，その外部不経済も大きくなってきているので，公共の利益のために建設される施設がその周辺地域住民に不当に多大の被害を与えることも稀ではなくなってきている。抵抗型の住民運動はこの種の公共事業の独善性を抑制し，全体の利益と部分の利益，多数者の利益と少数者の利益の間の適正な調和について再考を促すという建設的な役割をはたしている。

問題は，圧力団体の場合と同様に，特定利益集団の主張のなかにどれだけの公共性が含まれているかであり，またこの公共性を誰がいかなる手続を経て判定するのが妥当か，である。

(4) 行政手続への参加

次には，個別具体の行政処分の決定過程に利害関係者が参加する余地を開き，行政活動に適正手続を確保しようとする制度がある。これは，行政裁量の拡大現象を背景にしているもので，欧米諸国では行政手続法によって法制化されている。

<small>日本における行政手続法の制定経過</small>

日本でも，行政事件訴訟法と行政不服審査法とが制定された後の昭和30年代後半に，第一次臨調がこれらの事後救済手続法に対応する事前手続法を制定すべしと提言していた。だが，法制化の動きにはいたらずにきたところ，日本が国際化の時代を迎え，外国から日本の行政活動の不透明性が批判されるようになったためであろうか，第二次臨調はその最終答申において，行政の信頼性確保のための一方策として行政手続法の制定を求めたのである。

<small>行政手続法の概要</small>

平成 5 (1993) 年11月に制定され平成 6 年10月から施行された日本の行政手続法は，行政運営における公正の確保と透明性の向上をはかり，これによって国民の権利利益の保護に資することを目的にして，許認可等の処分，行政指導，届出に関する手続についての共通事項を定めている。たとえば，処分の審査基準の制定

と公表，標準処理期間の設定と公表，許認可等を拒否する処分をおこなう際の理由の提示，不利益処分にかかる聴聞手続，行政指導に際しての責任者の明示，口頭による行政指導をおこなった際に相手方からその旨を記載した書面の交付を求められたときにはこの書面を交付することなど，を義務づけている。

　この国による行政手続法の制定をうけて，その後は自治体レベルでの行政手続条例の制定が急速に進み，平成10（1998）年8月現在，この制度はすべての都道府県と2974の市区町村に普及している。

(5) 広報広聴・行政相談・オンブズマン

　以上に列挙した行政参加の諸制度は，いずれも対象集団・利害関係者に対して自己の権利利益を明確に主張する機会を保障するためのものであった。

　だが，民衆のなかには，主張すべき権利を有することを知らず，受給資格を有するサービスの存在を知らない人々が多い。どこに問い合わせればその種の情報を得られるのかを知るすべをもたない人々さえいる。まして，ほとんどの人は，異議申し立て，審査請求，行政訴訟の方法を知らず，知っていたとしても，あえてこの種の手段に訴えるほどの執念を持ち合わせていない。

広報広聴・行政相談　そこで，行政機関は，まず広報広聴の専門部局を設置して，行政サービスについての情報提供に努めるとともに，各種の照会・苦情に応答する。

　そして，たとえば税務相談など，相談件数が多く，回答に専門的な知識を要するものについては，専門相談窓口を整える。なかには，近隣紛争相談とか消費者相談などのように，民事紛争に属する相談に専門に対応している窓口もある。

苦情処理・オンブズマン　しかし，ここで取り上げておきたいのは，行政活動に対する苦情・批判への対応である。それも，当該官庁に苦情を申し立てたにもかかわらず，いっこうに相手にされないような苦情・批判の

処理である。そしてまた，行政不服審査法の異議申し立てとか審査請求などに乗りにくい類いの苦情・批判の処理である。

　この種の苦情・批判に対応する仕組みとして設置されているものに，人権擁護委員と行政相談委員の制度があるが，これではまだ不十分だと考える人々から提唱されているのが，オンブズマン制度の導入である。

　オンブズマン（Ombudsman）とは，市民の権利を守る苦情調査官で，「護民官」ともいわれる。そして，この制度は1809年にスウェーデンで生まれ，第二次大戦後に，とりわけ1960年代以降に，北欧諸国から英連邦諸国へ，そしてアメリカの諸州へと急速に普及したものである。

　各国で採用されたオンブズマンには議会に設置されたものもあれば，行政機関に設置されたものもあるが，本来の形態としては，議会に選任され，議会に対して責任を負う独立かつ不偏不党の公務員であって，行政機関または行政官・行政職員の行動または決定が権力の濫用，不当な権利侵害にあたるとする市民の苦情を受けつけ，これについて職権で調査し，是正措置を勧告し，議会に報告をおこなう権限を有する機関である。

　その狙いは，苦情を簡便に処理すること，人格が高潔で市民感覚を有する人の権威を活かすこと，「法典を閉じて心を開け」をモットーに，官僚主義的な対応を排して苦情の処理にあたることにあるとされている。

日本では未普及　日本では，旧総務庁に設けられたオンブズマン制度研究会がその通算6年間におよぶ調査研究の結果を昭和61（1986）年に最終報告書にまとめ，内閣総理大臣により国会の同意を得て任命されるオンブズマン委員会を設置することを提言したが，これまでのところ実現していない。

　ただし，自治体レベルでは，すでに平成2（1990）年に川崎市がオンブズマン制度を発足させているほか，対象を福祉行政に限

図表20－2　情報公開の体系

		特定の者に公開するもの	不特定多数の者に公開するもの
情報公開が政府機関の裁量に委ねられているもの（情報提供施策）	積極的な情報需要の存在を前提にしないもの（広報施策）	紹介案内 資料提供 指導助言etc.	施策案内，行政資料の刊行，配布，頒布等の個別広報 広報紙誌の発行等の総合広報etc.
	積極的な情報需要の存在を前提にするもの（情報センター施策）	案内窓口 相談窓口 個別窓口の情報展示コーナーetc.	議会図書館(室) 資料室，刊行物センター 公文書館(室) 図書館(室)etc.
情報公開が政府機関に義務づけられているもの（情報公開制度）	開示請求を前提にしないもの（情報公表義務制度）	行政手続の一環として行なわれる告知・教示etc.	会議の公開，議事録の公表 条例等の公布，公示 公報による公表，告示 財政状況の公表 計画・アセスメント報告書等の縦覧
	開示請求を前提にするもの（情報開示請求制度）	証明書の交付 個人情報の開示請求 行政手続の一環として行なわれる関係文書の閲覧請求etc. （特定情報開示請求制度）	情報公開法（条例）にもとづく情報の開示 （一般情報開示請求制度）

（出所）　財団法人地方自治協会編『地方自治体における情報公開に関する研究』1983年。

定したオンブズマンや介護保険行政に限定したオンブズマンを創設するなど，全国各地でさまざまな試みがおこなわれている。

(6) 情報公開制度

　　最後に，行政統制の新しい方式として登場してきた情報公開制度について概説しておくことにしよう。プライバシー保護制度も

これと密接に関連する。

情報公開の体系と情報公開制度

広い意味での情報公開の体系は **図表20-2** に示されているとおりである。そして，このうちの一般情報開示請求制度が一般に情報公開制度と呼ばれているものである。

この情報公開制度とは，政府がその保有する情報について請求権者からその開示を求める請求を受けたときには，原則としてこれを開示する義務を負うこととする制度のことである。この制度もまた北欧諸国から生まれ，アメリカ，カナダ等の国々に普及したものである。

日本の情報公開制度

日本における情報公開制度の導入は自治体レベルから始まった。そこで，平成12（2000）年4月現在，すべての都道府県と総計1379市町村で情報公開制度を定めた条例または要綱が制定されているが，ことに町村のなかに未制定のところが多く，自治体総数に占める制定率はまだ43.2％にとどまっている。

しかしながら，自治体レベルでの情報公開制度の普及は，すでに大きな効果をあげている。弁護士等を中心に全国的に組織化された市民運動団体である「市民オンブズマン」が，首長の交際費，役所の接待費，職員の出張旅費，請負工事の入札などに関する情報の開示を求め，「官官接待」の実態や各種の不正支出の実態を明るみに出したからである。

遅ればせながら国が情報公開法を制定しこれを施行したのは，平成13年度からである。情報開示の請求は外国人や法人を含む「何人」でもできることとされたが，この請求権が「知る権利」に基づくものとは明記されなかった。開示請求の対象は国の行政機関が保有する情報に限定され，国会と裁判所の保有情報は対象外である。また，外交，防衛，捜査などに関する情報については，関係省庁の判断で非開示にできる余地を残している。そして，非開示決定に対する救済については，情報公開審査会による審査を前置し，この審査結果にも不服である場合には，全国の高等裁判

所所在地の地方裁判所に提訴することができるとされている。

制度の論点　　この制度を導入しようとするときに，論議の焦点となる主要な論点は以下の諸点である。すなわち，

① 請求権者の範囲　「何人」でも請求できることにするのか，それともその国の国民等——自治体であればその住民等——に限定するのか。この論点は制度創設の目的を「知る権利」といった自由権の保障に求めるのか，それとも参政権の保障に求めるのかといった論議に関連している。

② 対象機関の範囲　その政府に属するすべての機関が保有する情報を対象にするのか，それとも議会などが保有する情報はこれを対象外にするのか。

③ 対象情報の範囲　制度施行以前から保有していた情報も対象に含めるのか，それとも制度施行以後に発生した情報に限定するのか。また文書情報に限るのか，それとも写真・地図・図面・録音テープ・磁気テープなどの情報も含めるのか。

④ 適用除外事項の範囲　原則に対する例外として，どのような種類の情報について，「開示しないことができる」という特例的な取り扱いを許容するのか。

⑤ 救済方法　請求したにもかかわらず，何らかの理由で開示を拒否されたときに，この非開示決定の当否を争う方法をどうするのか，などである。

制度の目的と眼目　「情報の公開なくして参加なし」などといわれるように，情報の公開は政治参加と行政統制の大前提である。

ところが，政府の官僚制組織には，収集し取得した情報を独占し，日常の執務が準拠している行政規則を公開せず，執務手続を秘匿しようとする性向がある。そして，この情報の独占と秘匿を権力の源泉にして，シロウトである政治家と民衆を操縦しようとする。

情報公開制度はこの官僚制支配の悪弊を打破し，行政活動をガ

ラス張りにしようとするものであり，官僚制組織に対する拭いがたい不信感に根差しているものである。

すなわち，この制度を創設する目的は，この制度がなければ開示されそうもないような情報の開示を政府に強要するところにあるので，制度の眼目とするところは，国民に開示請求権を与え，政府に開示義務を課して，両者の間に法律上の権利義務関係を設定することである。

制度の限界　　だが，情報公開制度に過剰な期待を寄せることは慎まなければならない。何故ならば，この制度には以下のような限界が存在するので，これだけでは，国民の政治参加と行政統制を促すのに不十分きわまりないからである。すなわち，

① 国民の側が手間暇をかけて請求しなければ，情報は開示されない。

② 情報は請求者に対してのみ開示されるのであって，これだけでは，国民に広く公開されることにはならない。

③ 政府の側は新しい情報を収集または作成することを義務づけられていない。否むしろ，現に保有する情報に改竄(かいざん)を加えることなしに，これをあるがままの姿で開示することを義務づけられているのであるから，開示された情報が請求者にとってわかりやすい有意義な情報であるとは限らない。

広い意味での情報公開の整備充実が必要　　そこで，国民が政治に参加し，行政活動を有効に統制するための手段としては，広い意味での情報公開の体系を構成している諸制度・諸施策のすべてが，これに並行して整備充実されていなければならない。なかでもとりわけ重要なのは，各種の会議の公開とその会議録の公表を含む情報公表義務制度の確立であろう。

制度の陥穽　　また情報公開制度には，上記のような限界とは別に，次のような陥穽(かんせい)もある。

政府の情報を収集し作成するのは行政官・行政職員である。そこで，この行政官・行政職員が情報公開制度の下で情報の開示を

求められることをおそれ，これを嫌うとき，情報を文書等の形に記録しようとしなくなったり，あるいはいったん記録しても，これをごく短期間のうちに廃棄処分してしまうようなことになりかねないのである。

こうなってしまったのでは，情報公開制度の意義が失われる。また，それだけでなしに，行政運営にも支障を生じてしまうことになる。

文書の作成方法，管理方法の改善が必要

そこで，情報公開制度を創設するときには，文書の作成方法，管理方法の改善を並行して進めながら，この種の好ましからざる反作用を抑止することに細心の注意を払う必要がある。

3 行政責任

(1) 行政統制と行政責任

古典的な行政責任

行政統制が制度的統制に限られている場合には，行政統制と行政責任は裏腹の関係にあるかのようにみえる。責任とは統制に的確に応答することにほかならないかのように思われるからである。この点をもう少し分解してみれば，行政官・行政職員の責任とは，政治機関から与えられた任務を遂行する責任（任務責任），法令・予算による規律，上級機関の指令，上司の個別の指示・命令に従って行動する責任（服従責任），監督者の問責に応答して自己のとった行動について弁明する責任（説明責任），任命権者から加えられる制裁に服する責任（受裁責任）であるように思われるからである。

古典的な行政責任の観念はまさにこのようなものであった。そして，このような観念に基づいて論じるのであれば，行政統制と行政責任をあえて区別する実益はない。

だが，現代における行政官・行政職員の任務について考察する場合には，行政統制と行政責任を区別して論じた方が有益であるように思われる。古典的な統制制度では的確に捕捉しきれない行

政責任の問題が大量に発生しているからである。

(2) 能動的責任

まず第1には，従来からあった受動的責任に加えて，能動的責任と呼ぶべきものが重要になってきているからである。

補助責任　　法令・予算による規律，上級機関の指令，上司の個別の指示・命令に忠実に応答するのは，いわば受け身の受動的な責任にとどまる。これに対し，現代の行政官・行政職員の任務には，法令・予算による規律，上級機関の指令，上司の個別の指示・命令に違背しない範囲内において，自発的積極的に裁量し，もっとも賢明なる行動を選択することまで含まれている。裁量領域が飛躍的に拡大した状況における下級機関・部下の補助責任とはそのようなものであろう。

補佐責任　　また，現代の行政官・行政職員は，組織法令上与えられている所掌事務の領域に新しい社会問題が発生したときには，これをいち早く察知し，対策を立案して上級機関に上申し，さらには政治機関に提案すること，上司・上級機関・政治機関の意思決定について助言し忠告し，ときには諫言することまで期待されているのである。協働の規範に基づく政治・行政関係の下での行政官・行政職員の補佐責任とはそのようなものであろう。

使命感の共有・
責任感の涵養　　一般に，法令，指令，指示・命令は，一定のしてはならないことを定めてこれを規制すること，あるいは最低限しなければならないことを定めてその不履行に制裁を科すのには有効な手段であるが，自発的積極的な行動を促すのには決して有効な手段ではない。そこで，上述のような能動的行動を確保するためには，使命感の共有とか責任感の涵養など，古典的な統制制度とは異なる方法に依存しなければならない。

ここに，行政統制論とは別に行政責任論が登場してきた第1の理由があると言えよう。もっとも，この補助・補佐の能動的責任はあくまでヒエラルヒー構造の組織の作動の双方向性の問題にす

ぎないので，これを伝統的な答責性（accountability）の枠内で論じることも，決して不可能ではないであろう。

(3) 非制度的責任

答責性と応答性　だが，現代国家においては，行政活動の対象集団・利害関係者の組織化が進み，これらの団体と行政機関の相互作用が日常化してきて，行政官・行政職員はこれらの団体の要望・期待に的確に応答することを期待されるようになった。この種の非制度的な事実上の統制に対応する非制度的責任の発生と拡大という事実こそ，従来の答責性の概念に代わる応答性（responsibility）の概念の導入を促した，決定的な要因であった。

フリードリッヒの行政責任論　第3章で簡単に紹介したフリードリッヒの行政責任論は，まさにこの地平に登場したものであった。行政職員の労働組合または職員団体にしろ，対象集団・利害関係者の団体にしろ，行政活動に対して法制度上の統制権限を有しているわけではないので，行政官・行政職員の側にはこれらの団体・個人の要望・期待に応答する法的な義務はない。しかし，かれらの意向・反応は行政活動に対する重要なフィードバック情報である。これを無視していたのでは，政策実施活動は円滑に進まない。

　　先に述べた裁量と政策の発議・立案の局面での補助・補佐の責任にしても，それはただ単に政治機関・上級機関・上司の期待に応える責任であるのみならず，部下・職員団体とか対象集団・利害関係者の期待，さらには国民一般の期待に応える責任でもある。

(4) 説明責任（accountability）の概念の拡張

説明責任の最近の意味　こうして最近は，説明責任（accountability）の概念も，従来よりも拡張された意味で使われるようになってきている。すなわち，説明責任は，すでに述べたように，元来は政治機関および上級機関に対する制度的責任の一環として，下級機関が上級機関の問責に応答して自己のとった行動について弁明する責任を意味していた。ところが，これが今日では，行政機関が自己の遂行する政

策・施策・事業についてその背景・意図・方法とその成果などを広く国民一般に対して明らかにし，その理解を求める責任にまで拡張されているのである。

いいかえれば，説明責任の次元に関する限りにおいては，責任を負うべき対象が国民の代表機関である政治機関のレベルをも越え，究極の監督者である国民（the Public）のレベルにまで引き上げられたために，この上級機関に対する制度的責任（accountability）と個々の行政サービスの利害関係者というべき国民諸集団（publics）に対する非制度的責任（responsibility）とをあえて区別する意味が失われてしまっているのである。

<small>インターネット通信の普及</small>　説明責任（accountability）の概念がこのように拡張されてきた社会的な背景には，明らかにインターネット通信の普及がある。行政機関はそれぞれのホームページに必要な情報をすべて掲載することをとおして，実に簡便に，この説明責任をはたすことが可能になってきているからである。

(5) 行政責任のディレンマ状況

だが，そうはいうものの，上記の能動的責任と非制度的責任は，曲がりなりにも，統制との関連において語りうる責任であった。これらは，制度的統制の加えられていない空白領域において裁量する責任として説明可能なものであった。だが，現代の行政責任はほんとうにそのような性質のものなのであろうか。現代の行政責任は，実際には，「行政責任のディレンマ状況」を解く責任というべきものになってしまっているのではなかろうか。

<small>行政責任のディレンマ状況</small>　民主制の政治体制の下では，制度的外在的統制の機関が少なくとも議会・執政機関・裁判所に分立している。制度的内在的統制もまた，ライン系統組織による執行管理と官房系統組織による管理統制に分化している。そして，これらに多種多様な非制度的統制が追加されている。

担当の行政官・行政職員には多元的な機関・団体からさまざま

な統制・期待が寄せられているのであるが，これらの統制・期待は相互に矛盾し対立しているのがむしろ常態であるように思われる。このような場合に，担当者はいずれの統制・期待に応えて行動すべきなのであろうか。これが「行政責任のディレンマ状況」である。

<small>ディレンマ状況を解く責任</small>

現代の行政官・行政職員が直面している行政責任とは，この種のディレンマ状況を解きほぐし克服する責任であるように思われるのである。ここまでくると，統制の概念から完全に切り離された責任の概念が必要になる。こうして，次の自律的責任の問題が発生することになる。

(6) 自律的責任

<small>内面の良心に従って行動する責任</small>

ギルバートの分類した四類型の行政統制に対応する行政責任は，他者による統制ないしは他者の期待に応答する責任という意味で，いずれも他律的責任であった。これに対するものとして，自己の内面の良心に従って行動する責任という意味での，自律的責任がある。

他律的責任の相互間にディレンマ状況が発生したとき，これを克服するにあたって最後の拠りどころになるのは，行政官・行政職員の信条体系であり価値観である。

<small>私的利害と公共的責任</small>

また，行政官・行政職員も人の子であるから，かれは行政官・行政職員としてもつ行政責任に加え，その家族・親族の一員としてもつ責任を初め，職員団体の組合員としての責任，宗派に属する信徒としての責任など，さまざまな私的な責任をもち，行政責任と私的責任の相克に悩む事態もおこりうる。

ここで，私的な利害関心が公共的な責任感を凌駕してしまった場合には，汚職行為に及ぶかもしれない。これとは正反対に，公共的な責任感が異常に高揚すれば，社会正義のために職を賭した行動にでるかもしれない。この種のディレンマ状況を克服する鍵もまた，自律的責任にある。

行政官・行政職員の情熱・洞察力・責任感

　要するに，現代国家の行政活動に対する民主的統制を強化するためには，新しい行政統制の諸制度を多元的に整備充実し，これらを総合的有機的に組み合わせて活用しなければならない。

　そしてまた，それと同時に，行政官・行政職員の情熱と洞察力と責任感を涵養する措置を講じなければならないのである。

行政責任のディレンマ状況

　行政責任のディレンマ状況について，具体例をあげて説明しておくことにしよう。

　　　　　＊

　最高裁判決が議員定数を不均衡であると認め，その是正を勧告したとしよう。このとき，公職選挙法を所管している総務省自治行政局選挙部は早速に選挙制度調査会を再開し，これに諮問した上で，ただちに同法の改正案を立案し，法案を国会に提出すべく努力すべきなのであろうか。それとも，これは政治家マターであるとして，国会ないしは与党筋に改正の気運が生まれるまで静かに待機していてもよいのであろうか。これは，ふたつの制度的外在的責任の間の矛盾例である。

　部長の意向と市長の意向の間にずれがあるとき，課長はいずれに与すべきか。上司の期待と部下の期待が背反しているとき，中間管理者はいずれに与すべきか。他局の期待と自局の期待に挟まれて，総務課長はこれをどうさばくか。これらは，ふたつの制度的内在的責任の間の調整ないしは止揚を要する事例である。

　業界を監督している産業行政官庁は，業界の期待に応えるべきか，それとも消費者の期待に応えるべきか。既存業者の既得権益を擁護すべきか，それとも新規参入業者を振興すべきか。これらは，ふたつの非制度的外在的責任の間の相克の問題である。

　　　　　＊

　ところで，ディレンマは制度的責任と非制度的責任の間にも，外在的責任と内在的責任の間にも発生する。

　部下が収賄行為を犯している事実に気づいたとする。さて，これを内密に穏便に処分するにとどめるか，それとも，これを告発して刑事責任まで問うべきか。刑事責任まで問えば，ことは表沙汰になり，機関の社会的信用を傷つけることになる。また，部下の家族にまで厳しい社会的制裁が加えられる結果になり，いささか苛酷にすぎるように思われる。さりとて，これを表沙汰にしないことにすれば，可愛い部下

を誘惑し、このような状況に追い込んだ贈賄側の行為を不問に付すことにならざるをえない。それは社会正義に反するのではなかろうか。さて、どうすべきか。ここで、上司が直面しているのは、制度的外在的責任と制度的内在的責任との相克である。

政策実施の局面において利害関係人と折衝していて、法律を機械的に解釈適用したならば、この個別具体の事例に関する限り、具体的正義に著しく反すると確信したとき、法を曲げても具体的正義を実現すべきか。それとも、法を貫いて、利害関係人の激しい抗議とこれに続く訴訟を受けて立つべきか。行政職員はここでは、制度的外在的責任と非制度的外在的責任の矛盾を体験していることになる。

課長が部長に呼ばれ、「君の課の某は職務免除の手続も踏まずに、勤務時間中に組合活動に従事しているではないか。あのようなことを許しておいてはいけない」、と指示されたとしよう。しかし、この職場ではこれまでのところ、この程度の組合活動は勤務時間中でも放任されていたとしよう。そこで、課長が部長の指示どおりの措置をとれば、当該職員が反発することはもちろん、課内の組合員の多くが怒り、ひいては組合がこれに対して激しい抗議行動をおこすことはほぼ確実であるとしよう。さて、課長は部長の指示にいかに対処すべきか。ここでは、課長は制度的内在的責任と非制度的内在的責任の狭間に立っていることになる。

＊

行政職員が直面するディレンマのうちでも、ことに深刻なのは、直近の上司から下された指示・命令が己の信条体系に著しく背反していて、とうてい承服しがたいようなときであろう。この職員が強い人格の持主であれば、自己の信念を敢然と上司に伝え、指示について再考を求め、その撤回を要望するであろう。だが、この抗議ないしは諫言を上司が聞き入れなかったときはどうするか。さらに上位の上司に直訴に赴くか、匿名の内部告発をするか、いずれの方法を選ぶべきか。

これらの方策がすべて無益に思われたときはどうするか。サボタージュを決め込み、己の責任だけは回避するか。それとも、転任を申し出るか、辞職するか。辞職することにしたときは、辞職理由を公表するか、しないでおくか。

こうした類いの判断と選択を律するのが自律的責任である。

参 考 文 献

1 行政学の教科書

[現在の教科書]

足立忠夫『新訂・行政学』日本評論社，1992年
今村都南雄ほか著『ホーンブック行政学』北樹出版，1996年
片岡寛光・辻隆夫編『現代行政』法学書院，1988年
加藤一明ほか著『行政学入門・第二版』有斐閣，1985年
川野秀之ほか著『現代の行政』学陽書房，1983年
新藤宗幸『講義・現代日本の行政』東京大学出版会，2001年
田口富久治『行政学要論』有斐閣，1981年
西尾勝『行政の活動』有斐閣，2000年
福田耕治・真淵勝・懸公一郎編『行政の新展開』法律文化社，2003年
村松岐夫編『新版・行政学講義』青林書院，1985年
村松岐夫『行政学教科書・第二版』有斐閣，2002年
森田朗『現代の行政』放送大学教育振興会，1996年

[一昔前の教科書]

辻清明『行政学概論・上巻』東京大学出版会，1966年
長浜政壽『行政学講義案』有信堂，1957年
吉富重夫『現代行政学』勁草書房，1967年
蠟山政道『行政学講義序説』日本評論社，1950年

2 現代行政と行政学の全般に関する参考書（第1〜4章）

[講　座]

辻清明ほか編『行政学講座』全5巻，東京大学出版会，1976年
西尾勝・村松岐夫編『講座行政学』全6巻，有斐閣，1994〜95年

[一般書]

青木昌彦『日本企業の組織と情報』東洋経済新報社，1989年
青木昌彦（永易浩一訳）『日本経済の制度分析』筑摩書房，1992年

足立忠夫『行政管理論』玄文社，1960年
足立忠夫『職業としての公務員』公務職員研修協会，1978年
阿部孝夫『実践的行政管理論』成文堂，1999年
今里滋『アメリカ行政の理論と実践』九州大学出版会，2000年
今村都南雄『組織と行政』東京大学出版会，1978年
今村都南雄『行政の理法』三嶺書房，1988年
今村都南雄編著・行政管理研究センター監修『「第三セクター」の研究』中央法規出版，1993年
今村都南雄『行政学の基礎理論』三嶺書房，1997年
宇都宮深志・新川達郎編『行政と執行の理論』東海大学出版会，1991年
片岡寛光『行政国家』早稲田大学出版部，1976年
片岡寛光『行政と国民』早稲田大学出版部，1990年
片岡寛光『行政の構造』早稲田大学出版部，1992年
金本良嗣・宮島洋編『公共セクターの効率化』東京大学出版会，1991年
城山英明『国際行政の構造』東京大学出版会，1997年
田尾雅夫『行政サービスの組織と管理』木鐸社，1990年
渓内謙ほか編『現代行政と官僚制』上下2巻，東京大学出版会，1974年
田村徳治『行政学と法律学』弘文堂，1925年
手島孝『現代行政国家論』勁草書房，1969年
手島孝『行政概念の省察』学陽書房，1982年
手島孝『新版・アメリカ行政学』日本評論社，1995年
東京大学社会科学研究所編『転換期の福祉国家』上下2巻，東京大学社会科学研究所，1988年
長浜政壽『行政学序説』有斐閣，1959年
長浜政壽『現代国家と行政』有信堂，1973年
西尾勝『行政学の基礎概念』東京大学出版会，1990年
原田久『社会制御の行政学：マインツ行政社会学の視座』信山社，2000年
福田耕治『国際行政学』有斐閣，2003年
宮川公男・山本清『パブリック・ガバナンス：改革と戦略』日本経済評論社，2002年
宮嶋勝『公共組織の管理論』企画センター，1983年
村松岐夫『日本の行政』（中公新書），1994年

森田朗編『行政学の基礎』岩波書店，1998年
吉富重夫『現代の行政管理』勁草書房，1974年
蠟山政道『行政組織論』日本評論社，1930年
蠟山政道『行政学研究論文集』勁草書房，1965年
渡辺榮文『行政学のデジャ・ヴュ：ボダン』九州大学出版会，1995年

[翻訳書]

H. A. サイモン（松田武彦ほか訳）『経営行動』ダイヤモンド社，1989年
H. A. サイモン（宮沢光一監訳）『人間行動のモデル』同文館，1970年
P. セルズニック（北野利信訳）『組織とリーダーシップ』評論社，1970年
P. セルフ（片岡寛光監訳）『行政官の役割』成文堂，1981年
F. W. テーラー（上野陽一訳・編）『科学的管理法』産業能率大学出版部，1969年
V. A. トンプソン（大友立也訳）『ビューロクラシーと革新』日本経営出版会，1970年
C. I. バーナード（田杉競訳）『経営者の役割（新訳）』ダイヤモンド社，1968年
M. J. ヒル（渡辺保男訳）『行政の社会学』学陽書房，1976年
M. P. フォレット（斉藤守生訳）『経営管理の基礎：自由と調整』ダイヤモンド社，1963年
M. P. フォレット（米田清貴・三戸公訳）『組織行動の原理』未来社，1972年
M. P. フォレット（三戸公監訳）『新しい国家』文眞堂，1993年
C. C. フッド（森田朗訳）『行政活動の理論』岩波書店，2000年
H. G. フレデリクソン（中村陽一監訳）『新しい行政学』中央大学出版部，1987年
J. G. マーチ = H. A. サイモン（土屋守章訳）『オーガニゼーションズ』ダイヤモンド社，1977年
R. マインツ（縣公一郎訳）『行政の機能と構造：ドイツ行政社会学』成文堂，1986年
P. R. ローレンス = J. W. ローシュ（吉田博訳）『組織の条件適応理論』産業能率大学出版部，1977年
D. ワルドー（足立忠夫訳）『行政学入門』勁草書房，1966年
D. ワルドー（山崎克明訳）『行政国家』九州大学出版会，1986年

3　中央地方関係に関する参考書（第5～6章）

赤木須留喜『東京都政の研究』未来社，1977年
赤木須留喜『行政責任の研究』岩波書店，1978年

浅井清『明治維新と郡県思想』巌松堂書店，1939年
石川一三夫『近代日本の名望家と自治』木鐸社，1987年
石原信雄『新地方財政調整制度論』ぎょうせい，2000年
井出嘉憲『地方自治の政治学』東京大学出版会，1972年
稲継裕昭『人事・給与と地方自治』東洋経済新報社，2000年
今村都南雄編『自治・分権システムの可能性』敬文堂，2000年
岩崎美紀子『分権と連邦制』ぎょうせい，1998年
大石嘉一郎『近代日本の地方自治』東京大学出版会，1990年
大島太郎『日本地方行財政史研究序説』未来社，1968年
大島太郎『官僚国家と地方自治』未来社，1981年
大森彌『自治体行政学入門』良書普及会，1987年
大森彌『自治行政と住民の「元気」：続・自治体行政学入門』良書普及会，1990年
大森彌『自治体職員論』良書普及会，1994年
大森彌・佐藤誠三郎編『日本の地方政府』東京大学出版会，1985年
片岡寛光編『国と地方：政府間関係の国際比較』早稲田大学出版部，1985年
加藤一明『日本の行財政構造』東京大学出版会，1980年
加藤一明ほか著『現代の地方自治』東京大学出版会，1973年
金井利之『財政調整の一般理論』東京大学出版会，1999年
姜再鎬『植民地朝鮮の地方制度』東京大学出版会，2001年
亀掛川浩『明治地方自治制度の成立過程』東京市政調査会，1955年
亀掛川浩『地方制度小史』勁草書房，1962年
社会保障研究所編『福祉国家の政府間関係』東京大学出版会，1992年
新藤宗幸『アメリカ財政のパラダイム・政府間関係』新曜社，1986年
新藤宗幸『地方分権・第二版』岩波書店，2002年
高木鉦作編『住民自治の権利』法律文化社，1973年
竹下譲監修『世界の地方自治制度』イマジン出版，2000年
地方自治百年史編集委員会編『地方自治百年史』全3巻，地方財務協会，1992年
辻清明『日本の地方自治』（岩波新書），1976年
辻山幸宣『地方分権と自治体連合』敬文堂，1994年
日本行政学会編『分権改革：その特質と課題』ぎょうせい，1996年
日本政治学会編『近代日本政治における中央と地方』岩波書店，1985年

長浜政壽『地方自治』有斐閣，1952年
長浜政壽『中央集権と地方分権』日本評論社，1953年
西尾勝『未完の分権改革』岩波書店，1999年
西尾勝編『分権型社会を創る』シリーズ［分権型社会を創る］第1巻，ぎょうせい，2001年
松下圭一『日本の自治・分権』（岩波新書），1996年
松下圭一『自治体は変わるか』（岩波新書），1999年
松本克夫/自治・分権ジャーナリストの会編『第三の改革を目指して：証言でたどる分権改革』ぎょうせい，2000年
御厨貴『明治国家形成と地方経営』東京大学出版会，1980年
村松岐夫『地方自治』東京大学出版会，1988年
森田朗編『アジアの地方制度』東京大学出版会，1998年
山下茂ほか著『増補改訂版・比較地方自治』第一法規出版，1992年
山田公平『近代日本の国民国家と地方自治』名古屋大学出版会，1991年
横田清『アメリカにおける自治・分権・参加の発展』敬文堂，1997年

［翻訳書］

ヨアヒム　J.ヘッセ編（木佐茂男監訳）『地方自治の世界的潮流：20カ国からの報告』信山社，1997年

4　憲法構造と官僚制に関する参考書（第7～13章）

赤木須留喜『〈官制〉の研究：日本官僚制の構造』日本評論社，1991年
足立忠夫『近代官僚制と職階制』学陽書房，1952年
足立忠夫『公務員の人事管理と勤務評定』有信堂，1959年
石川真澄・広瀬道貞『自民党：長期支配の構造』岩波書店，1989年
石村善助『現代のプロフェッション』至誠堂，1969年
井出嘉憲『日本官僚制と行政文化』東京大学出版会，1982年
伊藤大一『現代日本官僚制の分析』東京大学出版会，1980年
伊藤正次『日本型行政委員会制度の形成』東京大学出版会，2003年
稲継裕昭『日本の官僚人事システム』東洋経済新報社，1996年
猪口孝・岩井泰信『「族議員」の研究』日本経済新聞社，1987年
鵜飼信成・長浜政壽・辻清明編『公務員制度』勁草書房，1956年

大河内繁男『現代官僚制と人事行政』有斐閣，2000年
岡田彰『現代日本官僚制度の成立』法政大学出版会，1994年
小沢一郎『日本改造計画』講談社，1993年
片岡寛光『内閣の機能と補佐機構』成文堂，1982年
外国公務員制度研究会編『欧米国家公務員制度の概要：米英独仏の現状』社会経済生産性本部生産性労働情報センター，1997年
金子仁洋『政官攻防史』（文春新書），1999年
菅直人『大臣』（岩波新書），1998年
北岡伸一『自民党：政権党の38年』読売新聞社，1995年
小林正弥『政治的恩顧主義論：日本政治研究序説』東京大学出版会，2000年
坂本義和・R. E. ウォード編『日本占領の研究』東京大学出版会，1987年
新藤宗幸『福祉行政と官僚制』岩波書店，1996年
新藤宗幸『技術官僚』（岩波新書），2002年
高橋和之『国民内閣制の理念と運用』有斐閣，1994年
田中一昭・岡田彰編『中央省庁改革』日本評論社，2000年
辻清明『新版・日本官僚制の研究』東京大学出版会，1969年
辻清明『公務員制の研究』東京大学出版会，1991年
西村美香『日本の公務員給与政策』東京大学出版会，1999年
日本公務員制度史研究会編『官吏・公務員制度の変遷』第一法規出版，1993年
日本政治学会編『現代日本政官関係の形成』岩波書店，1995年
日本の官僚研究会編『お役人操縦法』日本経済新聞社，1971年
秦郁彦『日本官僚制総合事典』東京大学出版会，2002年
畠山弘文『官僚制支配の日常構造』三一書房，1989年
牧原出『内閣政治と「大蔵省支配」』中央公論新社，2003年
松下圭一『市民自治の憲法理論』（岩波新書），1975年
松下圭一『政治・行政の考え方』（岩波新書），1998年
御厨貴『政策の総合と権力』東京大学出版会，1996年
水谷三公『官僚の風貌』シリーズ［近代の日本］第13巻，中央公論社，1999年
水谷三公『江戸の役人事情』（ちくま新書），2000年
三谷太一郎『近代日本の戦争と政治』岩波書店，1997年
村山眞維『警邏警察の研究』成文堂，1990年

村松岐夫『戦後日本の官僚制』東洋経済新報社，1981年
森田朗『許認可行政と官僚制』岩波書店，1988年
森田寛二『行政機関と内閣府』良書普及会，2000年
山口二郎『一党支配体制の崩壊』岩波書店，1989年
山口二郎『イギリスの政治・日本の政治』（ちくま新書），1998年

　［翻訳書］

アキラ・クボタ（福井治弘訳）『高級官僚』福村出版，1972年
M．アルブロウ（君村昌訳）『官僚制』福村出版，1974年
M．ウェーバー（世良晃志郎訳）『支配の社会学』Ⅰ・Ⅱ，創文社，1960，62年
C．ジョンソン（矢野俊比古監訳）『通産省と日本の奇跡』ＴＢＳブリタニカ，1982年
B．S．シルバーマン（武藤博己ほか訳）『比較官僚制成立史』三嶺書房，1999年
A．ダウンズ（渡辺保男訳）『官僚制の解剖』サイマル出版会，1975年
P．M．ブラウ（阿利莫二訳）『現代社会の官僚制』岩波書店，1958年
F．ヘッディ（中村陽一訳）『政治体系と官僚制』福村出版，1972年
R．ベンディックス（高橋徹・綿貫譲治訳）『官僚制と人間』未来社，1956年
R．マートン（森東吾ほか訳）『社会理論と社会構造』みすず書房，1961年
M．リプスキー（田尾雅夫・北大路信郷訳）『行政サービスのディレンマ：ストリート・レベルの官僚制』木鐸社，1986年
F．E．ローク（今村都南雄訳）『官僚制の権力と政策過程』中央大学出版部，1981年

　5　政策過程と行政管理に関する参考書（第14〜19章）

足立忠夫『行政改革を考える』公務職員研修協会，1984年
足立忠夫『行政サービスと責任の基礎理論』公務職員研修協会，1990年
足立幸男『公共政策学入門』有斐閣，1994年
足立幸男・森脇俊雄編『公共政策学』ミネルヴァ書房，2003年
飯尾潤『民営化の政治過程』東京大学出版会，1993年
石森久広『会計検査院の研究』有信堂，1996年
伊藤大一編『変動期の公的規制』行政管理研究センター，1998年
井上誠一『稟議制批判論についての一考察：わが国行政機関における意思決定過程の実際』行政管理研究センター，1981年
今村都南雄編・地方自治総合研究所監修『公共サービスと民間委託』敬文堂，1996年

岩井泰信『立法過程』東京大学出版会，1988年
岩崎美紀子『行政改革と財政再建』御茶の水書房，2003年
上山信一『「行政評価」の時代』ＮＴＴ出版，1998年
上山信一『日本の行政評価』第一法規，2002年
宇都宮深志『環境創造の行政学的研究』東海大学出版会，1984年
宇都宮深志編『サッチャー改革の理念と実践』三嶺書房，1990年
宇都宮深志『環境理念と管理の研究』東海大学出版会，1996年
大河原伸夫『政策・決定・行動』木鐸社，1996年
大嶽秀夫『政策過程』東京大学出版会，1990年
大山耕輔『行政指導の政治経済学』有斐閣，1996年
小関紹夫『行政改革の理論と実際』有信堂，1954年
片岡寛光『行政の設計』早稲田大学出版部，1978年
加藤芳太郎『日本の予算改革』東京大学出版会，1982年
川上忠雄・増田寿男編『新保守主義の経済社会政策：レーガン・サッチャー・中曽根三政権の比較研究』法政大学出版局，1989年
河中二講『政策と行政』良書普及会，1983年
河中二講『政策決定と社会理論』良書普及会，1984年
神原勝『転換期の政治過程：臨調の軌跡とその機能』総合労働研究所，1986年
君村昌『現代の行政改革とエージェンシー』行政管理研究センター，1998年
行政改革会議事務局編『諸外国の行政改革の動向』行政管理研究センター，1997年
草野厚『国鉄改革』（中公新書），1989年
草野厚『政策過程分析入門』東京大学出版会，1997年
河野一之『新版・予算制度』学陽書房，1987年
小林良彰『公共選択』東京大学出版会，1988年
小峰保栄『財政監督の諸展開』大村書店，1974年
佐藤竺『日本の地域開発』未来社，1965年
城山英明・鈴木寛・細野助博編『中央省庁の政策形成過程』中央大学出版部，1999年
城山英明・細野助博編『続・中央省庁の政策形成過程』中央大学出版部，2002年
新藤宗幸『行政改革と現代政治』岩波書店，1986年
新藤宗幸『財政破綻と税制改革』岩波書店，1989年
新藤宗幸『行政指導』（岩波新書），1992年

新藤宗幸『日本の予算を読む』(ちくま新書)，1995年

総合研究開発機構・三菱総合研究所『廃棄物ゼロ成長社会の可能性』三菱総合研究所，1977年

田口富久治編『主要諸国の行政改革』勁草書房，1982年

武智秀之『行政過程の制度分析』中央大学出版部，1996年

辻中豊『利益集団』東京大学出版会，1988年

中野実『現代日本の政策過程』東京大学出版会，1992年

西尾隆『日本森林行政史の研究』東京大学出版会，1988年

西尾勝編『行政評価の潮流』行政管理研究センター，2000年

日本行政学会編『行政改革の推進と抵抗』勁草書房，1966年

日本政治学会編『現代日本の政党と官僚』岩波書店，1967年

日本政治学会編『55年体制の形成と崩壊』岩波書店，1979年

日本政治学会編『政策科学と政治学』岩波書店，1983年

日本政治学会編『現代日本の政治手続き』岩波書店，1986年

野口悠紀雄『予算編成における公共的意思決定過程に関する研究』経済企画庁経済研究所，1979年

野口悠紀雄『公共政策』岩波書店，1984年

廣瀬克哉『官僚と軍人』岩波書店，1989年

樋渡展洋『戦後日本の市場と政治』東京大学出版会，1991年

増島俊之『行政管理の視点』良書普及会，1981年

増島俊之『行政改革の視点』良書普及会，1996年

松下圭一『政策型思考と政治』東京大学出版会，1991年

真渕勝『大蔵省統制の政治経済学』中央公論社，1994年

宮川公男編『PPBSの原理と分析』有斐閣，1969年

宮川公男ほか著『PPBSの研究』経済企画庁経済研究所，1971年

宮川公男『政策科学の基礎』東洋経済新報社，1994年

宮川公男『政策科学入門』東洋経済新報社，1995年

武藤博己『イギリス道路行政史』東京大学出版会，1996年

村川一郎『政策決定過程』教育社，1985年

毛桂栄『日本の行政改革』青木書店，1997年

薬師寺泰蔵『公共政策』東京大学出版会，1989年

山口二郎『大蔵官僚支配の終焉』岩波書店, 1987年
山内一夫『行政指導の理論と実際』ぎょうせい, 1984年
山谷清志『政策評価の理論とその展開』晃洋書房, 1997年
横山文野『戦後日本の女性政策』勁草書房, 2002年
寄本勝美『ごみとリサイクル』（岩波新書）1990年

［翻訳書］

G. T. アリソン（宮里政玄訳）『決定の本質：キューバ・ミサイル危機の分析』中央公論社, 1977年

A. ウィルダブスキー（小島昭訳）『予算編成の政治学』勁草書房, 1972年

J. C. キャンベル（小島昭・佐藤和義訳）『予算ぶんどり：日本型予算政治の研究』サイマル出版会, 1984年

T. ティーマイヤー゠G. クォーデン編（尾上久雄ほか編訳）『民営化の世界的潮流』御茶の水書房, 1987年

H. H. ヒンリックス゠G. M. テイラー編（加藤芳太郎ほか訳）『予算と経費分析』東京大学出版会, 1974年

J. ブキャナン（山之内光躬・日向寺純雄訳）『公共財の理論』文眞堂, 1974年

F. J. ライデン゠A. G. ミラー編（宮川公男訳）『PPBSとシステム分析』日本経済新聞社, 1969年

6　行政統制と行政責任に関する参考書（第20章）

足立忠夫『市民対行政関係論』公務職員研修協会, 1990年
足立忠夫『土地収用制度の問題点』日本評論社, 1991年
井出嘉憲『行政広報論』勁草書房, 1967年
井出嘉憲ほか編『講座・情報公開：構造と動態』ぎょうせい, 1998年
宇賀克也『行政手続法の理論』東京大学出版会, 1995年
宇賀克也『情報公開法の理論』有斐閣, 1998年
大橋洋一『行政規則の法理と実態』有斐閣, 1989年
梶田孝道『テクノクラシーと社会運動』東京大学出版会, 1988年
片岡寛光『責任の思想』早稲田大学出版部, 2000年
加藤一明編『現代行政と市民参加』学陽書房, 1978年
行政監察制度研究会編『新時代の行政監察』ぎょうせい, 1990年

小島武司・外間寛編『オンブズマン制度の比較研究』中央大学出版部，1978年
塩野宏『行政過程とその統制』有斐閣，1989年
篠原一・林屋礼二『公的オンブズマン』信山社，1999年
辻清明『社会集団の政治機能』弘文堂，1950年
日本政治学会編『日本の圧力団体』岩波書店，1960年
日本政治学会編『政治参加の理論と現実』岩波書店，1975年
西尾勝『権力と参加』東京大学出版会，1975年
西尾勝『都民参加と都政システム』東京都都民生活局，1978年
華山謙『補償の理論と現実』勁草書房，1969年
松原治郎・似田貝香門編『住民運動の論理』学陽書房，1976年
村松岐夫・伊藤光利・辻中豊『戦後日本の圧力団体』東洋経済新報社，1986年
山崎克明『公務員労働関係の構造』九州大学出版会，1984年
寄本勝美『自治の現場と「参加」』学陽書房，1989年

　[翻訳書]
F. ステイシィ（宇都宮深志・砂田一郎監訳）『オンブズマンの制度と機能』東海大学出版会，1980年
D. C. ローワット（川野秀之訳）『世界のオンブズマン構想』早稲田大学出版部，1989年

索　引

あ　行

ISO14001　359
ILO87号条約　155
合　議　91, 179, 185, 315
アーウィック，L. F.　30
悪意の違反者　221, 223
アシュフォード，D.　69
足立忠夫　44
アップルビー，P.　33
圧力団体　336
後伺い　312
affirmative action　142
天下り　149
アメリカ行政学　25, 27-41, 42, 43-47, 71, 345, 348, 365, 368
アメリカン・デモクラシー　22-25, 28
アリソン，G.　271
アルブロウ，M.　162
異議申し立て者　221, 225
意思決定論　27
イーストン，D.　253
一罰百戒　219, 224
一国多制度　56
一般情報開示請求制度　395
伊藤大一　233, 238
イニシアティブ（国民発案）　385
委任命令　193
井上誠一　304, 320
依法主義　233
EU　57
インクリメンタリズム　255

インフォーマル組織　38, 39, 173
ウィルソン，W.　28, 71, 346
ウィルダヴスキー，A.　256
上から下へ　36, 40, 183, 188, 190
ウェーバー，M.　161, 162, 163, 164, 165-70, 171-75, 197, 200, 233
ultra vires の法理　63
エージェンシー（独立行政法人）　9, 123, 124
エチオーニ，A.　268
NPM　10, 51, 360, 367
NPO　250
エネルギー振り分け　208
縁故採用　141, 167
お伺い文書　302
大久保利通　73
大部屋　184, 314
お蔵入り　265
小沢構想　119
恩顧主義　107, 119
オンブズマン　394

か　行

概括授権方式　64, 81
概括例示方式　64, 81
回議順位の変更　312, 316
会議の公開　395, 398
階級制　177, 198
会議録の公表　398
会計検査　89, 322, 326, 337-42, 345, 349, 356, 359
外在的責任　405

418

外在的統制　383
解散権　102, 105
下意上達　203
外部監査　318
外部不経済　11
開放型任用制　137, 138, 139, 142
科学的管理法　27, 30, 35, 37, 346, 348, 350, 366
科学的人事行政論　137
閣議　103, 127
各省間折衝　251, 264
各省別採用　115, 374
革新自治体　131
格付け　359
革命　169, 175-76, 375
家産官僚制　165
課題解決情報　281
government から governance へ　250, 360, 367
ガーフィールド，J. A.　26
カメラリスト　12-13
カリスマ的支配　197
環境アセスメント　212, 390
環境影響評価法　119
環境の分類体系　273
監査　338
官制大権　18
間接民主制　381
官選知事　18, 63, 65, 76
官房学　2, 12-13, 43
官房系統組織　42, 52, 109, 117, 179, 186, 187, 315, 318, 368, 369, 370, 382, 384, 402
官房三課　117
官房副長官　109

管理　321
管理科学　27, 41
管理学　51, 52, 53, 364
管理技術　365-66
管理主義　366, 367
管理情報システム（MIS）　366
官吏制　100, 133-34, 137, 148, 161, 167, 230, 316
管理統制　359, 382, 385
官吏服務紀律　133
官僚主義　161, 227, 232, 233, 237
官僚制　161-64, 175
　——化　163, 169, 171
　——原理　181, 190, 346-47
　——問題　203
官僚政治モデル　271
起案文書　302, 306-13
議員提出法案　158
議院内閣制　18, 20, 29, 45, 97, 99, 101-05, 111, 131, 338, 343, 385
議員立法　250, 384
議会審議活性化法　120
機会費用　355
技官　144
機関委任事務　75, 81, 86, 90, 93, 95
機関対立主義　131
機構・定員審査　265
議事録の公表　395
規制緩和　9, 119, 367
規制行政（活動）　119, 213, 260
規制法令　214
規則革新派　238, 240
羈束裁量　306
規則保守派　238, 240
期待値基準　223, 261

索引　419

機能障害　73, 227, 233, 236
機能性　173
機能的責任　35
機能の権威　199
機能別職長制　36
キャリア　143, 144, 198, 235, 238-40, 304, 317
　——のエートス　238
キャリア・パスの柔軟化　145
給与法　140
　——適用職員　132, 158, 159
ギューリック，L. H.　30, 31
強圧抑制の循環　226, 235
行財政改革　8, 229, 242
行政委員会　153, 156, 189, 193, 385
行政委嘱員　389
行政改革　51, 110, 158, 367, 369, 370, 374-78, 379, 388
行政改革会議　119, 122
行政学教育　41
行政学の定義　47
行政学の隣接科学　47
行政監察　89, 338, 359
行政官庁理論　189
行政管理　30, 42, 51, 367-368
　——論　27, 30, 32, 35, 42, 337, 346, 366
行政機構改革　370, 374
行政技術　365, 367
行政規則　49, 159-60, 193, 224, 233, 238, 246, 263, 269, 301, 317, 370, 397
行政権　105
　——の優越化　27, 32, 34, 50
行政国家　27, 32, 50, 195, 386
行政裁判所　386

行政サービス　11, 238
行政参加　383, 387, 393
行政資源　52, 69, 89, 219, 264, 269, 286, 322, 335, 351, 359, 368
　——の調達可能性　264
行政需要　273, 283-90, 374
　——の制御　288
　——の測定　286
行政審決　386
行政診断手法　358
行政整理　371, 374, 376
行政責任　34, 381, 384, 399-404
　——のディレンマ状況　402, 405
　——論　27
行政組織の決定制度　112
行政訴訟　386, 393
行政大学院（アメリカ）　32, 42
行政的統制　64, 65, 67
行政手続法　119, 390, 392-393
行政統制　381, 383, 384, 395, 397, 399, 403
行政ニーズ　283, 285
行政立法　390
業績測定　10
協働体系　40
協働の規範　34, 228, 230
業務上の執行可能性　264, 265
業務統計　280, 351, 357
　——情報　280
巨大省　124
ギルバート，C. E.　383, 403
均衡の原則　159-60
近代官僚制　15, 165, 168, 172, 200, 233
勤務評定　199, 209
勤労意欲（モラール）　349

グッドナウ，F. J. 28	減量経営 8, 220, 367, 370
クーデター 169, 178	権力分立制 49, 55, 381
郡制 72, 76, 79	行為規範 49, 324
軍政機関 100	合規性 340
軍部大臣現役武官制 100	合議制構造の組織 163, 165, 169
軍令機関 99	合議制の原則 103, 106
計画 292	公共財 11, 213, 322
訓練された無能力 232	公共資源 213
計画行政 290-92	公共施設整備計画 261
計画事業予算制度 357	公共政策 245
計画論争 291	公共選択学派 231, 367
景気変動の調節 7	公選知事 82, 88
経済安定機能 322, 327	高等文官試験 133
経済議会 388	幸福促進主義 13
経済計画 290, 296-98	公平性 50, 230, 345
経済財政諮問会議 120, 328	合法性 50, 225, 340, 345
経済性 51, 340, 345, 349, 355	——の規準 340
——の規準 340	合法的支配 170, 197
警察学 13	公務員制度調査会 144
形式的意思決定過程 311	公務員法 382
下克上現象 227	公務員倫理 206
決裁型の意思決定 192	合理性 51, 170, 173, 273, 292
決算過程 325, 326	効率性 340, 345, 349, 356
決算報告 326	——の規準 340
ゲレス，J. J. von 162	合理的決定モデル 271
権威受容説 41, 199	合理的な選択 41, 266
権威による支配 197	高齢化 277
限界値基準 260, 262	国際基準 274
権限による支配 198, 200	国際行政 71
顕在行政需要 285	国際公務員 142
検査報告 326, 339, 340	国際政治経済 274
憲政 18	国勢調査 280, 299-300
現代公務員制 1, 15, 21, 27, 132, 136, 168, 227, 236	国土計画 296, 297, 298
	国民国家 2, 14, 16, 57, 60, 62
現代組織論 27, 40, 41, 199, 349	国民参加 389

国民所得倍増計画　290, 299
国務大臣　102, 104
国務大臣単独輔弼責任制　98
55年体制　106, 377
戸籍法　73
国会答弁資料　304, 305, 320
国会による統制　326
国家行政組織法　112, 116
国家警察　62
国家公務員法　135
国家公務員倫理法　119, 149, 150
古典的組織論　27, 31, 36-37, 186-87
コミュニティ参加　366
混合財　322
混合走査法モデル　268

さ 行

財源配分　85
歳出権限法　343
財政学　48, 323
財政危機　8, 158, 367, 375
財政投融資計画　327, 335, 336
財政投融資債　336
財政民主主義　49, 323
最大化モデル　266
裁判規範　49, 194, 324
財務監査　338
サイモン, H. A.　34, 41, 266, 267, 280, 348, 355
採用試験制　142
作業の標準化　35
サッチャーリズム　8
作用法令　212, 246, 370
ざる法　217
3Eの規準　341

三権分立制　17, 28
三公社の民営化　9, 375
三新法　72-74, 96
サン・セット法　373
三大都市特例　76, 77
暫定予算　325
「3人1組」論　191, 203
シーリング方式　372
GHQ　136, 155, 347
ジェファソニアン・デモクラシー　23
ジェファーソン, T.　3, 23
市会・市支配人制　31, 42
資格任用制　21, 24, 136, 137, 141, 142
資源配分機能　296, 322, 327
市支配人　31, 42
　──補　42
市場の失敗　11
市場の不完全性　10
市場のメカニズム　1, 5, 10, 231, 254, 283, 291, 322, 367
市場の歪み　11
市政改革運動　28
市制町村制　72, 73, 74, 79, 96
下から上へ　37, 40, 183, 188, 190, 205
自己決定・自己責任の原則　94
自治憲章制度　59
自治権の質・量　65
自治事務　93
自治省　87
自治体　61
自治労　89
実現可能性　51, 376
執行可能性　216-17
執行管理　360, 382, 384, 402
執行戦略　220

執行命令　193
実質的意思決定過程　310
指定統計　280
シティ・マネージャー　31
私的財　322
私的諮問機関　388
自動データ処理（ADP）　366
司法国家　386
司法的統制　63
市民憲章　9, 360
市民参加　366, 389
自民党長期一党支配時代　107
事務権限の配分　67
事務官　144
事務次官等会議　107
事務事業の移譲　93
事務事業評価システム　361
諮問機関　383, 388
社会管理　364-65
　　──機能　175
社会集団の噴出　382, 387
社会的能率　349
シャーカンスキー, I.　252
ジャクソニアン・デモクラシー　23
ジャクソン, A.　23
シャープ勧告　82
集権型　62
集権・融合型　45, 60, 65, 69, 70, 79
自由裁量　305
重商主義　2
充足値基準　260, 261
充足モデル　267
集団的意思決定　315, 334
周知戦略　221, 224
重農主義　2

自由放任主義　2-3, 13
住民運動　211, 391
住民参加　211, 366, 391
住民投票　59
主計官　332
首相公選制　128
首相主導の原則　103
シュタイン, L. V.　13, 71, 230
首長制　97, 131
受動的責任　400
需要予測　283
準公共財　322
順次回覧型　305, 306-09, 312, 314
春闘方式　158
消極国家　4
条件依存理論　181
情実任用　21, 24, 101, 167
上申の停止・濫用　204
少数支配の鉄則　163
省庁制　112, 123
省庁設置法　113
承認統計　280
常備軍　19, 176
情報公開　395
　　──制度　395-399
　　──の体系　395, 398
　　──法　119, 376
情報公表義務制度　395, 398
上命下服　203
省令事項　113
職　116
職員組合　157, 159-60, 240-42, 264, 384
職員団体　152, 160, 383, 387, 401, 403
殖産興業政策　2
職能国家　4, 21, 24, 50

索引　423

職能代表　388
職場内研修（OJT）　315
職階制　136-41, 154, 189
所得再分配　6, 7, 322, 327
自律的責任　403, 406
知る権利　397
指令型の意思決定　192
事例研究　254, 259, 272
侵害留保の原理　17
審議会　389
　―― 等　125, 282, 388
新規増分　367
　―― の厳格審査　371
人口構成　275
新公共管理（NPM）　360, 367
人口調査　299
人事院　153
人事院勧告　156-58, 399
新中央集権　50, 69, 86, 90
末弘厳太郎　243
スクラップ・アンド・ビルド方式　371, 372, 373
スタグフレーション現象　8
スタッフ系統組織　116
スターリン　176
ストリート・レベルの行政職員　207
スミス, A.　3
政官関係　97, 146
政　権　105
制限列挙方式　63
制裁戦略　222, 223, 224
政策科学　27, 41, 253
政策学　51, 52, 53, 364
政策研究　252
政策産出分析　252

政策転換コスト　263
政策のライフ・ステイジ　249
政策評価　10
政策分析　252, 349, 357
政策立案コスト　262
生産性　349
政治家主導　107, 127
政治・行政分離論　27, 29, 32
政治・行政融合論　27, 32, 366
政治改革　118
政治主導　97, 128, 378
政治上の実現可能性　264, 380
制止戦略　221
政治的行為　148, 151
政治的中立性　24, 168, 236
政治任用　100, 104, 106, 131, 135, 151, 154
政治のメカニズム　11, 48, 231, 245, 247, 254, 283, 291, 367
成績評価情報　280, 281, 360
生存権の保障　5, 322
正統性　50, 51
政党内閣制　18, 21, 98, 102
制度運用の時代　88
制度改革の時代　91
制度学　50, 53, 364
制度的外在的責任　405
制度的外在的統制　382, 402
制度的責任　405
制度的統制　382, 399
制度的内在的責任　405
制度的内在的統制　382, 402
政府委員　120, 146, 321
政府間関係　45, 56, 71
政府業績結果法（GPRA）　360

制服組　180, 198
政府計画　291
政府体系　55, 56, 57, 65, 71-72, 85, 97
政府の失敗　11
政府与党間折衝　108, 251
政務次官　106
政務調査会　107
政務と事務の結節点　117
政令事項　113
政令指定都市制度　82
世界地方自治宣言　95
石油危機　8, 158, 367
セクショナリズム
　　100, 111, 148, 235, 315
積極国家　4
説明責任　401
節約と能率　30, 231, 376
背広組　180
善意の違反者　220, 224
選挙制度改革　118
専決規程　190
専決権限　183, 188, 317
専決権者　190, 303, 306, 308, 314, 317
専決権の委譲　190, 309
全国総合開発計画　277, 291
潜在行政需要　285
センサス（悉皆）調査　280
専門官僚（テクノクラート）　9, 146
専門職　144
総括管理機関　31, 114, 187, 265, 359, 368
総括管理機能
　　31, 42, 52, 91, 109, 117, 185, 368
総括官僚（トポクラート）　91
相関分析　252

相互依存（中央政府と自治体の）　69
相互依存（キャリアとノンキャリアの）
　　240
総合科学技術会議　120
総合計画　296, 298
総合職　144
総定員法　58, 114, 371
総務課ヒヤリング　330
総務系統組織　42, 91
総務省行政管理局　114
総覧的決定モデル　266
総理府外局　108
族議員　108
測定可能な目標　294
組織過程モデル　271-72
組織均衡理論　40, 201
組織審査　336, 359, 370, 373
組織・定員
　　——の管理制度　114
　　——の決定制度　112-13
組織・定員法令　246
組織法令　184, 189, 214, 371, 382
租税国家　323
租税法律主義　323

　　　　　　　　　　　た　行

ダイ，T.　252
第一次分権改革　91
第一次臨調　155, 371, 374, 375, 379, 392
第一線職員　68, 213, 220, 224, 225
対応戦略　215
対外的均衡　39
大区小区制　73
対議会責任　338
代　決　308, 312, 317

索引　425

大宰相制　98	——の本旨　59
第三次行革審　92	地方税　83
大衆民主制　1, 5, 13, 102	地方制度　72, 78
大臣官房　117	——の階層構造　75
大臣訓令　113	地方政府　61
大臣政務官　318	地方分権　56, 81, 117
大統領制　101, 128, 129	地方分権一括法　92, 378
大統領府　31, 343	地方分権推進委員会　92, 377
態度集団　248	地方分権推進法　92, 377
対内的均衡　39	地方平衡交付金制度　83
第二次臨調　8, 90, 158, 375, 376, 379, 392	地方6団体　89
代表的官僚制　142	注意喚起情報　281, 360
ダウンズ, A.　254	中央集権　56, 73
タウン・ミーティング　61	中央省庁等改革基本法　119, 378
多元的相互調節　256	中央地方関係　56, 57, 60, 65, 67-68, 69
惰　性　237	忠誠と反逆　205
ダーダネルス報告　206	調査統計　280, 298, 357
脱官僚制化　172	調査費　282
縦割り行政　86, 87, 88	超然的権威　200
縦割りの組織　37, 181, 185	超然内閣　18, 98
田村德治　43	町村合併　84
他律的責任　403	聴聞手続　384
単一主権国家　55, 66	勅任官・奏任官・判任官　133
ダンサイア, A.　191, 203	通達行政　86
団体自治の拡充　92	辻清明　44, 46, 54, 226, 230, 235, 241, 302, 303
治安判事　61	定員削減　184
地　位	——計画　158, 371
——による支配　198	定員の決定制度　113
——の権威　198, 199	定員法令　215, 269
地域総合行政　65, 68, 86	抵抗型の住民運動　391
小さな政府　9, 375	ディモック, M.　349
地方交付税制度　82-84, 85, 160, 277	テイラー, F. W.　35
地方自治　56	テイラー・システム　35-36
——の制度保障条項　59, 80	適応性　51, 345

適応戦略　222, 224, 225
鉄格子効果　115
手続きの適正性　50, 345
伝統的支配　197
伝来説　59
等級選挙制　75-77
東京一極集中　277
統計情報　280-81
同質性による分業　36
道州制　87, 88
統帥権　14, 99
統制の規範　21, 34, 228, 230
統制の範囲　36
投入・産出比率　347, 350, 352, 362
トゥレーヌ, A.　240
特別市制　82
特別職　132, 135, 152
特別法　59
特別立法　58
独立行政法人　10, 123, 124
都市憲章　58
都市綱領　28, 31
特記事項　342
届出統計　280
取締活動の有効性　218
トロッキー　175

―――――― な 行 ――――――

内閣官房　108, 121
内閣機能の強化　120
内閣主導　97, 103, 108
内閣総理大臣　102, 106, 122
内閣提出法案　229, 237, 251, 384, 386
内閣府　116, 120, 385

内閣不信任議決権　102, 105
内規　233, 238, 317
内在的責任　405
内在的統制　383, 384
内政の総括官庁　61, 64
内部監査　338
内務省　62, 64, 74, 80, 86
長浜政壽　44
ナショナル・ミニマム　6, 69
縄張り主義　232, 235, 244
二重予算制度　154, 339
日本国憲法第8章　59, 80
ニューディール　7, 32, 379
ニューヨーク市政調査会　29-30, 348
ニュールンベルグ裁判　206
任官大権　133
人間関係論　27, 38-39, 176, 350
能動的責任　400
能率性　51, 173, 345, 350, 351, 352-56
ノースコート・トレヴェリアン報告　21
ノンキャリア　143, 144, 198, 238-40, 242
　――のエートス　239

―――――― は 行 ――――――

廃藩置県　73
ハインチェン, K.　163
パーキンソンの法則　231
白書　282
橋本行革　119, 378
バジョット, W.　163
バーナード, C. I.　40, 199-200, 349
パブリック・コメント制度　119
反抗者　221

索引　427

版籍奉還　72
ヒエラルヒー構造　37, 163, 190
非効率性　227, 232, 237
非人格性　173, 230, 234
非制度的外在的責任　405-06
非制度的責任　402, 405
非制度的統制　383, 402
非制度的内在的責任　406
ピーターの法則　231
筆頭課　117
PPBS　357, 359, 366
評価情報　359
費用効果分析　267, 298, 349
平等取扱の原則　141
費用便益分析　267, 349, 354, 357
標本調査　280
非稟議書型意思決定　330
ファイナー, H.　34
フェンウィック, C. G.　346
フォーマル組織　38, 40, 173, 185
複合組織　179
福沢諭吉　226
福祉国家　4-6, 8, 10, 50, 51, 60, 67, 69, 86, 228, 367
複選制　76, 77
副大臣　318
副大臣・大臣政務官制度　120, 123, 318, 378
不決定　255
府県制　73, 75, 77
普通平等選挙制度　5, 22, 77
復活折衝　329, 333, 334, 343
フーバー, B.　135, 154
フーバー委員会　374, 379
プライバシー保護制度　395

privatization　8
ブラウ, P.　173
ブラウンロー委員会　31
フリードリッヒ, C. J.　34, 401
プロジェクト・チーム　181
プロフェッショナル・オーガニゼーション　196
文官試験規則　133
文官試験試補及見習規則　100, 133
文官任用令　100, 133
文官分限令　134
分権型　60-62
分権・分離型　60, 65, 66, 69, 81
分掌職　116, 337
文書審査　370
文書・法令系統組織　317
分担管理の原則　103, 106
文民統制　19
分離型　63
分離の規範　22, 25, 29, 128, 228, 230
閉鎖型任用制　137, 139, 142, 177, 315
ベヴァリッジ報告　6
ヘーゲル　15, 230
便益　218, 219, 254, 354
便宜裁量　305
ベンディックス, R.　173, 195
ペンドルトン法　24, 28
ホイットレー協議会　152
防衛庁　105
法規裁量　305, 306
法規万能主義　233, 238
法治主義　17, 22, 49, 194
法定受託事務　93
法適用の裁量　208
法律事項　113

「法律による行政」の原理　13, 17, 22,
　　58, 168, 193, 233, 384, 386
法律による裁判の原理　17
法律の優越の原理　17
法律補助　269
法令審査　265, 359, 370, 373, 385
補完性の原理　95
補佐責任　400
補助金行政　86
補助責任　203, 400
POSDCoRB　31, 368
補正予算案　157
ホーソン工場の実験　38

ま　行

マークス，F. M.　161
マス・メディア　103
マーチ，J. G.　41
マッカーサー，D.　135
マッカーサー書簡　136
マートン，R.　173, 232, 234
マルクス，K.　163
身分制　133, 135, 142, 177, 198, 235, 317
ミヘルス，R.　162, 163
民営化　9, 50, 367, 380
民間委託　9, 50, 288, 367
民間非営利法人（NPO）　250
民間活力（民活）　9, 288
民主性　50, 345
民主的統制　68, 156, 384, 404
民兵　19
無関心圏　199
メイヨー，E.　38
命令系統の一元化　36, 177, 181, 187
目的の転移　233

目標数値　286
持回り型　305, 309-313
モッセ，A.　75

や　行

役得収入　149
役人学三則　243
夜警国家論　3
安上がりの政府　3-4
野党　103
山県有朋　74, 96
柔らかい組織　181, 182
有限な資源　296
融合型　64
有効性　51, 255, 340, 345, 349, 355
　──の規準　51, 340, 351
横割りの組織　37, 185
予算　323, 324
　──の循環　325
予算作成過程　325
予算執行過程　325
予算編成過程　219, 255, 327-335, 344,
　　357
予算補助　269
吉富重夫　44, 46
予測　293
予測可能性　168, 173
与党主導　108
予備選挙（予選）制度　128
与野党間折衝　251
ヨーロッパ地方自治憲章　95
ヨーロッパ連合（EU）　57

ら　行

ライン・スタッフ　187

ーー理論　31, 37, 187
ラスパイラス指数　160
ラートゲン，K.　43
濫給と漏給　359
利益集団　248
立法的統制　63
リプスキー，M.　207
猟官制　23, 136, 151, 167
稟議書型意思決定　304
稟議制　157, 301, 302, 316
ーー論　302, 306, 313
臨時行政改革推進審議会　376
臨時行政調査会　155, 283, 344, 371, 374
リンドブロム，C. E.　255, 257, 259, 262, 266
ルーティン・ワーク　68, 238, 301, 304, 306, 307, 317
レーガノミックス　8
歴史的発展段階論　46
レスリスバーガー，F. J.　38

レッセ・フェール　3
レフェレンダム（国民投票）　59, 385
連合国軍総司令部　135, 155, 347
連邦制国家　56, 66
連立政権時代　92, 118
連立内閣　102
ローウェル，A. L.　346
ロウズ，R. A. W.　69, 91
労働基本権　136, 148, 152, 157, 159, 168, 257, 387
労働組合　4, 163, 241, 383, 387, 401
労働三法　136, 152, 387
老年人口　275
蠟山政道　43, 54, 67
ローズヴェルト，F. D.　7, 31, 379

――――― わ 行 ―――――

ワグナー，A.　231
割引率　354, 357
ワルドー，D.　33, 363

● 著者紹介

西尾 勝（にしお　まさる）

1938年　東京都に生まれる
1961年　東京大学法学部卒業
現　在　東京大学名誉教授
専　攻　行政学・都市行政学
主な著書　『権力と参加』（東京大学出版会）
　　　　　『行政学の基礎概念』（東京大学出版会）
　　　　　『行政の活動』（有斐閣）
　　　　　『未完の分権改革』（岩波書店）
主な編著　『行政学講座』全5巻（東京大学出版会）
　　　　　『講座行政学』全6巻（有斐閣）

行　政　学〔新版〕
Public Administration (2nd ed.)

1993年6月30日　初版第1刷発行
2001年4月20日　新版第1刷発行
2021年7月10日　新版第28刷発行

著　者　西尾　勝
発行者　江草貞治
発行所　株式会社　有斐閣
　　　　郵便番号　101-0051
　　　　東京都千代田区神田神保町2-17
　　　　電話　（03）3264-1315〔編集〕
　　　　　　　（03）3265-6811〔営業〕
　　　　http://www.yuhikaku.co.jp/

印　刷　精文堂印刷株式会社
製　本　大口製本印刷株式会社

©2001, Masaru Nishio. Printed in Japan
落丁・乱丁本はお取替えいたします。
★定価はカバーに表示してあります。
ISBN 4-641-04977-7

Ⓡ本書の全部または一部を無断で複写複製（コピー）することは、著作権法上での例外を除き，禁じられています。本書からの複写を希望される場合は，日本複製権センター(03-3401-2382)にご連絡ください。